Lehrbücher

des

Deutschen Reichsrechtes.

V.

Das Deutsche Staatsrecht

von

Philipp Zorn.

I.

Berlin und Leipzig.
Verlag von J. Guttentag.
(D. Collin.)
1880.

Das Staatsrecht

des

Deutschen Reiches.

Von

Dr. Philipp Zorn,
ordentlichem Professor der Rechte zu Königsberg.

Erster Band:

Das Verfassungs- und Militärrecht.

Berlin und Leipzig.
Verlag von J. Guttentag.
(D. Collin.)
1880.

Dem

Geh. Justizrath und ordentlichen Professor der Rechte

Dr. Otto Mejer

in tiefer Verehrung und Dankbarkeit

gewidmet.

Vorwort.

Das nachfolgende Lehrbuch soll den Stoff des Reichsstaatsrechtes in möglichst gedrängter Kürze zur Darstellung bringen. Sein Zweck ist kein politisch-historischer, sondern lediglich ein juristischer. Dennoch aber hofft das Lehrbuch sich auch unter Nichtjuristen Freunde zu erwerben: die constitutionelle Natur unserer modernen Staaten verlangt gerade auf dem Gebiete des Staatsrechtes so vielfach die Mitwirkung von Nichtjuristen, daß Alle, die am staatlichen Leben irgendwie positiven Antheil zu nehmen berufen sind, sich der Pflicht der Orientirung über die Grundzüge des Staatsrechtes nicht entziehen sollten. Diesem Bedürfnisse durch Herstellung eines übersichtlichen Handbuches zu dienen, war einer der Gesichtspunkte, die den Verfasser bei seiner Arbeit leiteten. — Ein zweiter Gesichtspunkt war ferner die Rücksichtnahme auf das akademische Lehren und Lernen im Staatsrecht. Der lebhafteste Wunsch des Verf. wäre erfüllt, wenn es dem Lehrbuch gelänge, unter den Studirenden mehr Neigung an staatsrechtlichen Studien hervorzurufen, als welche denselben bis jetzt im Allgemeinen entgegengebracht wurde.

Daß der Verfasser die kurze Fassung, welche ihm der Plan dieser ganzen Sammlung von Lehrbüchern des Reichsrechtes zur Pflicht machte, nicht zum Deckmantel nahm, um den schwierigen Controversen des Staatsrechtes überhaupt und speciell unseres heutigen Reichsstaatsrechtes aus dem Wege zu gehen, wird hoffentlich die Darstellung für sich selbst bezeugen. Der Verf. hielt es im Gegentheil geradezu für seine Hauptaufgabe, den principiellen Fragen ganz besondere Aufmerksamkeit zu widmen. Nicht Neigung allein zog ihn gerade nach dieser Seite der Arbeit, sondern in erster Linie die Erkenntniß, daß es dem Staatsrecht nur dann gelingen könne, eine den übrigen Rechtsdisciplinen ebenbürtige Stellung zu gewinnen und zu behaupten, wenn die principiellen Grundlagen sowie die einzelnen Begriffe zu einer dem Privatrecht analogen scharfen Fixirung gebracht werden könnten. Von diesem Gesichtspunkt aus ist insbesondere den schwierigen Controversen über die Entstehung und rechtliche Natur des Reiches in der nachfolgenden Darstellung ein breiter Raum zugewiesen worden. Dagegen glaubte der Verf. in Behandlung der Detailbestimmungen von Specialgesetzen und Vollzugsverordnungen sich eine größere Beschränkung auferlegen und dieses Material mehr den von Anfang an breiter angelegten Werken überlassen zu dürfen.

Der zweite Band, welcher binnen Jahresfrist erscheinen wird, soll das Verwaltungsrecht im engeren Sinne (VIII), das Gerichtsverfassungsrecht (IX), das Finanzrecht (X) und endlich eine umfassende systematische Darstellung der Rechtsbeziehungen des Reiches zu auswärtigen Staaten (XI) enthalten.

Königsberg i. Pr. Ende Mai 1880.

Inhaltsverzeichniß.

Erstes Buch.

Die Entstehung des Reiches und der Reichsverfassung.

§. 1.

Historische Einleitung (1806—1866).

Das „heilige römische Reich deutscher Nation" war durch den Preßburger Frieden v. 26. December 1805 staatsrechtlich aufgelöst worden, indem Bayern, Württemberg und Baden „la plénitude de la souveraineté et de tous les droits qui en dérivent" erhielten (Art. 14). Am 6. August 1806 legte alsdann Franz II. formell die deutsche Kaiserkrone nieder und damit war auch der letzte Schein des altehrwürdigen tausendjährigen Reiches dahin.

Das alte Reich war staatsrechtlich bis zu seinem Ende ein Staat gewesen:[1] obwohl factisch der Reichsverband so lose als möglich geworden war und Oesterreich sowohl wie Preußen in thatsächlicher Mißachtung des Reiches wetteiferten, ruhte doch rechtlich bis zu der durch den Preßburger Frieden herbeigeführten Auflösung die Souveränetät, das erste und oberste Attribut des Staates, in der Centralgewalt.[2]

[1] Laband, Staatsrecht I 8. | [2] Mejer, Einleitung in das

Durch die Ereignisse der Jahre 1805 und 1806 waren die deutschen Einzelstaaten in aller Form Rechtens souverän geworden.[3] Juristisch änderte hieran auch der Rheinbund für die an demselben betheiligten deutschen Staaten nichts, so wenig auch den von Napoleon zu diesem Bunde zusammengezwungenen Staaten factisch von ihrer Souveränenät übrig blieb.[4]

Der Wiener Congreß, der die Aera der französischen Revolution abschloß, gab den noch übrig gebliebenen deutschen Staaten eine neue Gesammtverfassung, auf Grund deren der Deutsche Bund bis zum 14. Juni 1866 ein kümmerliches Dasein fristete. Es ist nicht unsere Aufgabe, die für die Erkenntniß von Deutschlands damaligem politischen Zustand hoch interessante Entstehungsgeschichte jener Bundesverfassung hier zu schildern; nur die wichtigsten Momente mögen kurz hervorgehoben werden: an dem Widerspruch von Bayern und Württemberg hauptsächlich scheiterten alle Versuche, eine einigermaßen brauchbare und entwicklungsfähige Bundesverfassung herzustellen;[5] Preußen wurde Dank dem Uebelwollen und der Eifersucht der Congreßmächte territorial in einer Weise abgegrenzt, welche die Weiterentwicklung dieses aufstrebenden Staatswesens aufs schwerste zu schädigen geeignet war, indem zu den sechs alten östlichen Provinzen zwei in der

deutsche Staatsrecht (1861) §. 18[6]. Hier finden sich auch die Nachweisungen über die einschlägige historische, sowie ältere staatsrechtliche Literatur. Man vgl. auch Meyer, Lehrbuch des deutschen Staatsrechts (1879) §§. 21, 33; desselben Grundzüge des nordd. Bundesrechtes (1868) S. 26; v. Rönne, das Staatsrecht des deutschen Reiches (2. Aufl.) §. 1.

[3] Mejer §. 41[14].

[4] Vgl. Mejer §. 43; Meyer, Lehrb. §§. 35, 36.

[5] Mejer §. 45; Meyer §. 38.

Hauptsache neue westliche gefügt wurden, die territorial von der Hauptländermasse des preußischen Staates durch dazwischen liegende hannöver'sche, kurhessische, nassauische und andere Territorien geschieden waren, was um so bedenklicher war, als die in kurzer Zeit ziemlich festgewurzelten Sympathieen für französische Einrichtungen sowie katholische Tradition gegenüber dem „protestantischen Staat" Preußen die Bevölkerung jener neuen Provinzen ziemlich schwierig machte. Die Verhandlungen des Wiener Congresses über die staatsrechtliche Neugestaltung Deutschlands sowie über die territoriale Neugestaltung Preußens füllen eines der unerquicklichsten Blätter deutscher Geschichte.

Die endlich zu Stande gebrachte Bundesverfassung war auf dem Principe begründet: daß den Staaten die Souveränetät verbleibe; daß nur in einzelnen, genau fixirten Punkten die Bundesglieder sich vertragsmäßig hinsichtlich der Ausübung der Souveränetät zu Gunsten der Centralgewalt beschränkten; daß die einzelnen Bundesglieder principiell gleiche Rechte, nur Oesterreich den Vorsitz im Bundestage haben sollten. Der so geschaffene Bund war ein „völkerrechtlicher Verein der deutschen souveränen Fürsten und freien Städte" (Wiener Schlußakte Art. 1);[6] er beruhte auf einem Vertrage der Mitglieder und für ihn galten alle staatsrechtlichen Consequenzen des Vertragsverhältnisses, nur mit der Beschränkung, daß die Möglichkeit einseitigen Ausscheidens aus dem Bunde vertragsmäßig ausgeschlossen wurde.

Der deutsche Bund führte zunächst ein unrühmliches Da-

---

[6] Laband I 8.

sein bis 1848: dem Ausland zum Spott, den Deutschen zum Aerger. Von Anbeginn an von Niemandem geliebt, war er allen deutschen Patrioten geradezu ein Gegenstand des Hasses geworden, seit er sich ganz und gar zum Polizeibüttel Metternich's erniedrigt hatte.

Die Bewegungen von 1848 brachten auch die deutsche Verfassungsfrage wieder in Fluß.[7] Sollten dieselben auch zunächst resultatlos verlaufen, so förderten sie doch sehr werthvolle Vorarbeiten für den Neubau der Verfassung zu Tage. Zwei Strömungen sind bezüglich der Bewegung d. J. 1848 zu unterscheiden: die eine und zwar die ursprüngliche, besonders in Süddeutschland mächtig aufgetretene und dort bis zur Stunde noch nachwirkende brach sich direct aus dem Volke heraus Bahn; die andere ging aus der Initiative einzelner Regierungen, speciell der preußischen, hervor. An dem Umstande, daß diese beiden Strömungen nicht zu organischem Zusammenwirken gelangen konnten, scheiterte die ganze, kurze Zeit so vielverheißende Bewegung.

Mehr und mehr aber erkannte man allenthalben, daß der Mittelpunkt der so heiß erstrebten staatsrechtlichen Neugestaltung Deutschlands nur Preußen sein könne. Zwar war der preußische Staat in der trüben Periode, die auf die Freiheitskriege folgte, fast willenlos in den Bahnen Metternich'scher Politik gewandelt und hatte durch schnöde Verfolgung jeder freieren Regung die Sympathieen des deutschen Volkes verscherzt: gleichwohl vereinigten die Vertreter des Volkes bei der Kaiserwahl mit überwiegender Mehrheit ihre Stimmen auf den König von Preußen Daß man immer allgemeiner die Nothwendigkeit erkannte, Preußen müsse an die

[7] Vgl. Mejer, Excurs zu §. 146.

Spitze Deutschlands treten, dazu hatte vor allen Dingen ein Werk beigetragen, welches die preußischen Staatsmänner in der ersten Hälfte des neunzehnten Jahrhunderts geschaffen, ein Werk, das die granitene Basis des künftigen deutschen Staates werden sollte: der deutsche Zollverein mit Ausschluß Oesterreichs. Während das Gefüge des Bundes immer loser und sein Inhalt immer leerer wurde, schufen die Staatsmänner des preußischen Finanzministeriums den festen Bau der wirthschaftlichen Einheit Deutschlands; als noch Jahrzehnte unfruchtbaren qualvollen Ringens um die staatsrechtliche Einheit bevorstanden, war durch den Zollverein seit dem 1. Januar 1834 bereits ein unzerreißbar festes Band der wirthschaftlichen Einheit um den Süden und Norden Deutschlands mit Ausschluß Oesterreichs geschlungen.[8]

In Folge dessen war i. J. 1848 die Ueberzeugung bereits ziemlich allgemein Gemeingut der Nation geworden, daß nur derjenige Staat, der die wirthschaftliche Einheit der Nation in so genialer Weise geschaffen, auch die staatsrechtliche Einheit werde herstellen können. Am 28. März 1849 wurde in der That Friedrich Wilhelm IV. vom Frankfurter Parlament zum deutschen Kaiser erwählt, nachdem bereits vorher eine gesammtdeutsche Bundesverfassung mit starker, wohl ausgerüsteter Centralgewalt beschlossen worden war.[9] Der König von

[8] Die hohe Bedeutung des Zollvereins für die staatsrechtliche Entwickelung Deutschlands hebt besonders treffend hervor v. Treitschke in seiner auch sonst ausgezeichneten Abhandlung: die Anfänge des deutschen Zollvereins. Preuß. Jahrb. XXX S. 397 ff., 479 ff. Vgl. auch Meyer, Lehrb. §. 58[8] (hier auch weitere Literaturangaben).

[9] Meyer §. 59. Die gesammte staatsrechtliche Bewegung d. J. 1848 erzählt sehr ausführlich v. Rönne I 4 ff.

Preußen aber lehnte die ihm vom Volk dargebotene Kaiserkrone ab, erklärte sich jedoch bereit, einem Rufe der deutschen Fürsten zur Kaiserwürde zu folgen. Diese aber riefen ihn nicht.

In materieller Beziehung hatte der König von Preußen bezüglich der Verfassungsfrage bereits durch seine berühmte Proclamation vom 18. März 1848 wesentlich den gleichen Standpunkt eingenommen, den weiterhin die Vertreter des Volkes in der Paulskirche festhielten; jene Proclamation bezeichnete als Ziel der Verfassungsreform: ein deutsches Parlament, ein einheitliches deutsches Heer, eine deutsche Flotte, Einheit des Zoll-, Münz-, Maß- und Gewichtswesens, Freizügigkeit, Preßfreiheit, ein oberstes Bundesgericht, Einführung constitutioneller Verfassungen in allen Einzelstaaten.

Der Grund warum trotz dieser materiellen Uebereinstimmung zwischen der Regierung von Preußen und dem Frankfurter Parlament kein einheitliches Zusammenwirken erreicht werden konnte, lag darin, daß alle Berathungen und Beschlußfassungen des Frankfurter Parlamentes vom Princip der Volkssouveränetät beherrscht waren: schon das sog. Vorparlament hatte beschlossen, die künftige deutsche Verfassung sollte einzig und allein von der Volksvertretung geschaffen und als bindendes Gesetz sanctionirt werden; die Monarchen wurden einfach als nicht vorhanden betrachtet. Das Parlament selbst stellte sich durchaus auf den gleichen Standpunkt und zog auch daraus die staatsrechtlichen Consequenzen.[10]

Dem stellte Friedrich Wilhelm IV. den festen Felsen des preußischen Königthumes gegenüber, und an diesem Felsen

---

[10] Mejer S. 136ⁱ—138ᵉ.

brachen sich die wilden Wogen der ungestümen Volksbewegung. Mit Recht: denn der Neubau der deutschen Staatsverfassung durfte unter keiner Bedingung von der republikanischen Basis der Volkssouveränetät aus unternommen werden. —

Preußen versuchte nunmehr von sich aus zu einer Reform der Bundesverfassung auf der Basis der in der Proclamation v. 18. März enthaltenen Grundzüge zu gelangen. Die Versuche aber scheiterten an den Intriguen Oesterreichs und dem Widerspruch der Fürsten, welche wenig geneigt waren, zu Gunsten einer neu zu constituirenden Centralgewalt erhebliche Concessionen zu machen.[11] Erst hielten noch Sachsen und Hannover zu Preußen und auf der Grundlage des sog. Dreikönigsbündnisses (26. Mai 1849) schien eine gedeihliche Entwickelung der Verfassungsfrage wenigstens für Nord- und Mitteldeutschland möglich — Bayern und Württemberg lehnten jede Mitwirkung ausdrücklich ab —: die Führung in dem neu zu errichtenden Bundesstaate sollte naturgemäß Preußen zufallen; als Verbindung mit Oesterreich war ein völkerrechtliches Unionsverhältniß in Aussicht genommen; die Bundesverfassung sollte unter Mitwirkung eines Parlamentes festgestellt werden. Als jedoch die Wahlen zu letzterem ausgeschrieben werden sollten, schieden Sachsen und Hannover mit Protest aus dem Bündniß aus. Gleichwohl wurde das Parlament gewählt und trat zu Erfurt zusammen; seine Berathungen sind für die spätere Verfassungsarbeit immerhin von großem Nutzen geworden.

Oesterreich aber stellte nunmehr dem so gut wie isolirten Preußen das zu München abgeschlossene sog. Vierkönigs-

[11] Mejer S. 144 ff.

bündniß (27. Febr. 1850) (Bayern, Württemberg, Sachsen, Hannover) entgegen, das gegen die preußischen Reformabsichten gerichtet war. Im August 1850 wurde die Bundesversammlung wieder formell nach Frankfurt berufen: Preußen widerstrebte zwar noch einige Zeit, mußte aber schließlich unter dem Druck drohender auswärtiger Constellationen nachgeben; am Tage zu Olmütz (29. November 1850) wurden die Hoffnungen auf eine Erneuerung Deutschlands noch einmal begraben. Preußen beschickte die Bundesversammlung wieder, Alles blieb beim Alten und der Zustand wurde in Folge dessen schlimmer als je zuvor. —

Soviel aber war durch den bisherigen Gang der Dinge zur Evidenz klar gestellt: die deutsche Frage, welche gelöst werden mußte, konnte nicht auf friedlichem Wege bezw. dem Wege friedlichen Zwanges gelöst werden. Die Monarchie überhaupt und speciell die preußische waren in Deutschland zu starke Mächte, als daß es möglich gewesen wäre, dieselbe unter den revolutionären Volkswillen und die republikanische Volkssouveränetät zu beugen wie in Frankreich. Andrerseits war nicht zu hoffen, daß Oesterreich auf friedlichem Wege auf seine Stelle als deutscher Staat verzichten und ebensowenig, daß die Mittelstaaten sich entschließen würden, in selbstloser Weise soviel von ihren Hoheitsrechten aufzugeben als nöthig war, um eine starke Centralgewalt zu schaffen.

Die Lösung der deutschen Frage durch das Mittel kriegerischen Zwanges entwickelte sich aus der seit 1863 brennend gewordenen Frage nach dem staatsrechtlichen Verhältniß von Schleswig-Holstein.[12] Altdeutsche Lande und durch

---

[12] Meyer §. 60.

mächtige Sympathieen der Bevölkerung mit den übrigen deutschen Landen verbunden, waren die Elbherzogthümer seit langer Zeit in das staatsrechtliche Verhältniß der Personalunion zu Dänemark gekommen. Holstein und Lauenburg waren daneben Bestandtheil des deutschen Bundes, Schleswig nicht. Die staatsrechtliche Verbindung der Herzogthümer mit dem dänischen Staate war eine personale, durch die bis 1863 regierende Linie des Königshauses vermittelte. Zum Nachfolger des kinderlosen Friedrich VII. hatte eine Conferenz der Großmächte zu London durch Staatsvertrag v. 8. Mai 1852 den Prinzen Christian von Glücksburg bestimmt, und zwar hatte die Conferenz auch die Nachfolge in Schleswig-Holstein diesem Prinzen zugesprochen, obwohl diese Verfügung über die Herzogthümer ein reiner Gewaltakt war. Der deutsche Bund sowohl wie Preußen traten jenem Protocolle nicht bei: für sie blieb zunächst die Frage der Succession in den Elbherzogthümern nach Aussterben der regierenden Linie offen. Zu energischer That gegenüber der dänischen Brutalisirung der Herzogthümer aber vermochte vorerst weder Preußen noch der Bund sich aufzuraffen. Mit Mühe nur wurde durchgesetzt, daß die i. J. 1855 erlassene dänische Gesammtsstaatsverfassung für Holstein und Lauenburg außer Kraft gesetzt wurde (1859); um so fester suchte man nun dänischer Seits wenigstens Schleswig durch gewaltsame Mittel dem dänischen Staate zu incorporiren.

Am 15. November 1863 starb Friedrich VII.; am 18. November schon leistete Christian IX. den Eid auf eine neue Verfassung, welche Schleswig definitiv dem dänischen Staate einverleibte. Der deutsche Bund, für welchen die Successionsfrage eine offene war, ließ nunmehr durch sächsische und hannöversche Truppen Holstein und Lauenburg besetzen; zu einer That für Schleswig vermochte man sich von Bundeswegen nicht zu ermannen. Daraufhin einigten sich die beiden deutschen Großmächte, für Schleswig von sich aus einzutreten und eroberten 1864 in einem kurzen glänzenden Feldzuge das Land. Im Wiener Frieden v. 30. October 1864 entsagte Christian IX. Namens des dänischen Staates definitiv allen Anrechten auf die beiden deutschen Herzogthümer.

Nun aber begann erst die eigentliche Schwierigkeit. Von den um die Herzogthümer streitenden Prätendenten war staatsrechtlich unzweifelhaft der Prinz Friedrich von Augustenburg am besten legitimirt; ihm standen auch die Sympathieen des Volkes, besonders in Süddeutschland, zur Seite. Die von dieser Seite lebhaft befürwortete Constituirung eines selbständigen Herzogthumes Schleswig-Holstein unter dem Augustenburger erklärte jedoch Preußen, wo seit 1862 von Bismarck-Schönhausen an der Spitze der Geschäfte stand, nur unter mehreren Bedingungen für durchführbar, deren wichtigste eine enge militärische und maritime Verbindung des neuen Staates mit Preußen war. Um seinen Forderungen mehr Nachdruck geben zu können, setzte Preußen gemeinsam mit Oesterreich, das willenlos im Schlepptau Bismarcks segelte, die Räumung Holsteins und Lauenburgs von Bundestruppen durch; die Großmächte theilten sich sodann in der Weise in die Verwaltung, daß Holstein den Oesterreichern, Schleswig den Preußen eingeräumt wurde; Lauenburg wurde in Personalunion mit dem preußischen Staate verbunden; endlich wurde der Kieler Hafen Preußen übergeben (Gasteiner Convention v. 14. August 1865).

In dieser Ordnung der Dinge aber konnte eine definitive

Entscheidung der schleswig-holstein'schen Frage nicht gefunden werden.[13] Nach längeren diplomatischen Winkelzügen kam es vielmehr zu dem unvermeidlich gewordenen Kriege zwischen den beiden Großmächten. Schon am 6. Juni 1866 hatten die Preußen ohne Widerstand auch Holstein besetzt. Am 14. Juni 1866 beschloß nun der Bundestag in zweifellosem Widerspruch zum Bundesrecht die Mobilmachung aller nicht-preußischen Corps gegen Preußen. Dagegen hatten gestimmt: Baden, Luxemburg, beide Mecklenburg, Oldenburg mit Anhalt und Schwarzburg, die thüringische Curie außer Meiningen und die Curie der freien Städte außer Frankfurt.[14] Preußen erklärte das ganze Verfahren für bundesrechtswidrig und den Bund für gewaltsam zerrissen; der preußische Gesandte am Bundestag verließ den Saal, nachdem er zuvor den Entwurf einer neuen Verfassung Deutschlands auf den Tisch des Hauses niedergelegt hatte.[15]

Der Krieg war rasch beendigt. Der Prager Friede v. 23. August 1866[16] enthält folgende, die staatsrechtliche Entwickelung Deutschlands betreffenden Bestimmungen:

1. Verzicht Oesterreichs auf jede staatsrechtliche Verbindung mit Deutschland (Art. IV.);[17]

[13] Vgl. zum Folgenden v. Rönne I 10 ff.

[14] S. die genauen Angaben bei Meyer, Lehrb. S. 133. Die Urkunden zur Krisis d. J. 1866 und der Aufrichtung des nordd. Bundes sind gesammelt bei Hahn, zwei Jahre preußisch-deutscher Politik 1866/67 (1868).

[15] Thudichum, Verfassungsrecht des norddeutschen Bundes S. 1 ff.; Laband I §. 2; Aegidi in seiner Ztschr. f. deutsches Staatsrecht I 522 ff. Meyer, Grundzüge 33 ff.

[16] Text bei Hahn 194 ff. Hinsichtlich der übrigen Friedensschlüsse vgl. Meyer, Grundz. 32 f. und die dort gegebenen Nachweisungen; Thudichum 2.

[17] Der Art. IV hat folgenden Wortlaut: „S. M. der Kaiser

2. Zustimmung Oesterreichs zur Einverleibung folgender Staaten und Staatstheile in den preußischen Staat: Hannover, Kurhessen, Nassau, Frankfurt a. Main, Hessen-Homburg, ferner geringfügiger bayrischer und großherzoglich hessischer Territorien (Art. VI. 2);[18]

3. Zustimmung Oesterreichs zur Einverleibung Schleswig-Holsteins in den preußischen Staat jedoch mit dem Vorbehalt, daß diejenigen nordschleswigschen Districte, welche durch freie Abstimmung den Wunsch äußern würden, wieder mit Dänemark vereinigt zu werden, an letzteren Staat zurückfallen sollten (Art. V.); eine solche Abstimmung wurde weder von Oesterreich, das allein hiezu berechtigt gewesen wäre,[19] verlangt, noch von Preußen freiwillig in's Werk gesetzt; durch Staatsvertrag zwischen Oesterreich und dem deutschen Reiche v. 11. October 1879 hat Oesterreich auf jenen Vorbehalt des Art. V. verzichtet, so daß die Ein-

---

von Oesterreich erkennt die Auflösung des bisherigen deutschen Bundes an und giebt seine Zustimmung zu einer neuen Gestaltung Deutschlands, ohne Betheiligung des österreichischen Kaiserstaates. Ebenso verspricht S. M. das engere Bundesverhältniß anzuerkennen, welches S. M. der König von Preußen nördlich der Linie des Mains begründen wird, und erklärt sich damit einverstanden, daß die südlich von dieser Linie gelegenen deutschen Staaten in einen Verein zusammentreten, dessen nationale Verbindung mit dem norddeutschen Bunde der näheren Verständigung zwischen beiden vorbehalten bleibt und der eine internationale unabhängige Existenz haben wird."

[18] Nähere Angaben s. bei Thudichum a. a. O. 9. Der betr. Art. VI garantirt die territoriale Integrität Sachsens und fährt dann fort: „dagegen verspricht S. M. d. Kaiser von Oesterreich, die von S. M. d. König von Preußen in Norddeutschland herzustellenden Einrichtungen einschließlich der Territorialveränderungen anzuerkennen."

[19] Thudichum 55 ff.

verleibung von ganz Schleswig in den preußischen Staat nunmehr staatsrechtlich definitiv ist.

4. Zustimmung Oesterreichs zur Herstellung eines aus den Mittel- und Norddeutschen Staaten bestehenden deutschen Bundesstaates unter preußischer Führung (Art. IV).[20]

Damit war der deutsche Bund in aller Form Rechtens aufgelöst; alle früheren Bundesglieder (mit Ausnahme von Liechtenstein) hatten beigestimmt.[21] Ueberdies erkannten auch die Wiener Congreßmächte, deren Vertreter sich i. J. 1867 zu London zum Zwecke der Feststellung des staatsrechtlichen Verhältnisses von Luxemburg versammelt hatten, die neugeschaffenen Verhältnisse an.[22]

Luxemburg und Limburg schieden aus jeder staatsrechtlichen Verbindung mit Deutschland aus (Staatsvertrag der Großmächte v. 11. Mai 1867).[23]

Bayern, Württemberg und Baden wurden zwar nicht in das bundesstaatliche Verhältniß einbezogen, traten jedoch durch Erneuerung der Zollvereinsverträge sowie durch Schutz- und Trutzbündnisse mit Preußen schon damals in einen engen wirthschaftlichen und militärischen Verband mit dem neu geschaffenen deutschen Bundesstaate (hierüber unten §. 2 VII).

---

[20] S. oben N. 17 den Wortlaut des Art. IV.

[21] Die einzelnen Daten giebt Hermann Schulze, Einleitung in das deutsche Staatsrecht. Neue Ausg. (1867) S. 399[3].

[22] Laband I 7.

[23] Text bei Hahn 586. Vgl. Meyer, Lehrb. §. 65; Thudichum 47 ff.; Laband I 13[3].

§. 2.

Die Aufrichtung des Norddeutschen Bundes.[1]

I. Das im Prager Frieden bereits von Oesterreich anerkannte „engere Bundesverhältniß“ für die Staaten nördlich des Maines empfing seine erste feste Rechtsbasis durch den Staatsvertrag vom 18. August 1866, welchen sechszehn deutsche Staaten, Preußen an der Spitze, mit einander abschlossen. Dieser Staatsvertrag bestimmte: daß zwischen den contrahirenden Staaten auf der Grundlage des vom preußischen Gesandten am 14. Juni bei seinem Ausscheiden aus dem Bundestage überreichten Reformantrages ein neues staatsrechtliches Verhältniß unter dem Namen „Norddeutscher Bund“ begründet werden solle.[2]

Die contrahirenden Staaten waren: Preußen, Sachsen-Weimar, Oldenburg, Braunschweig, Sachsen-Altenburg, Sachsen-Coburg-Gotha, Anhalt, Schwarzburg-Rudolstadt, Schwarzburg-Sondershausen, Waldeck, Reuß j. L., Schaumburg-Lippe, Lippe, Lübeck, Bremen, Hamburg. Auf Grund späterer Specialverträge traten noch bei: beide Mecklenburg (21. August), Hessen für seine nördlich des Maines belegenen Landestheile (3. September), Reuß ä. L. (26. September), Sachsen-Meiningen (8. October) — die letztgenannten beiden Staaten hatten zuerst formell abgelehnt, dem Bunde beizutreten — endlich das Königreich Sachsen (21. October).

Der Augustvertrag bestimmte Folgendes:

1. „Offensiv- und Defensivbündniß zur Erhaltung der

---

[1] Laband I §§. 2 u. 3. Meyer, staatsrechtl. Erörterungen S. 20 ff. u. Lehrb. §. 64; Thudichum 12 ff.; Hänel, Studien zum deutschen Staatsrecht I 68 ff.

[2] Text des „Augustbündnisses“ bei Hahn 463 ff.

Unabhängigkeit und Integrität, sowie der inneren und äußeren Sicherheit", gegenseitige Garantie des Besitzstandes, Stellung sämmtlicher Truppencontingente der Bundesglieder unter den Oberbefehl des Königs von Preußen;

2. Herstellung einer „Bundesverfassung auf der Basis der Grundzüge vom 10. Juni 1866" „unter Mitwirkung eines gemeinschaftlich zu berufenden Parlamentes", das nach Maßgabe des Reichswahlgesetzes v. 12. April 1849 gewählt und für dessen Bildung die Wahlen sofort angeordnet werden sollten;

3. Dauer des geschlossenen Bündnisses „bis zum Abschluß des neuen Bundesverhältnisses, eventuell auf ein Jahr, wenn der neue Bund nicht vor Ablauf eines Jahres geschlossen sein soll."

Die Preußischen Grundzüge vom 10. Juni 1866, deren Hauptinhalt bereits in der Proclamation Friedrich Wilhelms IV. v. 18. März 1848 und genauer präcisirt in einer preuß. Denkschrift v. 15. September 1863[3] (anläßlich des von Oesterreich damals in Scene gesetzten Frankfurter Fürstentages der Bundesversammlung überreicht) enthalten war, stellten folgende Hauptpunkte der durchzuführenden Bundesreform fest:

1. Ausschluß von Oesterreich und Luxemburg aus dem Bundesverhältniß; 2. Bundesgesetzgebung durch einen umzugestaltenden Bundestag unter Mitwirkung einer aus allgemeinen directen Wahlen hervorgegangenen Nationalvertretung; 3. Einheit des Rechtes in Beziehung auf Zoll-, Handels-, Bank-, Münz-, Maß- und Gewichtswesen; einheitliche Gesetzgebung über Erfindungspatente und das sog. geistige Eigen-

[3] Hahn 60.

thum; über Freizügigkeit, Heimats- und Niederlassungsverhältnisse, Gewerbebetrieb, Colonisation, Auswanderungswesen, Schutz des deutschen Handels und der deutschen Schifffahrt durch Bundesconsuln, einheitliche Regelung des Eisenbahnwesens „im Interesse der Landesvertheidigung und des allgemeinen Verkehrs", des Schifffahrtsbetriebes auf den mehreren Staaten gemeinsamen Wasserstraßen, des Post- und Telegraphenwesens, Einheit der Civilproceßordnung und des Concursverfahrens, einheitliche Marine unter preußischem Oberbefehl, Bildung zweier Bundesheere, eines norddeutschen unter preußischem, eines süddeutschen unter bayrischem Oberbefehl.

Das war gleichsam das Programm für das aufzurichtende Bundesverhältniß, welches eine durch den thatsächlichen Verlauf der Dinge gebotene Modification nur in Hinsicht des süddeutschen Bundesheeres unter bayrischem Oberbefehl fand.

Das Rechtsverhältniß unter den zweiundzwanzig obengenannten Staaten war zunächst ein rein vertragsmäßiges; überdies hatte der Vertrag nur, soweit er auf Offensiv- und Defensivallianz gerichtet war, eine gegenwärtige thatsächliche Bedeutung; aber auch in dieser Beziehung beschränkt auf die kurze Zeitdauer eines Jahres; soweit er auf das zu begründende Bundesverhältniß ging, war er lediglich auf die Zukunft gerichtet.[4] Gerade um dieses letzteren Punktes willen wurde der Vertrag zeitlich begrenzt: nicht „ewig" „unauflöslich", wie z. B. die Bundesakte, wollte das Augustbündniß sein, nicht ein dauerndes Bundesverhältniß sollte durch dasselbe begründet werden; vielmehr ging es auf einen ganz bestimmten concreten Zweck und war nach

---

[4] Hänel 69.

Erreichung dieses Zweckes bezw. nach Ablauf der Zeitfrist eines Jahres rechtlich dahingefallen. Es ist positiv irrig anzunehmen, der Augustvertrag sei „auf Begründung **immerwährender** Verpflichtungen“ gerichtet gewesen,[5] während er doch, soweit er das Bundesverhältniß betraf (und nur um diesen Punkt kann es sich hier handeln), nur auf **eine einzige höchstens im Zeitraum eines Jahres zu erfüllende Leistung** sich bezog. Rechtliche Bedeutung konnte der Augustvertrag in keinem Falle länger beanspruchen, als bis der in demselben bezeichnete Zweck erreicht bezw. ein Jahr verflossen war.[6] Diejenige juristische Construction, welche zur Erklärung nicht blos der historischen Genesis sondern der staatsrechtlichen Natur des Reiches auf den Augustvertrag sich stützt, ist völlig unhaltbar, weil mit Sinn und Wortlaut jenes Vertrages in klaffendem evidenten Widerspruch.

II. Alsbald nach dem Abschluß des Augustvertrages wurden die nöthigen Maßnahmen zu seiner Erfüllung getroffen. Dabei handelte es sich zunächst um folgende zwei Punkte:

1. Vertreter der „Regierungen“ traten in Berlin zusammen zur Feststellung des Verfassungsentwurfes;

2. ein Parlament „zur Berathung und Vereinbarung“ der Verfassung mit den Regierungen mußte berufen werden.

---

[5] Dies thut Seydel, Commentar zur Verfass.-Urkunde S. 5 und geräth von diesem falschen, mit dem klaren Wortlaut des Augustvertrages in Widerspruch stehenden Ausgangspunkt in ein Meer von falschen Consequenzen.

[6] Dies mit größter Schärfe hervorgehoben und dadurch die Unhaltbarkeit des Seydel'schen Fundamentes nachgewiesen zu haben, ist ein hohes Verdienst Hänel's 69 ff. Uebereinstimmend und ergänzend Laband I 17 f.

Der erste Punkt konnte nach seiner formellen Seite ohne Schwierigkeit in Vollzug gesetzt werden; die Conferenzen der Regierungsvertreter fanden in Berlin v. 18. Januar bis 7. Februar 1867 statt; in einem Schlußprotokoll wurde der in diesen Berathungen vereinbarte Verfassungsentwurf fixirt.[7]

Mehr Schwierigkeiten bietet für die juristische Construction der zweite Punkt. Der Augustvertrag schrieb als Norm für Berufung des Parlamentes „das Reichswahlgesetz v. 12. April 1849" vor. Selbstverständlich hatte letzteres an sich keinerlei rechtliche Kraft für die verbündeten Staaten, sondern mußte eine solche erst dadurch erhalten, daß es als Staatsgesetz in jedem einzelnen derselben erlassen wurde. Dies geschah, nicht ohne daß von den betheiligten Gesetzgebungsfactoren mehrfache Textänderungen an jenem „Reichsgesetz" vorgenommen wurden,[8] wozu die rechtliche Befugniß unbestreitbar vorhanden war; doch stimmten materiell die 22 einschlägigen Einzelstaatsgesetze überein, und damit war der hierauf bezüglichen Vereinbarung des Augustvertrages Genüge gethan. Durch diese 22 übereinstimmenden Einzelstaatsgesetze wurde angeordnet, daß in jedem Staate nach einem übereinstimmenden Wahlmodus Vertreter des Volkes zur Berathung des von den Regierungsvertretern formulirten Verfassungsentwurfes gewählt werden sollten, je einer auf 100 000 Seelen. Zur Berathung: in einigen der Wahlgesetze (so im preußischen auf Antrag Twesten's nach einer interessanten Verhandlung der Kammern) wurde dies ausdrücklich gesagt; aber auch wo dies nicht der Fall war, konnte das Verhältniß staats-

[7] Hahn 480 ff.; Laband I 21 ff.; Meyer, Lehrb. 139[14]; Thudichum 17 f.; v. Rönne I 15 ff.

[8] Hahn 465 ff.

rechtlich kein anderes sein: staatsrechtlich war das auf Grund der so angeordneten Wahlen am 24. Februar 1867 in Berlin zusammengetretene Parlament nichts mehr und nichts weniger als eine Versammlung von Notablen der deutschen Nation,[9] dessen einzige staatsrechtliche Basis eine gesetzliche Ermächtigung der Einzelstaaten war, welche ihrerseits wieder sich als Erfüllung einer durch Staatsvertrag übernommenen Rechtspflicht qualificirte. Die Thätigkeit dieses Parlamentes konnte gar keine andere als eine „verfassungberathende" sein, und wenn der Augustvertrag dem Parlament eine „verfassungvereinbarende"[10] Thätigkeit vindicirt und alle 22 Einzelstaatsgesetze dies sanctionirt hätten, so wäre die Thätigkeit dieses Parlamentes doch nur eine berathende gewesen. Denn es fehlte demselben zu einer rechtlich verbindenden Thätigkeit die absolut nothwendige Voraussetzung, auf welcher die Rechtskraft aller parlamentarischen Thätigkeit beruht: der Staat. Das norddeutsche Parlament v. 24. Februar 1867 hatte in seiner Gesammtheit gar keine gesetzliche, sondern nur eine vertragsmäßige Basis. Die Beschlüsse desselben hatten als

---

[9] Nicht haltbar ist die Ansicht Hänels 71 f. über den rechtlichen Charakter dieses „verfassungsvereinbarenden" Parlamentes. Richtig Meyer 139, bes. N. 16 die treffende Polemik gegen Hänel; richtig Seydel 4. Laband I 20 behandelt diesen Punkt auch nicht scharf genug, die richtige Ansicht ist aber in der vollkommen zutreffenden Note 2 auf S. 33 gegen Thudichum 51 mit großer Schärfe zum Ausdruck gebracht und die Meinung von der „contrahirenden" Function jenes Parlamentes mit Recht als ein „höchst sonderbares Mißverständniß" bezeichnet.

[10] Diese staatsrechtlich unhaltbare Unterscheidung machen Thudichum 14 f. und Meyer, Erörterungen 25.

solche keine Rechtskraft, sondern mußten eine solche erst durch die Einzelstaaten erhalten.

Das Parlament war vom König von Preußen, kraft der ihm von den verbündeten Regierungen ertheilten „Vollmacht“ [11] berufen worden. Alsbald wurde demselben der von den Regierungsvertretern zuvor festgestellte Verfassungsentwurf vorgelegt. Nach längerer Berathung wurde die Verfassung, gegenüber dem vorgelegten Entwurfe nicht unerheblich verändert, mit 230 gegen 35 Stimmen am 16. April 1867 angenommen; die verbündeten Regierungen stimmten diesen Abänderungen sofort zu.[12] Somit war die Verfassung „vereinbart“.

Staatsrechtlich aber war damit noch nicht mehr erreicht, als daß den Bestimmungen des Augustvertrages über Mitwirkung eines Parlamentes zur Herstellung der Bundesverfassung genügt war: die Verfassung selbst war dadurch weder Gesetz noch Vertrag geworden, vielmehr vorerst nichts mehr und nichts weniger als ein rechtlich ganz unverbindlicher Entwurf.[13] Durch Annahme des Entwurfes, wie er aus den Berathungen des Parlamentes hervorgegangen war, hatten sich jedoch die Regierungen neuerdings verpflichtet, auf der Basis des mit dem Parlament „vereinbarten“ Verfassungsentwurfes diejenigen Schritte zu thun, welche zur endlichen Erfüllung des Augustvertrages, nämlich zur Aufrichtung des Bundesverhältnisses selbst, noch nothwendig waren.

III. Zu diesem Zwecke mußten zunächst abermals die gesetzgebenden Factoren der 22 Einzelstaateu in Bewegung

[11] Hahn 496.

[12] Text des betr. Protocolles d. d. 16. April bei Hahn 575.

[13] Laband I 26.

gesetzt werden. Die sämmtlichen Regierungen legten ihren Kammern den „vereinbarten" Verfassungsentwurf vor und allenthalben wurde derselbe unverändert angenommen. Eine Rechtspflicht zu unveränderter Annahme bestand keineswegs:[14] jede Abänderung aber hätte zu überaus weitläufigen neuen Proceduren führen müssen.

Wie aber läßt sich der juristische Sinn der in den 22 Einzelstaaten erfolgten „Annahme" der Bundesverfassung präcisiren?

Das formelle Verfahren in den Einzelstaaten gegenüber dem Verfassungsentwurf unterschied sich in Nichts von dem Verfahren gegenüber anderen Gesetzentwürfen: in Form von 22 Einzelstaatsgesetzen[15] wurde die Bundesverfassung angenommen.

Gleichwohl aber ist es staatsrechtlich durchaus falsch, den juristischen Inhalt dieses Vorganges dahin zu bezeichnen: die Bundesverfassung sei übereinstimmendes Einzelstaatsgesetz der 22 verbündeten Staaten geworden.[16] Mit Recht ist dagegen der durchschlagende Grund geltend gemacht worden,[17] daß ein Einzelstaatsgesetz mit dem Inhalt der Bundesverfassung eine staatsrechtliche

[14] Wenn Laband I 20 sagt: „jeder Versuch eines Einzellandtages, an der Feststellung der Verfassung positiven Antheil zu nehmen, hätte die Regierungen ihrer vertragsmäßigen Verpflichtung entbunden", so ist dagegen zu bemerken, daß vielmehr ein solcher Antheil der Einzellandtage absolut nothwendig und selbstverständlich, geradezu ein Bestandtheil der „vertragsmäßigen Verpflichtungen" war. Die Einzellandtage konnten staatsrechtlich gar nicht auf ihre positive Mitwirkung, die eine Consequenz der constitutionellen Principien war, verzichten.

[15] Der Text dieser Gesetze findet sich bei Glaser, Archiv I H. 4 S. 117 ff.

[16] Seydel 5 ff.

[17] Hänel 53, 75 ff.; Laband I 27.

Unmöglichkeit sei. Ein Staat kann auf gesetzlichem Wege nur über sich und seine Angelegenheiten disponiren, nicht aber kann ein sächsisches Gesetz bestimmen, daß der König von Preußen den Oberbefehl über mecklenburgische Truppen zu führen habe. Die Ansicht, die Bundesverfassung sei übereinstimmendes Einzelstaatsgesetz von 22 Staaten geworden, ist durch Hänel definitiv beseitigt worden.

Ganz ebenso falsch aber wie diese Meinung ist die neuerdings wieder vorgetragene: die Bundesverfassung sei durch jene Einzelstaatsgesetze übereinstimmender „völkerrechtlicher Vertrag" geworden und habe dadurch „ihre verbindliche Kraft in den Einzelstaaten gewonnen".[18] Alle Gründe, welche gegen das „übereinstimmende Einzelstaatsgesetz" sprechen, sprechen ganz ebenso gegen den „übereinstimmenden völkerrechtlichen Vertrag"; so wenig ein sächsisches Gesetz über mecklenburgische Truppen, so wenig kann ein Staatsvertrag zwischen Sachsen und Preußen über mecklenburgische Truppen irgendwelche „verbindliche" Norm constituiren. Das Eine ist staatsrechtlich genau so unmöglich wie das Andere. Daß übrigens die Bundesverfassung die rechtliche Natur eines Vertrages auch nach ihrem Inhalte positiv nicht hat, wird weiterhin noch nachzuweisen sein (vgl. unten §. 4).

Der Inhalt jener 22 Einzelstaatsgesetze kann staatsrechtlich vielmehr nur mit Laband[19] dahin präcisirt werden:

---

[18] Meyer, Lehrb. S. 140 Note. Auch Westerkamp 21 nimmt einen völkerrechtlichen Vertrag als rechtliche Basis der Bundesverfassung an. Contrahenten dieses Vertrages seien gewesen: „1. die Fürsten und die freien Städte in Norddeutschland; 2. die Bevölkerungen der einzelnen Staaten, repräsentirt durch ihre gesetzlichen Vertreter; 3. das norddeutsche Volk in seiner Gesammtheit, repräsentirt durch den constituirenden Reichstag"!

[19] I 31 ff.

Die 22 Staaten gaben in Form von Gesetzen übereinstimmend die Erklärung ab, vom 1. Juli 1867 ab Glieder eines auf der Basis der von den Regierungen und dem Parlament „vereinbarten" Verfassung zu errichtenden Bundesstaates sein zu wollen.

Nur in diesem Sinne war es möglich, daß die Einzelstaaten die Bundesverfassung „annahmen", daß die letztere „Gesetz" der Einzelstaaten wurde.

Die Bundesverfassung selbst hatte aber auch dadurch noch keinen rechtlich verbindenden Character gewonnen, der Bundesstaat selbst war auch dadurch noch nicht staatsrechtlich existent geworden. Wohl aber war damit die letzte Vorbedingung für das Existentwerden erfüllt. Die Einzelstaatsgesetze der 22 Staaten enthalten die Uebernahme einer zukünftigen, am 1. Juli 1867 zu erfüllenden Leistung.[20]

IV. Am 1. Juli 1867 trat der norddeutsche Bundesstaat in's Leben. Auf diese Thatsache und auf diesen Zeitpunkt waren die 22 Einzelstaatsgesetze gerichtet. Nur der 1. Juli kann staatsrechtlich als der Geburtstag des deutschen Bundesstaates in Betracht kommen. Das Entstehen

[20] Laband I 32 sagt, daß die Publicationsgesetze und die zu ihrer Durchführung erfolgten Regierungs-Handlungen die „Gründung des Bundes" „darstellen". Nur die Regierungshandlung aber, die im Text sub IV bezeichnet ist, kann als „Gründung des Bundes" im Sinne von rechtlicher Entstehung des letzteren bezeichnet werden. Es ist ein Widerspruch, wenn Laband a. a. O. sagt: „die Publicationsgesetze — — stellen die Gründung des Bundes dar" und unmittelbar darauf: „am 1. Juli war der nordd. Bund errichtet, nicht früher und nicht später". Die Publicationsgesetze sind nicht vom 1. Juli.

eines Staates ist an sich immer etwas lediglich Factisches:[21] so auch beim norddeutschen Bunde. Der Augustvertrag war gerichtet auf Herstellung eines Bundesstaates: dazu bedurfte es der durch Gesetz zu ertheilenden Zustimmung der betheiligten Staaten: diese wurde ertheilt unter der Bedingung, daß die bereits festgestellte Verfassung die staatsrechtliche Grundlage für den Bundesstaat bilden werde: daraufhin constituirte sich am 1. Juli die neue Staatsgewalt, welche in der Einheit der verbündeten Regierungen bestand und bis heute besteht. Damit waren die Verträge erfüllt, folglich juristisch dahingefallen:[22] als Documente eines völkerrechtlichen Vertragsverhältnisses[23] zwischen den verbündeten Staaten haben sie seit dem 1. Juli, seit der Aufrichtung des staatsrechtlichen Baues, der die verbündeten Staaten umschließt, nur mehr historische Bedeutung.[24]

Welches aber ist das staatsrechtliche Verhältniß der Bundesverfassung zu dem neu constituirten Staatswesen?

In dem Publicandum des Königs von Preußen vom 26. Juli 1867 ist gesagt: daß die Bundesverfassung seit 1. Juli Gesetzeskraft erlangt hat. Die rechtliche Construction dieses Verhältnisses bietet erhebliche Schwierigkeiten.

---

[21] So sagt auch Laband I 30: „die Gründung des norddeutschen Bundes — — kann nicht als die Aufstellung einer Rechtsregel angesehen werden, sondern als eine That"; Laband zieht aber aus diesem richtigen Gesichtspunkte nicht die juristischen Consequenzen. Keineswegs wurde dieser „Entschluß" „verwirklicht" durch die Einzelstaatsgesetze, durch die letzteren wurde er nur „erklärt".

[22] Hänel 77.

[23] Laband I 49, 61. Grund zur Polemik gegen Hänel liegt m. E. hier für Laband nicht vor, da beide Schriftsteller nur im Wort, nicht in der Sache differiren.

[24] Hänel 87 ff.

Laband durchhaut den Knoten, indem er sagt: der neue Bundesstaat habe sein Grundgesetz, seine Verfassung „gleich mit auf die Welt gebracht“.[25] Dies ist thatsächlich unzweifelhaft richtig; für die juristische Betrachtung aber erhebt sich die Schwierigkeit: wie ist es möglich, daß ein Staat und sein Gesetz zugleich in einem Akte entstehen, da doch jedes Gesetz begrifflich eine Staatsgewalt voraussetzt? Diese Schwierigkeit löst Laband nicht. Ihre Lösung liegt in folgender Deduction.

Der Begriff „Verfassung“ im engeren Sinne — im weiteren Sinne ist überhaupt jede wie immer geartete Ordnung eines Staates eine „Verfassung“ — geht dahin: die bisher absolute monarchische Staatsgewalt beschränkt sich selbst bei Ausübung der staatlichen Functionen, speciell der höchsten derselben, der Gesetzgebung, durch Zuziehung von Vertretern des Volkes, überhaupt durch Aufrichtung einer Ordnung, an welche der Träger der Staatsgewalt künftig gebunden sein zu wollen erklärt. Die Ertheilung einer Verfassung in diesem Sinne ist staatsrechtlich immer eine Concession, welche der Träger der Staatsgewalt, der Monarch, an einen anderen bisher nicht berechtigten Factor, das Volk, bezüglich der Ausübung der Staatsgewalt macht.[26]

---

[25] Staatsrecht I 33.

[26] Dies wird sehr treffend von Hänel 33—34[35], also einem Schriftsteller, dem Mißtrauen gegen parlamentarische Machtansprüche gewiß nicht zum Vorwurf gemacht werden wird, in folgendem Satze ausgesprochen: „im modernen Staat, wo die Rechtsverbindlichkeit auch der pactirten Verfassung der Sanction des Monarchen entstammt, bedeutet die Pactirung nicht mehr als die rechtlich anerkannte Mitwirkung der zur Vertretung öffentlicher Interessen und Rechte Berufenen an der Willensbildung des Staates in der Form der Zustimmung zu einer Gesetzesvorlage“. Vorzüglich auch

Die Consequenz dieses Satzes führt mit logischer Nothwendigkeit zu der Annahme: der Staat und die Staatsgewalt sind immer das Primäre, die constitutionelle Beschränkung bei der Ausübung kann begrifflich erst das Sekundäre sein.

Um sich die Entstehung des norddeutschen Bundes staatsrechtlich klar zu machen, muß man demnach unterscheiden: zuerst trat die neue Staatsgewalt, die juristische Einheit der 22 vorher unabhängigen und souveränen Staaten, factisch in's Leben; diese neue Staatsgewalt aber hat sich sofort, wozu sich deren Factoren erst vertragsmäßig unter sich, dann jeder einzelne gesetzlich verpflichtet hatten, constitutionell beschränkt. Die norddeutsche Bundesverfassung ist demnach staatsrechtlich als Gesetz octroyirt und zwar sofort beim Inslebentreten des neuen Bundesstaates, thatsächlich mit, staatsrechtlich sofort nach dessen Errichtung. Staatsrechtlich sind überhaupt alle Verfassungen als „octroyirt" zu betrachten, der Begriff einer „pactirten" „vereinbarten" Verfassung ist, wenn man überhaupt mit diesen Worten einen juristischen Gedanken verbindet, staatsrechtlich nicht construirbar.

Die oben gegebene Deduction ist nicht werthlose Haarspalterei: sie allein giebt vielmehr die Möglichkeit einer richtigen Erfassung der Grundbegriffe des constitutionellen Staatsrechtes überhaupt; sie allein bietet ferner für unser Reichsstaatsrecht die Möglichkeit, der Verfassung den Character des Gesetzes zu retten und damit dem Reich die

---

Laband II 6 vgl. auch 30. Man sollte aber unter diesen Umständen eine so irreführende Bezeichnung wie „pactirt" ganz vermeiden.

feste staatsrechtliche Basis. Andernfalls würden wir immer zu der Seydel'schen, neuerdings auch von G. Meyer[27] festgehaltenen Annahme gedrängt: die Reichsverfassung sei ein Vertrag und wir müßten auch alle Consequenzen dieser Annahme für das Reichsstaatsrecht gelten lassen, also vor allem die Möglichkeit einer legalen Auflösung des Reiches durch einen neuen Vertrag.

V. Am 26. Juli 1867 erließ der König von Preußen ein Publicandum, in welchem er erklärt, einmal daß die Bundesverfassung am 1. Juli 1867 Gesetzeskraft im gesammten Bundesgebiet erlangt habe;[28] ferner daß er die ihm durch die Bundesverfassung übertragenen Präsidialpflichten übernehme. Dieses Publicandum hat keinerlei juristisch constitutive, sondern nach seinen beiden Seiten nur declaratorische Bedeutung, insbesondere auch was die Präsidialpflichten angeht, da deren Uebernahme bereits vorher durch die concludente Handlung der Ausübung erklärt war.

VI. Das Bundesparlament hätte nunmehr neu gewählt werden müssen, da das früher gewählte nur eine Notablenversammlung mit berathendem Character und erst jetzt die staatsrechtliche Basis für eine rechtlich verbindende Thätigkeit des Parlamentes gegeben war. Es erfolgte jedoch keine Neuwahl: staatsrechtlich durchaus incorrecter Weise trat das Notablenparlament nun als staatsrechtlicher Factor der norddeutschen Bundesgewalt ein. Correcter Weise hätte mit der

---

[27] Lehrb. §§. 64, 67. Auch v. Martitz (1868) S. 6, 136 ff.

[28] Wenn Hänel 77 das Datum dieses Publicandums als juristischen Entstehungstermin der Verfassung betrachtet, so spricht hiergegen einmal der Wortlaut des Publicandums, sodann, wie insbesondere Laband I 32[1] hervorhebt, daß der Bund in diesem Falle 26 Tage ohne Verfassung gewesen wäre. Vgl. auch Meyer, Lehrb. 140 Note.

Verfassung auch ein Wahlgesetz octroyirt werden müssen, auf Grund dessen dann das Parlament neu zu wählen war.

VII. Von den Staaten des ehemaligen deutschen Bundes waren: a) sechs in Preußen aufgegangen; b) Oesterreich ganz ausgeschieden; c) die 22 oben sub. I genannten zu einem neuen Staat umgebildet worden; d) Luxemburg mit Limburg durch Staatsvertrag der Großmächte d. d. London 11. Mai 1867 gleichfalls definitiv aus dem staatsrechtlichen Verhältniß mit Deutschland gelöst worden; verblieben noch e) die drei süddeutschen Staaten Bayern, Württemberg, Baden, dazu Hessen für seine südlichdes Maines belegenen Theile, indeß das nördliche Gebiet dieses Staates zum norddeutschen Bunde gehörte.[29]

Die südlich des Maines belegenen deutschen Staaten blieben nach Maßgabe des Prager Friedens aus dem deutschen Bundesstaate ausgeschlossen, und es wurde für dieselben ein Südbund der sich mit dem Nordbund über eine „nationale Verbindung“ „verständigen“, aber „eine internationale selbständige Existenz haben wird“, vorbehalten.[30]

Dieser Südbund kam nicht zu Stande; die betreffenden Staaten waren vielmehr vom 14. Juni 1866 bis 1. Januar 1871 frei von jedem engeren Bundesverhältniß.

Mit dem norddeutschen Bunde aber waren die Südstaaten durch zwei Staatsverträge verbunden und dadurch schon damals die militärische wie wirthschaftliche Einheit der Nation thatsächlich so gut wie ganz hergestellt.

1. Zugleich mit den Friedensschlüssen des Jahres 1866 war zwischen Preußen und jedem der drei süddeutschen Staaten eine Offensiv- und Defensiv-Allianz abge-

---

[29] Vgl. zum Folgenden Laband I §. 3.

[30] Thudichum 22 ff.; von Rönne I 18 ff.

schlossen worden, kraft deren sich die Contrahenten a) gegenseitig die Integrität ihres Gebietsstandes garantirten, b) die Südstaaten sich verpflichteten, im Kriegsfalle ihre Truppen unter den Oberbefehl des Königs von Preußen zu stellen, c) auch im Frieden die militärische Einheit dadurch zu sichern, daß sie ihre Heereseinrichtungen conform denen des norddeutschen Bundes gestalten würden. Ueber letzteren Punkt erfolgte noch eine specielle Verständigung auf einer zu Berlin am 5. Februar 1867 abgehaltenen Conferenz.

2. Durch Staatsvertrag v. 8. Juli 1867 wurde der Zollverein erneuert.[31]

Zölle und indirecte Steuern waren durch die Verfassung des norddeutschen Bundes der Centralgewalt zugeschieden. Die Erneuerung des Zollvereins mit den süddeutschen Staaten erfolgte nun in der Weise, daß auch die Südstaaten für diese Materien völlig in den Bundesstaat eintraten: sie unterwarfen sich der bezüglichen Bundesgesetzgebung, wurden aber dafür an der Rechtsbildung für jene Materien in der Weise betheiligt, daß neben dem allgemeinen Bundesrath durch Hinzutritt von Vertretern der süddeutschen Staaten ein specieller Zollbundesrath und daß neben dem allgemeinen Parlament durch Hinzutritt von Abgeordneten des Volkes der süddeutschen Staaten ein specielles Zollparlament hergestellt wurde. Zollbundesrath und Zollparlament müssen als ganz selbständige staatsrechtliche Institutionen betrachtet werden, standen aber durchaus unter den nämlichen staatsrechtlichen Normen wie der allgemeine Bundesrath und das allgemeine Parlament.[32]

---

[31] BGB. 81 ff.; Hahn 624 ff.

[32] Meyer, Lehrb. §. 66. Das gesammte, für diese Entwickelungsstufe geltende Recht hat systematisch und mit Sorgfalt bearbeitet Thudichum in

3. Ferner wurde auch bezüglich anderer Materien die Verbindung zwischen dem Nordbunde und den süddeutschen Staaten neuerdings durch Staatsvertrag geordnet.[43]

Das so hergestellte Verhältniß zwischen dem Nordbunde und den Südstaaten war an sich höchst abnorm und aller staatsrechtlichen Theorie spottend. Ganz besonders war dies beim Großherzogthum Hessen der Fall, indem Nordhessen Bestandtheil des Bundes war, Südhessen dagegen im gleichen Verhältniß wie Bayern, Württemberg und Baden stand. Auch ohne die Ereignisse d. J. 1870 würde die staatsrechtliche Logik in kurzer Zeit zu einer Aenderung dieser innerlich unhaltbaren staatsrechtlichen Ordnung haben führen müssen. Diese Ueberzeugung hat auch in der norddeutschen Bundesverfassung selbst Ausdruck gefunden, indem Art. 79 Abs. 2 den „Eintritt" der süddeutschen Staaten „auf dem Wege der Bundesgesetzgebung"[34] vorbehielt. Eine rechtliche Bedeutung kann diesem Satze principiell gar nicht zukommen: er ist aber characteristisch als Symptom.[35] Rechtlich war er überflüssig und darum bedeutungslos, wenn er nur sagen wollte, daß der „Eintritt" der süddeutschen Staaten nicht ohne Zustimmung der gesetzgebenden Factoren des Nordbundes solle erfolgen können, denn jener „Eintritt" war ja nicht ohne Abänderung der Verfassung möglich; ebenso wenn

---

der mehrf. cit. Schrift: das Verfassungsrecht des nordd. Bundes u. d. deutschen Zollvereins. Eine gedrängte gute Uebersicht bei Meyer, Grundz. 162—170, 177—179.

[33] Laband I 36 Z. 3.

[34] Hänel 79 f.; Thudichum 86.

[35] Eine „Veränderung der Bundesidee" war der „Eintritt" der südd. Staaten gewiß nicht, aber eine „innere Angelegenheit" eben so gewiß auch nicht. Die betr. Aeußerung Laskers (citirt von Laband I 36 f.) ist verwirrend.

er besagen wollte, daß zum „Eintritt“ nicht ein neuer Vertrag sämmtlicher Bundesglieder erforderlich sein solle, denn Staatsverträge über Bundesangelegenheiten abzuschließen, waren ja die einzelnen Bundesglieder nach der Bundesverfassung gar nicht mehr competent auch ohne Art. 79[36]; rechtlich unmöglich aber war er, wenn er sagen sollte, ein norddeutsches Bundes-Gesetz sei ausreichend zur Aufnahme eines der süddeutschen Staaten, da der norddeutschen Bundesgesetzgebung doch unmöglich die Competenz vindicirt werden konnte, über souveräne Staaten mit bindender Rechtskraft zu disponiren. Die Weiterentwickelung des staatsrechtlichen Verhältnisses zwischen dem Nordbunde und den Südstaaten konnte vielmehr vorerst nur auf dem Wege des Staatsvertrages zwischen dem Nordbunde und jedem einzelnen der Südstaaten erfolgen. Einen rechtlichen Sinn konnte jene Bestimmung nur insofern haben, als sie das Erforderniß der Zweidrittelmehrheit im Bundesrath für Verfassungsänderungen in diesem speciellen Falle beseitigte: dies war juristisch möglich und wie es scheint auch der bestimmte Gedanke bei Feststellung des Satzes, der dafür gewählte Ausdruck aber war gewiß so unglücklich als möglich. —

§. 3.

Die Aufrichtung des Deutschen Reiches.[1]

I. Die Offensiv- und Defensivallianz mit den Südstaaten wurde nach wenigen Jahren praktisch. Ohne Zögern und

[36] Dies scheint Hänel 80 zu übersehen.

[1] Das Urkundenmaterial gesammelt bei Hahn, der deutsch-französische Krieg (Berlin 1871). Sehr ausführlich erzählt die Entstehungsgeschichte des Reiches Auerbach, das neue deutsche Reich (1871) S. 31 ff., jedoch ohne den Versuch einer juristischen

unter dem begeisterten Jubelruf des weit überwiegenden Theiles ihrer Bevölkerung erklärten die drei Südstaaten den Krieg, den Frankreich in frechster Weise mit dem norddeutschen Bunde provocirt hatte, für den ihrigen: mit äußerster Schnelligkeit waren die Heereskräfte auch in Süddeutschland mobilisirt und ohne Zögern und Bedenken dem preußischen Oberbefehl unterstellt worden.

Noch während des Krieges begannen dann auch die Verhandlungen über Herstellung eines gesammtdeutschen Bundesstaates. Bereits im September 1870 hatte Bayern die Anregung hiezu gegeben; die ersten Verhandlungen, an welchen auch Württemberg sich betheiligte, fanden in München statt; Baden beantragte formell seine Aufnahme in den norddeutschen Bund. Die Hauptverhandlung fand sodann im großen Hauptquartiere zu Versailles statt; Ende November war dieselbe beendet.

Die völkerrechtlichen Instrumente, welche die Gründung des Reiches vermittelten, sind:

1. Staatsvertrag zwischen dem Norddeutschen Bunde einerseits, Baden und Hessen andrerseits d. d. Versailles 15. November 1870 (BGB. 627 ff. 650 ff.);

2. folgende Staatsverträge zwischen den sub 1. genannten drei Staaten und Württemberg

a) Vertrag d. d. Berlin 25. November 1876 (BGB. 654 ff.);

Construction zu machen. Für letztere sind aus der gesammten einschlägigen Literatur von besonderem Werth nur die Arbeiten von Laband I §. 4 und Hänel 79 ff.; vgl. auch Meyer, Lehrb. §. 67 und Seydel 3 ff. v. Rönne I §. 3.

b) Schlußprotocoll zu a) v. gleichen Datum (BGB. 657);

c) Militär-Convention v. $\frac{\text{Versailles 21.}}{\text{Berlin 25.}}$ Nov. 1870 (BGB. 658 ff.);

3. Die Staatsverträge zwischen dem Norddeutschen Bund und Bayern

a) Vertrag d. d. Versailles 23. Nov. 1870 (BGB. 1871, 9 ff.);

b) Schlußprotocoll zu a) v. gleichen Datum (BGB. 1871, 23 ff.);

4. Württemberg, Baden und Hessen erklärten ihren Beitritt zu den sub 3. genannten Verträgen unterm 8. December 1870.[2]

Diese Staatsverträge (die „Novemberverträge") bilden das Analogon des Augustvertrages von 1866; sie waren gerichtet nicht auf dauernde immerwährende Verpflichtungen, sondern auf einen einzigen concreten Akt: die Herstellung des gesammtdeutschen Bundesstaates vom 1. Januar 1871 ab.[3] Als Contrahenten erscheinen, wie dies auch im Eingang zur jetzigen Reichsverfassung äußerlich zum Ausdruck kommt, nicht 25 sondern 5 Staaten: der norddeutsche Bund, Bayern Württemberg, Baden, Hessen. Zwischen diesen fünf Staaten war ein völkerrechtliches Vertragsver-

[2] Die betr. Urkunde, welche einen integrirenden wichtigen Bestandtheil des für die Entstehung des Reiches maßgebenden Vertragsmateriales bildet, ist nicht im RGB. publicirt. S. über den betr. Vertrag Laband I 42 Z. IV.

[3] Bad.-Hess. V. Satz 2; Württ. Schlußprot. Z. 1 a; Bayr. V. VI (incorrecte Fassung: „gegenwärtiger Vertrag tritt mit dem 1. Januar 1871 in Wirksamkeit"). Vgl. Laband I 44 ff.

hältniß des oben angegebenen Inhaltes zum Abschluß gelangt.[4]

Der Weg zur Erfüllung der Novemberverträge von 1870 war einfacher als s. Z. der Weg zur Erfüllung der Augustverträge. Eines „constituirenden" Parlamentes zur „Vereinbarung" der Verfassung bedurfte es nicht, vielmehr war diese letztere in der Hauptsache bereits vorhanden. Was an Modificationen derselben durch den Zutritt der süddeutschen Staaten erforderlich war, war in den Verträgen stipulirt und darnach eine vollständige Neuredaction des Verfassungstextes vorgenommen worden. Vorerst aber galt noch einzig und allein die norddeutsche Bundesverfassung, jene neu redigirte Verfassung war lediglich Entwurf.

II. Um die Novemberverträge zu erfüllen, bedurfte es zunächst einer Mitwirkung der gesetzgebenden Factoren der betheiligten Einzelstaaten. Diese erfolgte überall in der Weise, daß die abgeschlossenen Verträge in Form von Einzelstaatsgesetzen angenommen wurden, jedoch so daß 1. der norddeutsche Reichstag nicht unerhebliche Aenderungen an den Verträgen vornahm, 2. die bayrische Volksvertretung nicht wie vereinbart vor dem 1. Januar, sondern erst am 30. Januar ihre Annahmeerklärung gesetzlich fixirte.[5]

Was den ersten Punkt betrifft, so war die Berechtigung des norddeutschen Parlamentes zu diesem Vorgehen eine unzweifelhafte: juristisch qualificirten sich die Abänderungen als Bedingungen, an welche die norddeutsche Volksvertretung ihr zur Errichtung des neuen Bundesstaates unbedingt erforderliches Jawort knüpfte. Indem diese Bedingungen von

---

[4] Laband a. a. O.; Hänel 97. A. A. Meyer, staatsrechtl. Erört. 62.

[5] Bayr. GB. 1871 Nr. 22.

den übrigen betheiligten Factoren acceptirt und mit Gesetzeskraft begabt wurden, erledigte sich dieser Punkt ohne Schwierigkeit.

Der zweite Punkt hatte seinen Grund in factischen Hindernissen, welche sich einem rechtzeitigen Zusammentritt der bayrischen Kammern entgegen gestellt hatten. Der am 1. Januar 1871 neu constituirte Staat (vgl. Z. IV.) existirte für Bayern vorläufig nur unter einer Resolutivbedingung: indem die Annahme der Verträge Seitens der bayrischen Volksvertretung, und zwar mit rückwirkender Kraft erklärt wurde, erledigte sich auch dieser Punkt, in dem Sinne als sei jene Erklärung, wie die Verträge postulirten, vor dem 1. Januar abgegeben worden.[6]

Der Inhalt der fünf hier in Frage stehenden Einzelstaatsgesetze ist nicht etwa die Verfassung, weder so daß dieselbe übereinstimmendes Einzelstaatsgesetz noch so daß dieselbe übereinstimmender völkerrechtlicher Vertrag geworden wäre: beides ist wie oben nachgewiesen juristisch unmöglich. Der Inhalt jener fünf Einzelstaatsgesetze ist vielmehr, und zwar bei allen fünf Gesetzen ganz in gleicher Weise,[7] die Erklärung des betreffenden Staates in der feierlichen Form des Gesetzes:

> auf der Grundlage des vorgelegten Verfassungsentwurfes ein Bestandtheil des vom 1. Januar 1871 ab zu constituirenden Bundesstaates sein zu wollen.[8]

---

[6] Vgl. Laband I 47.

[7] A. A. Laband I 45, der dem norddeutschen Bundesgesetze einen anderen rechtlichen Inhalt vindicirt, als welchen die 4 süddeutschen Gesetze haben.

[8] A. A. Meyer, Lehrb. §. 67: „die Gründung des deutschen

Das staatsrechtliche Verhältniß ist somit hier genau das nämliche, wie bei Entstehung des norddeutschen Bundes: es kann somit einfach auf die oben §. 2, III gegebene staatsrechtliche Analyse der betreffenden Vorgänge bei Gründung des norddeutschen Bundes zurückverwiesen werden.

Der Bund aber war durch jene Einzelstaatsgesetze noch nicht constituirt, sondern es war nur von den Betheiligten die bindende gesetzliche Verpflichtung übernommen, denselben in Zukunft nämlich am 1. Januar 1871 constituiren zu wollen.

Schon am 26. December 1870 hatte auch Oesterreich, das auf Grund des Prager Friedens einen Rechtsanspruch auf „unabhängige internationale“ Existenz der Südstaaten hätte geltend machen können, seine Zustimmung zu der projectirten Neugestaltung der Dinge in Deutschland ertheilt.[9]

III. Demgemäß trat am 1. Januar 1871 der neue deutsche Bundesstaat in's Leben, mit der für Bayern oben bezeichneten Modification. Nur der 1. Januar 1871 kann juristisch als Geburtstag des Reiches in Betracht kommen: darüber ist nach dem Wortlaut der Verträge kein Zweifel zulässig.[10] Die neue Centralgewalt d. i. die Einheit der 5 (bezw 4 + 22) „verbündeten Regierungen“ war vom 1. Januar ab in

---

Reiches und die Feststellung seiner Verfassung ist durch Verträge des norddeutschen Bundes und der süddeutschen Staaten erfolgt.“ Richtig dagegen über die juristische Bedeutung der Einzelstaatsgesetze Laband a. a. O., gegen den jedoch Meyer a. a. O. mit Recht monirt, daß aus seiner Deduction nicht hervorgehe, „durch welchen Act denn eigentlich die Gründung selbst erfolgt sein soll.“

[9] Hahn 809.

[10] Richtig Laband a. a. O. und Riedel 4, indeß nach Meyer a. a. O. die „Gründung“ „im November 1870“ erfolgte.

Function. Damit waren die Novemberverträge erfüllt und dahingefallen: sie haben seit 1. Januar nur rechtshistorischen Werth als die ursprüngliche völkerrechtliche Grundlage für den staatsrechtlichen Neubau Deutschlands.[11]

Die Reichsverfassung aber, welche v. 1. Januar 1871 bis zum 4. Mai 1871 in Rechtskraft stand, ist staatsrechtlich in dem nämlichen Sinne als Gesetz octroyirt worden wie s. Z. die norddeutsche Bundesverfassung. Auch für diesen Punkt trifft die oben §. 2, IV gegebene Deduction in ihrem vollen Umfange zu. **„Die Verfassung des Deutschen Reiches hat gegenwärtig zu ihrem ausschließlichen rechtlichen Entstehungsgrund ein Gesetz und zwar ein Reichsgesetz,** welches lediglich von Reichswegen und nirgends in der Form des Particulargesetzes publicirt ist" (Hänel 89.)

IV. Durch Publicandum v. 18. Januar 1871 erklärte König Wilhelm von Preußen aus dem großen Hauptquartier zu Versailles die Annahme des Kaisertitels und der dem Kaiser durch die neue Bundesverfassung übertragenen Rechte und Pflichten. Namens der deutschen Fürsten und freien Städte hatte König Ludwig II. von Bayern den sieg=

[11] Vorzüglich Hänel 89: die „Verfassungsverträge des norddeutschen Bundes und der süddeutschen Staaten und ihre particulargesetzlichen Publicationen haben für die deutsche Reichsverfassung nur noch die Bedeutung motivirender historischer Thatsachen und den Werth eines wichtigen Materiales für ihre Auslegung. Jeder Deduction ist der Boden entzogen, welche aus der zurückliegenden völkerrechtlichen und vertragsmäßigen Entstehungsgeschichte einen zwingenden Schluß auf die rechtliche Natur und Wirksamkeit der Verfassung und des dadurch begründeten Bundesverhältnisses zieht."

reichen Führer der deutschen Heere zur Annahme des Kaisertitels aufgefordert.[12] Staatsrechtlich ist der historisch

[12] Der Text der beiden denkwürdigen Urkunden lautet:

I. „Nach dem Beitritt Süddeutschlands zu dem deutschen Verfassungsbündniß werden die E. M. übertragenen Präsidialrechte über alle deutschen Staaten sich erstrecken. Ich habe mich zu deren Vereinigung in einer Hand in der Ueberzeugung bereit erklärt, daß dadurch den Gesammtinteressen des deutschen Vaterlandes und seiner verbündeten Fürsten entsprochen werde, zugleich aber in dem Vertrauen, daß die dem Bundespräsidium nach der Verfassung zustehenden Rechte durch Wiederherstellung eines deutschen Reiches und der deutschen Kaiserwürde als Rechte bezeichnet werden, welche E. M. im Namen des gesammten deutschen Vaterlandes auf Grund der Einigung seiner Fürsten ausüben.

Ich habe mich daher an die deutschen Fürsten mit dem Vorschlage gewendet, gemeinschaftlich mit mir bei E. M. in Anregung zu bringen, daß die Ausübung der Präsidialrechte des Bundes mit Führung des Titels eines deutschen Kaisers verbunden werde.

Sobald mir E. M. und die verbündeten Fürsten Ihre Willensmeinung kund gegeben haben, würde ich meine Regierung beauftragen, das Weitere zur Erzielung der entsprechenden Vereinbarungen einzuleiten. Ludwig."

II. An das deutsche Volk.

Wir Wilhelm, von Gottes Gnaden König von Preußen, nachdem die deutschen Fürsten und freien Städte den einmüthigen Ruf an Uns gerichtet haben, mit Herstellung des Deutschen Reiches die seit mehr denn 60 Jahren ruhende Deutsche Kaiserwürde zu erneuern und zu übernehmen, und nachdem in der Verfassung des Deutschen Bundes die entsprechenden Bestimmungen vorgesehen sind, bekunden hiermit, daß Wir es als eine Pflicht gegen das gemeinsame Vaterland betrachtet haben, diesem Rufe der Verbündeten Deutschen Fürsten und Städte Folge zu leisten und die Deutsche Kaiserwürde anzunehmen. Demgemäß werden Wir und Unsere Nachfolger an der Krone Preußen fortan den Kaiserlichen Titel in allen Unseren Beziehungen und Angelegenheiten des Deutschen Reiches führen und hoffen zu Gott, daß es der Deutschen Nation gegeben sein werde, unter dem Wahrzeichen ihrer alten Herrlichkeit das Vaterland einer segensreichen Zukunft entgegenzuführen. Wir

so überaus denkwürdige Akt vom 18. Januar 1871 im Prunksaal der französischen Könige zu Versailles eben so irrelevant, wie z. B. das Publicandum v. 26. Juli 1867. Denn bereits vom 1. Januar ab hatte König Wilhelm die ihm durch die Verfassung übertragenen Rechte und Pflichten durch die concludente Handlung der thatsächlichen Ausübung juristisch übernommen. Auch hier trifft die oben §. 2, V gegebene Erörterung in vollem Umfange zu.

V. Mit dem Inslebentreten des neuen gesammtdeutschen Staates war das Mandat der bisherigen norddeutschen Volksvertretung wegen Wegfalles ihres staatsrechtlichen Substrates, des norddeutschen Bundes, ipso jure erloschen. Correcter Weise wurden demnach Neuwahlen zu einem gesammtdeutschen Parlamente angeordnet und zwar auf Grund des für den norddeutschen Bund erlassenen Wahlgesetzes v. 31. Mai 1869, welches für die Wahlen zum Zollparlament auch in den süddeutschen Staaten bereits in Rechtskraft stand. Dieses Wahlgesetz in seiner Eigenschaft als

übernehmen die Kaiserliche Würde in dem Bewußtsein der Pflicht, in Deutscher Treue die Rechte des Reichs und seiner Glieder zu schützen, den Frieden zu wahren, die Unabhängigkeit Deutschlands, gestützt auf die geeinte Kraft seines Volkes, zu vertheidigen. Wir nehmen sie an in der Hoffnung, daß dem Deutschen Volke vergönnt sein wird, den Lohn seiner heißen und opfermüthigen Kämpfe in dauerndem Frieden und innerhalb der Grenzen zu genießen, welche dem Vaterlande die seit Jahrhunderten entbehrte Sicherung gegen erneute Angriffe Frankreichs gewähren. Uns aber und Unseren Nachfolgern an der Kaiserkrone wolle Gott verleihen, allzeit Mehrer des Deutschen Reichs zu sein, nicht an kriegerischen Eroberungen, sondern an den Gütern und Gaben des Friedens auf dem Gebiete nationaler Wohlfahrt, Freiheit und Gesittung.

Gegeben Hauptquartier Versailles, den 18. Januar 1871.

Wilhelm.

deutsches Reichsgesetz ist staatsrechtlich demnach als mit der Reichsverfassung octroyirt zu betrachten.

Der erste deutsche Reichstag, der zusammentrat, war nicht berathende Notablenversammlung wie s. Z. das norddeutsche Februarparlament von 1867, sondern vollkommen gesetzmäßiges Organ der bereits in aller Form Rechtens seit dem 1. Januar 1871 constituirten deutschen Staatsgewalt.

VI. Diese seit 1. Januar 1871 bestehende deutsche Staatsgewalt war **staatsrechtlich** neu.[13] Thatsächlich

[13] Uebereinstimmend Riedel 77 u. bes. 105; Seydel 18 ff. (dieser Schriftsteller allerdings mit der irrigen Begründung, daß das deutsche Reich „auf einem Bundesvertrage“ „beruhe“), sowie in einer gelegentlichen Bemerkung Ernst Meier, Abschluß von Staatsverträgen S. 83. Anderer Ansicht Meyer, Lehrb. S. 145; Hänel 82; Laband I 43; v. Mohl 51; Auerbach 56, 60. Nach der im Text gegebenen Deduction ist es richtig, wenn Riedel a. a. O. ausführt, daß die Verträge die der norddeutsche Bund abgeschlossen, nicht ipso jure für das Reich verbindlich waren; ebenso wenn Seydel a. a. O. bemerkt, daß die Schulden des norddeutschen Bundes nach Aufrichtung des Reiches nicht ohne weiteres auch von den Südstaaten mit getragen werden mußten. Wohl aber konnten letztere freiwillig einen Antheil übernehmen, was vielfach geschah. Das Reich hatte ferner zweifellos die rechtliche Möglichkeit, auf legalem Wege die Schulden des norddeutschen Bundes zu übernehmen, dann mußten auch die Südstaaten participiren. Seydel 20 leugnet dies mit Unrecht. Im badisch-hessischen Schlußprot., worauf er sich beruft, kann von „Regel“ oder „Ausnahme“ gar keine Rede sein; es wird lediglich das allgemeine Princip auf zwei Specialfälle angewendet. Es ist gegenüber der in der Theorie überwiegend vertretenen Annahme von der „Rechtsnachfolge“ des Reiches von Interesse zu constatiren, daß Staatsminister Delbrück sich über jene Frage im Reichstag sehr zweifelhaft

zwar genau auf den nämlichen Prinzipien und auf der verhältnißmäßig nur wenig veränderten Verfassung wie der norddeutsche Bund beruhend, ist das Reich staatsrechtlich doch nicht Rechtsnachfolger des norddeutschen Bundes geworden, denn die Staatsgewalt des letzteren war eine thatsächlich und juristisch andere als die des ersteren.[14] Das Reich hat theils ausdrücklich, theils durch concludente Handlungen die meisten Rechtssätze und Rechtsinstitutionen des norddeutschen Bundes übernommen;[15] die Staatsgewalt des Reiches ist eine der des früheren norddeutschen Bundes analoge, aber sie ist staatsrechtlich nicht die nämliche, nur etwas modificirte, wie meist angenommen wird, denn die juristische Einheit der Staaten, welche die Reichsgewalt bildet, ist eben unzweifelhaft eine andere, als diejenige war, welche die Staatsgewalt des norddeutschen Bundes gebildet hatte. Die privatrechtliche Theorie von der Rechtsnachfolge kann auf das Staatsrecht nicht oder doch nur in sehr modificirter Weise angewendet werden. So wenig Preußen 1866 Rechtsnachfolger der hannoverschen Staatsgewalt wurde in dem Sinne, daß es die von und für letztere constituirten Pflichten und Rechte für sich unbedingt gelten zu lassen rechtlich verpflichtet war, so wenig das

---

äußerte (Sitzung v. 7. Dec. 1870, Sten. Ber. 131).

[14] A. A. Laband I 43: „der unter den norddeutschen Staaten bereits bestehende Bund wird nicht beendigt und aufgelöst, sondern er wird erweitert und modificirt".

I 61: „hatte der norddeutsche Bund den Character eines Staates, so kommt derselbe auch dem zum deutschen Reich erweiterten Bunde zu." Ebenso Hänel 82.

[15] S. insbesondere das Publicationsgesetz zur Verfassungsurkunde v. 16. April 1871 §. 2 Anmerkung (BGB. 1871 63, vb. 1870 647).

Reich für Elsaß-Lothringen in diesem privatrechtlichen Sinne Rechtsnachfolger der französischen Staatsgewalt wurde, so wenig ist das Reich in diesem Sinne Rechtsnachfolger des norddeutschen Bundes geworden.

VII. Die Reichsverfassung, welche am 1. Januar 1871 octroyirt worden war, erfuhr alsbald durch die gesetzgebenden Factoren des Reiches eine Revision bezw. Neuredaction, welche in dem Gesetz v. 16. April 1871 fixirt wurde; die neu redigirte Verfassung v. 16. April trat gemäß RV. a. 2 am 4. Mai in Kraft (das betr. Stück des RGB. ist ausgegeben am 20. April). Dieselbe qualificirt sich als legale Abänderung der Verfassung vom 1. Januar, vollzogen in den Formen, welche in letzterer für Verfassungsänderungen vorgeschrieben waren.[16] In dieser Redaction steht die Verfassung bis zur Stunde in Kraft, jedoch mit folgenden inzwischen erfolgten Modificationen:

1. durch Ges. v. 24. Februar 1873 (RGB. 45) wurde Art. 29 Abs. 2 aufgehoben (s. hierüber unten §. 11),

2. durch Ges. v. 3. März 1873 (RGB. 47) wurde Art. 4 Ziff. 9 inhaltlich erweitert (s. hierüber unten §. 29),

3. durch Ges. v. 20. Dec. 1873 (RGB. 397) wurde Art. 4. Z. 13 inhaltlich erweitert (s. hierüber unten §. 17),

4. über das Verhältniß von Elsaß-Lothringen zur Reichsverfassung s. unten Buch X.

VIII. Endlich ist hier noch das juristische Verhältniß der Eingangsworte zur Verfassung zu dieser selbst zu erörtern.[17]

---

[16] Laband I 48 ff.

[17] Hänel 92—104.

Die Eingangsworte lauten folgendermaßen: „Se. M. der König von Preußen im Namen des Norddeutschen Bundes, Se. M. der König von Bayern, Se. M. der König von Württemberg, Se. K. H. der Großherzog von Baden u. Se. K. H. der Großherzog von Hessen und bei Rhein für die südlich vom Main belegenen Theile des Großherzogthums Hessen, schließen einen ewigen Bund zum Schutze des Bundesgebietes und des innerhalb desselben gültigen Rechtes, sowie zur Pflege der Wohlfahrt des deutschen Volkes. Dieser Bund wird den Namen „Deutsches Reich" führen und wird nachstehende Verfassung haben."

Diese Worte gehören juristisch gar nicht zur Verfassung: sie enthalten nur gleichsam die Motive zu letzterer; sie geben eine historische Notiz über dasjenige Factum, welches zur Aufrichtung des neuen Staates und damit auch zu der Verfassung geführt hat; sie erzählen ein der Vergangenheit angehöriges rechtshistorisches Factum, den Abschluß von Verträgen, welche inzwischen durch die Constituirung des neuen deutschen Staates ihre Erfüllung gefunden hatten. Sie bezeichnen zugleich in allgemeinen Redewendungen die Gesichtspunkte, von welchen die Contrahenten der Verträge in Hinsicht auf das neu zu begründende Staatswesen geleitet waren; auch dabei handelt es sich nur um eine allgemeine Motivirung dessen, was geschah, bezw. in Zukunft geschehen sollte: juristische Folgerungen dürfen hieraus weder für die rechtliche Natur des Reiches noch für die Competenz gezogen werden:[18] die rechtliche Natur des Reiches

[18] Aus dem Eingang zur Verfassung folgert insbesondere Seydel 14 ff. die Vertragsnatur des Reiches. Ferner sehen in der im Eingang enthaltenen Zweckbestimmung eine materielle

ergiebt sich aus anderen juristisch entscheidenden Momenten (vgl. §. 4), die Competenz aber ist nur in der Verfassung selbst (Art. 4 bezw. 78) circumscribirt.[19]

Die Eingangsworte zur „Verfassung" enthalten Nichts, was juristisch unter den Begriff der „Verfassung" subsumirt werden könnte, sie verweisen vielmehr selbst auf die „**nachstehende** Verfassung", welche somit unzweifelhaft erst mit den Worten

„I. Bundesgebiet"

beginnt. Wenn als Ueberschrift schon vor den Eingangsworten der Titel „Verfassungsurkunde" sich findet, so liegt hierin eine juristische Incorrectheit, denn die Worte bis zur

„Competenzgrenze", deren Ueberschreitung „verfassungswidrig" wäre: Seydel 24; Bähr in Pr. Jahrb. XXVIII 72 ff. Meyer, Erört. 69 und Lehrb. 139[15]; v. Mohl 132 ff.; Laband bei Hirth, Annalen 1874 S. 1516[2]; Löning ebenda 1875 S. 344. Den entgegengesetzten Weg hatte Zachariä zur Frage der Reichscompetenz gegenüber dem Unfehlbarkeitsdogma in Interpretation des Eingangs eingeschlagen. Hänel 100 ff. endlich hält den ersten Satz des Eingangs für „enunciativ" somit ohne juristische Bedeutung, den zweiten dagegen für „dispositiv", aber nicht als Staatsvertrag, welche Meinung er vielmehr ausführlich und durchschlagend widerlegt, sondern als Bestandtheil des Verfassungsgesetzes. Daß es gekünstelt ist, den Eingang in zwei Stücke von so fundamental verschiedener juristischer Bedeutung auseinanderzureißen, liegt auf der Hand. Hänels Meinung aber läßt sich damit nicht stützen, daß der erste Satz des Eingangs im Präsens, der zweite im Futurum gefaßt sei. Dieser zweite Satz ist nicht, wie Hänel meint, deßhalb im Futurum gefaßt, weil er imperativisch ist, sondern nur deßwegen, weil er ein auf die Zukunft gerichtetes historisches Factum erzählt: es wird berichtet von einer im November 1870 geschehenen Vertragsschließung, welche hinsichtlich der Erfüllung auf die Zukunft, nämlich den 1. Januar 1871 gerichtet war.

[19] Hänel 103.

oben bezeichneten Grenze sind lediglich „enunciativ“, in keiner Weise „dispositiv.“[20]

---

[20] Gegen Seydel 5 ist hier noch zu erwähnen, daß der Wortlaut des Einganges zur RV. nicht lautet: „S. M. der König &c. schließen einen Bundesvertrag“, sondern „schließen einen Bund“; juristisch ganz genau wäre der Wortlaut so zu fassen: „haben einen Vertrag geschlossen, dahin gehend, daß sie am 1. Januar 1871 einen Bundesstaat aufrichten werden.“ Vgl. Beseler in Preuß. Jahrb. XXVIII 186 ff.

Zweites Buch.

Reich und Einzelstaaten.

§. 4.

Die rechtliche Natur des Reiches.[1]

Das deutsche Reich ist ein Bundesstaat.

I. Bundesstaat und Staatenbund.[2]

Von den Formen zusammengesetzter Staaten, welche die Theorie unterscheidet, sind, wenn man die essentiellen Merkmale des Staatsbegriffes festhält, nur die beiden oben bezeichneten haltbar.

Der Staat muß juristisch als Persönlichkeit gefaßt werden; nur so vermag man die begrifflich nothwendige Voraussetzung für einen Willen des Staates zu gewinnen. Allerdings liegt darin eine Fiction: ohne Fictionen aber, welche hier nur Subsumtion thatsächlicher Gebilde unter Denkkategorieen bedeuten, läßt sich eine Rechtsordnung weder auf dem Gebiete des privaten noch des öffentlichen Rechtes construiren.[3]

Der Wille der Persönlichkeit des Staates ist gerichtet auf Herrschaft; in der Ausübung von Herrschaftsrechten liegt das Wesen des Staates; die Einheit der gesammten Herrschaftsrechte ist

---

[1] Laband I §§. 7—9; v. Mohl 1 ff; Seydel 3 ff.; Hänel in Hirth's Annalen 1876, 78 ff; Brie, der Bundesstaat. I. Abth. Leipzig 1874 bietet bis jetzt nur eine ausführliche Dogmengeschichte. Vgl. auch v. Rönne I §. 6; Meyer, staatsrechtl. Erört. S. 1—20.

[2] Aeltere Literatur angeführt bei Meyer, Grundz. 5[1].

[3] Vgl. Hänel §. 5.

Souveränetät.[4] **Souveränetät ist das erste und oberste begriffliche Merkmal des Staates**: ein Gebilde, welches mit Souveränetät für seinen Bereich ausgestattet ist, ist Staat; wo die Souveränetät fehlt, ist ein Staat nicht vorhanden. Noch nicht: so bei dem „halbsouveränen“ Fürstenthum Bulgarien, wie es der Berliner Vertrag v. 13. Juli 1878 aufrichtete (ebenso bis zum Berliner Vertrag Serbien und Rumänien); nicht mehr: so Karthago nach dem zweiten punischen Kriege, Polen nach den polnisch-russischen Verträgen von 1793.

Souveränetät ist höchste Gewalt: weder ist es begrifflich möglich, daß **über** der souveränen Gewalt eine andere höhere Gewalt stehe, denn in diesem Falle ist eben die letztere die souveräne Gewalt;[5] noch ist es begrifflich möglich, daß die Souveränetät getheilt werde, denn in diesem Falle wäre eben keine höchste Gewalt vor-

---

[4] Mejer, Einleitung §. 2: „die reale Willensmacht des Staates heißt Staatsgewalt (Souveränetät) — — und ist im Staatsverband die oberste, daher Niemandem als Gott verantwortliche“; — — „höher als die höchste Gewalt kann im Staate keine sein.“ Hänel 44: „der Staat ist die vollkommene und selbstgenugsame Gemeinschaft, die in sich selbst die Macht- und Rechtsmittel zur Behauptung ihrer Existenz und Wirksamkeit besitzt.“ Zweifelhaft Laband I 62 f.: „es fehlt in der Literatur nicht an gewichtigen Stimmen, welche die Souveränetät nicht zu den wesentlichen Merkmalen des Staatsbegriffes zählen.“ Letztere Ansicht ist neuerdings insbesondere vertreten worden von Meyer, staatsrechtl. Erört. 4 ff.

[5] Die historisch merkwürdigste, logisch haarscharfe Bestimmung des Souveränetätsbegriffes, sowie eine ganz richtige Polemik gegen die berühmte „Zweischwerterlehre“ des Sachsenspiegels findet sich in der Bulle Bonifacius' VIII. Unam Sanctam (c. 1. de major. et obed. in Extr. comm. I 8 „oportet autem gladium esse sub gladio: ergo“ etc.) Von Gregor VII. bis Bonifacius VIII., bezw. Johann XXII. war die Kirche die souveräne Gewalt.

handen, sondern man könnte nur von zwei hohen Gewalten sprechen, zwischen denen Collisionen möglich wären, ohne daß eine definitiv entscheidende Rechts-Instanz gegeben wäre.[6] —

Wohl aber ist eine Beschränkung der Souveränetät in dem Sinne möglich, daß der Träger der Souveränetät sich selbst bei Ausübung der Souveränetätsrechte an bestimmte Schranken bindet: jede Beiziehung des Volkes zur Theilnahme an dem höchsten Souveränetätsakte, der Rechtssetzung, ist in der Monarchie eine Beschränkung der Souveränetät; jeder vertragsmäßige Zusammenschluß mehrerer souveräner Staaten zu gemeinsamer Ausübung einzelner Souveränetätsrechte ist eine Beschränkung der Souveränetät. Weder in jenem noch in diesem Falle wird durch die erfolgte Beschränkung die für den Staat begrifflich nothwendige Einheit der Souveränetät alterirt, denn dort erfolgt der für die Rechtssetzung entscheidende Akt, die Ertheilung des verbindlichen Befehles, die Sanction, doch durch den Monarchen, hier ist die etwa eingerichtete Centralbehörde nicht Repräsentantin einer selbständigen höheren Staatsgewalt, sondern nur eine gemeinsame Behörde der betheiligten einzelnen Staaten selbst. Zwischen mehreren selbständigen Staaten kann eine Beschränkung der Souveränetät nur durch Vertrag von Staat zu Staat festgestellt werden, ein solcher Vertrag kann sich immer nur auf die Ausübung und wird sich in der Regel nur auf einzelne Souveränetätsrechte beziehen.

Man hat bis auf die neueste Zeit ziemlich allgemein den Begriff des Bundesstaates, nach dem Vorgange von Waitz,[7]

[6] So die Zweischwerterlehre des Sachsenspiegels für das Verhältniß von Staat und Kirche. Mit allem Recht bemerkt dagegen Bonifacius VIII: „nonne duo principia ponere nituntur"? (Du Puy, histoire du différend etc. p. 65).

[7] Kieler Monatschrift 1852.

auf der Basis der „getheilten Souveränetät“ construiren zu können geglaubt. Nur Mejer[8] hat, soviel ich sehe, von den älteren Theoretikern des Staatsrechtes die richtigen Gesichtspunkte festgehalten. Neuerdings hat in verdienstlicher Weise Seydel[9] auf den absoluten logischen Widerspruch zwischen dem allgemein anerkannten Souveränetätsbegriff und zwischen dem durch Waitz herrschend gewordenen Bundesstaatsbegriff mit aller Schärfe hingewiesen. Seitdem Hänel[10] und Laband[11] in ihren hervorragenden Arbeiten über deutsches Staatsrecht gleichfalls die Waitz'sche Bundesstaatstheorie für unhaltbar erklärt haben, dürfte dieselbe, nachdem sie mehrere Jahrzehnte hindurch die Wissenschaft des deutschen Staatsrechtes stark verunziert hat, verdienter Weise zu den Todten gelegt sein.[12]

Wenn aber Seydel in ziemlich unselbständiger Anlehnung an Calhoun überhaupt den Bundesstaatsbegriff für unhaltbar erklärt, so schüttet er das Kind mit dem Bade aus.

---

[8] Einl. §. 2.

[9] Ztschr. f. Staatswissensch. 1872, 185—256 und recapitulirt. Commentar XI—XVI. In Hirths Ann. 1876 S. 641 ff. versucht Seydel, hinsichtlich des Bundesstaatsbegriffes mit Laband und Hänel abzurechnen und gelangt dabei neuerdings zu dem Facit der Unhaltbarkeit jenes Begriffes. Einzelne Einwendungen Seydels gegen die beiden genannten Schriftsteller sind berechtigt, die positiven Ausführungen in jenem Aufsatze aber sind nicht überzeugend, was jedoch an diesem Orte nicht näher begründet werden kann.

[10] Studien §. 3.

[11] Staatsrecht I 73 ff.

[12] In der Literatur des Reichsstaatsrechtes ist die Waitz'sche Theorie noch vertreten durch v. Mohl 37 („unzweifelhaft eine getheilte Souveränetät“) und Westerkamp 32 und a. a. O.; letzterer Schriftsteller gibt S. 72 „dem dringenden Wunsche Ausdruck, daß die Berührungspunkte zwischen dem Reich und den Staaten thunlichst vermindert werden!“ Die richtigen Gesichtspunkte bei Hauser, die Verfassung d. deutschen Reichs §§. 9—12; Held 19.

Allerdings wird die staatsrechtliche Construction im letzten Ende immer zu der Alternative: Staat oder nicht Staat gedrängt. Aber es empfiehlt sich doch, die beiden Kategorieen Bundesstaat und Staatenbund festzuhalten, um gewisse staatsrechtliche Formen der Zusammensetzung gegenüber dem einfachen Einheitsstaate zu characterisiren. Dagegen gereicht alle weitere Unterscheidung von zusammengesetzten Staatsformen nur zur Verwirrung: bei Personalunion handelt es sich überhaupt nicht um einen zusammengesetzten, sondern um zwei völlig getrennte Staaten; Realunion ist gar kein juristisch präcisirbarer Begriff; Reich ebensowenig; Staatenstaat ist Bundesstaat; Allianz ist Staatenbund.

Die beiden Begriffe Bundesstaat und Staatenbund aber unterscheiden sich dadurch, daß ersterer ein Staat ist, letzterer nicht; daß ersterer eine einheitliche Persönlichkeit, letzterer ein Verein mehrerer selbständiger Staatspersönlichkeiten ist; daß bei ersterem die Souveränetät in der Centralgewalt, bei letzterem in den Einzelstaaten ruht; daß die rechtliche Basis der Verbindung bei ersterem nur Gesetz, bei letzterem nur Vertrag sein kann;[13] daß ersterer ein Rechtssubject, letzterer nur ein Rechtsverhältniß ist.[14, 15]

[13] Darüber, daß „die inneren Rechtsverhältnisse des Staates" „ihrer Natur nach" dem Vertrag als der „Uebereinstimmung mehrerer an sich selbständiger Willen" entzogen sind, vortrefflich Hänel 33.

[14] Mejer §. 4: „erhebt sich die Centralbehörde (besser Centralgewalt) zu wahrer Souveränetät und bleiben demgemäß die verbündeten Staaten nur noch in den zur centralen Sphäre nicht gehörigen Punkten selbständig, während sie im übrigen der Centralgewalt als einer eigentlichen Obrigkeit unterworfen sind, so gestaltet sich der Staatenbund zum Staatenstaat" (der nach Mejer identisch ist mit Bundesstaat). Vgl. auch Laband I 57.

[15] Sehr zutreffend verwendet

Der Staatenbund entsteht und besteht, indem die einzelnen Mitglieder zwar ihre Souveränetät voll behalten, aber in Ausübung derselben sich durch Staatsvertrag gegenseitig an bestimmt formulirte Beschränkungen binden. Für den Staatenbund gelten alle Consequenzen des Vertragsbegriffes und daran vermag auch der Umstand nichts zu ändern, daß der Bund etwa als „ewiger" oder „unauflöslicher" abgeschlossen wird. Nichterfüllung bezw. Verletzung der vertragsmäßig übernommenen Bundespflichten Seitens eines Bundesgliedes würde principiell alle anderen zur Lösung des Verhältnisses berechtigen; und wenn auch diese Eventualität vertragsmäßig ausgeschlossen und für derartige Streitigkeiten eine richterliche Instanz zur Entscheidung eingesetzt sein kann, so beruht doch eine von dieser Instanz gefällte gerichtliche Entscheidung im Grunde immer auf Vertrag, und die Unterwerfung unter den betreffenden Richterspruch ist nur vertragsmäßige Pflicht und nach den für Verträge geltenden Regeln zu beurtheilen, demnach in letzter Instanz doch immer an der Frage des Lebensinteresse des souverän gebliebenen Staatswesens zu prüfen. Der Bund ist somit kein staatsrechtliches Gemeinwesen, kein Herrschaftssubject,[16] er hat keine Staatsgewalt, son-

hier Laband I §. 7 die privatrechtliche Analogie: juristische Person-Statut, Societät-Vertrag.

[16] Daß er ein solches sei, behaupten Hänel 40 ff. und Meyer, staatsrechtl. Erört. 14 und Lehrb. §. 13. Mit Unrecht, denn wenn, worauf man sich beruft, die „Feststellung der Gesetze" durch die Bundesorgane erfolgt, die „verbindliche Einführung" aber durch die Einzelstaaten, was man zugibt (Meyer 22), so besteht eben ein Herrschaftssubject über den Einzelstaaten nicht, denn Herrschaft hat nur dasjenige Subject, welches den Befehl der „verbindlichen Einführung" gibt. Richtig Laband I 8, 80.

dern nur einzelne zur Ausübung Namens des Auftraggebers delegirte Hoheitsrechte, er unterscheidet sich begrifflich nicht von der Allianz.[17]

Anders beim Bundesstaate. Seine Entstehung aus bisher souveränen Staaten wird in der Regel auch auf dem Wege des Vertrages erfolgen: begrifflich nothwendig ist dies indeß nicht. Der Staatsvertrag aber hat hier nicht den Inhalt, daß die Contrahenten sich gegenseitig in Ausübung der Souveränetät beschränken, sondern vielmehr: daß die einzelnen Contrahenten auf ihre bisherige Souveränetät zu Gunsten einer zu constituirenden Centralgewalt verzichten, jedoch so daß sie von letzterer einen großen Theil der Souveränetätsrechte zur Ausübung zurückempfangen. Im Staatenbund beschränken sich die Einzelstaaten vertragsmäßig in Ausübung der Souveränetät zu Gunsten der Centralgewalt; im Bundesstaat beschränkt sich die Centralgewalt gesetzlich in Ausübung der Souveränetät zu Gunsten der Einzelstaaten. Im Bundesstaat geht die Einzelsouveränetät als solche unter und existirt staatsrechtlich nur mehr als Bestandtheil der in der Centralgewalt ruhenden Gesammtsouveränetät. Sobald der Verzicht auf die Einzelsouveränetät durch Aufrichtung der Centralgewalt praktisch geworden ist, ist die etwa vorher eingegangene vertragsmäßige, auf jenen Verzicht gerichtete Verpflichtung erfüllt, der Vertrag existirt nur mehr historisch, hat aber keinen actuellen juristischen Inhalt mehr; juristisch kommt von da ab nur mehr das von

---

[17] Man kann somit Staatenbund und Allianz nicht „verwechseln", was Meyer Laband vorwirft, denn für beide Rechtsverhältnisse gelten begrifflich ganz die nämlichen Merkmale.

der Centralgewalt gegebene Gesetz (im weitesten Sinne des Wortes) in Betracht. Der Einzelstaat ist wie jeder einzelne Staatsangehörige Unterthan der Centralgewalt: er hat dem Gesetz zu gehorchen; für die Form der Rechtssetzung unter Gleichberechtigten, den Vertrag, ist zwischen Centralgewalt und Einzelstaat im Bundesstaat principiell kein Raum mehr.[18, 19] Es kann folglich im Bundesstaat von Erfüllung oder Verletzung der Verträge, Austritt aus dem Bund wegen Nichterfüllung von Vertragspflichten, Auflösung des Bundes=

[18] Daß in dieser Beziehung in unserem Reichsstaatsrecht sich einige Anomalieen finden, wird in §. 5 zu erörtern sein.

[19] Nach der herrschenden Lehre soll das unterscheidende Merkmal zwischen Bundesstaat und Staatenbund darin liegen, daß die Centralgewalt im letzteren nur über Staaten, im ersteren über die einzelnen Staatsangehörigen herrscht (vgl. z. B. Meyer, Erört. 13, Grundz. 6 ff.; über die Genesis und Verbreitung dieser Lehre s. Hänel 40). In entgegengesetzter Weise führt Laband I 70 aus, daß gerade im Bundesstaat die „Staaten" „das directe unmittelbare Object der in der Reichsgewalt enthaltenen Herrschaftsrechte" sind. Beides ist m. E. nicht richtig. Die Staatsangehörigen sind im Bundesstaat so gut „directes unmittelbares Object" der Reichsgewalt als die Staaten. Sobald das Reich zur Durchführung seiner Aufgaben sich eigener Behörden bedient, tritt dies mit aller Klarheit hervor. Es kommt aber für die Begriffsbestimmung des Bundesstaates überhaupt gar nicht auf die Art und Form der Wirksamkeit der Centralgewalt an (was v. Martitz 1 als das „unzweifelhaft" Entscheidende ansieht), sondern einzig und allein auf den Umfang der Competenz, auf die Entscheidung der Frage: ist die Competenz unbegrenzt oder nicht? Richtig sagt Meyer, Lehrb. 3, daß die Gliedstaaten nicht mehr souverän sind, wenn die Centralgewalt „durch einen eignen Akt" ihre Competenz erweitern kann. Unrichtig aber ist die Behauptung Grundz. 24, daß ein Bund niemals souverän sein könne, „mag er in der Form des Bundesstaates oder des Staatenbundes auftreten, es fehlt ihm stets ein nothwendiges Erforderniß der Souveränetät, die selbständige Bestimmung der Sphäre seiner Thätigkeit."

vertrages juristisch keine Rede sein: der Vertrag kann nicht augelöst werden, denn er existirt überhaupt nicht mehr. Alle Streitigkeiten werden in inappellabler Weise von den geordneten höchsten Instanzen der centralen Staatsgewalt entschieden, die zur Durchführung ihrer Entscheidungen mit allen Mitteln staatsrechtlichen Zwanges ausgestattet ist.

Ob im einzelnen Falle ein Bundesstaat oder ein Staatenbund gewollt sei, kann lediglich aus einer Prüfung der thatsächlichen Vorgänge bez. der darüber aufgenommenen Urkunden entnommen werden. Die Prüfung ist darauf zu richten: wo ist die Souveränetät, beim Einzelstaat oder der Centralgewalt? Ist dies festgestellt, so ergeben sich die Consequenzen auf dem Wege logischer Deduction von selbst.

II. Das deutsche Reich ein Bundesstaat.

An der Hand der sub I gegebenen Deduction haben wir, um den rechtlichen Character des Reiches festzustellen, die Frage zu entscheiden: liegt eine vertragsmäßige Beschränkung der einzelstaatlichen Souveränetät durch Uebertragung der Ausübung gewisser Hoheitsrechte an eine hiefür gebildete Centralgewalt oder liegt ein Verzicht auf die einzelstaatliche Souveränetät durch Uebertragung derselben auf die Centralgewalt vor?

Die Frage ist im letzten Sinne zu entscheiden.

Die Souveränetät findet ihren prägnantesten Ausdruck in der Setzung des Rechtes. Wer das Recht setzt, ist Inhaber der Souveränetät. Der alte deutsche Bund hatte keine Competenz der Rechtssetzung: er konnte zwar Beschlüsse fassen, aber was diese Beschlüsse zum

Recht machte, die Ertheilung des verbindlichen Befehles, war den Einzelstaaten verblieben. Im heutigen deutschen Reiche wird allerdings Recht sowohl von der Centralgewalt als von den 25 Einzelstaaten gesetzt: für die äußerliche Betrachtung scheint es somit, daß unzweifelhaft hier wie dort Souveränetät vorhanden sei. Daß dies logisch unmöglich, wurde oben sub I bereits nachgewiesen. Daß aber auch nach positiver Bestimmung der Reichsverfassung die Souveränetät bei der Centralgewalt ruht, steht noch zum Beweise. Kann dieser Beweis erbracht werden, so ist damit zugleich nachgewiesen, daß die Gesetzgebungsgewalt der Einzelstaaten im Reiche staatsrechtlich als aus der Centralgewalt abgeleitete, von derselben übertragene aufgefaßt werden muß.

Wäre die Competenz der Centralgewalt eine ein für allemal definitiv und fest abgegrenzte, gleichsam ein eiserner Bestand von einzelnen der Centralgewalt zugeschiedenen Materien ohne jede Möglichkeit der Competenzerweiterung, dann besäße das Reich nicht höchste Gewalt, wäre nicht souverän, wäre kein Staat, sondern ein vertragsmäßiges Verhältniß, ein Staatenbund.[20] Das war der materielle Inhalt des s. Z. bei Berathung der norddeutschen Bundesverfassung gestellten Antrages Zachariä, der abgelehnt wurde.[21] Die Gesetzge-

---

[20] So behaupteten principiell für das Unionsverhältniß der nordamerikan. Freistaaten die Legislaturen von Virginia und Kentucky bei Anlaß zweier Unionsgesetze i. J. 1798. S. hierüber Hänel 3—5. Dies behauptete ferner bis vor kurzem die herrschende Lehre vom Bundesstaate vgl. v. Mohl 29.

[21] Dem Antrag Zachariä wurde ein Antrag Miquél entgegengestellt. Zachariä beantragte, den Art. 2 in folgender Weise zu fassen:

„Die Bundesgewalt wird durch die ihr in dieser Verfassung zugewiesenen Competenzen bestimmt und begrenzt. Die im Bunde begriffenen Staaten behalten ihre Selbständigkeit, soweit sie nicht durch diese Verfassung beschränkt

bungsgewalt des Reiches wäre in diesem Falle eine von den Einzelstaaten abgeleitete. Art. 4 der RV. ist zwar von sehr weitem Umfange, existirte aber nur dieser Artikel, so wäre über die obige auf den Staatenbund hinauslaufende Deduction nicht hinwegzukommen.

Daß diese Deduction aber für das Reichsstaatsrecht nicht zutrifft, ergiebt sich unwiderleglich aus Art. 78 der RV.[22] Dieser Artikel constituirt die Möglichkeit einer unbegrenzten Erweiterung der Reichscompetenz auf vollkommen legalem Wege,[23] „die rechtliche

ist; sie haben alle staatlichen Hoheiten und Rechte, soweit sie nicht der Bundesgewalt ausdrücklich übertragen sind." Der Abgeordnete Miquél dagegen beantragte, zwischen Art. 4 und 5 einen Artikel folgenden Inhalts einzuschieben: „der Bund ist befugt im Wege der Gesetzgebung auch solche Einrichtungen zu treffen und Maßregeln anzuordnen, welche auf andere als die im Art. 4 bezeichneten Gegenstände sich beziehen, wenn diese im Gesammtinteresse nothwendig werden. Der Erlaß solcher Gesetze ist an die für Verfassungsveränderungen vorgeschriebenen Formen gebunden."

[22] Laband I 64—70 schlägt einen einigermaßen anderen Weg zur Beantwortung der Frage nach der rechtlichen Natur des Reiches ein. Souveränetät ist nach L. kein begriffliches Merkmal des Staates. Das Reich sowohl als die Einzelstaaten sind Staaten im Rechtssinne, denn beide Potenzen sind „selbständig". Die Gründe für die Selbständigkeit des Reiches werden unter 4 Gesichtspunkten erörtert, den vierten derselben bildet Art. 78. Betrachtet man Souveränetät als begriffliches Merkmal des Staates, so können die Einzelstaaten nur für den „Sprachgebrauch" als Staaten in Betracht kommen, denn souverän ist auf Grund von Art. 78 nur das Reich. Was Laband sub 1—3 an Gründen für die „Selbständigkeit" des Reiches anführt, ist eine Consequenz des Art. 78.

[23] A. A. Seydel 24; Westerkamp 29; Meyer, Erört. 64 ff. sämmtlich mit Berufung auf die in den Eingangsworten gegebene Zweckbestimmung, „die vertragsmäßigen Grundlagen" des Reiches und seiner Verfassung. Außer jenen „Zwecken" rechnet Meyer noch zu den „vertragsmäßigen" Grundlagen: 1. die

Unabhängigkeit der dem Reiche zustehenden Willens- und Rechtssphäre von derjenigen der Einzelstaaten" (Laband I 64). „In der Rechtsmacht aber des Staates über seine Competenz liegt die oberste Bedingung der Selbstgenugsamkeit, der Kernpunkt seiner Souveränetät" (Hänel). Auf vollkommen legalem Wege hat das Reich durch Art. 78 demnach die Möglichkeit, außer den im Art. 4 bereits ausdrücklich seiner Competenz überwiesenen Materien auch jede andere den Einzelstaaten zu entziehen, und bekanntlich ist von dieser Competenz auch bereits in recht erheblichem Umfange Gebrauch gemacht worden. Die ganze Frage der „Competenz-Competenz", welche anfangs im Parlament und der Literatur[24] so lebhaft umstritten wurde, ist heute längst keine Frage mehr. Die Competenz des Reiches ist eine völlig ungebundene, sie ist auch nicht gebunden durch die „vertragsmäßigen Grundlagen der Reichsverfassung", weil die Reichsverfassung im juristischen Sinne keine „vertragsmäßigen Grundlagen" hat und die Eingangsworte zur Verfassung lediglich „enunciativ" sind. Vom rein formal juristischen Standpunkte aus — politische Möglichkeiten oder Unmöglichkeiten sind hier nicht zu erörtern — ergibt sich demnach: Artikel 78 constituirt als oberste, als souveräne Macht im Reiche die Centralgewalt, da durch jenen Artikel der letzteren virtuell die juristische

---

Existenz der Einzelstaaten, 2. das Bestehen eines Bundesverhältnisses. Ueber die Eingangsworte s. oben §. 3 Z. VIII; über die „Existenz der Einzelstaaten" und das „Bestehen eines Bundesverhältnisses" unten Z. IV.

[24] Die Literatur ist zusammengestellt bei Meyer, staatsr. Erört. 74[2].

Möglichkeit gegeben ist, auf vollkommen legalem Wege die einzelstaatliche Existenz zu absorbiren. „Es ist eine unabweisbare Consequenz aus Art. 78, daß die gesammte Rechtssphäre der Einzelstaaten zur Disposition des verfassungsmäßig erklärten Willens des Reiches steht" (Laband I 70).[25, 26]

Die nothwendige juristische Consequenz aber, die sich hieraus ergibt, ist die: daß die den Einzelstaaten verbliebene Rechtssphäre staatsrechtlich als eine vom Reich abgeleitete zu betrachten ist.[27] „Ist es die wesentlichste, alles Uebrige bedingende Aufgabe des Staates, das Recht zur Geltung zu bringen, so ist im vollkommenen Staate keine Person, welche ihre Competenz nicht auf die Anerkennung des Staates zurückführen müßte und damit von ihm die Grenzen seiner Competenz bezeichnet erhielte." „Unter allen Umständen kann eine wahre Autonomie für die dem Staate nachgeordneten juristischen Personen nur auf staatsseitiger Ermächtigung oder Anerkennung beruhen" (Hänel 39)[37]. Dies trifft vollkommen zu auch für das Verhältniß der Einzelstaaten im und am Reiche. Indem man sich auf den Inhalt von Artikel 78 vereinigte, schuf man eine im Princip unbegrenzte Centralgewalt, vereinigten sich die Einzelstaaten nicht

---

[25] Die „Reichshoheit" ist somit gewiß „ein Princip", was Held 55 grundlos leugnet.

[26] Eine drastische Specialanwendung des Principes ist RV. a. 76 Abs. 2: Abänderung der einzelstaatlichen Verfassung durch Reichsgesetz bei Vorhandensein gewisser Voraussetzungen.

[27] Laband I 75 meint die Einzelstaaten hätten ihre Competenz „kraft eignen Rechtes, nicht durch Uebertragung vom Reich." Historisch gewiß, aber nicht nach dem positiv geltenden Staatsrecht.

zu einer „Beschränkung“ der Souveränetät auf dem Vertragswege, sondern zu einem Verzicht auf die Souveränetät zu Gunsten der Centralgewalt. Wenn ein Verhältniß constituirt wird des folgenden staatsrechtlichen Inhaltes: eine Anzahl bisher souveräner Staaten vereinigen sich zur Aufrichtung einer Gesammtstaatsgewalt und legen dieser letzteren die rechtliche Fähigkeit bei, auf dem Wege legaler Competenzerweiterung sich unbegrenzt auszudehnen bis zur Absorption der Einzelstaaten: so ist es ein Sprach- und Denkfehler, von „Beschränkung“ der Souveränetät zu sprechen, wo principiell ein Verzicht vorliegt. Hätte man diese staatsrechtlichen Consequenzen nicht gewollt, so durfte man den Artikel 78 nicht concediren, wie dies Bayern auch wollte.[28] Nach der Lage des positiven Rechtes aber ist Artikel 78 das durchschlagende Argument für die Souveränetät und Staatsnatur des Reiches.[29]

Die Centralgewalt aber übernahm nicht die Ausübung der sämmtlichen aus der Souveränetät fließenden Rechte und und Pflichten: sie beließ vielmehr die Ausübung derselben in weitem Umfange den Einzelstaaten; in „bewußter und gewollter Selbstbeschränkung“ hält sie sich von einem großen Theile der staatlichen Aufgaben ganz zurück, so daß in dieser Beziehung die Souveränetät des Reiches einzig und allein darin einen staatsrechtlichen Ausdruck gefunden hat, daß alle jene Materien auf Grund des Art. 78 zur Disposition des Reiches stehen. Im strengen Sinne des Wortes sind demnach die Einzelstaaten seit 1. Juli 1867 bezw. 1. Januar

---

[28] „Es gehörte dieser Punkt zu den schwierigsten Fragen, die überhaupt in der ganzen Verhandlung mit Bayern zu erledigen waren“ (Staatsminister Delbrück im Reichstage).

[29] A. A. Seydel 18; von Martitz 10; Riedel 5, 54.

1871 keine Staaten mehr, weil ihnen das erste Essentiale des Staatsbegriffes, die Souveränetät, fehlt.[30] Der Sprachgebrauch aber wird wie im alten so im neuen deutschen Reiche nach wie vor die Einzelstaaten als „Staaten“ bezeichnen, und Angesichts der historischen Reminiscenzen wird es sich nicht empfehlen, vom Standpunkte des Staatsrechtes hiegegen zu eifern,[31] sondern es wird lediglich Aufgabe des letzteren sein, das hier obwaltende Verhältniß zwischen Sprachgebrauch und Rechtsbegriff in das richtige Licht zu stellen.

Die wichtigsten Consequenzen aus dem sub I allgemein, sub II speciell für das Reich festgestellten Bundesstaatsbegriff sind folgende:

1. „Reichsrecht bricht Landesrecht“: bei Widerspruch zwischen dem von der Centralgewalt gesetzten Recht und zwar jeden Grades und dem von den Einzelstaaten gesetzten geht das erstere unbedingt vor.[32]

2. Die Centralgewalt steht sowohl den Einzelstaaten als den sämmtlichen Staatsangehörigen herrschend gegenüber:[33] sie bedarf für ihre Rechtssätze keiner Vermittelung

---

[30] Hänel 63 sagt: weder die Einzelstaaten noch der Bund seien „Staat“, sondern „die Totalität beider.“ „Nicht der Einzelstaat, nicht der Gesammtstaat sind Staaten schlechthin, sie sind nur nach der Weise von Staaten organisirte und handelnde politische Gemeinwesen. Staat schlechthin ist nur der Bundesstaat als die Totalität beider.“ Welcher Unterschied aber kann gedacht werden zwischen dem Gesammtstaat, der nicht Staat und dem Bundesstaat der Staat sein soll? Richtig Hänel 66: „der Gesammtstaat ist nicht etwas vom Bundesstaat Verschiedenes sondern der Bundesstaat selbst.“

[31] Vgl. Laband I 62.

[32] Riedel 41; Seydel 36.

[33] Beispiele für die Unterthanschaft der Gliedstaaten gegenüber dem Reich bei Laband I 78 f.

der Einzelstaaten, kann jedoch mit Durchführung derselben die letzteren jederzeit und in jedem Umfange betrauen.[34]

3. In denjenigen Materien, welche die Centralgewalt zu ihrer Sphäre gezogen, haben die Einzelstaaten principiell keine Competenz der Rechtssetzung, außer soweit denselben eine solche ausdrücklich durch die Centralgewalt zugewiesen wurde.[35]

Man kann sich darüber keiner Täuschung hingeben, daß das unterscheidende Merkmal zwischen Bundesstaat und Einheitsstaat kein principielles ist, wie dies zwischen Staatenbund und Einheitsstaat der Fall. Das unterscheidende Merkmal liegt lediglich darin, daß nicht die Totalität der Staatsaufgaben von der Centralgewalt durchgeführt wird, daß letztere von einem großen Theil der Staatsaufgaben zu Gunsten der Gliedstaaten „sich fernhält", daß diesen ein Kreis von Aufgaben geblieben ist, „hinsichtlich dessen ihre Mediatisirung thatsächlich nicht durchgeführt ist" (Laband). Für diesen Kreis bleiben die Staatsangehörigen Unterthanen des Einzelstaates und sind diesem zu Treue und Gehorsam verpflichtet.

III. Der Träger der Souveränetät.

Inhaber der Souveränetät ist die fingirte Persönlichkeit des Staates.[36] Von dieser muß die Souveränetät zur Ausübung an ein natürliches Organ übertragen werden, welch letzteres demnach als Träger der Souveränetät er-

[34] Sehr treffend Riedel 5; Hänel, Studien 46 und bei Hirth, Ann. 1874 84 ff. Daß es „wesentlich" für den Begriff des Bundesstaates sei, daß die Centralgewalt sich der Gliedstaaten zum Zweck der Erreichung der staatlichen Aufgaben bediene (Laband I 78), kann gar nicht zugegeben werden. S. auch v. Martitz in Ztschr f. Staatswissensch. 1876, S. 564 f.

[35] A. A. Westerkamp 37.

[36] Vorzüglich Laband I 85 f.

scheint. Dieses Organ ist nach monarchischem Staatsrecht der Monarch, nach republikanischem das Volk. Bildet sich ein Bundesstaat aus Einzelrepubliken, so erledigt sich die Frage ohne jede Schwierigkeit: Träger der Souveränetät ist das Gesammtvolk.[37] Bildet sich aber der Bundesstaat aus Monarchen, so ist die Beantwortung der Frage nach dem Träger der Souveränetät nicht ganz einfach. Der Bundesstaat hat in diesem Falle die durch Uebertragung der Souveränetät der Einzelstaaten auf die Gesammtheit neu geschaffene centrale Staatsgewalt. Der Träger dieser letzteren aber ist hier weder monarchisch im eigentlichen Sinne des Wortes, noch republikanisch (was auch behauptet wurde), sondern pleonarchisch organisirt. Das deutsche Reich ist demnach eine Pleonarchie:[38] Träger der Souveränetät ist die durch Errichtung der Centralgewalt geschaffene Einheit derjenigen 25 Factoren, welche bis dahin Träger der Landessouveränetät waren, die „Gesammtheit der verbündeten Regierungen", wie sich Fürst Bismarck auszudrücken pflegt.[39]

Wie das Reich ein Staat ist, dem die Einzelstaaten unterworfen sind, der aber nichts anderes ist als eben die Einzelstaaten, in begrifflicher Einheit gedacht, selbst, so ist Träger der

---

[37] So in der Schweiz und der nordamerikanischen Union.

[38] Meyer, Grundz. 65 spricht nicht unzutreffend von einer „constitutionellen Aristokratie."

[39] Uebereinstimmend Laband I 88; v. Martitz 44; Meyer, Lehrb. §. 120, Grundz. 60, Erört. 43. Die Differenz ist nur: ob als juristische Person oder als Societät; Laband nimmt mit Recht ersteres, v. Martitz und Meyer in Consequenz ihres unrichtigen vertragsmäßigen Ausgangspunktes letzteres an.

Reichssouveränetät die Gesammtheit der früheren Träger der Landessouveränetäten, oder correcter: die juristische Einheit der verbündeten Staatsoberhäupter.[40]

Nichts ist zweifelloser, als daß das Reich keine „Einherrschaft" ist, wie v. Mohl annimmt; der Kaiser ist nicht Träger der Reichssouveränetät, sondern als König von Preußen Mitträger derselben, als Kaiser Organ derselben. So wenig die Staatsform des Reiches eine monarchische ist, so wenig ist sie aber andrerseits eine republikanische mit einem erblichen Präsidenten, oder eine demokratische.

In diesem Sinne also: als Mitträger der Reichssouveränetät, als Bestandtheile derjenigen juristischen Person, welche die letztere trägt, sind die bisherigen Träger der einzelstaatlichen Souveränetät auch nach Aufrichtung des Reiches souverän geblieben. Die Souveränetät ist materiell einheitlich und untheilbar: ihre persönliche Beziehung aber kann sehr wohl eine mehrfache sein, so beim Volk in der Republik, bei Mitregenten in einem einfachen Staate, bei den Landessouveränen im Bundesstaate.

Der Gedanke eines „Fürstenhauses" ist somit für einen

---

[40] Daß neben den 22 Monarchen 3 „Völker" Bestandtheil dieser Einheit sein, ist zwar eine Anomalie, alterirt aber die Construction keineswegs. Unrichtig ist es aber in jedem Falle, die „Senate" der freien Städte als Mitträger der Souveränetät, als Staatsoberhäupter nach Analogie des Monarchen aufzufassen, ein Irrthum, der sich auch im Eingang der norddeutschen Bundesverfassung findet; Staatsoberhaupt, als Träger der Souveränetät, kann in der Republik begrifflich nur das Volk sein. Die Anomalie der drei Republiken verschwindet dadurch, daß in dem die Souveränetät praktisch darstellenden Organ des Reiches, dem Bundesrath, alle Mitträger der Souveränetät durch Stellvertreter thätig werden. Richtig Laband I 88 f.

aus Monarchieen zusammengesetzten Bundesstaat principiell durchaus richtig. Glücklicher aber ist jedenfalls die Idee unseres dermaligen Bundesrathes.[41] Gegen das „Fürstenhaus“ bestehen zwei Bedenken: einmal die Schwierigkeit, in einem solchen den drei Republiken die richtige Stätte anzuweisen, sodann der Umstand, daß ein collegiales Berathen und Beschließen der Souveräne selbst mit den höchsten Schwierigkeiten, ja wohl Gefahren verbunden wäre, jedenfalls eine so hohe und ernste Auffassung der Staats- und Bundespflichten voraussetzen würde, wie wir sie leider nicht bei allen Souveränen als vorhanden anzunehmen berechtigt sind.

Man hat demgemäß vorgezogen, die Institution des Bundesrathes zu schaffen. Der Bundesrath ist der Repräsentant derjenigen Corporation des öffentlichen Rechtes, welche Träger der Reichssouveränetät ist. Die Divergenz der republikanischen und der monarchischen Staatsform löst sich im Bundesrath harmonisch auf: wie das Volk so bestellen sich auch die Monarchen Repräsentanten zur Ausübung ihrer Souveränetät. Die nothwendige und hier schon hervorzuhebende Consequenz dieser staatsrechtlichen Basis des Bundesrathes ist: daß die Mitglieder desselben keinerlei Selbständigkeit haben, sondern überhaupt nur nach Maßgabe des Willens der zu Repräsentirenden, wie er in der Instruction enthalten ist, thätig werden können.[42]

IV. Es erhebt sich noch die Frage: kann überhaupt bezw. wie kann der Träger der Reichssouveränetät sich ändern?

---

[41] Daß Stahl der Vater dieser Idee, bemerkt v. Martitz 50[43]. Vgl. dort auch die interessante Reminiscenz an einen Antrag v. Bismarck im Erfurter Parlament.

[42] Im übrigen vgl. unten § 9.

Die Einzelstaaten als Substrat der Reichsgewalt sind unzweifelhaft in demjenigen rechtlichen und factischen Stande vorausgesetzt, in welchem sie sich am 1. Juli 1867 bezw. 1. Januar 1871 befanden.[43] Diese 25 staatlichen Individualitäten bilden die factische Unterlage der Reichsgewalt. Jede Veränderung einer dieser 25 staatlichen Individualitäten bildet somit an sich eine Veränderung derjenigen factischen Voraussetzungen, auf welchen das Reich ruht.[44] Eine Veränderung kann in zweifacher Art vor sich gehen: einmal, so daß dadurch eine wirkliche Alterirung der betreffenden einzelstaatlichen Individualität erfolgt, oder so daß die einzelstaatliche Individualität als solche unberührt bleibt. Ersterer Fall würde vorliegen bei vollständigem Wegfall eines bisherigen oder bei Hinzutritt eines ganz neuen Bundesgliedes: Wegfall eines bisherigen Bundesgliedes ist nicht möglich durch freiwilligen Austritt; ebensowenig durch Ausschluß Seitens der übrigen Bundesglieder.[45] Beides wäre Rechtsbruch. Wohl aber kann der Wegfall eines Bundesgliedes in vollständig legaler Weise gedacht werden durch Verzicht eines Bundesgliedes in seinen competenten Factoren auf seine staatliche Individualität.[46] Gegen solchen Verzicht

[43] Anderer Ansicht ist Laband I 126; er nennt den „Sprachgebrauch“ des a. 1, der von „Staaten“ spricht, einen „offenbar incorrecten“. Der Artikel beziehe sich nur auf das Bundesgebiet.

[44] Das Reich würde nach Laband I 124 nicht aufhören ein Bundesstaat zu sein, wenn es statt aus 25 aus 24 oder 18 Staaten bestehen würde. Gewiß: Aber es würde aufhören dieser Bundesstaat zu sein.

[45] Richtig Meyer, Grundz. 66.

[46] Seydel 98 meint: „wenn ein Bundesmitglied dadurch ausscheidet, daß sein (sic!) Staat mit einem andern Bundesstaat in Realunion tritt, so erlöschen dadurch von selbst seine Stimmen.“ Woher hat Seydel das Recht zu dieser zuversichtlichen Behaup-

könnte staatsrechtlich nichts eingewendet werden. Darin aber läge der Wegfall eines Gliedes der Bundeskette, eines Theiles desjenigen factischen Substrates, auf welchem der deutsche Staat begründet wurde und fortwährend beruht. Solcher Wegfall aber wäre factische Lösung des bisher bestandenen Bundes, und es bedürfte somit in diesem Falle eines neuen Willensaktes der Bundesglieder zur Erneuerung bezw. Modification des factisch gelösten Verhältnisses.[47] Dies ist aber auch der einzige staatsrechtlich denkbare Fall einer legalen Lösung: wie die Gründung des Reiches primär etwas rein Factisches war, so wäre eine Lösung des Reiches nur auf dem bezeichneten factischen Wege in legaler Weise denkbar.

Anders liegt die Sache, wenn es sich um Aufnahme eines neuen Gliedes handelt. Auch durch eine solche würden die factischen Voraussetzungen der Reichsgewalt verändert. Zutritt eines neuen Bundesgliedes ist Gründung einer neuen Staatsgewalt.[48] Dieselbe müßte

tung? Aus der Verfassung zweifellos nicht. Aber auch eine Consequenz allgemeiner staatsrechtlicher Principien ist der obige Satz nicht: eine Vereinigung zweier Einzelstaaten zu einem (das soll doch wohl „Realunion" heißen) ist vielmehr im Rahmen des geltenden Reichsrechtes gar nicht möglich, so wenig als eine „Aufnahme" der süddeutschen Staaten in den norddeutschen Bund juristisch möglich war. Auch Thudichum 61, hält „Realunion" für zulässig ohne Zustimmung der Centralgewalt, während er sie bezüglich bundesfremder Staaten ausschließt; nach Riedel 76 ist Realunion mit einem bundesfremden Staat unstatthaft, dagegen ist die Frage bezüglich zweier Bundesglieder „controvers". Mit Seydel stimmt im Resultat auch Laband I 129² überein, vgl. dagegen aber auch v. Martitz in Ztschr. f. Staatsw. 32, 558.

47 Darauf kommt auch die Deduction bei v. Martitz 9 hinaus. Meyer, Erört. 66 fordert nur 1. einen Akt der Reichsgewalt, 2. Zustimmung des betr. Staates.

48 Vgl. die gedankenreiche Abhandlung von Fricker, vom Staatsgebiet (Tüb. 1867).

völkerrechtlich vorbereitet werden durch einen Staatsvertrag zwischen dem Reich und dem neu aufzunehmenden Staat. Zwischen dem Reich: nur in den Formen, welche für Staatsverträge des Reiches vorgeschrieben sind; nicht etwa wäre ein neuer „Bundesvertrag" der sämmtlichen Bundesglieder erforderlich. Jener Vertrag der zwei betheiligten Contrahenten hätte dahin zu lauten, daß die Contrahenten in einen neu zu bildenden Staat eintreten zu wollen sich verpflichten. Beim „Eintritt" der süddeutschen Staaten in den norddeutschen Bund ist diese Frage bereits practisch geworden; die damaligen Vorgänge hätten sich zu wiederholen bei jedem neuen „Eintritte".[49]

Aussterben einer regierenden Dynastie ist für das Reich irrelevant: die Erbfolge regelt sich nach dem vorhandenen Landesstaatsrecht, ohne daß reichsrechtliche Normen hierüber beständen. Würde ein solcher Fall nach dem beim Inkrafttreten der RV. in Kraft gestandenen, somit durch dieselbe garantirten Particularstaatsrecht zur Vereinigung des betreffenden Staates mit einem anderen Gliedstaate führen, so läge keine Aenderung der factischen Unterlage des Reiches vor, und es wäre nur von den gesetzgebenden Factoren des letzteren zu entscheiden, ob und welche Abänderungen der RV. in diesem Falle etwa erforderlich wären. Daß die Stimme des einen Staates ipso jure dem anderen zufalle (Laband I 129 [1, 2]) kann nicht als richtig zugegeben werden.

Personalunion zwischen zwei deutschen Einzelstaaten ist

---

[49] A. A. v. Martitz 9: nicht „zwischen den Contrahenten der Bundesverfassung" und dem neu aufzunehmenden Staat, sondern zwischen letzterem und der Bundesgewalt allein ist der Staatsvertrag abzuschließen. A.A. auch Meyer, Erört. 67 und v. Mohl 25.

gleichfalls für das Reichsrecht irrelevant.[50] Nicht minder wird dies nach dem positiv geltenden Rechte auch bezüglich der Personalunion eines deutschen mit einem außerdeutschen Staate behauptet werden müssen; denn Personalunion berührt überall die staatliche Individualität nicht.[51]

Unberührt bleibt die einzelstaatliche Individualität auch dann, wenn nur einzelne oder selbst alle Staatshoheitsrechte zur Ausübung von einem Einzelstaate des Bundes an einen anderen übertragen werden, wie dies z. B. von Waldeck an Preußen durch Vertrag v. 18. Juli 1867 geschah. Die Staatsindividualität bleibt dabei immer noch gewahrt, und man kann keineswegs behaupten, daß die Staatsgewalt zu einem nudum jus herabgesunken sei. Da aber das Reich vielfach eine Thätigkeit der Einzelstaaten beansprucht, so dürfte reichsgesetzliche Genehmigung für Herstellung derartiger Verhältnisse zu fordern sein; es ist immerhin für das Reich nicht ganz ohne Bedeutung, ob der Staat A oder der Staat B Namens des Reiches thätig wird.[52]

Ueber Elsaß-Lothringen vgl. unten Buch X im Zusammenhange.

---

[50] Richtig Meyer, Grundz. 68; Seydel 17; Thudichum 61.

[51] Richtig Thudichum a.a.O. A. A. v. Mohl 21, dessen betreffende Betrachtung aber mehr politischen als juristischen Character trägt (übrigens politisch vollkommen zutreffend ist).

[52] A. A. Thudichum 61; Seydel 17, die keine Mitwirkung des Reiches für erforderlich halten. Ebenso Riedel 80: die Abtretung kann, „nach eigenem Ermessen" des betr. Staates erfolgen, erst nachher soll die Reichsgewalt erwägen, ob vielleicht Verfassungsänderungen erforderlich seien. Nach Laband I 191 ist nur die Abtretung an einen mit Reservatrechten ausgestatteten Staat unzulässig bezw. es kann die Abtretung nur nach Maßgabe des bisherigen rechtlichen Status geschehen.

V. Das Reichsgebiet.[53]

Die natürlichen Grundlagen des Staates sind Land[54] und Leute. Die Souveränetät des Staates erstreckt sich sowohl über das erstere als über die letzteren. Während aber die Rechtssätze, die sich auf die Staatsangehörigen beziehen, am besten speciell nach Materien gesondert und in dieser systematischen Sonderung betrachtet werden, empfiehlt es sich, die Souveränetät sofern sie sich auf das Staatsgebiet bezieht, im Anschluß an die vorstehenden principiellen Erörterungen zu betrachten.

Die Staatsgewalt in ihrer Richtung auf das Land wird als Gebietshoheit bezeichnet.[55] Für die Gebietshoheit gelten die nämlichen Grundsätze wie für die Staatsgewalt überhaupt. Die Staatsgewalt ergreift positiv das gesammte Staatsgebiet: quidquid est in territorio est etiam de territorio. Die Staatsgewalt hat negativ ihre Grenzen an den geographischen Grenzen des Staatsgebietes. Eine besonders interessante und charakteristische Ausnahme von dem Principe der Gebietshoheit bildet das Consularrecht nach seinen beiden Richtungen: einerseits wird auswärtigen Consuln im deutschen Reiche die Ausübung von Hoheitsrechten im Namen eines anderen Staates gestattet, andrerseits werden deutsche Consuln gleicher Weise in fremden Staaten thätig. (Vgl. unten §. 6.)

Die Gebietshoheit ist nicht Eigenthum im privatrechtlichen Sinne des Wortes, dominium, wie im mittelalterlichen

---

[53] Laband I §§. 20—23.

[54] Dies gilt jedenfalls für die modernen Culturstaaten. Begrifflich aber ist „Land" kein Erforderniß des Staates (a. A. Laband I 182).

[55] v. Gerber, Grundzüge §. 22; Laband I 184. Fricker, vom Staatsgebiet (Tüb. 1867) S. 17 f.

Feudalstaate, sondern Herrschaft, imperium. So unbeschränkt wie letztere überhaupt, ist speciell auch die Gebietshoheit. Es wäre verfehlt, die einzelnen rechtlichen Consequenzen derselben erschöpfend aufzählen zu wollen. Im Bundesstaate steht die Gebietshoheit der Centralgewalt zu, jedoch mit der oben für den Bundesstaat im Allgemeinen festgestellten Modification, daß den Einzelstaaten Autonomie und Selbstverwaltung auch hier in weitem Umfange überlassen blieb. Das Bundesgebiet ist ein einheitliches Staatsgebiet, innerhalb dessen principiell von Inland und Ausland nicht die Rede sein kann.[56]

Der Umfang des Reichsgebietes ist circumscribirt in Art. 1 der RV.: „das Bundesgebiet besteht aus den Staaten", welche oben in §§. 1 und 2 genannt sind. Dazu kommt nach §. 1 des Ges. v. 9. Juni 1871 (RGB. 212) noch das Reichsland Elsaß-Lothringen in dem Umfange, in welchem dasselbe durch den Frankfurter Friedensvertrag an das Reich abgetreten wurde. Das Reichsland ist jedoch dermalen noch kein „Staat", sondern Unterthanenland des Reiches: die Frage der Gebietshoheit wird jedoch durch dieses anomale Verhältniß nicht berührt.

Die Einzelstaaten gehören zum Reich mit dem gesammten Gebietsumfange, wie er am 1. Januar 1871 bestand[57] (nicht wie im deutschen Bunde Oesterreich, Preußen, Dänemark, Niederlande nur zum Theil). Veränderungen des Reichsgebietes gegenüber dem Bestande der Reichs-, wie der einzelstaatlichen Grenzen vom 1. Januar 1871 involviren eine Verfassungsänderung.[57a] In welcher Weise die „Aufnahme"

[56] Schultze, Einl. 441. A. A. Laband I 185.

[57] Richtig Seydel 31.

[57a] Vgl. Fricker, vom Staatsgebiet S. 27 u. 28.

eines neuen Einzelstaates in den Bund erfolgen könnte, wurde oben sub IV. erörtert. Ebenso, welche Rechtsfolgen der Wegfall eines Einzelstaates durch Verzicht auf die Staatsgewalt haben müßte. Als Verfassungsänderung aber würde sich rechtlich auch qualificiren: jeder Erwerb von außerdeutschem Territorium Seitens eines deutschen Einzelstaates ohne Veränderung der staatlichen Individualität;[58] jede Veränderung der inneren Grenzen im Verhältniß einzelner Bundesstaaten unter sich ohne Veränderung der staatlichen Individualität;[59] jede Abtretung von Reichsterritorium an einen außerdeutschen Staat;[60] jede Ausscheidung einzelner Staatstheile aus dem Bundesverhältniß. Unter die Reservatrechte des a. 78² können Aenderungen der angegebenen Art nach den unten §. 5 sub D gegebenen Ausführungen niemals fallen.

Die einzelstaatlichen Grenzen sind auch jetzt noch von rechtlicher Bedeutung, soweit es sich um diejenige Sphäre staatsrechtlicher Functionen handelt, welche den Einzelstaaten verblieben ist, sei es, daß das Reich sich mit der betreffenden Materie gar nicht befaßt hat, sei es, daß es zur Durch-

[58] Richtig Meyer, Grundz. 68. A. A. Laband I 189; s. auch die hier N. 3 citirten Schriftsteller.

[59] v. Martitz 10, fordert hiefür „Einwilligung sämmtlicher Bundesgenossen". A. A. Thudichum 61, der gar keine Zustimmung der Centralgewalt postulirt. Ebenso Laband I 190 f. und die bisherige Praxis, welche einfache Bundesrathsbeschlüsse für genügend hielt: vgl. Laband 191¹, 192³: Veränderung der einzelstaatlichen Grenzen hat immer reichsrechtliche Folgen: man denke nur an die Circumscription der Reichstagswahlkreise, an die Berechnung der Matricularbeiträge.

[60] Laband I 187 hält nur bei freiwilligen Abtretungen diese „Zustimmung" für erforderlich, nicht bei gezwungenen. Formell juristisch wird dieser Unterschied nicht zu begründen sein: freilich wird es sich hier praktisch nicht um formale Jurisprudenz sondern um politische Nothwendigkeit handeln.

führung seiner Gesetzgebung die Einzelstaaten delegirt hat. Die Centralbehörden des Reiches aber sind selbstverständlich in ihrer Thätigkeit vollkommen unabhängig von den einzelstaatlichen Grenzen, soweit nicht etwa specielle Normen hierüber anders bestimmen. Unabhängig von den Grenzen der Einzelstaaten sind außerdem insbesondere noch die Oberpostbezirke, die Armeecorpsbezirke, die Marinestationen, die Disciplinarbezirke. Dagegen sind die Reichstagswahlkreise in auffallendem Widerspruch zu RV. a. 29. nach Landesgrenzen abgetheilt worden.

Soweit territoriale Competenzgrenzen aufrecht erhalten wurden, haben die Organe des einen Bundesstaates im Gebiete des anderen kein Recht der Thätigkeit. Jedoch ist gegenseitige Rechtshülfe schon durch das G. v. 21 Juni 1869 den Einzelstaaten vorgeschrieben und die Specialnormen hierfür getroffen worden: das GerVerfGes. hat in §. 131 diesen Grundsatz neuerdings principiell fixirt. Ebenso ist gegenseitige Zollhülfe Rechtspflicht und auch in Gewerbesachen ist das Princip speciell für §. 108 der GewO. reichsrechtlich fixirt worden.[61]

Als Ausfluß der dem Reiche zustehenden Gebietshoheit erscheinen insbesondere folgende specialgesetzlichen Vorschriften.

1. Der Bundesfeldherr ordnet die Dislocation der deutschen Truppen an, RV. a. 63⁴, ausgenommen jedoch Bayern, dessen beide Armeecorps im Frieden dem Obercommando des Landesherrn unterstellt sind; ferner Württemberg, wo kraft Milit.-Conv. §. 6 eine Dislocirung der Truppen nur im eigenen Lande stattfindet. Die Landesbehörden haben jedoch nach RV. a. 66² in jedem Falle das

[61] Laband I 203 ff.

Recht, „zu polizeilichen Zwecken“ die an dem betr. Orte garnisonirenden Truppen zu requiriren. (Näheres unten §. 18.)

2. Der Kaiser kann jederzeit in jedem Theile des Reichsgebietes die kriegsbereite Aufstellung eines Truppentheiles verfügen, denselben „mobil machen“. RV. a. 63⁴ (s. §. 18).

3. Der Kaiser kann jederzeit im Reichsgebiete die Anlage einer Festung verfügen, RV. a. 65; von den gesetzgebenden Factoren des Reiches ist der Kaiser dabei nur in Bezug auf die materiellen Mittel abhängig. Bei Bayern ist jedoch Zustimmung des Einzelstaates erforderlich. Schlußprot. Z. III §. 5 Nr. V. vb. mit RV. Abschn. XI. Schlußsatz. Mit jenem Rechte des Kaisers in nothwendigem Zusammenhange steht das durch das Rayongesetz v. 21. Dec. 1871 im Einzelnen normirte Recht der Expropriation von Grundeigenthum zum Zwecke von Festungsbauten (s. §. 19).

4. Der Kaiser hat das Recht, in jedem Theile des Reichsgebietes den Belagerungszustand zu verhängen, „wenn die öffentliche Sicherheit bedroht ist“. RV. a. 68[62] (s. §. 18).

5. Der Kaiser kann Namens des Reiches ohne Berücksichtigung der Landesgrenzen Eisenbahnen anlegen lassen, sowohl zu Vertheidigungszwecken als auch „im Interesse des gemeinsamen Verkehrs“, selbst gegen den Widerspruch des betheiligten Einzelstaates, RV. a. 41. In Consequenz dieses Principes muß der Reichsgewalt auch ein Expropriationsrecht zu Eisenbahnzwecken eingeräumt werden; die erforderliche Regelung dieses Punktes durch Specialgesetz ist bis jetzt nicht erfolgt (s. §. 30).

6. Eine nothwendige Consequenz der Gebietshoheit des

[62] Bayern hat in dieser Beziehung ein Reservatrecht bis zum Erlaß eines den a. 68 der RV. durchführenden Specialgesetzes.

Reiches im Innern ist ferner die Freizügigkeit. Alle Reichsangehörigen haben das Recht an jedem Orte des Bundesgebietes sich jederzeit aufzuhalten[63] und können frei jedes Gewerbe betreiben, allerdings im Rahmen der durch die Gewerbeordnung gezogenen Grenzen (s. §. 34). In Zusammenhang hiemit stehen auch die Bestimmungen RV. a. 54 [3 u. 4], wonach die Seehäfen und sämmtliche Wasserstraßen im Reichsgebiete allen deutschen Kauffarteischiffen unter den gleichen Bedindungen offen stehen; was die Erhebung von Abgaben betrifft, so ist von Reichswegen in den alleg. Bestimmungen das Princip fixirt: daß Abgaben überhaupt nur für besondere Anstalten erhoben werden, und daß dieselben die zur Anlage und Unterhaltung aufzuwendenden Kosten nicht übersteigen dürfen (s. §. 29).

7. Wie für Personen so besteht auch für Waaren innerhalb des Reichsgebietes principielle Freizügigkeit: Zölle dürfen nur bei Import oder Export erhoben werden (s. §. 35).

8. Das sub 6 und 7 bezeichnete Princip der Freizügigkeit kann nur von Reichswegen Einschränkungen unterworfen werden.

a) Durch kaiserl. Verordnung kann für das ganze Reichsgebiet oder nur für einen Theil desselben Paßzwang dann eingeführt werden, wenn die Sicherheit des Bundes oder die öffentliche Ordnung durch Krieg, innere Unruhen oder sonstige Ereignisse als gefährdet erscheint. (Ges. v. 12. Oct. 1867, BGB. 33—35).

b) Von Reichswegen kann die ganze Grenze oder ein bestimmter Theil derselben für die Aus- oder Einfuhr

---

[63] Ueber Ausweisung und Internirung vgl. unten §. 17.

aus bestimmten Gründen gesperrt werden.[64] Bezüglich der Sperre wegen Rinderpest wurden die Einzelstaaten durch G. v. 7. April 1869 generell delegirt, jedoch haben sie die Pflicht, dem Bundespräsidium eintretenden Falles Anzeige zu erstatten.

9. Das Reichsgebiet ist in seiner Integrität endlich geschützt durch mehrere Bestimmungen des Reichsstrafgesetzbuches. (Hochverrath: §. 81 Z. 3 u. 4.) Die Organe des Reiches, speciell der Kaiser, genießen den ihnen gewährten strafrechtlichen Schutz in gleicher Weise im ganzen Reichsgebiete; bezüglich der Landesherren ist eine Unterscheidung gemacht zwischen dem eigenen und dem Gebiete der anderen Bundesstaaten. (StGB. §§. 80, 94—97.)

Dem Auslande gegenüber ist das Reichsgebiet rechtlich abgeschlossen. Den Staatsangehörigen fremder Staaten ist zwar das Reichsgebiet offen: eine juristische Einwirkung aber auf das Reichsgebiet kann fremden Staaten nur vom Reiche gestattet werden z. B. Beglaubigung von Gesandtschaften und Consuln, welche principiell als Obrigkeiten eines fremden Staates auf deutschem Gebiet erscheinen; Anlegung von Eisenbahnen in deutsches Gebiet herein oder von Bahnhöfen auf deutschem Gebiet; Nacheile zur Verfolgung von Verbrechern; Zulassung fremder Kriegsschiffe in deutsche Häfen oder fremder Truppenkörper in deutschem Gebiet.

[64] Beispiele sind: das Reben-einfuhrverbot gegen die Phylloxera gerichtet: G. v. 11. Febr. 1873 (RGB. 43), das Kartoffel-einfuhrverbot gegen den Koloradokäfer gerichtet: G. v. 26 Febr. 1875 (RGB. 135), Pferdeausfuhrverbot RV. v. 4. März 1875 (RGB. 159).

§. 5.

Die Einzelstaaten.[1]

Faßt man die Gesammtheit der staatlichen Lebensfunctionen in's Auge, so ist durch Aufrichtung des Reiches die Thätigkeit der Einzelstaaten theils eingeschränkt, theils erweitert worden: eingeschränkt indem ein großer Theil der bisherigen Staatsaufgaben von der Centralgewalt übernommen; erweitert indem durch Bethätigung der Einzelstaaten am Reiche ein neuer hochwichtiger Kreis von staatlichen Functionen für diese geschaffen wurde und zwar theils in einer für alle Bundesglieder gleichen, theils in einer einzelne Bundesglieder besonders bevorzugenden Weise. Dazu kommen dann weiter die besonderen Ausnahmsrechte zu Gunsten einzelner Bundesglieder.

I. Die allgemeinen Gesichtspunkte für Feststellung der Competenzsphären.

1. Für einen großen Theil von Staatsaufgaben ist das Reich principiell in der Weise an die Stelle der Einzelstaaten getreten, daß keinerlei Thätigkeit der letzteren übrig geblieben ist (Auswärtiges, Consularwesen, Marine).[2] —

2. Eine zweite Gruppe staatlicher Aufgaben ist an das Reich in der Weise übergegangen, daß die Gesetzgebung principiell von der Centralgewalt geübt wird, die Ausführung der Gesetze aber den Einzelstaaten durch ihre Organe belassen ist (Rechtspflege, Gewerbewesen). Laband hat dieses

[1] Laband I §§. 10—12, II §. 61.

[2] Was hier etwa zur Zeit noch an einzelstaatlicher Thätigkeit existirt, ist principwidrig und zu beseitigen.

Verhältniß zutreffend als „Selbstverwaltung" bezeichnet.[3] Denn es handelt sich bei der Selbstverwaltung begrifflich um staatliche Functionen, die aber der Staat nicht direct, sondern durch ihm untergeordnete corporative Verbände (Provinzen, Kreise, Gemeinden: „Corporationen des öffentlichen Rechtes") ausüben läßt.[4] Die letzteren fungiren also principiell kraft vom Staate übertragenen Rechtes, kraft einer staatlichen Concession; wären sie nicht mit den betreffenden Functionen betraut, so müßte der Staat dieselben vollziehen und begrifflich stände dem nichts entgegen. In der Selbstverwaltung giebt der Staat ihm untergeordneten Verbänden Freiheit selbständiger Verwaltung, jedoch so, daß sowohl negativ die Grenzen dieser selbständigen Verwaltung als positiv die Grundlinien für dieselbe durch die Staatsgesetzgebung gezogen sind.[5]

Der so festgestellte Begriff der Selbstverwaltung trifft durchaus zu für das Verhältniß der Einzelstaaten in Hinsicht derjenigen Materien, bei welchen die Gesetzgebung vom Reiche, die Durchführung der Gesetze von den Einzelstaaten bethätigt wird.[6] —

[3] Die betreffenden Ausführungen Staatsrecht I S. 95—104 gehören zu den besten und fruchtbarsten Parthieen des Werkes.

[4] Diesen Satz unerschütterlich fixirt zu haben ist das hohe Verdienst Gneists in seinen zahlreichen verwaltungsrechtlichen Schriften. Hinsichtlich des „Ehrenamtes" als eines begrifflichen Merkmales der Selbstverwaltung halte ich Labands Ausführung gegen Gneist für begründet.

[5] Daß dies im Einzelnen in sehr verschiedener Weise erfolgen kann, betont richtig Laband I 105.

[6] Doch kann man nicht mit Laband I 104 als Princip den Satz aufstellen: „die Durchführung und Handhabung der Gesetze ist auf das Reich nicht übergegangen, folglich den Einzelstaaten verblieben" und hinsichtlich der im Text sub 1 bezeichneten Materien von einer „Durchbrechung dieses Princips" (a. a.

3. Für eine dritte Gruppe von Functionen kommt das Reich gar nicht, sondern nur die Einzelstaaten in Betracht, indem diesen letzteren die Gesetzgebung principiell verblieben ist. Für die staatsrechtliche Stellung der Einzelstaaten ist dabei im Auge zu behalten, daß die einzelstaatliche Gesetzgebung auch hier als aus der Centralgewalt abgeleitet erscheint und auf legalem Wege von letzterer an sich gezogen werden kann.[7] Die Grenze für diese Competenzsphäre der Einzelstaaten ist theils ausdrücklich durch die Sätze der Reichsverfassung, theils stillschweigend dadurch bestimmt, daß grundsätzlich anerkannt ist: alles was nicht direct zur Competenz des Reiches gezogen ist, ist als den Einzelstaaten verblieben zu betrachten. Dieses staatsrechtliche Verhältniß hat Laband[8] vollkommen zutreffend als Autonomie, Selbstgesetzgebung im Gegensatz zur Selbstverwaltung bezeichnet. Der principielle Gesichtspunkt für die Selbstverwaltung der Einzelstaaten im Reiche ist der nämliche wie bezüglich der Gemeinden im Staate; der principielle Gesichtspunkt für die Autonomie der Einzelstaaten im Reiche ist der nämliche wie bezüglich der Rechtserzeugung privater Corporationen (der Actienvereine, principiell auch der „Kirchen" und Religionsvereine nach heutigen Staatsprincipien).

Der Begriff Autonomie trifft juristisch zu für das Verhältniß der Einzelstaaten zum Reich bezüglich derjenigen Materien, von welchen das letztere sich vollkommen fernhält,

---

D. 105) sprechen. Diese Behauptung Labands ist eine Consequenz seiner Ansicht: es sei wesentlich für den Bundesstaat, daß die Centralgewalt durch das Medium der Einzelstaaten gegenüber den Staatsangehörigen thätig werde (s. hierüber oben §. 4). Vgl. auch v. Martitz in Ztschr. f. Staatsw. 32, 563 ff.

[7] S. oben S. 58 f.

[8] Staatsrecht I 105 ff.

z. B. Schul- und Kirchenwesen. Wie Privatcorporationen gegenüber dem Staat, so sind in dieser Sphäre die Einzelstaaten positiv frei in Bethätigung ihrer rechtserzeugenden Competenz und unterliegen nur wie jene einem principiellen Oberaufsichtsrecht, das eine nothwendige Consequenz der Souveränetät ist. Da das Reich die souveräne Gewalt ist, kann es staatsrechtlich keinem Zweifel unterliegen, daß demselben das Oberaufsichtsrecht über alle untergeordneten Potenzen also auch über die Einzelstaaten zusteht. Specialnormen zur Durchführung dieses Principes sind bis jetzt nicht als nothwendig erachtet worden.[9] [10]

II. Die Rechte der Einzelstaaten am Reiche.

A. Die Mitgliedschaftsrechte.

Der Staatswille des Reiches bildet sich auf Grund bestimmter Rechtsvorschriften als die Einheit des Willens der am Rechte betheiligten Einzelstaaten. Das hiezu berufene Organ ist der Bundesrath, in welchem die sämmtlichen Einzelstaaten ihre Vertretung haben. Maßgebend ist hiebei das Princip der Gleichberechtigung der Bundesglieder, wodurch nicht ausgeschlossen ist, daß der Verschiedenheit der thatsächlichen Machtverhältnisse entsprechende Rechnung getragen wurde. Qualitativ sind alle Bundesglieder bei der

---

[9] Laband I 105 behauptet: die Einzelstaaten seien für diesen Kreis ihrer Competenz nicht der Oberaufsicht des Reiches unterworfen. Dies ist factisch richtig, juristisch aber nur mit der im Text gegebenen principiellen Modification.

[10] Laband I 122 f. werden die zur Selbstverwaltung und Autonomie den Einzelstaaten belassenen Rechte als jura singulorum zusammengefaßt. Ueber die Unmöglichkeit, den Begriff der „jura singulorum" staatsrechtlich zu verwerthen s. unten S. 89 ff.

Bildung des Reichswillens gleichberechtigt, nur quantitativ besteht eine erhebliche Verschiedenheit.

Andererseits haben alle Einzelstaaten in gleicher Weise Anspruch auf Erfüllung derjenigen staatlichen Functionen, die das Reich übernommen hat. Inwieweit letzteres der Fall, ergiebt sich aus der Verfassung bezw. Specialgesetzgebung; nicht aber darf der juristisch überhaupt irrelevante Eingang zur RV. hiefür angezogen werden.[11] Es ist unzweifelhaft, daß das Interesse eines einzigen Bundesstaates ausreichender Grund für ein Thätigwerden des Reiches z. B. Errichtung eines Consulates, einer Gesandtschaft,[12] ja selbst zu einer militärischen Action sein kann.

Den im Princip gleichen Rechten stehen im Princip gleiche Pflichten gegenüber. Es kommen hier insbesondere die financiellen und militärischen Pflichten in Betracht. Prägravationen einzelner Staaten müssen als grundsätzlich unstatthaft betrachtet werden:[13] es könnte sich bei solchen immer nur um freiwillige Uebernahme handeln. Was die Militärleistungen angeht, so ist die Frage der Prägravationen einzelner Bundesglieder durch das Princip: „jeder Deutsche ist wehrpflichtig" gegenstandslos. Das Gleiche wäre in financieller Hinsicht der Fall, wenn das Reich seiner staatlichen Natur entsprechend nur eigene Einnahmen als financielle Unterlage besäße. Matricularbeiträge aber müssen unzweifelhaft nach dem gleichen Maßstabe für sämmtliche Bundesglieder aufgelegt werden.

---

[11] Dies thut Laband I 110¹. S. über den juristischen Gehalt des Eingangs oben S. 42 f.

[12] Speciell anerkannt in den Novemberverträgen mit Bayern (Schlußprot. XII), Baden-Hessen (Nr. 6), Württemberg (Z. 1 e).

[13] Laband I 113, im Princip übereinstimmend auch Hänel 193; a. A. Löning 1514. Vgl. speciell RV. a. 58.

Man hat zutreffend diese vom Princip der Gleichheit aller Bundesglieder beherrschten Rechte als Mitgliedschaftsrechte bezeichnet.[14]

B. Die Vorrechte.

Von den Mitgliedschaftsrechten heben sich deutlich diejenigen Rechte ab, welche nur einzelnen Bundesgliedern zukommen, den anderen nicht: man mag sie als Sonderrechte zusammenfassen.[15] Dieselben sind nach ihrem inneren Grunde jedoch von so verschiedener Art, daß man einen einheitlichen Gesichtspunkt für dieselben nur in dem negativen Momente des Unterschiedes von den principiell gleichen Mitgliedschaftsrechten zu constatiren vermag. Positiv aber sind die Sonderrechte entweder Vorrechte oder Ausnahmsrechte, je nachdem es sich um integrirende Bestandtheile des Verfassungsorganismus handelt, die nur für einzelne Bundesglieder ein höheres Maß von Rechten constituiren oder um **Ausnahmen** von der Reichsverfassung, welche somit einen Widerspruch zu letzterer, der möglichst auszuscheiden ist, enthalten.[16] Beide Kategorieen systematisch zusammenzufassen, ist innerlich unbegründet: zudem gelten für die Vor-

---

[14] Laband I 90 bes. 112.

[15] In der Literatur finden sich die Bezeichnungen Sonderrechte, Reservatrechte; den Umfang derselben bestimmen die sämmtlichen Schriftsteller in verschiedener Weise.

[16] Laband I 113 deducirt, daß die Sonderrechte auf „Nichtanwendung der Verfassungs- und gesetzmäßigen Principien" beruhen, sie „sind nicht Reflexwirkungen der Verfassung sondern Modificationen derselben". Sollte dieser Gesichtspunkt für die Präsidialrechte, die nach Laband unter die Sonderrechte fallen, zutreffen?

rechte, wie unten auszuführen sein wird, andere Verfassungsnormen als für die Ausnahmsrechte.

Der gemeinsame Gesichtspunkt für die Vorrechte ist der: daß einzelnen Bundesgliedern in Folge ihrer größeren factischen Bedeutung ein höheres Maß von Rechten als den anderen im Verfassungsorganismus des Reiches zugetheilt wurde. Es handelt sich auch hier nicht um eine qualitative, sondern gleichsam nur um eine quantitative Verschiedenheit der den Bundesgliedern zustehenden Rechte: weil Preußen größer als Reuß, darum hat ersteres im Bundesrath 17, letzteres nur eine Stimme; weil Preußen das mächtigste Bundesglied, darum hat es die Präsidialrechte; weil Bayern, Württemberg und Sachsen bedeutender sind, als Oldenburg und Lippe, darum haben erstere gewisse ständige Sitze in den Bundesrathsausschüssen, letztere nicht. Der gleiche Gedanke, der dazu führte, einzelnen Bundesgliedern ein Plus von Stimmen im Bundesrathe gegenüber anderen zu geben, führte dazu, einzelnen Bundesgliedern auch noch nach anderer Seite ein Plus von Rechten in der ordentlichen Organisation des Reiches zu geben.

Die einzelnen hieher gehörigen Rechte sind:

1. Die Präsidialrechte der Krone Preußen; dieselben qualificiren sich zweifellos als ein Vorrecht, aber sie sind so wenig ein Ausnahmsrecht, daß sie vielmehr geradezu einen Gegensatz zu letzteren darstellen.

2. Den gleichen Character hat das Recht Bayerns auf 6 Stimmen im Bundesrath, während dem genannten Staate an sich nur 4 Stimmen zukämen (S. hierüber §. 9).

3. Das Recht Bayerns auf einen ständigen Sitz im Bundesrathsausschuß für Landheer und Festungen (RV. a. 8[3]).

4. Das gleiche Recht Württembergs[17] (Milit. Conv. §. 15 [2] vgl. RV. Absch. XI Schlußsatz).

5. Das Recht Bayerns auf den ständigen Vorsitz im Bundesrathsausschuß für die auswärtigen Angelegenheiten (RV. a. 8 [4]).

6. Das Recht Württembergs auf einen Sitz in dem sub 5 genannten Ausschusse (ibid.).

7. Das gleiche Recht Sachsens (ibid.).

8. Das Recht Bayerns auf den Vorsitz im Bundesrathe im Falle der Verhinderung Preußens (bayr. Schlußprot. IX).

C. Die Ausnahmsrechte.

Diese Kategorie von Rechten war zwar im norddeutschen Bunde bereits vorhanden, aber nur in sehr geringem Umfange; erst die Aufrichtung des Reiches, die sich nur durch Gewährung einer Reihe von Vorbehalten (daher die Bezeichnung: Reservatrechte) an die süddeutschen Staaten bewerkstelligen ließ, erweiterte diese Kategorie sehr bedeutend.

Ausnahmsrechte sind solche Vorrechte einzelner Bundesglieder,[18] die sich als Abweichungen und Ausnahmen, als Widersprüche gegen die Rechtseinheit im Reiche darstellen. Als ausnahmsweise Privi-

[17] Nach der Militärconvention a. 2 hat auch Sachsen das gleiche Recht. Die Militärconvention ist abgeschlossen zwischen Preußen und Sachsen; in der Reichsverfassung ist sie nicht sanctionirt. Es besteht somit nur eine vertragsmäßige Verpflichtung des Königs von Preußen, in seiner Eigenschaft als Bundesoberhaupt einen sächsischen Vertreter in jenen Ausschuß zu berufen. Vgl. über den Rechtsgehalt der sächs. Militärconvention Laband III 30—32, der zu dem gleichen Resultate gelangt; a. A. Hänel 247. Vgl. auch unten §. 18.

[18] Elsaß-Lothringen ist nicht Bundesglied, kann somit auch nicht Ausnahmsrechte dieser staatsrechtlichen Qualität haben.

legien bedürfen die Sonderrechte dieser Art eines bestimmten Titels zu ihrer rechtlichen Begründung. Die historische Genesis weist bei der Mehrzahl dieser Rechte auf die Staatsverträge zurück, durch welche die Aufrichtung des Reiches völkerrechtlich vorbereitet wurde. Der juristische Titel jener Rechte aber ist verschieden: die meisten derselben wurden ausdrücklich in der Verfassung genannt und dadurch Bestandtheile des Reichsverfassungsrechtes, somit auch den für letzteres geltenden Normen principiell unterworfen.[19] Andere Ausnahmsrechte wurden durch die Specialgesetzgebung des Reiches, ja selbst durch Verordnung des Bundesrathes[20] neu geschaffen: sie werden demnach principiell von den für diese Formen der Rechtsbildung geltenden Normen beherrscht. Endlich ist ein dritter Theil dieser Ausnahmsrechte wohl in den Staatsverträgen, nicht aber in der Verfassung genannt, ohne daß doch bei letzterem Verschweigen die Meinung gewesen wäre, dadurch die fraglichen Ausnahmsrechte zu beseitigen. Für diesen Theil beruht demnach die Rechtskraft bis zur Stunde nur auf den Staatsverträgen: eine Anomalie nicht unbedenklicher Art, da im übrigen für das Verhältniß zwischen dem Reich und den Einzelstaaten der Rechtsbildung auf dem Wege des Staatsvertrages in Folge der staatlichen Natur des Reiches der Boden ganz und gar entzogen ist.[21]

Die einzelnen Ausnahmsrechte sind:[22]

---

[19] Hänel 114: „die Bezugnahme ist nur ein verkürzter Ausdruck für die wörtliche Aufnahme der Vertragsartikel in den Text der Verfassung".

[20] Ein Beispiel s. b. Laband I 114[1].

[21] Dies Resultat festgestellt und im Einzelnen vorzüglich begründet zu haben, ist das Hauptverdienst der „Studien" von Hänel. Vgl. S. 228 überh. §. 15; Meyer, Lehrb. 422; Löning 347.

[22] Ausnahmsrechte dieser Art waren auch alle zeitlich be-

I. Für Hamburg die Exemtion von der Zollgesetzgebung des Reiches als Freihafen (RV. a. 34).

II. Das gleiche Ausnahmsrecht für Bremen (ibid.).

III. Die Exemtion Oldenburgs von a. 22 des Zollvereinsvertrags v. 8. Juli 1867, den Maximalsatz der Chausseegelder betreffend (durch RV. a. 40 als Bestandtheil der Verfassung sanctionirt).[23]

IV. Die Exemtion Badens von der Reichsgesetzgebung über Besteuerung des inländischen Bieres und Branntweins (RV. a. 35²).

V. Folgende Exemtionen Württembergs:

1. das gleiche Ausnahmsrecht wie Baden (RV. a. 35²);
2. die theilweise Exemtion von der Post- und Telegraphengesetzgebung des Reiches, indem a) RV. a. 48—51 für Württemberg nur nach Maßgabe von RV. a. 52 zur Anwendung kommen dürfen b) neu zu constituirende Vorrechte der Posten nicht ohne weiteres auf Württemberg Anwendung finden (Schlußprot. Ziff. 2);
3. die theilweise Exemtion von der Reichseisenbahngesetzgebung nach Maßgabe des Schlußprot. Ziff. 2 vb. RV. a. 45²;
4. die theilweise Exemtion von der Reichsmilitärgesetzgebung nach Maßgabe der durch den Schlußsatz zu Absch. XI der RV. zu einem Bestandtheil des Verfassungsrechtes gewordenen Militärconvention vom 21/25. Nov. 1870.[24]

---

grenzten Exemtionen von der Reichsgesetzgebung, wie solche bei Gründung des Reiches vielfach vorkamen, jetzt aber durchweg erledigt sind.

[23] Ueber dieses Recht schweigt Meyer, Lehrb. 420 f.

[24] Hänel 115 ff. bestreitet, daß die Militärconvention Verfassungsrecht geworden sei. Es

VI. Folgende Exemtionen Bayerns.[25]

1. RV. a. 35[2] s. oben IV: Baden;
2. RV. a. 52 s. oben V, 1: Württemberg;
3. Bayern ist eximirt von der Reichseisenbahngesetzgebung, die auf Grund von RV. a. 42—46[1] geübt wird und unterliegt derselben nur nach Maßgabe von RV. a. 46[3] und 47;
4. Bayern ist der Reichsmilitärgesetzgebung (RV. Absch. XI) nur unterworfen nach Maßgabe des Versailler Vertr. v. 23. Nov. 1870 III §. 5 und XIV (Schlußsatz zu Absch. XI der Verf., der sich aber auf Z. XIV des Vertr. nicht bezieht);
5. Bayern ist hinsichtlich seines Militäretats von den Vorschriften der Reichsverfassung a. 69, 71, 72 in der Weise eximirt, daß dieselben nur nach Maßgabe der sub 4 genannten Vertragsbestimmungen zur Anwendung kommen; durch die Schlußbestimmung zu Absch. XII. der RV. sind die betreffenden Vertragsbestimmungen Bestandtheil des Verfassungsrechtes geworden;[26]
6. Bayern ist nach RV. a. 4 Z. 1 eximirt von der Reichsgesetzgebung über Heimaths- und Niederlassungs-

---

soll sich bei ihr positiv um „vertragsmäßige Zusicherungen" handeln, nur negativ sei die Convention „Vorschrift der Reichsverfassung geworden", insofern sie „in ihrer Totalität" ein von der Verfassung sanctionirtes Ausnahmsrecht Württembergs constituire. Die Unterscheidung zwischen einer positiven und negativen Seite der Convention dürfte überhaupt des inneren Grundes ermangeln, der Wortlaut der RV. aber dazu nöthigen, die Militärconvention ebensogut als Bestandtheil der Verfassung zu betrachten wie die analogen Bestimmungen der bayr. Verträge.

[25] Vgl. speciell v. Pözl, bayr. Verf.R. (1877) §. 227. L. A. Müller bei Hirth Ann. 1876 846 ff.

[26] Ueber den Werth dieses bayrischen Reservatrechtes äußert sich treffend v. Held 91[1].

wesen; dazu kommt nach Schlußprot. I. noch das Verehelichungswesen, ohne daß jedoch dieser Vorbehalt verfassungsmäßige Sanction gefunden hätte; derselbe bezieht sich übrigens nur auf die „staatspolizeiliche, heimathrechtliche", nicht auf die civilrechtliche Seite des Verehelichungswesens. Für die Rechtsverhältnisse des zwischenstaatlichen Armenwesens blieben in Beziehung auf Bayern in Kraft die Gothaer Verträge vom 15. Juli 1851 und 24. Juli 1854, sowie die Eisenacher Convention vom 11. Juli 1853;[27] letztere Bestimmung hat ausdrückliche Anerkennung in RV. a. 3 gefunden (Schlußprot. III);

7. Bayern ist eximirt von etwaigen Reichsgesetzen über das Immobiliarversicherungswesen. (Schlußprot. IV);
8. Bayern ist eximirt von der Competenz der Reichsnormaleichungscommission und hat sich seine eigene Centralbehörde für Maß- und Gewichtswesen reservirt. G. v. 26. Nov. 1871 (RGB. 397) §. 3.[28]

---

[27] Hänel 108 f.

[28] Außerdem hat Bayern noch Sonderberechtigungen hinsichtlich des Gesandtschaftswesens. Nämlich erstens: die bayrischen Gesandten haben im Verhinderungsfalle die Reichsgesandten zu vertreten nach näherer Maßgabe von Schlußprot. VII; sodann: Bayern erhält für den Unterhalt seiner Specialgesandtschaften aus der Reichscasse sogar noch eine Bezahlung (Schlußprot. VIII). Diese Rechte im Text zu erwähnen, wurde absichtlich unterlassen. Ihre Rechtsbasis ist leider eine vertragsmäßige. Specialgesandtschaften deutscher Bundesglieder, die den Reichsgesandtschaften nicht systematisch untergeordnet sind, sind aber im Bundesstaate eine Anomalie so großer und so bedenklicher Art, daß nicht rasch genug diese staatsrechtliche Ungeheuerlichkeit beseitigt werden könnte. Wenigstens sollte eine organische Eingliederung des einzelstaatlichen Gesandtschaftswesens in das Reichsgesandt-

D. Artikel 78 Absatz 2.[29]

Diejenigen Bestimmungen des Reichsrechtes, welche „bestimmte Rechte einzelner Bundesstaaten in deren Verhältniß zur Gesammtheit“ constituiren, unterliegen hinsichtlich ihrer Abänderung einmal den allgemeinen Normen des Reichsrechtes. Rechtssätze können nur auf dem gleichen Wege abgeändert werden, auf welchem sie entstanden sind: Gesetze durch Gesetze, Verfassungsgesetze durch Verfassungsgesetze, Verordnungen durch Verordnungen. Ein Zweifel könnte nur obwalten, ob, soweit solche Rechte auf Vertrag beruhen, zur Abänderung ein Vertrag erforderlich ist: denn principiell ist im Bundesstaate für die Form des Vertrages zwischen Centralgewalt und Einzelstaaten kein Raum. In Consequenz dieses Principes wurde behauptet: auch für Abänderung der hier zur Frage stehenden Kategorie von Rechten könne niemals ein Vertrag als nothwendig gefordert werden, „da das Reich wegen seiner souveränen Macht über seine Glieder sich stets der Form des Gesetzes bedienen kann.“[30] Diese Consequenz geht zu weit: indem einzelstaatliche Sonderberechtigungen vertragsmäßig constituirt und in dieser juristischen Form aufrecht erhalten wurden, blieb ein anomales Restchen einzelstaatlicher Souveränetät erhalten, und es kann für Abänderung solcher Sonderberechtigungen von den betheiligten

---

schaftswesen in allen auswärtigen Staaten als Princip aufgestellt werden.

[29] Laband, der Begriff der Sonderrechte bei Hirth, Annalen 1874 S. 1487 ff. Vgl. Staatsrecht I §§. 11, 12. Dagegen Löning, die Sonderrechte der deutschen Staaten bei Hirth, Annalen 1875 S. 337 ff.; Hänel §§. 12—14; Meyer, Lehrb. 419 f.; v. Martitz in Ztschr. f. Staatswissensch. 32 S. 569 ff.

[30] Laband I 119.

Staaten die Form des Vertrages gefordert werden; selbstverständlich kann aber auch auf diese Form verzichtet und die Abänderung in der Form des Gesetzes concedirt werden.[31]

Außerdem aber schreibt die Verfassung vor: „diejenigen Vorschriften der Reichsverfassung, durch welche bestimmte Rechte einzelner Bundesstaaten in deren Verhältniß zur Gesammtheit festgestellt sind, können nur mit Zustimmung des berechtigten Bundesstaates abgeändert werden“ (a. 78²).

Die Interpretation dieser Vorschrift ist nach mehr als einer Hinsicht bestritten.

Einmal fragt es sich: welche Rechte fallen unter den erhöhten Rechtsschutz dieser Bestimmung?

Bei den Verhandlungen über die Reichsverfassung im Reichstage hatte der Abg. Prof. Hänel den Antrag gestellt, diese Rechte in der Verfassung selbst namhaft zu machen und zwar als solche zu bezeichnen: die Sonderberechtigungen, welche in a. 4 Z. 1, 35 Abs. 2, 46 Abs. 2, 52, Schlußbest. zu Absch. XI. und Schlußbest. zu Absch. XII. der RV. constituirt sind.[32] Der Antrag wurde abgelehnt und somit nur der allgemeine Grundsatz fixirt: „daß jura singulorum nicht ohne die Zustimmung des berechtigten Staates aufgehoben werden können,“ „dagegen ist die Frage, was man unter jura singulorum zu verstehen habe, in der Reichsverfassung überhaupt nicht entschieden worden, ihre Beantwortung vielmehr zunächst der Wissenschaft überlassen.“[33]

Die Wissenschaft hat die Frage der „jura singulorum“ weder im alten noch im neuen Reiche zu lösen vermocht: es

[31] Uebereinstimmend Hänel 236 f.; Löning 347; Meyer, Lehrb. 422.

[32] Vgl. den Wortlaut des Antrages bei Hänel 195[87].

[33] Laband bei Hirth 1524.

dürfte deshalb am angemessensten sein, diese Danaidenarbeit — daß es sich wirklich um eine solche handelt, haben insbesondere die geistreichen aber u. E. völlig unhaltbaren Ausführungen Labands bewiesen — aufzugeben und „das anomale Zustimmungsrecht des Betroffenen füglich da zu lassen, wo es steht, nämlich in a. 78² der RV." (v. Martitz).

Von hier aus kann nun zunächst kein Zweifel obwalten, daß es sich nicht um ein allgemeines „Rechtsprincip" (Laband), sondern nur um „Vorschriften der Verfassung" bei a. 78² handelt. „Rechte, welche nicht durch eine ausdrückliche Vorschrift der Reichsverfassung fest bestimmbar sind, stehen überall nicht zur Frage" (Hänel).[34] Anderweitige Sonderberechtigungen stehen einzig und allein unter den für die betreffende Rechtsform geltenden Normen.

Vollkommen bodenlos ist die Interpretation, welche im Reichstag der sächsische Staatsminister v. Friesen dem a. 78² gegeben hat, wornach alle den Einzelstaaten überhaupt belassenen Rechte unter dem Schutze des a. 78² als „jura singulorum" stünden. Dieser Ansicht haben nur zwei bayerische Schriftsteller beigepflichtet.[35]

Wäre diese Interpretation richtig, so hätten wir in bester Form das liberum veto des polnischen Reichstages in unser Reichsstaatsrecht aufgenommen. Die Interpretation ist aber völlig unhaltbar. Im Wortlaut unserer Verfassung würde

---

[34] Studien 198. Uebereinstimmend die meisten Schriftsteller: G. Meyer, Löning u. v. Martitz a. a. O.; v. Held 155 ff.; v. Mohl 147 ff.; Hauser 138; v. Rönne II §. 65.

[35] Seydel, Comm. 266 ff.; Riedel (jetzt bayr. Finanzminister) S. 164.

jene Interpretation nur dann eine Stütze finden, wenn es hieße: „durch welche die Rechte der einzelnen Bundesstaaten in deren Verhältniß zur Gesammtheit festgestellt sind." Da die Reichsverfassung diesen Wortlaut aber durchaus nicht hat, so fehlt jener Interpretation jeder Halt und sie ist praktisch so bedenklich, daß man derselben nicht energisch genug entgegentreten kann.

Aus allgemein staatsrechtlichen Gesichtspunkten ist aber eine Rechtfertigung der Friesen'schen Theorie gar nicht möglich.

Denn die Berufung darauf, daß es sich bei allen diesen Rechten um „jura singulorum" handle und daß eben für alle diese letzteren der erhöhte Rechtsschutz der Verfassung statuirt werden wollte, kann schon deshalb nicht als zutreffende Begründung zugegeben werden, weil weder die Theorie noch die Praxis den Begriff der jura singulorum jemals fest zu umgrenzen vermochte,[36] und weil andrerseits auch die Analogie des Privatrechtes hier in keiner Weise als zutreffend erachtet werden kann.[37]

Die Frage wird also practisch nur dahin gestellt werden können: ob Vorrechte und Ausnahmsrechte oder letztere allein unter den erhöhten Rechtsschutz des a. 78 Abs. 2 fallen. Diese wie jene sind, soweit sie überhaupt verfassungsmäßige Sanction empfingen, „Vorschriften der Reichsverfassung, durch welche bestimmte Rechte einzelner Bundesstaaten in deren Verhältniß zur Gesammtheit festgestellt

---

[36] Die rechtshistorische Entwickelung der Frage behandeln speciell Laband I 113 und bes. bei Hirth 1874, 1487 ff.; Löning 338 ff. und bes. Hänel 183 ff. Letzterer Schriftsteller betont speciell S. 186 die vollständige Unbrauchbarkeit des rechtshistorischen Materiales für unser heutiges Recht.

[37] Treffende Bemerkungen hierüber bei Meyer, Lehrb. 419[17] u. v. Martitz in Zeitschr. f. Staatswissensch. 32 S. 572.

sind".[38] Daß es die positiv bestimmte Absicht der Verfassung gewesen sei, alle diese Normen unter a. 78² zu stellen, kann jedoch nicht nachgewiesen werden. Weder war man sich im Reichstag, noch war man sich auf Seiten der Regierungen, noch ist man sich in der Theorie darüber klar geworden, was unter „bestimmten Rechten einzelner Bundesstaaten in deren Verhältniß zur Gesammtheit" zu verstehen sei. Vielmehr wollte man bei Feststellung des Verfassungstextes ausdrücklich jene Frage offen lassen und die Wissenschaft hat dieselbe bis jetzt noch nicht geschlossen. Nur dann aber, wenn der positive Nachweis möglich wäre, daß die Absicht bei Feststellung des a. 78² gewesen wäre, alles, was oben unter den Kategorieen der Vor- und der Ausnahmsrechte zusammengefaßt wurde, mit jenem erhöhten Rechtsschutze auszustatten, wären wir genöthigt, dies als geltendes Recht anzuerkennen. Dieser Nachweis aber kann nicht erbracht werden.

Unter diesen Umständen ist es gestattet, folgendermaßen zu argumentiren: die Bestimmung des a. 78² ist eine **Ausnahms**bestimmung; in einem geordneten Staatswesen ist es eine Anomalie bedenklicher Art, wenn überhaupt der Gang der Gesetzgebung von der Zustimmung eines dieser Gesetzgebung unterworfenen Factors, also von einem quasi vertrags-

[38] Löning a. a. O. behauptet dies auch von den Stimmrechten der Bundesstaaten gemäß RV. a. 6. Aber auch hier handelt es sich nicht um Rechte „einzelner", sondern lediglich „der einzelnen" Bundesstaaten, die wie oben gezeigt principiell gleich und nur verschieden abgestuft sind, weil Preußen größer ist als Lippe. Mit dem gleichen Recht wie die Stimmzahl im Bundesrath müßte man auch das Plus an Reichscassenscheinen, welches Preußen gegenüber Meiningen 2c. erhalten hat, als Sonderrecht bezeichnen.

mäßigen Consens abhängig gemacht wird; ein solches Privilegium ist im engsten Sinne zu interpretiren; auch die historische Genesis des Abs. 2 des a. 78, der sich in der norddeutschen BV. nicht fand, weist auf den Causalzusammenhang mit den von den Südstaaten gemachten,[39] im Widerspruch zur Verfassung stehenden Vorbehalten hin: aus diesen Gründen ist der Satz gerechtfertigt:

> nur dasjenige was oben als **Ausnahmsrechte** festgestellt worden ist, unterliegt der **ausnahmsweisen Vorschrift des a. 78 Abs. 2**, nicht aber die Vorrechte und noch weniger die Mitgliedschaftsrechte und am wenigsten dasjenige Maß von Rechten, welches den Einzelstaaten zu autonomer Ordnung überlassen ist.[40]

Die zweite große Streitfrage zu a. 78² ist: was heißt „Zustimmung des berechtigten Bundesstaates"?

---

[39] Sehr gut hierüber Meyer, Lehrb. S. 420 bes. N. 18.

[40] Am nächsten steht dieser Ansicht Meyer, Lehrb. 420 f.; sodann Hänel und Löning; am weitesten entfernen sich davon Seydel und Riedel, die auf dem Standpunkte v. Friesens stehen. Hänel ist der Meinung, die Freihafenstellung von Hamburg und Bremen sei kein Ausnahmsrecht, dagegen rechnet er die Rechte von Bayern, Württemberg und Sachsen hinsichtlich der Bundesrathsausschüsse dahin; Löning hält jene wie diese Normen für Ausnahmsrechte in unserm Sinne und fügt dazu noch die Präsidialrechte Preußens, sowie die Stimmrechte der einzelnen Staaten im Bundesrathe. Einen ganz eigenthümlichen Weg hat Laband eingeschlagen, indem er a. 78² als „Rechtsprincip" betrachtet, das gar nicht etwa nur für „Vorschriften der Verfassung" sondern ganz allgemeine Geltung habe. Ich halte die Einwendungen, die gegen diese Theorie v. Martitz in der Ztschr. f. Staatswissensch. B. 32 S. 569 ff. erhoben hat, für begründet.

Der Einzelstaat wird bei der Bildung des Staatswillens des Reiches thätig durch das Medium des Bundesrathes und nur durch dieses. Es kann demnach bei der durch a. 78² geforderten „Zustimmung“ sich nur um Abgabe einer Erklärung im Bundesrathe handeln; das betheiligte Bundesglied muß sich bei der Majorität befinden, außerdem ist die Majorität wirkungslos.

Die Frage, welche erhoben wurde und welche bis zur Stunde lebhaft umstritten wird, ist: ob den Volksvertretungen der Einzelstaaten in jener Frage irgend welches Mitwirkungsrecht zukommen könne.[41]

Diese Frage beantwortet sich durch folgende Deduction: die Thätigkeit der einzelstaatlichen Bevollmächtigten im Bundesrathe vollzieht sich auf Grund der Instruction und nur auf Grund und im Rahmen der Instruction. Für letztere gibt das Reichsrecht keine Norm, vielmehr ist die Ertheilung derselben gänzlich der Autonomie der Einzelstaaten überlassen: somit existirt für letztere nur die principielle Grenze, die das Reichsrecht überhaupt dem Landesrecht zieht. Nichts stünde somit im Wege, wenn durch Landesgesetze die Ertheilung der Instruction an die Bevollmächtigten zum Bundesrath, soweit es sich um Abänderung oder Verzicht von Ausnahmsrechten handelt, von der Zustimmung der einzelstaatlichen Volksvertretung abhängig gemacht werden wollte. Ja, principiell ließe sich kein auf das Staatsrecht begründeter Einwand erheben, wenn jede Instructionsertheilung an jene Beschränkung durch Einzelstaatsgesetz gebunden werden wollte. Das

[41] Vgl. Hänel 157, 209 ff. über hierauf bezügliche Anträge im preuß. Herrenhause und auf der mecklenburgischen Ständeversammlung. S. auch das Literaturverzeichniß bei Meyer, Lehrb. 422²³; v. Rönne II 36 ff.

Reichsrecht enthält weder direct noch indirect ein Verbot eines solchen Landesgesetzes. Practisch würde sich eine derartige generelle Bestimmung von selbst verbieten und a. 7[3] der RV. gibt in jedem Falle die Möglichkeit, das Reichsinteresse einer beschleunigten Geschäftserledigung zu wahren. Dagegen läßt sich eine specielle Bestimmung der oben bezeichneten Art sehr wohl rechtfertigen.

Die Ansicht: derartige Gesetze seien wider die Reichsverfassung,[42] ist unbegründet. Doch stehen zur Zeit keine Gesetze dieser Art in Kraft: zwar wurden in Bayern und Württemberg solche berathen, kamen aber zu keinem Abschluß, weil die Regierungen denselben entgegentraten.[43]

Somit besteht res integra. Nach dem positiv geltenden Recht ist demgemäß zu unterscheiden: ob das betreffende Recht nach seinem Inhalt der Sphäre des Gesetzes oder der Verordnung angehöre.[44] Im letzteren Falle hat die Instruction einfach vom Staatsoberhaupt auszugehen, in dessen völlig freiem Belieben es steht, den Rath irgendwelchen anderen Factors einzuholen oder dies nicht zu thun. Jedenfalls aber bedarf auch hier die Instruction der Contrasignatur eines verantwortlichen Ministers, und es wäre der Volksvertretung möglich, wegen etwaiger in der Instruction liegender Verletzung der Staatsinteressen mit den durch das einzelstaatliche Verfassungsrecht gebotenen Mitteln gegen den contrasignirenden Minister vorzugehen. Das ist keine „er-

[42] Derselben huldigen Hänel 219; Seydel 268 ff.; Thudichum bei v. Holtzendorff, Jahrb. I 48. L. A. Müller bei Hirth Ann. 1876 850 f.

[43] Ausführliche Referate über die betr. Verhandlungen bei Hänel 178 ff.; Seydel a. a. O.

[44] Diese richtige Ansicht vertreten Laband I 121; Meyer, Lehrb. 422; Hauser §. 15; Westerkamp 81; v. Mohl 64 f.

höhte Verantwortlichkeit",[45] sondern eine einfache Consequenz des constitutionellen Principes.

Handelt es sich aber um ein in die Sphäre der Gesetzgebung fallendes Recht, so kann nur auf Grund der erholten Zustimmung der Volksvertretung eine Instruction zu Abänderung oder Verzicht überhaupt ertheilt werden.[46] Andernfalls ist überhaupt staatsrechtlich keine Instruction vorhanden, die Bevollmächtigten können demnach mit Rechtskraft überhaupt gar nicht abstimmen, und da eine positive Mitwirkung, die Zustimmung, gefordert wird, so besteht in solchem Falle juristisch keine Möglichkeit der Abänderung, weil kein rechtskräftiger „Willensakt des Einzelstaates"[47] vorliegt.[48] Die nothwendige Consequenz hieraus ist: Abstimmung eines Bevollmächtigten wider oder ohne Instruction ist nichtig, wenn es sich um die Ausnahmsrechte, die unter dem Schutz des a. 78² stehen, handelt.[49]

---

[45] So Laband I 91; Hänel 220 f. a. 78² hätte, wenn er wie Hänel annimmt, nur diese „erhöhte Verantwortlichkeit" statuiren wollte, überhaupt gar keine juristische Bedeutung, sondern nur eine „moralische".

[46] Die entgegengesetzte Meinung haben officiell im Reichstag und in den betr. Kammern der bayr. Minister v. Lutz und der württembergische v. Mittnacht für richtig erklärt. Ebenso Staatsminister Delbrück im Reichstag. Vgl. Hänel 214¹⁰⁵—216¹¹⁰. Die Fassung, welche der Minoritätsreferent M. Barth bei der Berathung über die Versailler Verträge in der bayr. II. Kammer der Frage gab (Hänel 215¹⁰⁷), drückt die richtige Ansicht aus, jedoch in zu absoluter Weise.

[47] Einen solchen fordert auch Laband I 121.

[48] Um einen „Vertrag" zwischen Reich und Einzelstaat handelt es sich hierbei nicht, sondern um eine gesetzliche Voraussetzung für die Stimmgabe des Einzelstaates im Bundesrath. So gut Hänel 209 f. hier von einem „Vertrag" spricht, könnte auch jede andere Abstimmung im Bundesrath als „Vertrag" bezeichnet werden.

[49] Diese Consequenz zieht kei-

Es heißt, Reich und Einzelstaaten in einer dem ganzen Gedanken des Bundesstaates widersprechenden Weise auseinanderreißen, wenn man behauptet: jede Abstimmung im Bundesrath ist dem Reiche gegenüber als legaler und rechtskräftiger Wille des Einzelstaates zu betrachten, auch wenn er dies in Wirklichkeit nicht ist: für das Reich ist dadurch giltig verzichtet, nur bleibt der einzelstaatlichen Volksvertretung die Möglichkeit, den betheiligten Minister nach Maßgabe des Landesrechtes zur Verantwortung zu ziehen.[50]

Ist die Instruction unter die Normen des Landesrechtes gestellt, so sind die letzteren einfach gesetzliche Voraussetzung für die erstere geworden mit allen daran geknüpften Rechtsfolgen. Die Factoren der Reichsgewalt werden sich demgemäß auch der positiven Consequenz nicht entziehen können: eintretenden Falles zu prüfen, ob jenen gesetzlichen Voraussetzungen genügt worden sei, concret gefaßt: ob der einzelstaatliche Bevollmächtigte mit legaler, d. i. durch die einzelstaatliche Volksvertretung genehmigter Instruction für diesen Specialfall ausgerüstet sei, denn nur in diesem Fall kann die „Zustimmung des berechtigten Bundesstaates" erklärt werden, und diese fordert das Reichsrecht in positiver Weise. Bei

---

ner von den Schriftstellern des Reichsstaatsrechtes. v. Mohl 64 f., der am besten über die ganze Frage handelt, äußert sich über die Rechtsfolge einer instructionswidrigen Abstimmung nicht.

[50] So die meisten Schriftsteller. Vgl. Laband I 120; besonders eifrig Seydel 270 gegen die richtige Ansicht; Literaturverzeichniß bei Hänel 220[116]. Meyer, Lehrb. 422 hält die Zustimmung im Bundesrath in jedem Falle für „ausreichend", aber die Regierung für „verpflichtet, vor Abgabe der Stimme die Zustimmung des Landtags zu dem Verzichte einzuholen"; ebenso Hänel 222. Die „Pflicht" ist aber bei diesen Schriftstellern keine Rechts- sondern nur eine moralische Pflicht.

der grundsätzlichen Oeffentlichkeit der Kammerverhandlungen und der leichten Möglichkeit, sich über das Landesstaatsrecht zu informiren, kann jene Prüfung keine Schwierigkeit bieten, vorausgesetzt, daß man an Stelle der nebelhaften „jura singulorum" einen festen Katalog derjenigen Rechte, welche unter a. 78² fallen, aufzustellen sich entschließt.

III. Die Gehorsamspflicht der Einzelstaaten.

Die Einzelstaaten sind Unterthanen des Reiches: die Organe der ersteren sind dem letzteren demnach zum verfassungsmäßigen Gehorsam verpflichtet. Dies folgt aus dem oben §. 4 entwickelten Begriff des Bundesstaates.

„Nichterfüllung der verfassungsmäßigen Bundespflichten" kann Bundesexecution nach sich ziehen (RV. a. 19), falls anderweitige Mahnungen zur Erfüllung der Bundespflicht fruchtlos bleiben. Außer der Execution hat das Reich Zwangsmittel gegen die Einzelstaaten bezw. deren Organe nicht. Die nordd. BV. hatte ausdrücklich bemerkt, daß die Execution bis zur Sequestration des Landes und seiner Regierungsgewalt gehen könne. Die RV. enthält diese Bestimmung nicht, wodurch nicht etwa jene äußerste Eventualität ausgeschlossen werden sollte. Gegen Preußen ist Execution nicht möglich, da nur der Kaiser eine solche zu vollstrecken nach der Verfassung berufen ist, und von einer Execution des Kaisers gegen das Bundesglied Preußen nicht die Rede sein kann.

Drittes Buch.

Die Rechtsbildung im Reiche.

§. 6.

Die Principien der Rechtsbildung.[1]

I. Der Rechtsbegriff.

Die Vorschriften, welche von Seiten der Staatsgewalt des Reiches in imperativer Form gegeben und deren Durchführung eventuell durch die dem Reiche zustehenden Zwangsmittel gesichert ist, bilden in ihrer Gesammtheit das Reichsrecht.[2]

Der Wille, den der Staat als juristische Person des öffentlichen Rechtes geltend zu machen berufen ist, in verfassungsmäßiger Form entstanden und den Betheiligten zur Kenntniß gebracht, ist das Recht.

[1] Vgl. v. Gerber, Grundz. 2. A. §§. 45—53; Laband II §§. 56—58, 67—69. Viele Anregung nach der principiellen Seite gewährt E. Meier, die Rechtsbildung in Staat und Kirche (1861). Die Literatur über die Grundbegriffe der Rechtswissenschaft ist ebenso zahlreich als controvers; es kann natürlich nicht davon die Rede sein, hier in Berücksichtigung derselben irgend welche Vollständigkeit zu beanspruchen.

[2] Diese Begriffsbestimmung weicht von der herrschenden Lehre ab. Es ist aber nicht thunlich, hier in die Controverse näher einzugehen. Die im Text gegebene Begriffsbestimmung trifft im wichtigsten Punkte überein mit der von Thon, Rechtsnorm und subjectives Recht S. 8 entwickelten. Vgl. aber auch Thon in Grünhuts Ztsch. f. Privat. u. öff. R. VII, 231 ff.

Das Recht ergreift principiell nicht allein diejenigen Einwohner des Reichsgebietes, welche im staatsrechtlichen Unterthanenverhältniß zum Reiche stehen, sondern überhaupt alle rechtsfähigen Subjecte, die sich im Reichsgebiete befinden, sei es zu dauerndem, sei es zu vorübergehendem Aufenthalte. Der Wille des Staates erstreckt sich über den gesammten territorialen Umfang desselben: die Grenzen des Gebietes sind principiell die territorialen Grenzen des Rechtes. Es wird nicht geleugnet werden dürfen, daß das unsere heutige Rechtsbildung beherrschende Princip — im Gegensatz zu dem in früherer Zeit speciell bei den Germanen maßgebenden Personalitätsprincipe — das der Territorialität ist.[3]

[3] Vgl. die ungemein präcise principielle Bestimmung dieses Punktes bei Fricker: vom Staatsgebiet S. 26 f. Laband II 97 bemerkt: „territorial begrenzt ist nur die Handhabung des Rechtsschutzes" „soweit aber die Gesetze — — Rechtsnormen für das Verhalten der Reichsangehörigen aufstellen, ist ihr Geltungsbereich örtlich überhaupt nicht begrenzt". Territorial begrenzt ist allerdings nur der Rechtsschutz (abgesehen vom Consularrecht), Schutz i. e. Zwang, gehört aber zum Rechtsbegriff, folglich muß das Recht als örtlich begrenzt angenommen werden. Die Verpflichtung von Normen des Reiches außerhalb des Reichsgebietes für Reichsangehörige ist, abgesehen von der Consularjurisdiction, eine rein freiwillige, indem die mit dem Ungehorsam verbundenen Rechtsfolgen durch Fernbleiben aus dem Reichsgebiet abgeschnitten werden können. Die Frage der örtlichen Grenzen des Rechtes ist bekanntlich äußerst controvers, und es fehlt auch bei dieser wie bei den meisten anderen Zweigen der Lehre von den Rechtsquellen viel, daß man zu einem festen abschließenden Resultate gelangt wäre. Vgl. statt Vieler nur Roth, bayr. Civilrecht §. 16; Windscheid, Pand. (4) §. 34 (N. 2 erschöpfende Literaturangabe); speciell die Darstellung bei letzterem Schriftsteller beweist, wie überaus unsicher der Boden ist, auf welchem diese Lehre sich bis zur Stunde bewegt.

Quidquid est in territorio est etiam de territorio.

So das Princip. Der reich entwickelte internationale Verkehr unserer Zeit hat jedoch dazu geführt, jenes Princip in weitem Umfange zu durchbrechen, und diese Durchbrechung des Principes ist geradezu internationaler Grundsatz geworden.

Die Durchbrechung des Principes richtet sich nach zwei Seiten. Zweifellos steht das Reichsrecht in weitem Umfange außerhalb des Reichsgebietes in verbindlicher Kraft. Zweifellos ist aber zugleich, daß Reichsrecht außerhalb des Reichsgebietes nur solche Personen ergreifen kann, die in staatsrechtlichem Unterthanenverbande bezw. im Schutzgenossenverhältniß zum Reiche stehen. Nimmt man an, daß der Rechtszwang zum Begriffe des Rechtes gehöre, so wird man weiter folgern müssen, daß Reichsrecht außerhalb des Reiches nur insoweit Rechtskraft besitze, als den betreffenden Vorschriften die Möglichkeit eventuellen Zwanges gesichert ist. Außerdem löst sich das fest umgrenzte Recht auf in die unabgegrenzte und unabgrenzbare Sphäre der Moral: die zwangsweise geschützte Rechtspflicht wird zur schutzlosen Moralpflicht. Die Möglichkeit des Zwanges aber setzt weiter voraus: einmal daß Organe des Zwanges von Reichswegen im Ausland aufgestellt sind und sie begrenzt sich durch die jenen Organen vom Reiche zugewiesene sachliche Competenz.[4] Zweitens aber hat jene Möglichkeit zur nothwendigen Voraussetzung, daß von

[4] Der deutsch-italienische Consularvertrag a. 11 Z. 7 räumt den Consuln das Recht zur Einleitung von Vormundschaften ein; diese Concession des italienischen Staates ist aber ein Vacuum geblieben, da die deutsche Consulargesetzgebung den Consuln jene Function überhaupt nicht einräumt.

Seiten desjenigen Staates, dessen Gebiet in Frage steht, den fremden Staatsorganen überhaupt die Concession zur amtlichen Thätigkeit im Allgemeinen oder in Beziehung auf einen bestimmten Punkt ertheilt sei.[5]

Auf diesen Voraussetzungen beruht die Thätigkeit der Gesandtschaften des Reiches im Auslande, soweit dieselben nicht ausschließlich diplomatisches Beobachtungs- und Communicationsorgan sind; darauf beruht insbesondere ferner die Thätigkeit der Consuln und zwar nicht allein der mit Jurisdictionsgewalt vollständig ausgestatteten im Orient und mehreren asiatischen Staaten, sondern auch der übrigen, soweit eine Gehorsamspflicht der im Consularbezirk wohnenden Reichsangehörigen, eventuell ein Zwang durch die dem Consul sei es in eigener Hand, sei es durch Hilfeleistung des Residenzstaates zur Verfügung stehenden Zwangsmittel, vorhanden ist.[6]

Insoweit erstreckt sich das Reichsrecht über die Reichsgrenzen hinaus. Immer aber bedarf es hiefür eines doppelten Titels, denn es handelt sich um eine Ausnahme, um ein Privilegium des einen Staates an den anderen. Die moderne Verkehrs- und ihr folgend die Rechtsentwickelung hat eine weite Ausdehnung jener Privilegien zur Folge gehabt.[7] —

[5] Den deutschen Consuln kann das Recht zur Vornahme von Eheschließungen im Auslande übertragen werden. G. v. 4. Mai 1870 (BGB. 599) §. 1. Wo aber der Grundsatz des §. 41 des deutschen Ges. über die Beurk. d. Personenstandes u. die Eheschl. maßgebend ist, muß jene Bestimmung des deutschen Consularrechtes unpraktisch bleiben, weil es an der erforderlichen Concession des Empfangsstaates fehlt.

[6] Vgl. über die principielle Seite des Consularrechtes Zorn in krit. Viertelj.-Schr. N. F.

[7] Meist bestehen hierüber besondere Vereinbarungen von Staat zu Staat. Näheres hierüber ist dem „äußeren Staatsrecht“ (Band II) vorzubehalten.

Andrerseits sind Personen, die innerhalb des Reichsgebietes wohnen, vom Reichsrechte eximirt. Für das Civilrecht wird angenommen: einmal im Obligationenrecht, daß ein Rechtsverhältniß nach dem Rechte desjenigen Raumes zu beurtheilen sei, „dem es angehört", falls dies nicht ausdrücklich durch positive Vorschrift zu Gunsten des einheimischen Rechtes ausgeschlossen ist.[8] Ferner für persönliche Rechtsverhältnisse: daß die Voraussetzungen sich nach dem Rechte des Wohnsitzes der betr. Person bestimmen.[9] Insoweit kann somit auf dem Gebiete des Civilrechtes auch ausländisches Recht im Inlande Kraft besitzen.

Für das Strafrecht[10] dagegen, sowie für die Formen der Geltendmachung des Rechtes (Civil- und Strafproceß)[11] gilt das reine Territorialitätsprincip.

Was das Staatsrecht in seinen verschiedenen Zweigen betrifft, so ist die active Theilnahme an der Mitwirkung bei Bildung des Staatswillens sowie auch der Corporationen des öffentlichen Rechtes unbedingt abhängig von der Staatsangehörigkeit: soweit aber Berechtigungen in Frage stehen, die aus der allgemeinen Verwaltung resultiren, sind

[8] Daß dies zulässig, wird jetzt allgemein zugegeben. Damit ist aber auch das im Eingang des §. präcisirte Territorialitätsprincip zugegeben.

[9] Vgl. Roth §. 16. Für die Frage der Eheschließung vgl. speciell die überaus gründliche und anregende Untersuchung von v. Sicherer, Personenstand und Eheschließung in Deutschland (1879) S. 129 ff., welche einen hochinteressanten Beleg für die Unsicherheit der Wissenschaft in dieser Frage des „internationalen Privatrechtes" liefert.

[10] RStGB. §. 3: „die Strafgesetze des deutschen Reiches finden Anwendung auf alle im Gebiete desselben begangenen strafbaren Handlungen, auch wenn der Thäter ein Ausländer ist".

[11] GerVerfges. §. 18, jedoch mit genereller Ausnahme der „Chefs und Mitglieder der bei dem deutschen Reiche beglaubigten Missionen".

Ausländer ebensowohl berechtigt als Inländer und auch für jene gelten in dieser Beziehung die Formen und Garantieen des inländischen Rechtsschutzes; ebenso aber auch die Verpflichtungen, soweit dieselben nicht principiell auf dem Unterthanenverhältniß beruhen.[12] Uebrigens enthalten die Particulargesetzgebungen hierüber im Einzelnen sehr verschiedene Vorschriften. Da es der Theorie bis jetzt nicht gelungen ist, ein festes Princip für diese Lehre zu gewinnen, so bewegt sich die Praxis derselben auf einem ziemlich willkürlichen Boden.

II. Die Formen der Rechtsbildung.

1. Das Recht kann sich bilden auf dem Wege directer Setzung oder auf dem Wege gewohnheitsmäßiger Uebung. Die letztere Art der Rechtsbildung ist die ursprüngliche, tritt aber bei entwickelteren Culturzuständen mehr und mehr in den Hintergrund, da sie immer eine Rechtsquelle von großer Unsicherheit sein wird.[13]

Ob es für das Gebiet des Staatsrechtes überhaupt erforderlich ist, vom Gewohnheitsrecht als einer Rechtsquelle zu handeln, kann mit Grund bezweifelt werden. Man mag die Gewohnheit jedoch als Rechtsquelle auch für das Staatsrecht anerkennen, so wird doch das Anwendungsgebiet hier

---

[12] Dies Letztere ist der Fall bei der Militärpflicht, dagegen nicht in gleich absoluter Weise bei der Steuerpflicht. Ueber staatsrechtliche Voraussetzungen für gewisse strafrechtliche Thatbestände s. unten §. 17. Vgl. überhaupt zu der Frage v. Pözl, bayr. VerfR. §. 27.

[13] Dies geben auch Meyer, Lehrb. §. 16 Z. 2 u. S. 161 Z. III, sowie v. Gerber §. 6 zu, die im übrigen das Gewohnheitsrecht als Rechtsquelle auch für das Staatsrecht stark betonen.

ein überaus beschränktes sein. Von einer derogatorischen Kraft des Gewohnheits- gegenüber dem geschriebenen Rechte kann in keinem Falle die Rede sein.[14] Im Uebrigen werden die vom Civilrecht für das Gewohnheitsrecht aufgestellten Erfordernisse auch für das Staatsrecht anzuerkennen sein.

2. Der Vertrag ist auf dem Gebiete des Staatsrechtes Rechtsquelle nur im uneigentlichen Sinne des Wortes. Der Vertrag setzt immer gleichberechtigte Contrahenten voraus. Die Staatsgewalt aber hat für ihr Gebiet keine gleichberechtigte Potenz: sie ist die souveräne Macht. Verträge mit seinen Unterthanen kann der Staat demnach nur in seiner privatrechtlichen Eigenschaft als Fiscus abschließen: auf dem Gebiete des öffentlichen Rechtes wird der Staat seinen Unterthanen (also auch den Gliedstaaten)[15] gegenüber niemals vertragsmäßig d. i. nebengeordnet, sondern immer nur gesetzlich (im weitesten Sinne d. W.) d. i. übergeordnet thätig.[16]

Wohl aber kann das Reich auf dem Wege des Vertrages für das Staatsrecht thätig werden gegenüber anderen Staaten, auf dem internationalen, zwischenstaatlichen, völkerrechtlichen Gebiete. Hier ist die oberste begriffliche Voraussetzung des

[14] Uebereinstimmend Laband II 95; v. Pözl, bayr. VerfR. §. 18; Schulze, preuß. Staatsrecht §. 6. v. Gerber a. a. O. will die derogatorische Kraft anerkennen, „soweit es sich nicht um jene höchsten Principien handelt, welche dem Einflusse der fortschreitenden Rechtsbildung im Staate überhaupt entrückt sein sollen". Die juristische Umgrenzung dieser „höchsten Principien" wird freilich ihre Schwierigkeiten haben.

[15] Vgl. Meyer, Grundz. 40 ff. über dasjenige Material an Staatsverträgen der Einzelstaaten, das nach Aufrichtung des Reichs noch in Kraft verblieben ist.

[16] Vgl. die ausgezeichnete Erörterung dieses Punktes bei Hänel §. 15. Daß für das Reichsstaatsrecht in dieser Beziehung mehrfache Anomalien vorhanden sind, war oben §. 5 zu bemerken.

Vertrages: gleichberechtigte Contrahenten gegeben, denn regelmäßig ist die Souveränetät eines jeden Staates juristisch ebenso vollwerthig wie die eines jeden anderen Staates.

Recht aber entsteht durch Staatsverträge direct doch nicht, sondern es wird die Entstehung von Recht durch die zwischenstaatliche Vereinbarung nur vorbereitet, denn Recht ist Ausfluß des höchsten Staatswillens, der Souveränetät, somit begrifflich an den Einzelstaat gebunden; von Staat zu Staat kann darnach Recht gar nicht entstehen, da hiefür begrifflich nothwendige Voraussetzungen fehlen.

Die Staatsverträge sind somit an sich nur thatsächliche Verabredungen ohne allen juristisch bindenden Character; den letzteren empfangen sie erst und nur durch die innerstaatliche Sanction, die ihnen entweder die Form des Gesetzes oder der Verordnung verleiht.[17]

3. Gesetz im weitesten Sinne d. W. ist jede von der Staatsgewalt gesetzte Vorschrift. Insoweit decken sich Gesetz und Recht, der letztere Begriff erweitert sich nur dadurch, daß zum geschriebenen gesetzten noch das ungeschriebene ungesetzte, auf dem Wege der Gewohnheit entstandene Recht hinzutritt.

Das Gesetz im weiteren Sinne gliedert sich in: Gesetz

---

[17] Uebereinstimmend Meyer, Lehrb. §. 16 Z. 3 insoweit, als nach diesem Schriftsteller die „völkerrechtlichen Verträge für die Unterthanen eines Staates nur kraft einer Einführung durch die Staatsgewalt gelten und dann dieselbe Verbindlichkeit haben wie Gesetze". Ebenso S. 160 II 1. Vgl. auch Laband II §. 65, bes. S. 185, der zu der gleichen „logischen Consequenz" wie Meyer gelangt. Vgl. überhaupt Zorn in Ztschr. f. Staatswissensch.

im engeren Sinne und Verordnung. Andere Formen giebt es nicht für die staatliche Rechtssetzung: alle sonstigen Formen und Grade lassen sich auf die beiden genannten Kategorieen zurückführen, so insbesondere auch die Staatsverträge.

Der Unterschied zwischen Gesetz und Verordnung ist kein innerer, derselbe liegt vielmehr nur in der äußeren Form. Kein Versuch, jenen Unterschied nach inneren Gründen zu fixiren, ist gelungen: weder die practischen Versuche mehrerer Verfassungen noch die theoretischen Bemühungen haben zu einem Resultate geführt.[18] Der Unterschied der Form aber liegt nur darin, daß beim Gesetz Zustimmung der Volksvertretung zum Inhalte nothwendig ist, bei der Verordnung nicht. Somit kann überhaupt nur im konstitutionellen Staate von diesem Unterschiede die Rede sein.[19]

Im Uebrigen aber kann der Inhalt bei Gesetz wie Verordnung der allerverschiedenste sein: soweit der Staatswille reicht, kann begrifflich jede der beiden Formen zur Anwendung kommen. Ob es sich um eine allgemeine, für die Dauer bestimmte Rechtsregel oder um Regelung eines ganz concreten einzelnen Verhältnisses handelt;[20] ob um eine Ordnung des gesammten bürgerlichen Rechtes oder um ein Nationaldenkmal;

---

[18] Vgl. v. Gerber, Grundz. §. 48, speciell die S. 149 N. 1 citirten Verfassungsurkunden. „Gegenstände, welche an sich und ihrer Natur nach zu denjenigen gehören, welche dem Gebiete der Gesetzgebung angehören“ (v. Rönne II 13) gibt es nicht.

[19] Laband II 73 ff. gibt eine sehr anregende aber u. E. unhaltbare Deduction über Gesetz und Verordnung.

[20] Laband II 1 ff.; aber doch S. 23: „das Gesetz normirt die allgemeine Rechtsordnung“. v. Rönne II 55: „das Gesetz und die Verordnung haben das mit einander gemein, daß beide befehlende Normen allgemeiner Natur sind“.

ob um einen Wirthschaftsplan oder um die Dotation verdienter Staatsmänner und Feldherren — das ist an sich vollkommen irrelevant. Die juristische Form und die juristischen Folgen einerseits des Gesetzes andrerseits der Verordnung sind immer die nämlichen, welchen Inhalt auch der in jene Form gegossene Satz haben mag. Insbesondere kann die Unterscheidung zwischen einem materiellen und einem formellen Sinn der Gesetze und Verordnungen, je nachdem es sich um „Rechtsvorschriften" handle oder nicht, nicht als innerlich begründet anerkannt werden, denn Gesetz wie Verordnung sind nur Formen für die Rechtsbildung: um eine **Rechts**vorschrift muß es sich begrifflich bei jedem Gesetz und bei jeder Verordnung handeln.[21]

Daß die Verordnung nur zum Vollzuge von Gesetzen zu dienen habe, ist zwar ein Lieblingssatz der modernen constitutionellen Doctrinäre, aber innerlich ohne allen Grund.[22]

Der Unterschied zwischen Verfassungsgesetzen und einfachen Gesetzen besteht nur darin, daß vielfach für die Staatsgrundgesetze in Anbetracht ihres besonders wichtigen Inhaltes ein die Abänderung erschwerender Modus vorgeschrieben ist.

---

[21] Laband II Kap. VII begründet die ganze Lehre von den Rechtsquellen auf diesen Unterschied zwischen „formellen" und „materiellen" Gesetzen, bezw. Verordnungen. Eine weitere Erörterung der Controverse, die tief in das rechtsphilosophische Gebiet führen müßte, muß hier unterbleiben. Wenn Laband II S. 1 bemerkt: „die Rechtswissenschaft" habe die „doppelte Bedeutung" des Wortes Gesetz angenommen, so dürfte das zu viel behauptet sein; S. 61[1] sind als Vertreter dieser „doppelten Bedeutung" genannt: E. Meier, Schulze und v. Stockmar, dazu kommt G. Meyer in seinem Lehrbuch.

[22] Vgl. hierüber die trefflichen Bemerkungen von Gneist, Gesetz und Budget 66.

§. 7.

Die Reichsgesetzgebung.[1]

Wie bei jedem Rechtssatze so ist insbesondere beim Gesetz zu unterscheiden zwischen Inhalt und Befehl. Nur der Befehl macht einen Satz zum Rechtssatz; verschieden aber ist der Befehl in seiner äußeren Fassung und seinen juristischen Folgen, je nachdem die Form des Gesetzes oder der Verordnung für die Entstehung des Inhaltes zu verwenden war.

„Die Reichsgesetzgebung wird — nach RV. a. 5 — ausgeübt durch den Bundesrath und den Reichstag. Die Uebereinstimmung der Mehrheitsbeschlüsse beider Versammlungen ist zu einem Reichsgesetze erforderlich und ausreichend.“

A. Die Entstehung der Reichsgesetze.

Die Entstehung eines Gesetzes ist nach verschiedenen Stadien zu unterscheiden.

I. Die juristische Betrachtung der Gesetze[2] kann erst beginnen, wenn der Gesetzentwurf im Bundesrath oder Reichstag zu officieller Behandlung gelangt ist. Die vorhergehenden Stufen der Ausarbeitung eines Gesetzes entziehen sich der juristischen Betrachtung gänzlich. Die Initiative zu einem Gesetzentwurf kann ausgehen vom Reichstag oder vom Bundesrath. Der Entwurf kann vorher ausgearbeitet werden von jedem beliebigen Organ der Reichsstaatsgewalt, nicht minder aber auch von privater Seite.

---

[1] Laband II §§. 56—58, 60—61; Meyer, Lehrb. §§. 163ff.

[2] Vgl. zum Folgenden Laband II §. 57 I.

Die Stellung von Bundesrath und Reichstag ist im ersten Stadium der Entstehung eines Gesetzes eine vollkommen gleichberechtigte; es besteht für keinen der beiden Factoren eine Vorschrift der Priorität. Der Reichstag ist in der Initiative zum Erlaß von Gesetzen gänzlich unbeschränkt.[3] Hat der Reichstag zuerst einen Entwurf in Berathung genommen[4] und ist hierüber Mehrheitsbeschluß erzielt, so geht der Entwurf durch Vermittelung des Reichstagspräsidiums an das Bundesrathspräsidium, den Reichskanzler; letzterer muß jedenfalls den ihm übermittelten Entwurf dem Bundesrathe in Vorlage bringen; dieser aber kann über denselben jeden beliebigen Beschluß fassen, also auch dahin, daß in die Berathung des Entwurfes nicht einzutreten sei. Die vom Bundesrath auf Anregungen des Reichstages hin gefaßten Beschlüsse werden dem letzteren herkömmlich mitgetheilt.

Hat der Bundesrath zuerst einen Gesetzentwurf in Berathung genommen,[5] was die Regel bildet, und es ist hier ein Mehrheitsbeschluß erzielt worden, so ist der Entwurf durch den Reichskanzler an das Präsidium des Reichstages zu leiten. Dies hat nach Vorschrift der Verfassung „im Namen des Kaisers" zu geschehen (RV. a. 16). Der Kaiser ist verfassungsmäßig verpflichtet, einen vom Bundesrath beschlossenen Gesetzentwurf dem Reichstag in Vorlage zu bringen und zwar in unveränderter Fassung. „Die Vorlagen werden nach Maßgabe der Beschlüsse des Bundesrathes — — an

[3] Die Worte „innerhalb der Competenz des Reiches" RV. a. 23 sind ohne juristischen Sinn, da zur Competenz des Reiches auch Competenzerweiterungen gehören. S. Laband II 26; Hänel 156 ff.

[4] Anträge bedürfen der Unterstützung von mindestens 15, bei der 3. Berathung 30 Mitgliedern: Gesch.-O. d. RT. §§. 18, 20.

[5] Anträge eines Mitgliedes müssen zur Berathung gestellt werden. RV. a. 7².

den Reichstag gebracht" (RV. a. 16). Andrerseits hat der Kaiser nicht das Recht, von sich aus dem Reichstag eine Vorlage zu machen. Der Reichstag ist seinerseits verpflichtet, über den in Vorlage gebrachten Entwurf einen materiellen Beschluß zu fassen; einfacher Uebergang zur Tagesordnung ist unstatthaft.[6]

Ergeben sich Differenzen zwischen Bundesrath und Reichstag, so ist so lange weiter zu verhandeln, bis entweder Ablehnung durch verneinendes Votum einer der beiden Körperschaften oder eine „Uebereinstimmung der Mehrheitsbeschlüsse" erzielt ist.[7]

Ist letzteres der Fall, so ist das erste Stadium beendet: der Inhalt des Gesetzes ist festgestellt. Keineswegs aber ist durch das Zustandekommen dieses übereinstimmenden Mehrheitsbeschlusses das Gesetz bereits perfect geworden: die Fassung von RV. a. 5 Abs. 1 ist in dieser Beziehung höchst incorrect, indem „die Uebereinstimmung der Mehrheitsbeschlüsse beider Versammlungen" zu einem Reichsgesetze zwar „erforderlich" aber durchaus nicht „ausreichend" ist.[8]

II. Der Entwurf tritt vielmehr nun in das zweite Stadium, das der Sanction.[9] Die Sanction ist derjenige staatsrechtliche Akt, welcher das Gesetz perfect macht. In der Sanction liegt der Gesetzesbefehl. Wer den Gesetzes**befehl** ertheilt, ist der Gesetz**geber**.[10] Die Sanction ist der höchste und

[6] Gesch.-O. §. 66: „nach erfolgter Beschlußnahme."

[7] Ueber die in dieser Beziehung beobachtete Praxis vgl. Laband II 29[1].

[8] Laband II 10 f.; Seydel 82 f.

[9] Vgl. zum Folgenden Laband II §. 57 II.

[10] Eine „Gesetzgebung", die blos in „Feststellung der Gesetze" (d. h. doch wohl des Inhaltes) besteht (Meyer, Lehrb. 22) ist eben keine, die Gesetzge-

eigentliche Akt der Rechtssetzung; das Recht der Sanction steht demnach nur dem Träger der Souveränetät zu. Im monarchischen Staate ertheilt die Sanction der Monarch: er ist juristisch der Gesetzgeber;[11] **die Volksvertretung hat nur das Recht der Mitwirkung bei Feststellung des Gesetzesinhaltes, keinerlei Mitwirkungsrecht bei Ertheilung des Gesetzesbefehls.**[12] Es ist demnach die allgemein gebräuchliche Bezeichnung: gesetzgebende Versammlung für die Volksvertretung staatsrechtlich falsch und ebenso der Sprachgebrauch der preuß. Verf.-Urk. a. 62 von der „gemeinschaftlichen Ausübung der Gesetzgebung durch König und Kammern."

Nach Reichsstaatsrecht ist Träger der Souveränetät: die juristische Einheit der 25 „verbündeten Regierungen." Diese hat demnach den Reichsgesetzen die Sanction zu ertheilen. Das Organ, in welchem die Einheit der verbündeten Regierungen zum staatsrechtlichen Ausdruck gebracht ist, ist der Bundesrath: derselbe hat somit den Reichsgesetzen im Namen und nach der In-

---

bung liegt nur in der „verbindlichen Einführung". Daraus ergibt sich, daß der Staatenbund eine Gesetzgebung nicht hat.

[11] Mejer Einl. §. 3, bes. §. 6[?].

[12] Mit vorzüglicher Schärfe ist dieser Punkt hervorgehoben von Laband I 251, II S. 30 ff.; a. A. Hänel bei Hirth, Annalen 1877, 91 und Meyer ebenda 1878, 372 und Lehrb. 8, welche die begrifflich nothwendige Einheit der Staatsgewalt zerstören, indem sie als Träger derselben „mehrere Organe in ihrem verfassungsmäßigen Zusammenwirken" annehmen. Die „oberste" Function ist nicht Feststellung des Inhaltes, sondern Sanction, diese aber hat nur der Monarch, nicht „Fürst und Volk". Unrichtig demnach auch Meyer, Grundz. 64. Eine treffende Bemerkung dagegen bei Seydel 83.

struction seiner Vollmachtgeber die Sanction zu ertheilen.[13]

Dieser staatsrechtlich wichtigste Akt unter allen staatlichen Functionen tritt nach unserem Reichsstaatsrecht äußerlich gar nicht hervor. Selbstverständlich kann die Sanction zeitlich erst erfolgen, nachdem die anderen beim Entstehen des Gesetzes mitwirkenden Factoren ihre Functionen beendet haben. Der vom Bundesrath zu ertheilende Sanctionsbeschluß kann demnach juristisch niemals in dem bejahenden Beschlusse des Bundesrathes liegen, auf Grund dessen der Entwurf erst an den Reichstag gelangt.

Als Sanctionsbeschluß ist vielmehr juristisch derjenige Beschluß des Bundesrathes zu betrachten, durch welchen letzterer einen Gesetzentwurf, dessen Inhalt auch vom Reichstag beschlossen ist, dem Kaiser zu weiterer verfassungsmäßiger Behandlung überweist.[14]

Sanction ist Ertheilung des Gesetzesbefehles. Die Form des letzteren im einfachen monarchischen Staat lautet: „Wir — — verordnen was folgt“ oder dgl., welche Worte das Gesetz eröffnen. Diese Formel ist im deutschen Bundesstaate

---

[13] So insbesondere Laband II 30, der sich durch die Klarstellung dieses hochwichtigen Punktes ein besonderes Verdienst erworben hat; richtig auch Meyer, Lehrb. 413; anderweitige Literatur citirt Laband II 32[1]; indem Westerkamp 111 u. a. a. O. annimmt, der Bundesrath sei eine parlamentarische Körperschaft, kommt er zu dem staatsrechtlich ganz unhaltbaren Satze, daß die Stimmen des deutschen Volkes und der deutschen Staaten bei der Gesetzgebung „gleich schwer wiegen“, daß beide „Vollmachtgeber“ „gleichmäßig berechtigte Factoren“, „gleichberechtigte legislative Körperschaften“ seien.

[14] Dies leugnet v. Held 106, welcher die im Text gegebene Auffassung als „mit den deutlichen Worten des a. 5 der RV. absolut unvereinbar“ erklärt; richtig Laband II 33.

beibehalten worden,[15] obwohl sie streng juristisch genommen hier nicht paßt, da der Kaiser als solcher bei der Sanction der Reichsgesetze gar nicht betheiligt ist. Der richtige staatsrechtliche Gesichtspunkt wäre zum Ausdruck gebracht und doch dem monarchischen Machtbewußtsein, dem in den Reichsgesetzen Ausdruck zu geben jedenfalls einem nationalen Bedürfnisse entspricht, Rechnung getragen, wenn die Formel des Gesetzesbefehles lauten würde: „Wir — — verordnen auf Grund und in Ausführung des nach erfolgter Zustimmung des Reichstages vom Bundesrath Namens der verbündeten Regierungen gefaßten Sanctions-Beschlusses was folgt."[16]

III. Mit der vom Bundesrath ertheilten Sanction ist das Reichsgesetz perfect, aber noch nicht rechtsverbindlich. Zu letzterem Behufe bedarf es noch der Promulgation und Publication. Der Sinn der Promulgation ist: die äußere Ausstattung des Gesetzestextes mit authentischer Kraft.[17]

„Dem Kaiser steht die Ausfertigung und Verkündigung der Reichsgesetze zu" (RV. a. 17 Abs. 1). Diese Ausfertigung, die Promulgation, unterscheidet sich von der einfachen Publication.[18] Die erstere ist die authentische solenne Form,

---

[15] Die Eingangsformel der Reichsgesetze lautet: „Wir rc. — verordnen im Namen des Reiches nach erfolgter Zustimmung des Bundesraths und des Reichstags".

[16] Laband II 35. Ueber den Inhalt sowohl wie über die Sanction beschließt der Bundesrath mit einfacher Stimmenmehrheit; bei Stimmengleichheit entscheidet die preußische Stimme (a. 7 [3]).

[17] Laband II 13 ff., ferner §. 57 III.

[18] Die von Laband a. a. O. gemachte Unterscheidung und deren Begründung ist u. E. zutreffend. Widerspruch hat dagegen neuerdings Binding in Krit. Viertelj.-Schr. erhoben; ferner Meyer, Lehrb. N. F. II, H. 4. §. 169 [1].

durch welche der Rechtswille äußerlich als Gesetz documentirt wird. Die Ausfertigung ist eine vollkommene Urkunde mit Kaiserlicher Unterschrift und Insiegel, die im Reichsarchiv aufbewahrt wird. Das Datum der Promulgationsurkunde gilt als Datum des Gesetzes.

Bevor der Kaiser die Promulgation ertheilt, hat er zu prüfen, ob beim Zustandekommen des Gesetzes die verfassungsmäßigen Normen beobachtet wurden. Ist dies der Fall, dann muß der Kaiser die Promulgation ertheilen.[19] Aber auch nur in diesem Fall darf er sie ertheilen, denn in der Promulgation liegt eben die feierliche Uebernahme der Bürgschaft Seitens des Kaisers, daß das Gesetz der Reichsverfassung entspreche. Diese Bürgschaft empfängt eine materielle Garantie durch die Gegenzeichnung des Reichskanzlers, welche nach RV. a. 17 für alle „Anordnungen und Verfügungen des Kaisers" erforderlich ist.[20] Bei der Promulgation von

[19] Eine in der Literatur lebhaft controvertirte Streitfrage. Die im Text angenommene Meinung vertritt auch Laband II 42 ff. Das Recht, einem Gesetz wegen angenommener Verfassungswidrigkeit die „Ausfertigung und Verkündigung" zu verweigern, räumt Laband dem Kaiser ebenfalls ein, ebenso v. Mohl 292. Unrichtig ist es aber, wenn v. Martitz 53[15] weiter geht und dem Kaiser das Recht einräumt, nach freiem Belieben den Reichsgesetzen die Promulgation zu gewähren oder zu versagen. Eine unbedingte Pflicht des Kaisers zur „Ausfertigung und Verkündigung" nehmen an: Meyer, Grundz. 70, Lehrb. S. 414; Hiersemenzel I 70; Westerkamp 131; Riedel 108; v. Rönne 158; Thudichum 88; Seydel 124 f. Westerkamp 131 behauptet, eine Execution gegen den Kaiser bei Verletzung der Promulgationspflicht könne keine Anwendung finden, „da die Verkündigung der Reichsgesetze nicht eine verfassungmäßige Pflicht des Bundesgliedes Preußen, sondern Recht und Pflicht des deutschen Kaisers ist". Dieser Grund ist jedenfalls unzutreffend, denn die kaiserlichen Rechte sind eben Rechte des Bundesgliedes Preußen.

[20] Näheres hierüber unten §. 12.

Gesetzen kann die Verantwortlichkeit des Reichskanzlers sich selbstverständlich nicht auf den vom Bundesrath und Reichstag beschlossenen Gesetzesinhalt beziehen, sondern nur auf die äußere Form, also darauf, daß beim Zustandekommen des Gesetzes den Vorschriften der Verfassung genügt worden sei, und daß der in der Promulgationsurkunde enthaltene Text mit dem vom Reichstag beschlossenen und vom Bundesrath sanctionirten übereinstimmt.

Die Promulgation giebt dem Text des Gesetzes authentische Gestalt, so daß von einem anderweitigen Prüfungsrecht keine Rede mehr sein kann: weder dürfen die Einzelstaaten noch Gerichte die Verfassungsmäßigkeit eines ordnungsgemäß promulgirten Gesetzes in Frage ziehen.[21]

IV. In der Promulgation liegt zugleich der kaiserliche Befehl an den Reichskanzler zur Publication.[22] Die Publication ist die öffentliche Kundmachung eines Reichsgesetzes an die Reichsunterthanen. Die Publication kann in Folge dessen auch nur ein Akt der Reichsregierung sein, nicht etwa durch die Regierungen der Einzelstaaten geschehen. Promulgation und Publication sind erforderlich, damit ein durch die Sanction perfect gewordenes Gesetz rechtsverbindlich werde. Mangels dieser Akte ruht die Rechtskraft des Gesetzes. Die Publication erfolgt nach RV. a. 2 vermittelst eines Reichsgesetzblattes.[23] Ein solches besteht seit 1867, bezw. 1871. Alle Gesetze der Centralgewalt sind in dem-

---

[21] Vgl. v. Gerber S. 155 und Laband II 44 ff., letzterer in sehr eingehender und zutreffender Deduction. Dagegen die herrschende von Gneist bestimmte Meinung (vgl. Laband 46[1]), für das Reichsrecht speciell vertreten von Hänel 263 f.

[22] Vgl. zum Folgenden Laband II §. 57 IV.

[23] AusfV. v. 26. Juli 1867 (BGB. 1867 S. 24).

selben publicirt, und nur was hier publicirt ist, hat verbindliche Rechtskraft für das Reich. Publication von Reichsgesetzen in den Gesetzblättern der Einzelstaaten ist ohne jegliche juristische Bedeutung.[24] Particulargesetze, die zu Reichsgesetzen erklärt worden sind, müssen in vollem Text im Reichsgesetzblatt publicirt werden.[25] Für den im Reichsgesetzblatt publicirten Gesetzestext ist der Reichskanzler verantwortlich: er darf den Text nur genau in der Fassung publiciren, in welcher derselbe die kaiserliche Promulgation empfangen hat.[26] —

[24] A. M. Seydel 39 in Consequenz seiner Grundanschauung über die Souveränetät im Reiche: „es wäre gerade so gut denkbar, daß man die Verkündigung den Einzelstaaten überlassen hätte".

[25] Ueber die fehlerhafte Praxis in diesem Punkt vgl. Laband II 55². Letzterem Autor ist aber in der milden Beurtheilung dieser „sehr unregelmäßigen und willkürlichen" Praxis nicht beizustimmen. Was nicht im Reichsgesetzblatt publicirt ist, ist absolut nicht Reichsgesetz. Ist nur der Gesetzesbefehl correct publicirt, dagegen für den Inhalt auf irgend eine anderweitige Quelle verwiesen, so existirt juristisch nur ein inhaltsleerer Gesetzesbefehl. Die a. a. O. durch Beispiele belegte Praxis ist verfassungswidrig.

[26] Die Praxis in Preußen hat den Grundsatz von der Discontinuität ausgebildet. D. h.: ist ein von der Volksvertretung angenommenes Gesetz in der Zeit von einer Session bis zur anderen nicht sanctionirt und publicirt worden, so ist dasselbe neuerdings den Kammern vorzulegen. Auf irgend welcher verfassungsmäßigen Basis beruht dasselbe für Preußen nicht. Ob „constitutionelles Gewohnheitsrecht" angenommen werden kann (Laband II 58), bleibe dahingestellt. Für das Reich existirt nur die Gesch.-O. d. Reichstages §. 68 als rechtliche Basis für das Princip der „Discontinuität". v. Rönne II 16 vgl. auch 51 nennt dasselbe „einen feststehenden, aus der Natur der Sache mit Nothwendigkeit folgenden Grundsatz des constitutionellen Staatsrechtes". Daß derselbe auch in der Reichspraxis aufgenommen sei, will v. Rönne a. a. O. N. 5 durch die Gesetze v. 23. Dec. 1874 (RGB. 194) u. v. 1. Febr. 1876 (RGB. 15) über die Behandlung der sog. Justizgesetze beweisen; es handelt sich jedoch bei diesen Gesetzen um eine wesentlich andere Frage als die oben berührte. Wohl aber gehört allerdings der Präcedenzfall der Postgesetze 1871 hierher.

B. Die Wirkung der Reichsgesetze.

Reichsgesetze gelten nach allgemeinen Grundsätzen bis zu demjenigen Zeitpunkte, in welchem sie in verfassungsmäßiger Form wieder außer Kraft gesetzt werden. Der Zeitpunkt, von welchem ab Reichsgesetze Rechtskraft zu beanspruchen haben, kann entweder im Gesetze selbst bestimmt sein; oder es gilt Mangels einer solchen Bestimmung die Vorschrift der RV. a. 2, daß ein Gesetz in Kraft trete „mit dem 14. Tage nach dem Ablauf desjenigen Tages, an welchem das betr. Stück des Reichsgesetzblattes in Berlin ausgegeben worden ist." Der Tag der Ausgabe ist deshalb auf jedem einzelnen Stück anzugeben. Erfolgte die Ausgabe Montag den 3., so beginnt die Rechtskraft Montag den 17.[27] Nur in den auswärtigen Consularjurisdictionsbezirken treten nach a. 24² des G. v. 8. Nov. 1867 (BGB. 142) an Stelle der 14 Tage für das Inland 6 Monate, vom Tage der Verkündigung durch das RGB. an gerechnet.[28]

Die Wirkung des Gesetzes ist immer ein Befehl;[29] ob derselbe dauernd oder nur vorübergehend, ob er generell oder nur auf einen speciellen Fall gerichtet, ob er direct an alle Unterthanen des Reiches oder nur an einzelne, z. B. an bestimmte Behörden, oder etwa an die Einzelstaaten gewendet sei — das ist durchaus irrelevant. Virtuell ergreift der

[27] Laband II 105 behauptet: bei „formellen" Gesetzen, speciell dem Etatsgesetz, könne von der Zeitbestimmung des a. 2 der RV. nicht die Rede sein. Dieser gefährlichen Theorie kann unter keiner Bedingung beigepflichtet werden: a. 2 der RV. spricht einfach und deutlich von „Gesetzen". Nichts gibt die Berechtigung zu der einschränkenden Interpretation Labands.

[28] Laband II 103; Seydel 40.

[29] Laband II 100.

Befehl eines jeden Gesetzes alle Reichsangehörigen, practisch aber kann das Gesetz vielleicht für den größten Theil derselben gegenstandslos sein, wie z. B. das G. v. 4. Nov. 1874 (RGB. 128) über Aufhebung der a. 14 u. 16 Th. III Tit. 12 des Rostocker Stadtrechtes. Das Gesetz kann den allerverschiedensten Inhalt haben; seine characteristischen Merkmale in jedem Falle sind nur: 1. Aufrichtung eines Rechtssatzes; 2. Mitwirkung der Volksvertretung bei Feststellung des Inhaltes.

Daß Reichsgesetze den Landesgesetzen[30] vorgehen,[31] daß Landesgesetze, welche Reichsgesetzen widersprechen, ohne Rechtskraft sind, daß Landesgesetze ipso jure außer Kraft treten, sobald und soweit ein Reichsgesetz die betreffende Materie behandelt, sind nothwendige Consequenzen des oben entwickelten Bundesstaatsbegriffes. Eine Thätigkeit der Landesgesetzgebung ist immer als unstatthaft zu erachten, wenn es die Absicht war, eine Materie auf dem Wege der Reichsgesetzgebung vollständig zu regeln. Authentische Interpretation von Reichsgesetzen kann nur durch die Factoren der Reichsgesetzgebung, niemals durch die Einzelstaaten erfolgen.[32] Die zur Ausführung eines Reichsgesetzes erforderlichen Verordnungen sind principiell von den Factoren der Reichsgewalt zu erlassen: landesrechtliche Anordnungen dieser Art sind nur dann erlaubt, wenn das Gesetz ausdrücklich eine die Einzelstaaten hiezu ermächtigende Clausel enthält, wie dies z. B. in der Gewerbeordnung mehrfach der Fall ist.

[30] Auch dem Landesgewohnheitsrecht Seydel 36; Riedel 82; Laband II 109; v. Rönne II 6.

[31] Vgl. speciell Heinze, das Verhältniß des Reichsstrafrechts zu dem Landesstrafrecht. Lpzg. 1871. Auch Laband II §. 61 sehr ausführlich und zutreffend.

[32] Seydel 37 sehr präcis über diesen Punkt. Ebenso Laband a. a. O.

C. Die Sphäre der Gesetzgebung.

Für die Abgrenzung der Sphäre von Gesetz und Verordnung läßt sich ein innerer Gesichtspunkt nicht feststellen:[33] es muß vielmehr und kann nur aus der positiven Vorschrift der Verfassung entnommen werden, wo die Form des Gesetzes zur Anwendung zu kommen hat.[34] Für das geltende Reichsrecht sind in dieser Richtung maßgebend die a. 4, 69, 73, 76² der RV. Darnach bedarf es der Form des Gesetzes unzweifelhaft:

I. zur Aufnahme von Anleihen sowie Uebernahme von Garantieen zu Lasten des Reiches (a. 73);

II. zur Feststellung des alljährlichen Reichshaushaltsetats (a. 69);

III. zur Abgrenzung der Wahlkreise für den Reichstag (RV. a. 20, Wahlges. §. 5);

IV. zur etwaigen Erledigung einzelstaatlicher Verfassungsconflicte durch das Reich nach Maßgabe von RV. a. 76²;

V. zur Regelung der Verwendung der französischen Kriegskostenentschädigung (Etatsgesetz für 1872 v. 4. Dec. 1871 §. 8. RGB. 412).

VI. Endlich unterliegen der „Beaufsichtigung und Gesetzgebung des Reiches" folgende Materien:

1. Freizügigkeit, Heimaths- und Niederlassungswesen, Staatsbürgerrecht, Paßwesen, Fremdenpolizei, Gewerbebetrieb incl. Seeschifffahrt, Versicherungswesen, Colonisation, Auswanderung, (RV. a. 4 Z. 1 vb. a. 54²);[35]

---

[33] Westerkamp 156: „der Unterschied zwischen Gesetz und Verordnung ist ein etwas (sic) unklarer".

[34] Vgl. oben S. 107²⁰ gegen v. Rönne.

[35] Vgl. hiezu oben §. 5 C die bayrischen Ausnahmsrechte.

2. Zoll- und Handelswesen sowie indirecte Steuern (a. 4 Z. 2);[36]
3. Maß-, Münz- und Gewichtswesen[37] incl. Schiffsvermessung, sowie Emission von „fundirtem und unfundirtem Papiergeld“ (sic!) (a. 4 Z. 3 vb. a. 54[2]);
4. Bankwesen (a. 4 Z. 4);
5. Patentwesen (ib. Z. 5);
6. Schutz des „geistigen Eigenthums“ (Z. 6);
7. Schutz des deutschen Handels im Ausland, der deutschen Schifffahrt und Flagge, insbesondere Consularwesen (Z. 7);
8. Eisenbahnwesen, Straßenbau, soweit das „Interesse der Landesvertheidigung und des allgemeinen Verkehrs“ in Frage steht (Z. 8);[38]
9. Flößerei und Schifffahrtsbetrieb auf den mehreren Staaten gemeinsamen Wasserstraßen, Seeschifffahrtszeichen, Fluß- und Wasserzölle, Veränderung der Abgaben von fremden Schiffen [RV. a. 4 Z. 9, dazu SpecGes. v. 3. März 1873 (RGB. 47), ferner RV. a. 54[5]];
10. Post- und Telegraphenwesen (a. 4 Z. 10);[39]
11. gegenseitige Rechtshülfe (Z. 11);
12. Beglaubigung von öffentlichen Urkunden (Z. 12);
13. Civilrecht, Strafrecht, Proceß [Z. 13, dazu SpecGes. v. 20. Dec. 1873 (RGB. 379)];
14. Militär-[40] und Marinewesen incl. der Bedingungen, Form und Wirkungen des Belagerungszustandes (a. 4 Z. 14. a. 68);

[36] Vgl. hiezu oben §. 5 C.
[37] Vgl. hiezu oben §. 5 C.
[38] Vgl. hiezu oben §. 5 C.
[39] Vgl. hiezu oben §. 5 C.
[40] Vgl. hiezu oben §. 5 C.

15. Medicinal- und Veterinärpolizei (a. 4 Z. 15);

16. Presse und Vereinswesen (a. 4 Z. 16).

VII. Für Staatsverträge ist die Form des Gesetzes immer erforderlich, wo dieselbe erforderlich wäre zur ausschließlich innerstaatlichen Regelung der betreffenden Materie (RV. a. 11 [4]).[41]

Durch den a. 4 der RV. sollte in erster Linie nicht die Grenze zwischen Gesetz und Verordnung gezogen, sondern die Competenz zwischen Reich und Einzelstaat abgegrenzt werden. Es ist unzweifelhaft nicht der Sinn des a. 4, daß alle Rechtssätze, welche sich auf die dort genannten Materien beziehen, nur in der Form des Gesetzes mit Ausschluß der Form der Verordnung sollten erfolgen dürfen. Der Sinn des a. 4 ist nur der, daß die Regelung der hier aufgezählten Materien nicht durch die Einzelstaaten erfolgen darf. Inwieweit aber diese Regelung in der Form des Gesetzes oder der Verordnung zu geschehen habe, das ist eine offene weder durch a. 4 noch durch eine andere Bestimmung der RV. entschiedene Frage.[42] Die Entscheidung dieser Frage fällt nicht in erster Linie dem Recht, sondern der Gesetzgebungspolitik zu, und es wird vergeblich sein, nach allgemein gültigen Regeln für diese Entscheidung zu suchen.[43] Die neuere Praxis, speciell

---

[41] Die Frage der Staatsverträge wird ex professo im äußeren Staatsrecht zu behandeln sein. Vorläufig sei auf die Bemerkungen oben §. 6 und auf Zorn in Zeitschr. f. Staatswissensch. Jahrg. 1880, 1 ff. verwiesen.

[42] Zutreffend hierüber Seydel bei Hirth, Annalen 1874 S. 1145 f. (nur ist u. E. die Gegenüberstellung von „Verwaltungsvorschriften" und „positivem Recht" juristisch unhaltbar; vgl. oben S. 108 die Bemerkungen gegen Labands „formelle" und „materielle" Gesetze).

[43] Vgl. hierüber die vorzügliche Ausführung von Gneist, Gesetz und Budget, bei. S. 66 ff.

der deutschen Parlamente war dahin gerichtet, die Sphäre der Gesetzgebung möglichst auszudehnen und der Sphäre der Verordnung, der „administrativen Willkür", einen möglichst geringen Spielraum zu lassen. Zweifellos ist mit durch dieses Bestreben die Technik unserer Gesetzgebung vielfach eine so mangelhafte geworden, wie man dies dermalen nicht ohne Berechtigung der neueren Gesetzgebung zum Vorwurf macht. Das Gesetz soll nur die wichtigsten Punkte der Materie in lapidarer Kürze behandeln: alles Detail gehört in die Ausführungsverordnungen, deren Brauchbarkeit und Anwendung zu prüfen den Parlamenten ja immer frei steht.

Von den in RV. a. 4 aufgezählten Materien sind die meisten jetzt durch einschneidende Reichsgesetze geordnet worden; soweit dies noch nicht geschah, sind die Landesgesetze vorerst in Kraft verblieben, können jedoch jederzeit ohne weiteres durch den Erlaß eines Reichsgesetzes außer Kraft gesetzt werden. Sollte sich das Bedürfniß ergeben, die Reichscompetenz noch über den Rahmen des a. 4 auszudehnen — wie dies bereits wiederholt der Fall war — so bedarf es hiezu einer Verfassungsänderung, welche nur nach Maßgabe des a. 78 geschehen kann (s. hierüber unten D, 2). —

D. Die Ausnahmen von der regelmäßigen Form der Gesetzgebung.

Während zur Feststellung des Gesetzesinhaltes in der Regel nur übereinstimmender Mehrheitsbeschluß der beiden Körperschaften von Bundesrath und Reichstag erforderlich ist, erleidet diese Regel Ausnahmen in folgenden Fällen:

1. Bei den Rechten einzelner Bundesglieder in deren Verhältniß zur Gesammtheit, welche Vorschriften der Reichsverfassung sind, bedarf es zur Abänderung der „Zustimmung

des berechtigten Bundesstaates" (a. 78 Abs. 2). S. hierüber oben §. 5, D.

2. „Veränderungen der Verfassung gelten als abgelehnt, wenn sie im Bundesrath 14 Stimmen gegen sich haben" (RV. a. 78[1]). Preußen hat demnach mit seinen 17 Stimmen die Möglichkeit, jede Verfassungsänderung zu verhindern; ebenso eine Coalition der drei größeren Mittelstaaten Bayern, Württemberg und Sachsen.

Ob es sich im einzelnen Falle um eine Verfassungsänderung handle, ist, wenn sich Streit erhebt, zunächst durch einfachen Mehrheitsbeschluß festzustellen.[44]

Im übrigen darf a. 78[1] nicht in der Weise interpretirt werden, daß unter „Verfassung" nur der Text der Verfassungsurkunde zu verstehen wäre, daß also die betreffende Vorschrift umgangen werden könnte, wenn nur die Aenderung des Verfassungstextes vermieden wird. Vielmehr muß jedes Gesetz, welches materiell eine Verfassungsänderung enthält, nach der Vorschrift des a. 78[1] beurtheilt werden. Die Frage, ob ein solches Specialgesetz ohne vorherige formelle Aenderung des Verfassungstextes überhaupt zulässig sei, muß allerdings bejaht werden, da das Reichsrecht kein bezügliches Verbot enthält.[45] Die correcte Form für ein solches Gesetz wird

[44] Daß hierdurch die Schutzbestimmung des a. 78[1] illusorisch gemacht werden kann, läßt sich nicht bestreiten. Ein Schutz hiegegen aber liegt darin, daß unzweifelhaft der Reichstag einem vom Bundesrath mit einfacher Mehrheit beschlossenen Gesetzentwurf die Zustimmung versagen kann, blos weil er der Meinung ist, es habe a. 78[1] Platz zu greifen. Richtig v. Rönne II 35; Beseler in Preuß. Jahrb. 28, 193; Hänel 259 ff.

[45] Uebereinstimmend Laband II 26; Seydel 104 f. zweifelhaft. Beseler in Preuß. Jahrb. 28 S. 184 ff. verneint die Frage

allerdings nur die sein, daß zuvor durch Specialgesetz die erforderliche Abänderung des Verfassungstextes erfolgt. Denn, so bemerkt Hänel treffend:[46] „es widerspricht der dem Wesen des Bundesstaates entspringenden Nothwendigkeit einer vollen Klarstellung der verfassungsmäßigen Ermächtigungen des Reiches einerseits und der Einzelstaaten andererseits, wenn eine Aenderung der Verfassung sich nicht in einer Aenderung des Textes oder in einem Zusatze zur Verfassungsurkunde ausspricht." Practisch wurde dieser Gesichtspunkt allerdings mehrfach außer Acht gelassen.[47] Jedenfalls aber sollte, wenn eine Aenderung des Verfassungstextes nicht vorgenommen wird, in dem betreffenden Gesetz selbst zum Ausdruck gebracht werden, daß es sich um ein Verfassungsgesetz handle; schon darum weil eine Abänderung dieses Gesetzes ebenfalls wieder logischer Weise den Vorschriften des a. 78[1] unterworfen sein muß.[48] Denn zweifellos ist ein derartiges Specialgesetz, das nach Maßgabe von a. 78[1] die Verfassung ändert, materiell selbst Bestandtheil der Verfassung geworden, ist also gleichfalls den über Verfassungsänderungen geltenden Vorschriften unterworfen. Der Schutz des a. 78[1] ist dem Sinn und Wesen, nicht etwa nur dem Wortlaut der Verfassung gegeben: nur diese Auffassung der Frage ist im Einklang mit der hohen Bedeutung, welche der Verfassung als dem Reichsgrundgesetz zukommen muß.[49]

---

gegen Bähr am gleichen Orte S. 72—81; v. Rönne II 32 schließt sich Beseler an.

[46] Studien 258. Ebenso Laband II 38.

[47] Laband a. a. O.; v. Rönne II 34.

[48] A. A. Laband II 38. Richtig Hänel 255[6]; Meyer, Lehrb. 416[3]; Westerkamp 133; v. Mohl 185; v. Rönne II 36.

[49] Die Laband'sche Ansicht führt übrigens zu folgendem circulus vitiosus: das gesammte

3. Außerdem hat Preußen in Bezug auf mehrere Materien ein votum decisivum erhalten ohne Rücksicht auf das anderweitige Stimmenverhältniß. Dieses votum decisivum wird geltend gemacht bei der Abstimmung im Bundesrath. Es besteht auf Grund folgender Vorschriften:

a) In Sachen des Militärwesens und der Kriegsmarine entscheidet „wenn im Bundesrathe eine Meinungsverschiedenheit stattfindet" (also nicht etwa nur bei Stimmengleichheit) die preußische Stimme, „wenn sie sich für Aufrechthaltung der bestehenden Einrichtungen ausspricht."[50] Die 17 Stimmen Preußens constituiren somit in solchen Fällen ein Veto sogar gegen die übrigen 41 Stimmen (RV. a. 5 Abs. 2).

b) Das sub a Ausgeführte gilt ebenso bei Gesetzesvorschlägen über „das gesammte Zollwesen, über die Besteuerung des im Bundesgebiete gewonnenen Salzes und Tabaks, bereiteten Branntweines und Bieres und aus Rüben oder anderen inländischen Erzeugnissen dargestellten Zuckers und Syrups, über den gegenseitigen Schutz der in den einzelnen Bundesstaaten

---

Civilrecht wird ohne Abänderung des Verfassungstextes durch ein unter Einhaltung der Formen von RV. a. 78[1] erlassenes Reichsspecialgesetz zur Competenz des Reiches gezogen. Dies erweist sich nach Ansicht eines Theiles der Bundesglieder als unzweckmäßig, und man will wieder auf den Standpunkt der ursprünglichen Ziff. 13 der Verfassung zurückkehren. Um dies zu verhindern, reichen nicht mehr die 14 Stimmen des a. 78[1] aus; anderenfalls kann der ursprüngliche Text der Verfassung wieder giltig hergestellt werden, hat aber jetzt nicht mehr den Verfassungsschutz, sondern kann jederzeit durch Specialgesetz wieder geändert werden.

[50] Im Text der RV. heißt es: „die Stimmen des Präsidiums"; dies ist incorrect, da das Präsidium als solches keine Stimme hat.

erhobenen Verbrauchsabgaben gegen Hinterziehungen, sowie über die Maßregeln, welche in den Zollausschlüssen zur Sicherung der gemeinsamem Zollgrenze erforderlich sind" (RV. a. 35 vb. 5).

4. Eine Ausnahmebestimmung nach der anderen Seite hin enthält die RV. in a. 7⁴; darnach sind bei „Angelegenheiten, welche nach den Bestimmungen dieser Verfassung nicht dem ganzen Reiche gemeinschaftlich" sind, nur die betheiligten Staaten stimmberechtigt.[51] Welche Angelegenheiten hieher gehören, ist nicht ausdrücklich gesagt. Selbstverständlich handelt es sich dabei nicht um die Frage der thatsächlichen, sondern nur der juristischen Gemeinschaft. Jedenfalls kann ferner sich die Bestimmung des a. 7⁴ nur auf die oben §. 5 C aufgezählten Ausnahmerechte beziehen und auch auf diese nur, soweit es sich um Exemtionen von der Reichsgesetzgebung, nicht soweit es sich um Exemtionen von der Reichsverwaltung handelt, falls nicht eben die Ordnung der Verwaltung den Inhalt des betr. Gesetzes bildet. Nicht stimmberechtigt sind demnach z. B. die süddeutschen Staaten in Sachen der Bier- und Branntweinbesteuerung, dagegen sind Bayern und Württemberg stimmberechtigt in Sachen der Militärgesetzgebung und Bayern auch bezüglich des Militäretats, ebenso die Hansestädte Bremen und Hamburg in Sachen der Zollgesetzgebung.[52]

---

[51] Vgl. Seydel 105 ff.; Laband I 246.

[52] Seydel 107 subsumirt unter a. 7⁴ die Bestimmungen in a. 4 Z. 1, 35², 38⁴, 46², 52, dazu Schlußprot. IV. Uebereinstimmend Laband a. a. O., der nur über Schlußprot. IV sich nicht äußert; der betr. Punkt ist rein vertragsmäßig, steht also da, wo es sich um die Gesetzgebung handelt, überhaupt nicht zur Frage.

§. 8.

Das Reichsverordnungsrecht.[1]

I. Der Begriff der Verordnung.

Der Begriff der Verordnung ist kein fest umgrenzter; nur negativ läßt sich sagen: alle Aeußerungen des imperativen Staatswillens, die nicht Gesetz sind, fallen unter den Begriff der Verordnung. Regelmäßig wird es sich bei letzteren um Anordnungen zur Durchführung von Gesetzen handeln, aber keineswegs ist dies begrifflich nothwendig. Soweit der Staatswille überhaupt sich äußert, kann er sich der Form der Verordnung bedienen; nur dann ist dieselbe ausgeschlossen, wenn die Form des Gesetzes zur Anwendung zu kommen hat. Wann letzteres der Fall, ist aus dem positiven Recht zu entnehmen, eventuell Mangels positiver Rechtssätze eine Frage der Gesetzgebungspolitik.[2]

Gemeinsam mit dem Gesetz hat die Verordnung, daß es sich hier wie dort um eine Rechtsvorschrift handelt; der Unterschied liegt darin, daß dort zur Feststellung des Inhaltes Mitwirkung der Volksvertretung erforderlich ist, hier nicht.

Die Ausübung des Verordnungsrechtes kann den verschiedensten Organen der Staatsgewalt obliegen: im einfachen monarchischen Staate ist der Träger der Verordnungsgewalt principiell der Monarch als Staatsoberhaupt; aus dieser obersten Quelle fließt alle Verordnungsgewalt der Staatsbehörden, als der dem Monarchen zur Führung der Staatsgewalt beigeordneten Hülfsorgane.

---

[1] Laband II §§. 59, 67, 68; Seydel bei Hirth, Annalen 1874 S. 1143, 1876 11 ff.; Meyer, Lehrb. §. 165; v. Rönne II 57 ff.

[2] Vgl. oben §. 6.

Der Inhalt der Verordnung darf nicht gegen ein Gesetz sein und auch nicht in Materien eingreifen, welche der gesetzlichen Regelung vorbehalten sind (darf nicht contra und nicht praeter legem sein), sondern muß sich im Rahmen der Gesetzgebung bewegen. Sonst aber kann der Inhalt jeder denkbaren Art sein: insbesondere ist der Unterschied zwischen materiellen Verordnungen, d. i. solchen die Rechtsvorschriften geben, und formellen Verordnungen, d. i. solchen, welche nur Verwaltungsvorschriften enthalten,[3] unbegründet: Rechtsvorschriften und Verwaltungsvorschriften sind kein Gegensatz, vielmehr handelt es sich auch bei letzteren immer um Rechtssätze. Die Verordnung ist diejenige Form der staatlichen Willensäußerung, welche gegenüber dem schwerfälligen Apparat der Gesetzgebung recht eigentlich den Zweck hat, den täglichen und wechselnden Bedürfnissen des Lebens, denen die Verwaltung dienen muß, gerecht zu werden. —

II. Das positive Reichsstaatsrecht.

1. Wie im einfach monarchischen Staate der Monarch principiell Träger der Verordnungsgewalt ist, so im Bundesstaate der Träger der Centralgewalt, also im Reiche die Einheit der verbündeten Regierungen bezw. der dieselbe repräsentirende Bundesrath.

Die Grundsätze, welche oben hinsichtlich des Bundesstaatsbegriffes im Allgemeinen und hinsichtlich unserer Reichsgewalt im Besonderen entwickelt wurden, haben zur nothwendigen Consequenz den Rechtssatz: daß der prin-

[3] Diesen Unterschied (ebenso wie bei den Gesetzen) hat Laband a. a. O. zu begründen versucht, ihm schließt sich Meyer, Lehrb. §. 163 an.

cipielle Träger der Verordnungsgewalt im Reiche der Bundesrath ist, daß somit Mangels ausdrücklicher Bestimmungen für diesen die Präsumtion spricht.[4]

Dieses Princip hat auch Anerkennung gefunden in den nachfolgenden Bestimmungen der Reichsverfassung (a. 7 Z. 2 u. 3):

„Der Bundesrath beschließt: — —

2. über die zur Ausführung der Reichsgesetze erforderlichen allgemeinen Verwaltungsvorschriften und Einrichtungen, sofern nicht durch Reichsgesetz etwas Anderes bestimmt ist;
3. über Mängel, welche bei der Ausführung der Reichsgesetze oder der vorstehend erwähnten Vorschriften oder Einrichtungen hervortreten."

Damit ist die positive wie die negative Seite des Verordnungsrechtes in zutreffender Weise zum Ausdruck gelangt.

Wo keine Specialbestimmung vorhanden, hat somit, ohne daß irgend welche Delegation erforderlich wäre, der Bundesrath einzutreten.

Der Bundesrath beschließt Verordnungen mit einfacher Mehrheit; nur wenn es sich um Verordnungen zur Durchführung des a. 35 (Zollwesen und indirecte Steuern) handelt, hat Preußen ein unbedingtes Veto, wenn dessen Stimme

---

[4] Riedel 22; Seydel bei Hirth 1874 1143, 1876 11; Laband a. a. O.; Thudichum bei v. Holtzendorff, Jahrb. I 22[1]; v. Pözl 115; Meyer, Lehrb. §. 165; Auerbach 67. Laband und Meyer machen jedoch in Consequenz ihrer Unterscheidung von „Rechtsverordnungen" und Verwaltnngsvorschriften die Modification, daß RV. a. 7 Z. 2 u. 3 sich nur auf letztere bezieht, während „Rechtsverordnungen" überhaupt nur auf Grund einer gesetzlichen Delegation erlassen werden könnten.

„für Aufrechthaltung der bestehenden Vorschrift oder Einrichtung" abgegeben wird (RV. a. 37). Dagegen existirt im Militär- und Marinewesen ein preußisches Veto nur bei „Gesetzesvorschlägen" (RV. a. 5).

2. „Sofern nicht durch Reichsgesetz etwas Anderes bestimmt ist." Nichts steht im Wege, daß sofort im Gesetz der zum Erlaß der erforderlichen Verordnungen competente Factor bezeichnet, und nichts steht im Wege, daß dieser Factor ein anderer sei als der Bundesrath. Jedes Organ, welchem das Reich einen Befehl zu ertheilen berechtigt ist, kann mit der Ausübung des Verordnungsrechtes betraut werden: der Kaiser, die Einzelstaaten, der Reichskanzler, die Reichscentralbehörden und so fort in der Aemterhierarchie. Alle diese eben aufgeführten Organe aber können das Verordnungsrecht nur kraft eines besonderen reichsgesetzlichen Titels haben.

Einer besonderen Erörterung bedürfen von diesen Graden des Verordnungsrechtes nur das des Kaisers und das der Einzelstaaten. Was letzteres angeht, so handeln in solchem Falle die Einzelstaaten im Namen des Reiches. Für die Form der Verordnung ist zwar Mangels besonderer Vorschriften das Landesrecht maßgebend, die Wirkungen aber sind die des Reichsrechtes: eine Landesverordnung der angegebenen Art bricht als materielles Reichsrecht sogar die Landesverfassung.[5]

Das Verordnungsrecht des Kaisers bedarf gleichfalls immer eines besonderen Titels. Schon in der Verfassung selbst ist ein solcher mehrfach für den Kaiser constituirt und zwar in genereller Weise, so bezüglich des Post- und Telegraphenwesens in a. 50², bezüglich des Militärwesens in a. 63³ und bezüglich anderer Materien. Ferner gehören

[5] Laband II 83; Seydel bei Hirth a. a. O.

hieher sehr viele in Specialgesetzen enthaltene Bestimmungen, die einzeln anzuführen den betreffenden Abschnitten der Darstellung vorbehalten bleibt, da es sich an dieser Stelle nur um den principiellen Gesichtspunkt handelt.

Man hat,[6] gestützt auf RV. a. 17, behauptet: dem Kaiser sei durch den angezogenen Artikel ein principielles Verordnungsrecht übertragen worden, das also mit dem des Bundesrathes concurrire und eventuell auch collidiren könne, ohne daß die Verfassung für solchen Fall eine entscheidende Norm enthielte. Diese Auffassung ist unrichtig. Die principielle Structur unseres Reichsstaatsrechtes nöthigt dazu, den Bundesrath, den Repräsentanten der Reichssouveränetät als Träger des Verordnungsrechtes zu betrachten. Behält man dies im Auge, so kann in a. 17, der dem Kaiser die „Ueberwachung der Ausführung der Reichsgesetze“ überträgt, ein Controlrecht nur in dem Sinne enthalten sein, daß der Kaiser vorgefundene Mängel, soweit für sein directes Einschreiten kein gesetzlicher Titel gegeben ist, dem Bundesrath zur Anzeige zu bringen hat, damit dieser die nöthigen Maßnahmen treffe.

Mehrfach ist der Kaiser in Ausübung seines Verordnungsrechtes an die Zustimmung des Bundesrathes gebunden worden. In diesem Falle wäre eine ohne Consens des Bundesrathes ergangene kaiserliche Verordnung nichtig; andererseits aber hat der Kaiser auch nach erlangtem Consens des Bundesraths vollkommen die Möglichkeit, der betreffenden Verordnung die Sanction zu versagen.

Mehrfach ist ferner bestimmt worden, daß Verordnungen

---

[6] Zorn, Krit. Viertelj.-Schr. 17 S. 394 und im Anschluß hieran v. Rönne II 57 ff.

sei es des Bundesrathes, sei es des Kaisers dem Reichstage bei seinem nächsten Zusammentritt vorgelegt werden müssen und sofort außer Kraft zu treten haben, wenn dieser ihnen die Genehmigung versagt. Dabei handelt es sich also um eine staatsrechtliche Resolutivbedingung.[7]

In Militärsachen ist durch RV. a. 66 den Oberhäuptern der Einzelstaaten (vgl. jedoch hiezu unten §. 18) in sachlich begrenztem Umfange ein Verordnungsrecht übertragen worden. —

III. Die Form der Reichsverordnungen.

Reichsverordnungen, welche Seitens der Einzelstaaten erlassen werden, haben primär in der durch die reichsgesetzliche Vollmacht vorgeschriebenen, eventuell in der Form des Landesstaatsrechtes zu ergehen.

Verordnungen des Bundesrathes sind urkundlich auszufertigen und vom Vorsitzenden, dem Reichskanzler, zu vollziehen, von letzterem auch zu publiciren.

Verordnungen des Reichskanzlers sind in gleicher Weise auszufertigen und zu publiciren; jedenfalls wird in der urkundlichen Ausfertigung selbst zum Ausdruck gebracht werden müssen, ob eine Verordnung des Bundesrathes oder des Reichskanzlers in Frage steht. Verordnungen des Reichskanzlers können auch durch dessen gemäß dem G. v. 3. März 1878 (RGB. 7) ernannte Stellvertreter erlassen werden, selbstverständlich nur für die Sphäre der Stellvertretung.

Verordnungen des Kaisers sind urkundlich auszufertigen, mit kaiserlicher Unterschrift zu vollziehen und vom Reichskanzler bezw. dessen gesetzlichem Stellvertreter zu contrasigniren. Nur Letzteres ist verfassungsmäßig vorgeschrieben

---

[7] Z. B. EinfG. z. CPO. §. 6.

(RV. a. 17); sonstige Formvorschriften für kaiserliche Verordnungen existiren nicht. —

Die Publication der Reichsverordnungen ist leider eine höchst ungeordnete.[8] Nur bezüglich der kaiserlichen Verordnungen, obwohl diese gar nicht den höchsten Ranggrad von Reichsverordnungen repräsentiren, ist durch Specialvorschrift (V. v. 26. Juli 1867) Publication im Reichsgesetzblatt vorgeschrieben.[9] Die Verordnungen des Bundesrathes, des Reichskanzlers und der Reichscentralbehörden erfordern eine allgemeine Publication nur, wenn sie an die sämmtlichen Reichsangehörigen gerichtet sind. Nur insoweit findet eine Publication in Centralorganen statt, und zwar geschah dies früher meist im Reichsgesetzblatt, seit einiger Zeit aber auch im Reichsanzeiger und im Centralblatt des Deutschen Reiches.[10] Beide Publicationsorgane tragen zwar officiellen Character, ermangeln aber jeder gesetzlichen Basis; handelt es sich um Rechtsvorschriften, die allgemein befolgt werden sollen, so ist es sehr fraglich, ob durch eine Publication im Reichsanzeiger oder Centralblatt dem allgemeinen Rechtsprincip genügt ist: daß die Publication in einer Weise erfolgen müsse, die dem zum Gehorsam Verpflichteten die Möglichkeit giebt, die Vorschrift rasch und sicher kennen zu lernen.[11]

Nach welchen Gesichtspunkten der Ort zur Publication der Reichsverordnungen ausgewählt wird, läßt sich aus der Praxis gar nicht feststellen. Das Centralblatt publicirt übri-

[8] Mehrere characteristische Beispiele führt Laband a. a. O. an.

[9] Laband II 59 fordert die Publication aller Verordnungen, die „Rechtsvorschriften" enthalten, in Konsequenz von RV. a. 2 im Reichsgesetzblatt.

[10] Herausgegeben im Reichskanzleramt. Verlag von C. Heymann in Berlin.

[11] Windscheid, Pand. §. 14: „in gehöriger Weise bekannt gemacht".

gens neben Reichsverordnungen auch Entscheidungen des Bundesamtes für Heimathswesen und anderer Centralbehörden, was an sich höchst dankenswerth; ferner Ernennungen von Reichsbeamten, besonders Consuln: der Rechtsstoff aber sollte in selbständiger, abgegrenzter Weise vom übrigen Stoffe gesondert werden. Die statistischen Uebersichten über Rinderpest, Münzprägung u. dgl. würden wohl überhaupt besser der Mittheilung durch die Tagespresse überwiesen.

Am zweckmäßigsten erschiene es, neben dem Reichsgesetzblatt ein Reichsverordnungsblatt zu schaffen, welches officiell und ausschließlich zur Publication aller allgemeinen Verordnungen des Bundesrathes, Kaisers, Reichskanzlers und der Reichscentralbehörden, soweit für dieselben nicht specielle Verordnungsblätter erforderlich sind, zu dienen hätte. —

Viertes Buch.

Die Organisation der Staatsgewalt des Reiches.

---

§. 9.

Der Bundesrath.[1]

Der „Repräsentant der eigentlichen Souveränetät“ ist der „die Bundesregierungen vertretende Bundesrath.“ (Fürst Bismarck im Reichstag, Sitz. v. 27. März 1879.)

I. Principielle Erörterung.

Die staatsrechtliche Bestimmung unseres deutschen Bundesrathes bot der Theorie im Anfang die erheblichsten Schwierigkeiten:[2] denn ist es auch richtig, daß der Bundesrath gleichsam von selbst als Ausdruck der thatsächlich gegebenen Verhältnisse entstand,[3] so ist es andrerseits auch richtig, daß

---

[1] Laband I §§. 27—31; Meyer, Lehrb. §§. 123—126; v. Mohl 228 ff.; Riedel §. 4 u. S. 97 ff.; Seydel, Comm. S. 96 ff. sowie bei v. Holtzendorff, Jahrb. N. F. III 273 ff.; v. Rönne I 194 ff.; v. Held 103 ff.; Thudichum 101 ff.; v. Martitz 45 ff.

[2] Vgl. z. B. die Erörterungen von Westerkamp (1873) 116 u. a. O.; Auerbach (1871) 66. Die richtigen Gesichtspunkte dagegen bei Meyer, Grundz. (1868) 59 f. u. v. Martitz (1868) 46 ff.

[3] Darauf weist speciell hin Laband I 231.

diese Institution keine Parallele im Staatsrecht irgend eines anderen Staates hat; die ganze Unsicherheit der Theorie in der Begriffsbestimmung des Reiches selbst wirkte unter diesen Umständen unmittelbar auf die Begriffsbestimmung dieser das Reich in ganz besonderer, eigenartiger Weise characterisirenden Institution.

Im deutschen Bundesrath[4] kommt zum staatsrechtlichen Ausdruck: daß das deutsche Reich ein aus monarchischen Bundesgliedern gebildeter Bundesstaat ist.[5] In republikanischen Bundesstaaten ist für eine dem deutschen Bundesrathe analoge Institution weder Bedürfniß noch Möglichkeit. Zwar haben auch die nordamerikanische Union und die schweizerische Eidgenossenschaft das Wünschenswerthe einer „Staatenrepräsentanz" empfunden und demgemäß wurde dort der Senat, hier der Ständerath geschaffen. Beide Institutionen aber sind parlamentarische Körperschaften: die Zusammensetzung zwar wird durch die Einzelstaaten bethätigt, die Competenz aber und die Form der Wirksamkeit ist bei beiden Institutionen eine ganz parlamentarische, conform etwa der eines Oberhauses im monarchischen Staate.[6] In der Republik ist dies auch in vollem Einklang mit den Principien des Staatsrechtes überhaupt: es handelt sich bei den Or-

[4] Es mag ausdrücklich hervorgehoben werden, daß der schweizerische Bundesrath eine principiell von unserem deutschen Bundesrath grundverschiedene Institution ist.

[5] Die 3 Republiken verschwinden für die staatsrechtliche Betrachtung gegenüber dem Ueberwiegen des monarchischen Elementes.

[6] Auf dem gleichen Gedanken beruhte das „Staatenhaus" des Erfurter Parlamentes. Den characteristischen Unterschied zwischen diesem „Staatenhaus" und unserem Bundesrath hob Fürst Bismarck im Reichstag (18. Sitz. 1871 Sten. Ber. 298) sehr treffend hervor.

ganen, durch welche die Regierung des Staates geführt wird, doch im letzten Ende immer nur um eine Vertretung des Volkes als des „eigentlichen Souveräns“ und somit ist es nur eine Frage der Zweckmäßigkeit, ob dieser Souverän nur in seiner Gesammtheit oder auch in seinen durch die Grenzen der Einzelstaaten bestimmten Theilen bei Bildung des Staatswillens der Centralgewalt in Betracht kommen soll. Die Volksvertretung im engeren Sinne (der schweiz. Nationalrath und das Repräsentantenhaus der Union) und die Staatenrepräsentanz unterscheiden sich im republikanischen Bundesstaat nicht principiell, sondern nur äußerlich.

Anders im monarchischen Bundesstaate. Das Volk ist hier nicht souverän, sondern hat nur eine concedirte Mitwirkung an der Ausübung der Staatsgewalt; die „letzte Quelle aller Gewalten“ ist nicht das Volk sondern kraft der festen historischen Tradition der Monarch. Treten mehrere Monarchen behufs Bildung eines Bundesstaates zusammen, so wäre das dem Monarchen des souveränen Einzelstaates principiell correspondirende Organ die Corporation der Monarchen, der Fürstenrath. An dessen Stelle hat man bei Aufrichtung des deutschen Bundesstaates in wohl erwogener Weise einen Repräsentanten, den Bundesrath, gesetzt.[7] Der Bundesrath vertritt die „Mitglieder des Bundes“ (RV. a. 6): „Mitglieder des Bundes“ sind principiell „die Staaten Preußen, Bayern“ (RV. a. 1) als Inhaber der Souveränetät: da aber die Souveränetät, wie oben ausgeführt wurde, immer eines Trägers bedarf, und dieser im monarchischen Staate nur der Monarch ist: die Fürsten (bezw. 3 „Völker“). Formell vertreten die Bevollmächtigten zum

[7] S. auch oben S. 61—64.

Bundesrath nur ihre Vollmachtgeber, die Fürsten; materiell aber vertreten sie die Staaten, da die Fürsten nur als Staatsoberhäupter zur Ertheilung der Vollmacht competent sind. In diesem Sinne sind im Bundesrath nur die Staaten vertreten und jeder Staat muß vertreten sein.[8] „Im Bundesrath stimmt nicht, wie Fürst Bismarck in der 18. Sitzung der Reichstagssession von 1871 hervorhob, der Frhr. v. Friesen, sondern das Königreich Sachsen stimmt durch ihn; nach seiner Instruction giebt er ein Votum ab, welches sorgfältig destillirt ist aus all den Kräften, die zum öffentlichen Leben in Sachsen mitwirken; in dem Votum ist die Diagonale aller der Kräfte enthalten, die in Sachsen thätig sind, um das Staatswesen zu bilden; es ist das Votum der sächsischen Krone, modificirt durch die Einflüsse der sächsischen Landesvertretung, vor welcher das sächsische Ministerium für die Vota, welche es im Bundesrath abgeben läßt, verantwortlich ist“ (Sten. Ber. 298).

Eine treffendere Characteristik des Bundesrathes kann nicht gegeben werden.

Der Bundesrath ist nichts künstlich Gemachtes, wie

---

[8] Dagegen berief man sich auf Lauenburg, das nicht im Bundesrathe vertreten war, obwohl selbständiger Staat, weil nur in Personalunion mit Preußen (Meyer, Lehrb. 317[2] vgl. aber Laband I 234[5]); durch das Incorporationsgesetz vom 23. Juli 1876 ist diese Anomalie beseitigt worden und damit das einzige scheinbare Argument für die Theorie, daß nicht Staaten sondern nur Staatsoberhäupter im Bundesrathe vertreten seien. Ebenso wie Meyer auch Thudichum bei v. Holtzendorff, Jahrb. I 23[3]; Seydel ebenda N. F. III 273. Uebereinstimmend mit der im Text gegebenen Auffassung Laband I 234 ff., 239; v. Held 103 ff.

man wohl anfangs klagte, als man die Institution in den bisherigen staatsrechtlichen Schablonen unterzubringen verzweifeln mußte; der Bundesrath entstand vielmehr in der natürlichsten Weise als Ausdruck der gegebenen thatsächlichen Verhältnisse ganz von selbst. Um das Augustbündniß von 1866 zu erfüllen, entsandten die verbündeten Staaten ihre Vertreter nach Berlin zur Berathung und Verhandlung über die Organisation des zu errichtenden Bundes. Diese Versammlung von Vertretern war zunächst nur ein „völkerrechtliches“ Collegium auf der juristischen Basis des Vertrages; durch die Errichtung des Bundesstaates bezw. die Bundesverfassung wurde jener völkerrechtliche Congreß in ein nach bestimmten Normen fungirendes staatsrechtliches Collegium verwandelt, und damit war der Bundesrath perfect.

Der Bundesrath ist demnach als Vertretungskörper der „verbündeten Regierungen“ das oberste Organ des Reiches.[9] Aus seiner juristischen Qualification als Vertretungskörper ergeben sich folgende Consequenzen:

1. Die Vertreter zum Bundesrathe erhalten ihre Vollmacht von dem Oberhaupt des betreffenden Einzelstaates, sie werden demnach auch technisch richtig als „Bevollmächtigte“ bezeichnet (RV. a. 6 Eing.).

2. Die Vertreter können nur nach Instructionen ihrer Vollmachtgeber thätig werden, da sie ein eigenes Recht gar nicht besitzen.[10]

---

[9] Vgl. die prägnanten Aeußerungen des Fürsten Bismarck, welche Laband I 239[1] citirt.

[10] Anders im Erfurter „Staatenhause“, sowie dem schweiz. Ständerath und dem Unionssenat: die Mitglieder stimmen hier nicht nach Instructionen, sondern nach freier Ueberzeugung. Vgl. Seydel bei v. Holtzendorff a. a. O. 275.

3. Wer Bevollmächtigter zum Bundesrath und damit Repräsentant der Souveränetät ist, kann nicht zugleich Mitglied des Reichstages, der Volksvertretung, sein. Diese beiden Functionen sind begrifflich incompatibel (RV. a. 9 am Ende).

4. Da der Bundesrath somit eine monarchische Staatenrepräsentation ist, können verschiedene Bevollmächtigte eines und desselben Staates nur einheitlich für ihren Staat stimmen; verschiedene Stimmgabe wäre ein logischer Widerspruch zum Begriff des Bundesrathes (RV. a. 6 am Ende).

5. Die Verschiedenheit thatsächlicher und rechtlicher Voraussetzungen in den Einzelstaaten nöthigte bei Aufrichtung des Reiches dazu, einzelne Staaten bezüglich einzelner Materien von der für die übrigen Staaten centralisirten Competenz, sei es zeitweilig, sei es dauernd, zu eximiren (S. oben §. 5 über diese Ausnahmsrechte). Bei der Beschlußfassung in solchen Materien können diejenigen Staaten im Bundesrathe nicht mitwirken, welche eximirt sind, da die Bevollmächtigten zum Bundesrath Vertreter der Einzelstaaten, nicht der Gesammtheit sind; jedoch kommen nur diejenigen Ausnahmsrechte in Betracht, welche „nach den Bestimmungen dieser Verfassung" anerkannt sind, nicht solche, welche auf anderen Titeln beruhen. Ein Mitberathungsrecht wird man übrigens nach dem Wortlaut der Verfassung den von der Abstimmung ausgeschlossenen Staaten nicht verweigern können (RV. a. 7 Abs. 4).[11]

---

[11] Vgl. Laband I 247; Seydel, Comm. 105 und bei v. Holtzendorff 283. Was a. 7⁴ hinsichtlich des Bundesrathes bestimmte, hatte a. 28² der ursprünglichen Verfassung ganz conform für den Reichstag vorgeschrieben. Dieser Satz der Verfassung wurde durch G. v. 24. Febr. 1873 (RGB. 45) aufgehoben. Mit Recht: denn die Mitglieder des Reichstages sind, wo sie auch gewählt sind, Vertreter des ganzen Volkes (RV.

Man wird somit darauf verzichten müssen, den Bundesrath durch Analogieen zu erklären; am allerwenigsten paßt die Analogie einer ersten Kammer (Oberhaus, Herrenhaus, Pairskammer); es paßt aber auch die Analogie des Unionssenates und des schweizerischen Ständerathes nicht; am ehesten paßt noch die Analogie eines einzelstaatlichen Ministeriums, da auch der Bundesrath wie dieses vom Träger der Souveränetät bestellt und an dessen Instructionen gebunden ist; doch ist er nicht ständig versammelt, ferner nicht nach Ressorts gegliedert. Demgemäß kann der Bundesrath nur aus sich selbst erklärt werden,[12] und diese Erklärung ist dahin zu resumiren: der Bundesrath ist das im Namen und Auftrag der verbündeten Regierungen fungirende oberste Organ der Reichsstaatsgewalt.[13]

II. Organisation und Verfahren.

Der Bundesrath zählt 58 beschließende Stimmen, dazu kommt nunmehr noch eine berathende. Die Stimmen sind vertheilt nach Maßgabe der seinerzeitigen Stimmenvertheilung im Plenum des deutschen Bundes.[14] Preußen führt unter Zurechnung der damaligen Stimmen von Hannover, Kur-

---

a. 29), während die Bevollmächtigten zum Bundesrath immer Vertreter der einzelnen Staaten sind.

[12] Eine rechtshistorische Analogie bietet der Reichstag des alten Reiches: Laband I 233; Gierke, das alte und das neue deutsche Reich 25 f. Aber auch diese Analogie trifft nur annähernd, nicht vollkommen zu; vgl. Meyer, Lehrb. S. 315².

[13] Richtig Seydel bei v. Holtzendorff 284 ff.

[14] Vgl. hiezu Seydel bei v. Holtzendorff 281 ff. Richtig Seydel u. Löning bei Hirth 1875 S. 367, daß es sich bei jener Bezugnahme nur um ein historisches Motiv, keineswegs aber um die Aufstellung eines Rechtsgrundsatzes handelt, wie Laband bei Hirth 1874 1510 und Staatsrecht I 128 annimmt.

hessen, Holstein, Nassau, und Frankfurt 17, die beiden Königreiche Sachsen und Württemberg je 4, Baden und Hessen je 3, Mecklenburg-Schwerin und Braunschweig je 2, alle übrigen Staaten je 1 Stimme; Bayern erhielt als besondere Vergünstigung statt 4 wie die anderen Königreiche 6 Stimmen.[15] Elsaß-Lothringen ist nicht Mitglied des Bundes, sondern Unterthanenland des Reiches, kann somit begrifflich keine Stimme haben;[16] durch die neue staatsrechtliche Organisation des Reichslandes wurde demselben jedoch eine berathende Stimme zugetheilt. Der Kaiser als solcher hat keine Stimme und kann nach der ganzen Structur des Bundesrathes eine solche nicht haben; wenn in der Verfassung von der „Präsidialstimme" die Rede ist,[17] so ist damit die königlich preußische gemeint.

Die Abstimmung im Bundesrath erfolgt nach der Verfassung bezw. nach näherer Maßgabe der Geschäftsordnung v. 27. Februar 1871. Regelmäßig sind einfache Mehrheitsbeschlüsse entscheidend (RV. a. 7);[18] anders nur 1. bei den Ausnahmsrechten, welche nach a. 78² zu behandeln sind; 2. bei Verfassungsänderungen (RV. a. 78¹);[19] 3. bei denjenigen Materien, in welchen der preußischen Stimme ein Veto gegen Neuerungen eingeräumt ist.[20] Bei Stimmengleichheit

---

[15] Ob dieses Plus bayrischer Stimmen ein „Sonderrecht" sei (so Laband I 235⁴ und andere Schriftsteller), ob die „individualisirten Stimmrechte" der Einzelstaaten ein unter dem Schutz von RV. a. 78² stehendes Recht seien (Löning), darüber s. oben §. 5.

[16] Laband I 234; Meyer, Lehrb. 317; Seydel bei v. Holtzendorff 279.

[17] Z. B. RV. a. 5², 7³ und a. a. O.

[18] S. hierüber oben §. 5.

[19] S. hierüber oben §. 7.

[20] S. hierüber oben §§. 7 u. 8. In Militär- und Marinesachen bezieht sich dieses Veto

entscheidet die preußische Stimme (RV. a. 7[3]). Die Stimme eines jeden Staates ist eine einheitliche; Bevollmächtigte kann jeder Staat zum Bundesrath so viele entsenden, als ihm durch die Verfassung Stimmen eingeräumt sind (RV. a. 6[2]). Ist die Sitzung nach den Bestimmungen der Geschäftsordnung rite angekündigt und trotzdem ein Staat nicht vertreten, so fällt seine Stimme aus. Ebenso wenn ein Staat sich der Abstimmng enthält unter der Angabe mangelnder Instruction (RV. a. 7[3]). Selbstverständlich setzt die letztere Bestimmung der Verfassung voraus, daß den Bevollmächtigten die nöthige Zeit zur Einholung von Instructionen offen gehalten werde, ehe die Abstimmung im Bundesrath erfolgt; durch die Specialbestimmungen der Geschäftsordnung ist hiefür ausreichende Vorsorge getroffen. Daß jeder Einzelstaat seine Stimme im Bundesrath abgeben muß, schreibt zwar die Reichsverfassung nicht vor; wohl aber könnte durch die Landesgesetzgebung eine solche Bestimmung getroffen werden zum Zwecke der Wahrung der Interessen des Einzelstaates im und am Reiche. Doch bestehen derartige Specialbestimmungen bis jetzt nicht, und es ist somit nur nach den allgemeinen landesstaatsrechtlichen Normen zu bemessen, ob in der Nichtausübung des Stimmrechtes im Bundesrathe eine Verletzung der einzelstaatlichen Interessen gefunden werden muß und eine Verantwortlichkeit hiefür begründet ist.

Ueberdies muß angenommen werden, daß bei dauernder Fernhaltung eines Einzelstaates vom Bundesrathe, wie sie insbesondere in der Nichternennung von Bevollmächtigten zum Ausdruck gelangen könnte, eine Nichterfüllung der ver-

---

nur auf „Gesetzesvorschläge“ (RV. a. 5[2]), in Sachen der Zölle und indirecten Steuern ist es absolut (RV. a. 37).

fassungsmäßigen Bundespflichten läge, welche im äußersten Fall gemäß RV. a. 19 zur Execution führen könnte.[21]

Daß ein Staat sich zeitweilig durch den Vertreter eines anderen Staates mitvertreten lassen kann, ist zwar nicht durch die Verfassung gestattet, aber kraft unangefochtenen und mehrfach geübten Herkommens zum Rechtssatz geworden. In jedem Falle aber ist hiefür besondere Substitutionsvollmacht nöthig. Eine bestimmte Zahl anwesender Mitglieder für Beschlußfähigkeit des Bundesrathes ist nicht erforderlich.

Die Legitimation der Bevollmächtigten zum Bundesrathe liegt in der von dem Absendestaat ausgefertigten Vollmachtsurkunde; dieselbe ist beim Zusammentritt des Bundesrathes zu einer neuen Session vorzulegen und auf ihre Ordnungsgemäßheit zu prüfen.[22] Diese Prüfung erfolgt in der Regel einfach durch den Vorsitzenden, den Reichskanzler. Würde in einem Einzelstaate in Folge von Thronstreitigkeiten die Frage sich erheben, wer zur Ausstellung der Vollmacht berechtigt sei, so steht ohne Zweifel dem Bundesrath die Entscheidung hierüber in Hinsicht einer ihm vorliegenden Vollmacht zu:[23] in der Regel werden allerdings wohl staatsrechtliche Streitfragen so tiefgreifender Natur schon vorher auf dem einen oder anderen Wege zur Cognition der Centralgewalt gelangt sein. Die Ernennungen der Bevollmäch-

---

21 Laband I 237 übersieht dies, wenn er ganz allgemein behauptet „eine rechtliche Pflicht des Einzelstaates dem Reiche gegenüber für eine Vertretung und Stimmabgabe im Bundesrath Sorge zu tragen besteht nicht." Die Theorie, daß es dem Einzelstaat völlig frei stehe, seine Stimme im Bundesrath „ruhen" zu lassen (Fürst Bismarck vgl. Laband I 238¹) könnte zu den bedenklichsten Konsequenzen führen. Wie Laband auch Seydel 280.

22 Laband I 245.

23 Vgl. Seydel bei v. Holtzendorff 290; Laband I 270.

tigten zum Bundesrath werden durch den Reichskanzler im Reichsgesetzblatt publicirt.

Die Instruction ist lediglich Sache des Bevollmächtigten und seines Absendestaates, der Cognition des Bundesrathes selbst demnach regelmäßig vollständig entzogen. Nur wenn es sich um Abänderung von Ausnahmsrechten handelt, die unter dem Schutze von RV. a. 78² stehen, wird man in Konsequenz der oben §. 5 (II, D) ausgeführten Ansicht annehmen müssen, daß der Bundesrath materiell zu prüfen habe, ob die „Zustimmung des berechtigten Bundesstaates" vorliege.[24] Sonst aber ist es nicht Sache des Bundesrathes zu entscheiden, ob ein Bevollmächtigter instructionsgemäß oder instructionswidrig sich verhalten habe. —

Der Bundesrath ist nicht ständig versammelt, sondern tritt nur periodisch zusammen; je mehr die Reichsgeschäfte jedoch sich häuften, desto mehr nahmen die Unterbrechungen der Sitzungen den Character bloßer Pausen an, und die Entwicklung der Dinge dürfte in Kürze bei dem Resultate angelangt sein: daß mindestens je ein Bevollmächtigter jedes Einzelstaates dauernd sein Domicil am Sitz des Bundesrathes nehme; (zweckmäßig könnte diese Function in Zusammenhang gesetzt werden mit den Particulargesandtschaften); dieses ständige Bundesraths-Collegium hätte die laufenden Geschäfte zu erledigen und daneben wäre Raum für die Berufung anderer mit besonderen technischen Kenntnissen für bestimmte Materien ausgerüsteten Vertreter der Einzelstaaten, die im Falle des Bedürfnisses periodisch dem ständigen Collegium hinzutreten würden.

---

[24] A. A. Laband I 246¹; Seydel bei v. Holtzendorff a. a. O. 276 und die sämmtlichen Schriftsteller.

Nach der RV. wird der Bundesrath berufen durch den Kaiser; im Namen des Kaisers werden die Sitzungen eröffnet, vertagt, geschlossen (RV. a. 12). Was der Bundesrath in dieser Richtung aus eigener Initiative handeln würde, wäre nichtig. Das Ermessen des Kaisers ist jedoch durch die RV. an folgende Regeln gebunden: 1. der Bundesrath muß immer dann berufen werden und so lange versammelt bleiben als der Reichstag tagt; der Reichstag aber muß mindestens alljährlich einmal berufen werden (RV. a. 13); 2. der Bundesrath muß berufen werden, wenn ein Drittel der Stimmen, also mindestens 20, dies verlangt (RV. a. 14). Außerdem erfolgt die Berufung je nach Bedürfniß, das bis jetzt besonders wegen der Vorbereitungen für den Reichstag immer ziemlich groß war.

Den Vorsitz im Bundesrathe sammt der damit verbundenen Leitung der Geschäfte hat der vom Kaiser ernannte Reichskanzler zu führen (RV. a. 15). Daß der Reichskanzler preußischer Bevollmächtigter zum Bundesrath sein müsse, ist zwar durch die Verfassung nicht vorgeschrieben, wird jedoch abgesehen von der factischen Nothwendigkeit auch juristisch deshalb angenommen werden müssen,[25] weil sonst der vom Kaiser zum Reichskanzler ernannte Bevollmächtigte eines anderen Einzelstaates als Preußens von dem Oberhaupte des Absendestaates abberufen werden könnte, was zu einem unlösbaren Dilemma führen müßte. Der Reichskanzler kann sich im Vorsitz durch jedes beliebige Mitglied des Bundesrathes vertreten lassen, ohne daß es hiezu besonderer kaiserlicher Genehmigung bedürfte; doch bedarf es „schriftlicher Substitution" (RV. a. 15²); im Versailler Schlußprotocoll

---

[25] Vgl. Laband I 274, 307.

ist übrigens an Bayern die Concession gemacht (aber nicht in die Verfassung aufgenommen) worden, daß im Falle der Verhinderung Preußens, also wenn überhaupt kein preußischer Bevollmächtigter anwesend wäre, Bayern das Recht des Vorsitzes im Bundesrathe haben soll (Schlußprot. IX). Ist auf Grund des Stellvertretungsgesetzes v. 17. März 1878 ein Generalstellvertreter des Reichskanzlers ernannt, so hat derselbe ipso jure auch das Recht des Vorsitzes im Bundesrathe an Stelle des Reichskanzlers.[26]

Der Reichskanzler leitet die Geschäfte nach Maßgabe der Geschäftsordnung. Alle Einläufe an den Bundesrath gehen durch ihn. Er ist das Communicationsorgan sowohl zwischen Bundesrath und Kaiser als zwischen Bundesrath und Reichstag. In Bezug auf minder wichtige Eingaben an den Bundesrath räumt die Gesch.-O. dem Reichkanzler ein gewisses Maß selbständiger Competenz ein. Zu den Sitzungen sind die Bevollmächtigten schriftlich unter Angabe von Zeit, Ort und Local der Sitzung, wo möglich auch der Tagesordnung, einzuladen; bei Ausschußwahlen ist letzteres zwingende Vorschrift. Die Abstimmungen erfolgen nach Maßgabe der in a. 6 der RV. bestimmten Reihenfolge. Ueber jede Sitzung ist ein Protocoll aufzunehmen, das am Anfange jeder folgenden Sitzung festgestellt werden muß.

Die Arbeiten des Bundesrathes werden entweder durch das Plenum oder durch Ausschüsse erledigt. Letztere sind juristisch als Commissionen des Bundesrathes zu betrachten; ihre Aufgabe besteht in der Regel in der Vorbereitung der Arbeiten für das Plenum, doch ist denselben auch mehrfach eine selbständige Competenz überwiesen. Die

[26] Vgl. auch unten §. 12, A.

Ausschüsse werden entweder nur vorübergehend zur Erledigung eines bestimmten Geschäftes gewählt oder sie sind dauernd, sei es gemäß verfassungsmäßiger Vorschrift, sei es auf Grund anderer Bestimmungen, sei es nach Herkommen. Die ständigen Ausschüsse müssen alljährlich neu gewählt werden, die ausscheidenden Mitglieder sind wieder wählbar (RV. a. 8[3]). Sie müssen mindestens aus den Vertretern von fünf Staaten bestehen (RV. a. 8[2]), ihre Mitgliederzahl beträgt in der Regel 7. Preußen („das Präsidium" wie sich die RV. incorrecter Weise ausdrückt) muß in allen Ausschüssen mit einer alsbald zu erwähnenden Ausnahme einen Sitz haben und führt den Vorsitz (RV. a. 8[2]). Im übrigen findet regelmäßig freie Wahl durch das Plenum statt, jedoch geschieht dieselbe in der Weise, daß durch die Wahl nur die Staaten benannt werden, denen man dann überläßt, die in den betr. Ausschuß zu deputirenden Personen zu benennen.[27] Hat ein Staat in einem Ausschuß mehrere Vertreter,[28] so ist er doch nur zur Führung einer Stimme berechtigt, in Konsequenz der für die Stimmgabe im Plenum bestehenden verfassungsmäßigen Vorschrift. Die Wahlen erfolgen durch absolute Stimmenmehrheit bei geheimer Abstimmung, eventuell durch relative Stimmenmehrheit, subeventuell entscheidet das Loos.[29] Den Ausschüssen muß zu

---

[27] RV. a. 8 sagt in Abs. 2: die „Bundesstaaten" seien vertreten, in Abs. 3 nach Aufzählung der Staaten, welche ständige Sitze haben: „die Mitglieder werden — — gewählt." Gesch.-O. §. 17 bestimmt deutlich, daß durch Wahl des Plenums nur die Staaten bezeichnet werden. Vgl. Laband I 284; Meyer, Lehrb. 322[5]; Seydel bei v. Holtzendorff 279.

[28] Die Möglichkeit eines solchen Verhältnisses ist nach der RV. nicht ausgeschlossen, praktisch aber wird diese Möglichkeit kaum werden.

[29] Nach RV. a. 7[3] erfolgt die

ihren Arbeiten an Beamten und Material alles zur Verfügung gestellt werden, was sie bedürfen (RV. a. 8[5]). Die Arbeiten der Ausschüsse können fortgeführt werden, auch wenn das Plenum nicht versammelt ist.

Die ständigen Ausschüsse sind:

1. Für das Landheer und die Festungen. Derselbe besteht aus 7 Mitgliedern, von welchen Preußen, Bayern, Württemberg nach der Verfassung je eines zu entsenden haben;[30] außerdem ist auch Sachsen durch die preußisch-sächsische Militärconvention ein Mitglied zugestanden;[31] die übrigen Mitglieder ernennt der Kaiser frei, bez. er bezeichnet die Staaten;
2. für das Seewesen (Marine) 5 Mitglieder, die vom Kaiser in der zu 1. bezeichneten Weise ernannt werden;
3. für Zoll- und Steuerwesen 7 Mitglieder, die vom Plenum gewählt werden;[32]
4. für Handel und Verkehr, wie 3. gebildet;
5. für Eisenbahnen, Post- und Telegraphenwesen, wie 3. gebildet;
6. für Justizwesen, wie 3. gebildet;
7. für Rechnungswesen, wie 3. gebildet (die Budgetcommission des Bundesrathes).

„Beschlußfassung" im Bundesrath mit einfacher Mehrheit mit einem votum decisivum für Preußen bei Stimmengleichheit. Das im Text bezeichnete Wahlverfahren beruht auf Gesch.-O. §. 17[2].

[30] RV. a. 8[2,3]. Württ. Mil.-Conv. a. 15[2] vb. Schlußbest. zu Abschn. XI der RV.

[31] Ueber das bei dieser Militärconvention (v. 7. Febr. 1867, also vor Errichtung des norddeutschen Bundesstaates zwischen Preußen und Sachsen abgeschlossen) obwaltende Rechtsverhältniß s. unten §. 18. Vgl. auch oben §. 7.

[32] Dieser Ausschuß ist historisch herausgewachsen aus dem früheren „Centralbureau des Zollvereins".

Diese Ausschüsse müssen als dauernde nach RV. a. 8[1] bestellt werden. Dazu kommen noch: kraft Bundesrathsbeschlusses v. 27. Mai 1871:

8. der Ausschuß für Elsaß-Lothringen;

weiter kraft ständiger Praxis

9. für die Verfassung und

10. für die Geschäftsordnung.

Endlich besteht kraft der Verfassung a. 8[4] noch

11. der Ausschuß für die auswärtigen Angelegenheiten.[33] Für denselben gelten die im allgemeinen für die Ausschüsse bestehenden Vorschriften, jedoch mit der wichtigen Modification, daß in demselben Bayern den Vorsitz führt, daß ferner verfassungsmäßig in dem Ausschuß nur Bayern, Sachsen und Württemberg vertreten sein müssen; zwei weitere Mitglieder sind alljährlich vom Bundesrath zu wählen und es steht nach der RV. nichts im Wege, daß Preußen gewählt werde.[34] Der Ausschuß, wohl als Controlinstanz für die auswärtige Politik gedacht, ist bis jetzt in keiner Weise praktisch geworden, und es ist zu hoffen, daß hiezu auch weiterhin kein Versuch unternommen werde.

III. Das Rechtsverhältniß der Bundesrathsbevollmächtigten.

1. Zum Reiche.

Die Mitglieder des Bundesrathes stehen in keinem Dienstverhältniß zum Reiche, sind somit, obwohl sie in ihrer Ge-

---

[33] Vgl. Laband I 249 über diesen Ausschuß, der lediglich „Communicationsmittel" sei. So characterisirte ihn auch Staatsminister Delbrück im Reichstag (Sten. Ber. der II. außerord. Session d. J. 1870 S. 69).

[34] Seydel bei v. Holtzendorff 296 hält dies „durch die Natur der Sache" für „ausgeschlossen".

sammtheit eine Reichsbehörde constituiren, nicht Reichsbeamte.[35] Sie beziehen weder Gehalt aus der Reichscasse, noch stehen sie unter der Disciplinargewalt des Reiches.

„Dem Kaiser liegt es ob, den Mitgliedern des Bundesrathes den üblichen diplomatischen Schutz zu gewähren" (RV. a. 10). Aus dieser Bestimmung der Verfassung geht hervor, daß die Stellung der Bundesrathsbevollmächtigten im Reiche bei Erlaß der Verfassung als eine gleichsam völkerrechtliche gedacht war, als die Function von Gesandten der verschiedenen Einzelstaaten beim Reiche. Der Gesichtspunkt, von welchem man hiebei ausging, mag particularistischer Empfindlichkeit Rechnung tragen, für das Staatsrecht des Reiches aber ist er incorrect und bedenklich, da demselben alle völkerrechtlichen Beziehungen zwischen den das Reich constituirenden Einzelstaaten und dem Reiche selbst fremd sind und mit logischer Nothwendigkeit fremd sein müssen. Die Bevollmächtigten zum Bundesrath sind Staatsbeamte, welche die Bundesglieder, die Einzelstaaten, behufs Bildung des Staatswillens der Centralgewalt an den vom Kaiser bestimmten Ort, in der Regel die Reichshauptstadt, entsenden; ebenso gut aber könnte der Bundesrath z. B. in Leipzig seinen Sitz haben, wie das Reichsgericht: weder stünde dem principiell etwas im Wege noch ist es positiv durch verfassungsmäßige Vorschrift ausgeschlossen. Für einen „diplomatischen Schutz" im Sinne des Völkerrechtes ist hier juristisch niemals Raum, da die begriffliche Voraussetzung eines solchen: Gesandte souveräner Staaten bei souveränen Staaten fehlt.

Gleichwohl hat man aus RV. a. 10 auch in der Specialgesetzgebung des Reiches noch Consequenzen gezogen: die Be-

---

[35] Vgl. Laband I 240.

vollmächtigten zum Bundesrath sind eximirt von der Gerichtsbarkeit des Staates, in welchem der Bundesrath residirt, ausgenommen die von diesem selbst bestellten. Ferner können die Mitglieder des Bundesrathes in Civil- wie in Strafsachen nur mit Genehmigung ihres Landesherrn an einem anderen Orte als dem Bundesrathssitze als Zeugen oder Sachverständige vernommen werden, so lange sie an letzterem verweilen.[36]

2. Gegenüber den Einzelstaaten.

Die Bevollmächtigten zum Bundesrathe sind regelmäßig höhere Staatsbeamte des Absendestaates; ihre Ernennung erfolgt durch das Staatsoberhaupt und kann von diesem jederzeit wieder zurückgezogen werden; an dem Dienstverhältniß zum Einzelstaat wird durch den Eintritt in den Bundesrath nichts geändert, vielmehr setzt letzterer ersteres voraus; nur dem Einzelstaat ist der Bevollmächtigte disciplinarisch unterstellt; nur von ihm empfängt er seine Instruction. Die letztere ist vollkommen res interna des Einzelstaates, sie kann dem Bevollmächtigten vollste Freiheit der Bewegung lassen, kann ihn aber eben so gut an die specialisirtesten Detailvorschriften binden oder ihn verpflichten, im einzelnen Falle immer Specialinstruction zu erholen. Ob die Landesvertretung eine Mitwirkung zu beanspruchen habe, entscheidet sich lediglich nach Particularstaatsrecht: keinenfalls

[36] GVG. §. 18²; CPO. §§. 347, 367; StPO. §§. 49 u. 72. Eine Kritik der „Exterritorialität“ der Bevollmächtigten zum Bundesrath gibt Westerkamp 103; dagegen passen jene „völkerrechtlichen“ Bestimmungen natürlich aufs beste zu der völkerrechtlichen Construction des Reiches, die Seydel gibt: vgl. dessen Comm. 111 und bei v. Holtzendorff 280.

widerspricht eine solche Mitwirkung den positiven Vorschriften oder dem Geist der Reichsverfassung. Es könnte sehr wohl durch Landesspecialgesetz die Ertheilung der Instruction ausdrücklich an eine Mitwirkung der Volksvertretung gebunden werden, und es wäre dann eine im Widerspruch zum Gesetz ertheilte Vollmacht keine giltige Vollmacht. Ob derartige Landesgesetze freilich wünschenswerth, ist eine andere Frage, die sich aber nicht auf dem Boden des Rechtes sondern der Politik entscheidet.[37]

IV. Competenz.

Der Bundesrath bildet das natürliche Communicationsorgan unter den Bundesgliedern und der letzteren mit der Centralgewalt: der unausgesetzte persönliche Meinungsaustausch dient am besten zur Wahrung der allgemeinen Interessen und Aufrechterhaltung desjenigen Maßes von Vertrauen, welches für das Gedeihen des Bundesstaates die unerläßliche Voraussetzung bildet.[38]

Der Bundesrath ist weiter dasjenige Organ, in welchem und durch welches die Bundesglieder zur Ausübung ihrer Mitgliedschaftsrechte am Reiche gelangen. Die Mitgliedschaftsrechte sind im Princip gleich, darum müssen auch alle Anträge von Bundesgliedern zur Berathung gestellt werden

---

[37] Vgl. über die ganze Frage auch oben §. 5; dort auch die Literaturangaben; wie man aus der Zustimmung der einzelstaatlichen Volksvertretungen zu RV. a. 6 einen „Verzicht derselben auf jede Mitwirkung zur Instruirung der Bundesrathsbevollmächtigten“ folgern kann (Seydel bei v. Holtzendorff 277), ist ganz unerfindlich. Treffend Laband I 241 ff.

[38] Sehr gut Laband I 248 hierüber: allerdings handelt es sich hiebei wesentlich um politische, nicht um juristische Gesichtspunkte.

(RV. a. 7²). Abgesehen von den oben §. 5 erörterten Ausnahmsrechten sind die Rechte der Einzelstaaten bei Bildung des Reichswillens nur quantitativ nach Maßgabe der thatsächlichen Verhältnisse abgestuft.

Der Bundesrath ist das höchste Organ des Reiches: seine Beschlüsse sind definitiv, soweit er in alleiniger Competenz thätig wird, ohne daß eine Recursinstanz über demselben vorhanden wäre.

Die Competenz des Bundesrathes läßt sich im Einzelnen folgendermaßen feststellen:

I. Der Bundesrath hat die Sanction der Gesetze und wirkt mit bei der Feststellung des Inhaltes derselben.[39] In letzterer Beziehung ist zu bemerken, daß die Mitglieder des Bundesrathes jederzeit den Berathungen des Reichstages und seiner Commissionen anwohnen und das Wort ergreifen dürfen; auch wenn ein Staat bei der Abstimmung im Bundesrathe in der Minderheit blieb, so kann sein Vertreter doch noch im Reichstag die unterlegene Meinung vertreten (RV. a. 9), um durch einen dieser Meinung zustimmenden Beschluß des Reichstages eventuell eine Aenderung des früheren Bundesrathsbeschlusses zu erzielen.

II. Der Bundesrath ist principiell das Organ des Reichsverordnungsrechtes; für ihn spricht die Präsumtion, falls nicht durch positive specialgesetzliche oder verfassungsmäßige Vorschrift anderen Factoren dieses Recht übertragen wurde.[40]

III. Der Bundesrath wirkt, sei es im Plenum, sei es durch die Ausschüsse, mit bei der Ernennung gewisser Kate-

---

[39] Siehe oben §. 7.

[40] Siehe oben §. 8 speciell auch über RV. a. 7³, dazu die vorzügliche Ausführung bei Laband I 256 ff.

gorieen von Reichsbeamten. Die Ernennung selbst erfolgt kraft RV. a. 18 durch den Kaiser; letzterer aber ist gebunden, sei es die Zustimmung, sei es die Präsentation des Bundesrathes zu erholen. Es kommen hier in Betracht: die Controlbeamten für Zoll- und Steuerwesen, die Consuln, die Mitglieder des Reichsrechnungshofes, des Reichsgerichtes, des Bundesamtes für Heimatswesen, der Disciplinarkammern und des Disciplinarhofes, der Verwaltung des Reichsinvalidenfonds und des Reichsbankdirectoriums.[41]

IV. Der Bundesrath hat die etwaige Auflösung des Reichstages während der Legislaturperiode zu „beschließen", der Beschluß bedarf aber zu seiner Rechtskraft der „Zustimmung" des Kaisers (RV. a. 24).

V. Der Bundesrath hat die Execution gegen Bundesglieder nach Maßgabe von RV. a. 19 zu „beschließen", „wenn Bundesglieder ihre verfassungsmäßigen Bundespflichten nicht erfüllen". Ob letzteres der Fall, ist vom Bundesrath festzustellen: durch einfachen Mehrheitsbeschluß, wenn es sich um unbestrittenes Recht handelt, außerdem durch authentische Interpretation der streitigen Rechtssätze in der hiefür im einzelnen Falle gebotenen Form.[42]

VI. Der Kaiser bedarf der „Zustimmung" des Bundesrathes:

1. beim „Abschluß" von Staatsverträgen über „solche Gegenstände", „welche nach Art. 4 in den Bereich der Reichsgesetzgebung gehören" (RV. a. 11[4]);
2. bei Kriegserklärungen, „es sei denn, daß ein Angriff

[41] Näheres unten §§. 12 u. 13.

[42] Seydel bei v. Holtzendorff 287 f.

auf das Bundesgebiet oder dessen Küsten erfolgt" (RV. a. 11²).

VII. Der Bundesrath hat ferner eine umfassende Competenz in Beziehung auf die financiellen Angelegenheiten des Reiches:

1. beim Etatsgesetz sowie bei der Aufnahme von Anleihen und Uebernahme von Garantieen (RV. a. 69, 73), hat der Bundesrath die allgemeinen Functionen, welche ihm für die Reichsgesetzgebung zukommen;
2. er hat durch seinen Ausschuß für Rechnungswesen die vierteljährlichen Rechnungen der Einzelstaaten über die Erhebung der Zoll- und Steuergefälle zu prüfen und daraufhin durch das Plenum die an die Reichscasse abzuführenden Beträge festzustellen (RV. a. 39); der Bundesrath hat ferner das gesammte Zoll- und Steuererhebungswesen der Einzelstaaten als oberste Instanz zu controliren und für Abhilfe etwa hervorgetretener Mängel zu sorgen;[43]
3. er hat dem Reichskanzler alljährlich auf Grund der ordnungsmäßig befundenen Rechnungen Decharge „über die Verwendung aller Einnahmen des Reiches" zu ertheilen (RV. a. 72);
4. er controlirt die Verwaltung der Reichsschulden, indem er 3 Mitglieder in die Reichsschuldencommission abordnet;[44]
5. in gleicher Weise controlirt er die Reichsbankverwaltung

[43] Vgl. hierüber die ausführliche Erörterung von Laband I 256 ff. zu a. 7 Z. 3 der RV.

[44] G. v. 19. Juni 1868 (BGB. 339) §. 4.

durch Abordnung von 3 Mitgliedern in das Reichsbankcuratorium;[45]

6. er ist betheiligt an der Verwaltung des Reichskriegsschatzes, indem alle kaiserlichen Verordnungen über die Substanz desselben der Zustimmung des Bundesrathes zu ihrer Giltigkeit bedürfen und alle Anordnungen, die die Verwaltung betreffen, demselben in Vorlage gebracht werden müssen.[46]

Kraft specialgesetzlicher Bestimmungen sind dem Bundesrath außerdem noch nicht wenige wichtige Rechte in Beziehung auf die Finanzwirthschaft des Reiches beigelegt, die in anderem Zusammenhang zur Erwähnung gelangen werden.[47]

VIII. Der Bundesrath wirkt mit bei der Disciplinargewalt über Reichsbeamte, sowie bei Feststellung der Pensionsverhältnisse von solchen.[48]

IX. Der Bundesrath hat endlich mehrere Functionen, die sich als Ausfluß des Oberaufsichtsrechtes der Centralgewalt über die Bundesglieder darstellen:

1. die Beschwerde wegen Justizverweigerung durch einzelstaatliche Gerichte kann an den Bundesrath eingelegt werden; befindet letzterer die eingelegte Beschwerde als begründet, so ist „die gerichtliche Hilfe bei der Bundesregierung, die zu der Beschwerde Anlaß gegeben hat, zu bewirken" (RV. a. 77).
2. Streitigkeiten staatsrechtlicher Natur zwischen Bundesgliedern „werden auf Anrufen des einen Theils von dem Bundesrathe erledigt" (RV. a. 76¹). Provocirt

---

[45] G. v. 14. März 1875 §. 25 (RGB. 184).

[46] G. v. 11. Nov. 1871 (RGB. 403) §§. 1, 3.

[47] Vgl. auch Laband I 264 f.

[48] Näheres unten §. 13.

die eine Partei auf Entscheidung durch den Bundesrath, so muß die andere in jedem Falle vor das angerufene Forum folgen. Der Bundesrath kann dann selbst eine Entscheidung fällen, der die streitenden Parteien sich unterwerfen müssen,[49] er kann aber ebenso gut eine andere Instanz mit der Entscheidung beauftragen.[50] In jedem Falle haben die Parteien zu gehorchen.

3. Der Bundesrath kann ferner interne Verfassungsstreitigkeiten in einem Einzelstaate entscheiden. Voraussetzung hiefür ist: einmal daß er von einer betheiligten Seite angerufen wird, sodann daß in dem betreffenden Staate keine „Behörde zur Entscheidung solcher Streitigkeiten“ durch die Verfassung eingesetzt ist. Jedenfalls muß es sich um „Verfassungsstreitigkeiten“ handeln; allerdings ist dieser Begriff sehr vag[51] und man wird nicht jede Meinungsdifferenz über Interpretation einer Verfassung hieher beziehen dürfen, sondern wesentlich nur an acute Conflicte zwischen einer Einzelregierung und ihrer Volksvertretung zu denken haben. Die Thätigkeit des Bundesrathes ist primär auf einen gütlichen Ausgleich zu richten, eventuell ist

[49] A. A. Seydel, Comm. 254 und bei v. Holtzendorff 288 f., der eine Entscheidung durch den Bundesrath selbst als ausgeschlossen betrachtet. Richtig Laband I 268; Meyer, Lehrb. 558.

[50] Vgl. den bei Seydel a. a. O. 289 erwähnten praktischen Fall. Allerdings handelt es sich dabei dann nicht um ein „sachverständiges Gutachten“ wie Laband I 269 annimmt; der Bundesrath bewirkt in diesem Falle die ihm durch die Verfassung übertragene „Erledigung“ vielmehr dadurch, daß er den Spruch einer anderen Instanz veranlaßt.

[51] Vgl. Seydel, Comm. 255 und bei v. Holtzendorff 290, Meyer, Lehrb. 559 über die Interpretationsfrage.

die Streitfrage „auf dem Wege der Bundesgesetzgebung zur Erledigung zu bringen." Zweifellos hat durch diese Vorschrift das Reich die Möglichkeit gewonnen, einzelstaatliches Verfassungsrecht neu zu schaffen, authentisch zu interpretiren oder abzuändern.[52]

X. Der obige Katalog von Rechten des Bundesrathes ist nicht erschöpfend, vielfach sind durch einzelne Gesetze dem Bundesrath Functionen zugetheilt,[53] die sich lediglich unter den allgemeinsten Gesichtspunkt subsumiren lassen: daß der Bundesrath das oberste Organ des Reiches ist. Ferner haben auch die Ausschüsse des Bundesrathes zum Theil wichtige selbständige Functionen, von denen in der weiteren Darstellung je am speciellen Orte die Rede sein wird.[54]

§. 10.

Der Kaiser.[1]

I. Der Begriff des deutschen Kaiserthums.

Nachdem die staatsrechtliche Einheit aller deutschen Staaten hergestellt war, griff man, dem lebhaften Wunsche der Nation folgend, zurück auf die Bezeichnungen einer alten ruhmvollen Tradition des deutschen Volkes: Kaiser und Reich.[2]

Letzterer Ausdruck bedeutet juristisch das bundesstaatliche Verhältniß, das mit dem 1. Januar 1871 in's Leben trat:

---

[52] Vgl. Seydel a. a. O. 290 f.; Laband I 271; Meyer, Lehrb. 559.

[53] Eine theilweise Aufzählung bei Laband I 265.

[54] Vgl. auch Laband I §. 31.

[1] Laband I §§. 24—26; Meyer, Lehrb. §. 127, Grundz. S. 58—101; v. Mohl 280 ff.; Riedel 28 ff., 102 ff.; Seydel, Comm. 84 ff., 112 ff.; v. Rönne I §§. 25—27.

[2] S. oben S. 38.

nichts Anderes. Die Bezeichnung „Kaiser" bedarf noch der juristischen Feststellung.

In der norddeutschen Bundesverfassung waren die der Krone Preußen übertragenen Vorrechte in verschiedener Weise als Rechte des „Bundespräsidiums", „Bundesfeldherrn" bezeichnet, das nordd. Strafgesetzbuch fügte dazu die Bezeichnung „Bundesoberhaupt".[3] Eine principielle Einheit der Terminologie wurde hergestellt durch das Verfassungsgesetz vom 16. April 1871, indem an Stelle jener Ausdrücke dem Antrage des Königs von Bayern gemäß für das Präsidium[4] die Bezeichnung „Kaiser" festgestellt wurde.

Aus dieser historischen Bemerkung geht hervor, daß das deutsche Kaiserthum in Bezug auf seine principielle Grundlage identisch ist mit dem norddeutschen Bundespräsidium.[5] Schon aus den oben §. 4 gegebenen Ausführungen folgt mit Nothwendigkeit: daß die Ansicht unbegründet ist, als handle es sich beim Kaiserthum um eine Souveränetät über das Reich. Die letztere wird vielmehr getragen von der Einheit der verbündeten Regierungen: handelt der Kaiser Namens der letzteren, so handelt er immer nur als Delegat

[3] Vgl. Laband I 206 ff.

[4] Die Bezeichnung „Präsidium" findet sich jedoch noch an mehreren Stellen der RV. und zwar meist solchen, wo sie ganz incorrect ist.

[5] Laband I 209 führt aus, daß nach der bei Aufrichtung des Reiches erfolgten Aenderung der Terminologie auch eine sachliche Aenderung insofern eingetreten sei, als nunmehr nach RV. a. 17 auch die Anordnungen des kaiserlichen Oberbefehls für die Marine der Contrasignatur des Kanzlers bedürften, was nach norddeutschem Bundesrecht nicht der Fall war. Nach dem Wortlaut der RV. hat Laband Recht; daß die von ihm behauptete sachliche Aenderung nicht in der Absicht des Gesetzgebers lag, ist unzweifelhaft; daß praktisch die Anordnungen des Oberbefehles nicht contrasignirt werden, daß letzteres jedenfalls nicht als Rechtspflicht betrachtet wird, ebenso.

des Trägers der souveränen Reichsgewalt, als staatsrechtlicher Vertreter derjenigen juristischen Person, zu welcher die Bundesglieder durch Aufrichtung des Reiches zusammengefaßt wurden.[6]

Das staatsrechtliche Verhältniß des Kaisers ist unter diesen Umständen nicht ganz leicht zu präcisiren: mag politisch die Stellung des Kaisers die hervorragendere sein, staatsrechtlich ist jedenfalls die des Königs von Preußen die ausgezeichnetere. Im alten deutschen Reiche war die staatsrechtliche Stellung des Kaisers eine weit höhere als im neuen; man ist soweit gegangen, für letzteres die Stellung des Kaisers mit der Präsidentschaft in einer Republik zu vergleichen. Es kann zugegeben werden, daß es nicht an Gesichtspunkten für diesen Vergleich fehlt; gleichviel ist er abzuweisen, da seine Basis eine unrichtige ist: das Reich ist keine republikanisch-demokratische, sondern eine pleonarchische Staatsform, und der Kaiser steht nicht an der Spitze einer Demokratie, sondern eines Fürstencollegiums. Der Kaiser ist kraft seiner monarchischen Stellung, die er als König von Preußen hat, überhaupt, also auch für das Reich unverantwortlich, und seine Würde ist erblich: auch aus diesem Grunde ist der Vergleich mit einem republikanischen Präsidenten unpassend.

Der Kaiser ist im Hinblick auf das Reich einmal Mitträger der Reichssouveränetät wie die übrigen Staatsober-

---

[6] Seydel, Com. 91, 112 in Consequenz seiner vertragsmäßigen Grundanschauung läßt den Kaiser staatsrechtlich handeln als „Collectivmandatar der Bundesglieder"; v. Martitz 48 läßt die Centralgewalt zwischen den Mitgliedern des Bundes und dem Kaiser „getheilt" sein; vgl. dagegen Meyer, Grundz. 62, bes. 63[2], ferner Laband 85[1] gegen die schiefe und unjuristische Auffassung des Kaiserthums, welche v. Treitschke, Preuß. Jahrb. 34, 513 vertritt.

häupter, und er ist im Unterschied von letzteren überdies noch ein besonders bevorrechtetes,[7] ausgezeichnetes Organ des Reiches.

Die Präsidialrechte stehen dem „König von Preußen" zu (RV. a. 11). Nur Preußen hat in dieser Weise neben seiner Position im Bundesrath noch selbständige Funktionen am Reiche. Soweit diese Funktionen des Kaisers reichen, kommen für die Stellung der Einzelstaaten die allgemeinen Grundsätze zur Anwendung: insbesondere die absolute Gehorsamspflicht derselben gegenüber dem Reiche.

Nach der nordd. BV. war das Präsidium des Bundes „der Krone Preußen" übertragen worden: die Aenderung des Wortlautes in der jetzigen RV. hat nur redactionelle, keine materielle Bedeutung.[8] Daraus folgt, daß alle Sätze des preußischen Staatsrechtes über die Thronfolge sowohl als über eine etwaige Regentschaft[9] ipso jure auch für das Reich gelten.[10] Die hinsichtlich der Stellvertretung in der Theorie aufgetretene abweichende Ansicht ist inzwischen auch durch die Praxis bei traurigem Anlaß zurückgewiesen worden.[11] Die Präsidialrechte sind ein Accessorium der preußischen Kron- d. i. Regierungsgewalt: wer letztere führt, hat ipso jure auch das Recht zur Führung der kaiserlichen Geschäfte. Eine in

---

[7] Daß die Präsidialrechte nicht als „Ausnahmsrechte" betrachtet werden können, ist oben S. 81 f. ausgeführt.

[8] Seydel, Comm. 113; v. Held 95; ebenso jetzt v. Pözl, Verf.-R. 591[2]; irrig v. Mohl 284[3]; Auerbach 106.

[9] Vergl. hierüber Schulze, preuß. Staatsrecht I 178 ff.

[10] Vgl. die N. 1 genannten Schriftsteller, dazu übereinstimmend Thudichum 127; Riedel 103; irrig v. Rönne I, 225 f., dessen Ausführung in sehr präciser Weise widerlegt ist von Laband I 215—220.

[11] K.V. v. 4. Juni 1878 (RGB. 101). V. des Regenten v. 6. Juni 1878 (ib. 102).

verfassungsmäßiger Form erfolgte Abänderung der preußischen Thronfolgeordnung wäre somit ipso jure wirksam für das Reich.

Daß die Ausübung der kaiserlichen Rechte zur Voraussetzung die Ableistung des Eides auf die preußische Verfassung habe, ist dagegen unrichtig.[12] Denn kraft des monarchischen Successionsprincipes ist der Thronfolger ipso jure Herrscher im Moment des Ablebens des bisherigen Herrschers. So auch in Preußen. Nur dies aber ist nach der Reichsverfassung rechtliche Voraussetzung für das Kaiserthum: alles übrige aber eine interne Frage des preußischen Staatsrechtes. Verweigert der Thronfolger den Eid auf die Verfassung, so begeht er zwar eine verfassungswidrige Unterlassung, an seinem Königthum und folglich auch an seinem Kaiserthum aber fehlt kein Titelchen.

Für den Antritt des Kaiserthums bestehen juristische Normen überhaupt nicht.

II. Die Rechte des deutschen Kaiserthums.

Der Kaisertitel ist einmal ein Ehrenvorzug, der bei Aufrichtung des deutschen Bundesstaates demjenigen Bundesgliede verliehen wurde, das nach äußerer Machtstellung und innerem Verdienst um die staatsrechtliche Entwickelung Deutschlands zur Führerstellung berufen war. Der Ehrenvorzug des Kaisertitels liegt nicht zum kleinsten Theile in der hohen Tradition des Kaiserthumes, die im deutschen Volke, speciell in Mittel- und Süddeutschland, ein machtvoller, idealer Factor war und bis zur Stunde ist; nicht minder ist der Ehrenvorzug jenes

---

[12] Vgl. die treffende Ausführung von Laband I 218 f. gegen v. Mohl 284 u. v. Rönne I 225.

Titels nach außen von Bedeutung, weil er fremden Staaten gegenüber die Einheit Deutschlands zu imponirendem politischen Ausdruck bringt.[13]

In diesen beiden politischen Gesichtspunkten ruht der Schwerpunkt des Vorrechtes des deutschen Kaiserthumes. Weder ist mit dem Titel eine Civilliste, noch ein Hofstaat, noch ein Ordenssystem verbunden:[14] dessen bedurfte es bei der Personalunion des deutschen Kaiser- und preußischen Königthumes nicht. Eine Gebietshoheit bezeichnet der Kaisertitel nicht, da der Kaiser nicht Träger der Reichssouveränetät ist. Correcter Weise wählte man darum die Fassung: „Deutscher Kaiser" und nicht die auf eine Gebietshoheit weisende: „Kaiser von Deutschland". Der Kaisertitel wird nur in Reichssachen, nicht in specifisch preußischen Angelegenheiten geführt. Die Erblichkeit der Kaiserwürde bezeichnet kraft alter monarchischer Tradition der Zusatz „von Gottes Gnaden". Aus der Erblichkeit folgt ferner, daß der preußische Thronfolger ipso jure auch Kronprinz des Deutschen Reiches ist; demgemäß wurde dieser Würde ausdrücklich das Prädikat „Kaiserliche Hoheit" beigefügt.[15] Die vom Kaiser Namens des Reiches ernannten Beamten führen das Prädikat „kaiserlich";[16] die Insignien von Kaiser und Reich: Krone, Wappen

[13] In diesem nicht juristischen, politisch aber sehr bedeutungsvollen Sinne hat v. Treitschke in dem N. 6 genannten Aufsatze allerdings Recht.

[14] Vgl. jedoch über die „von dem Kaiser zur Erinnerung an den letzten Krieg mit Frankreich für die bewaffnete Macht des Reiches gestiftete Kriegsdenkmünze" G. v. 24. Mai 1871 (RGB. 103), Ausf.-V. v. 20. Mai 1871 (RGB. 111 ff.).

[15] K.V. v. 18. Januar 1871, s. Auerbach 162, im RGB. findet sich jene Verordnung nicht, dieselbe ist eigenthümlicher Weise publicirt im Pr. Min.-Bl. d. Inn. 1871, 2.

[16] K.V. v. 3. August 1871 (RGB. 318).

und Standarte wurden genau normirt.[17] Die Person des Kaisers ist im ganzen Reichsgebiet unter erhöhten strafrechtlichen Schutz gestellt.[18]

Einen vollständigen Katalog der kaiserlichen Rechte aufzustellen, empfiehlt sich aus praktischen Grüden nicht, obwohl principiell und systematisch ein solcher erforderlich wäre:[19] denn alle materiellen Rechte des Kaisers sind einzelne, ihm von Reichswegen ausdrücklich übertragene, während auf der anderen Seite die Rechtsstellung des Bundesrathes eine principielle ist und darum die Competenz desselben Mangels positiver Normen, die Anderes bestimmen, präsumirt werden muß. Praktisch aber empfiehlt es sich, nur die wichtigsten der kaiserlichen Rechte hier aufzuführen, die übrigen aber der speciellen Darstellung zu überlassen.

Der Kaiser ist als Vertreter des geeinten Deutschlands:[20]

1. der verfassungsmäßige Repräsentant des Reiches nach außen (RV. a. 11);[21]
2. der Befehlshaber des deutschen Heeres und der Marine (RV. a. 63¹ u. 53¹);
3. dasjenige Organ, welches die Thätigkeit der übrigen Factoren der Reichsgewalt anordnet und bestimmt (RV. a. 12—19);

---

[17] Vgl. die Beschreibung bei Laband I 223³.

[18] RStGB. §§. 80, 94, 95.

[19] Unbegründet ist die Bemerkung von Laband I 224⁴ über solche „Kataloge“ gerade in diesem concreten Falle.

[20] Den privatrechtlichen Corporations- bezw. Directorsvergleich bei Laband I 225 halte ich für ganz unzutreffend.

[21] Hat der Kaiser auch die privatrechtliche fiscalische Vertretung des Reiches? Die RV. enthält eine positive Norm hierüber nicht. Laband I 225 behauptet es auf Grund der N. 20 bezeichneten m. E. unzutreffenden privatrechtlichen Analogie. Mit dem „Director“ Labands kann nur der Reichskanzler in Parallele gestellt werden.

4. das Aufsichtsorgan über die Durchführung der Reichsgesetze (RV. a. 17);
5. der Träger der Staatsgewalt des Reiches über Elsaß-Lothringen (G. v. 9. Juni 1871 §. 3 RGB. 212);
6. der oberste Chef des Post- und Telegraphenwesens (RV. a. 50);[22]

Aus diesen allgemeinen Grundsätzen ergibt sich eine Reihe hochwichtiger specieller Functionen des Kaisers, die bei den betreffenden Materien zu näherer Erörterung gelangen werden. Hier seien nur erwähnt: der Kaiser entsendet die Gesandten und Consuln Namens des Reiches und bei ihm werden die von fremden Staaten in das deutsche Reich geschickten „beglaubigt";[23] der Kaiser kann Krieg erklären, wenn ein Angriff auf das Reichtsgebiet oder die deutsche Küste erfolgt, er kann jederzeit das ganze Heer oder einen Theil desselben „mobil machen"; er beruft, vertagt und schließt den Bundesrath und Reichstag, leitet die Geschäfte des ersteren durch den von ihm ernannten Reichskanzler, bringt die Vorlagen nach erfolgter Beschlußnahme des Bundesrathes an den Reichstag, promulgirt die Gesetze und ordnet deren Publication an, vollstreckt die etwaige Execution gegen Bundesglieder, ernennt und entläßt die Reichsbeamten.

---

22 Wenn Laband I 227 ganz allgemein nach Analogie der privatrechtlichen „Geschäftsführung" behauptet: „dem Kaiser liegt die Regierung des Reiches ob", so finde ich dies Angesichts der staatsrechtlichen Struktur des Reiches nicht begründet.

23 Jedoch bestehen hier Anomalieen, von welchen im äußeren Staatsrecht zu handeln sein wird, vgl. auch oben S. 87[25].

§. 11.

Der Reichstag.[1]

I. Principielle Erörterung.

Wie in sämmtlichen deutschen Einzelstaaten (mit Ausnahme Mecklenburgs), so wurde auch für den deutschen Bundesstaat das constitutionelle Princip grundsätzlich angenommen. Fast mehr noch als der Kaiser war ein einheitliches deutsches Parlament seit Anfang dieses Jahrhunderts die heiße Sehnsucht der Nation. Es war unter diesen Umständen mehr als der Ausdruck eines richtigen staatsrechtlichen Principes, es war ein Akt höchster politischer Klugheit, daß in allen preußischen Bundesreformentwürfen die Einrichtung eines deutschen Parlamentes geradezu in erster Linie steht.

Der deutsche Reichstag ist von allen Reichsinstitutionen diejenige, in welcher der Gedanke der Einheit der Nation am ungetrübtesten und prägnantesten zum Ausdruck kommt. Der Reichstag ist die Vertretung des deutschen Volkes und jedes einzelne Mitglied des Reichstages ist Vertreter des **ganzen** Volkes (RV. a. 29): die einzelstaatlichen Grenzen sind in diesem Sinne für den Reichstag nicht vorhanden. Darin liegt der gerade Gegensatz zu dem im Bundesrath zum staatsrechtlichen Ausdruck gelangten Princip von der Vertretung der Einzelstaaten. Darum war es von vornherein principwidrig, wenn nach dem ursprünglichen Absatz 2

---

[1] Laband I §§. 47—53; Meyer, Lehrb. §§. 128—133; Thudichum SS. 132—219; v. Mohl 331 ff.; Riedel 31 ff., 110 ff.; Seydel 138 ff.; v. Held 118 ff.; Westerkamp 85 ff., 222 ff.; v. Rönne I §§. 28—40.

des Art. 28 auch im Reichstag wie im Bundesrath bei Materien, die nicht dem ganzen Reiche nach der Verfassung gemeinsam sind, die Stimmen derjenigen Abgeordneten nicht gezählt werden sollten, die in Staaten gewählt waren, auf welche die Reichsgesetzgebung in der betreffenden Materie keine Anwendung fand: durch G. v. 24. Februar 1873 (RGB. 45) wurde diese Principwidrigkeit beseitigt.[2]

Der Reichstag ist somit in voller Reinheit ein Organ der über den Einzelstaaten stehenden Centralgewalt.

Die Wahlkreise allerdings werden nach Maßgabe der einzelstaatlichen Grenzen circumscribirt und die Reichsverfassung schreibt vor, daß in jedem Einzelstaat mindestens Ein Abgeordneter zu wählen sei. Obwohl dies an sich als ein Verstoß gegen den principiellen Gedanken des a. 29 der RV. betrachtet werden muß, so empfahl es sich aus praktischen Erwägungen wegen der für die Wahlen zu treffenden, ziemlich complicirten behördlichen Vorbereitungen. Das Wahlrecht zum Reichstag dagegen ist von den einzelstaatlichen Grenzen völlig unabhängig: jeder Deutsche kann, falls den übrigen gesetzlichen Voraussetzungen genügt ist, an jedem Orte des Reichsgebietes sein Wahlrecht ausüben, und es ist hiefür vollkommen gleichgiltig, ob er dem betreffenden Einzelstaate staatsrechtlich angehört oder nicht.

Abgesehen von dem bereits erwähnten Grundsatz der Verfassung, daß mindestens in jedem Einzelstaate Ein Mitglied des Reichstages zu wählen sei, bildet die Grundlage für die Zusammensetzung des Reichstages der Satz: daß auf je 100,000 Seelen ein Vertreter kommen solle; Bruchtheile

[2] Damit ist auch die nicht eben sehr erquickliche Auseinandersetzung von Seydel, Comm. 138—142 zu a. 28[2] u. 29 gegenstandslos geworden.

von über 50,000 sollen für voll gelten. Demnach bestanden für den ehem. norddeutschen Bund 297 Wahlkreise (Wahlges. §. 5), dazu kamen die süddeutschen Staaten mit 85 (RV. a. 20), Elsaß-Lothringen mit 15 Wahlkreisen, in Summa somit 397, welche Zahl jedoch dem dermaligen Stand der Bevölkerung nicht ganz entspricht. Die Eintheilung der Wahlkreise beruht auf Gesetz.[3]

Gegenüber der bisherigen Ausbildung des constitutionellen Principes in Deutschland zeigt der Reichstag drei bemerkenswerthe Neuerungen: 1. der Reichstag ist die einheitliche Vertretung des deutschen Volkes, das Zweikammersystem wurde für das Reich nicht angenommen; 2. das Wahlrecht zum Reichstag ist auf breitester demokratischer Basis normirt; 3. die Mitglieder des Reichstages beziehen verfassungsgemäß keine Diäten.

Die Mitglieder des Reichstages sind gemäß den allgemeinen constitutionellen Principien an Aufträge oder Instructionen nicht gebunden (RV. a. 29): von einem „Mandat" im juristischen Sinne ist keine Rede, die „Vertretung" des Volkes ist nur eine staatsrechtliche ohne irgend welche andere Verantwortlichkeit, als welche die Gewählten gegen sich selbst haben.[4]

II. Die Bildung des Reichstages.[5]

Der Reichstag geht hervor aus allgemeinen,

---

[3] Das Verzeichnis der Wahlkreise s. im RGB. 1871 35, dazu G. v. 20. Juni 1873 (RGB. 144) und Verordn. des Bundesraths v. 1. Dec. 1873 (RGB. 373).

[4] S. Laband I 533 f. Vgl. die eingehende Analogie des „Mandates" der Reichstagsmitglieder bei Laband I 502 ff.

[5] Vgl. hierzu v. Mohl: Kritische Bemerkungen über die Wahlen zum Deutschen Reichstag. Tübingen 1874.

directen Wahlen des Volkes, welche geheim erfolgen müssen (RV. a. 20).

Zur Durchführung dieses Grundsatzes erging das Wahlgesetz v. 31. Mai 1869 (BGB. 145 ff.), welches inhaltlich auf dem „Reichswahlgesetz" v. 12. April 1849 beruht, auf Grund dessen schon die Wahlen zum „constituirenden" norddeutschen Parlament erfolgt waren. Das nordd. Wahlgesetz wurde durch Specialgesetze eingeführt in den süddeutschen Staaten und in Elsaß-Lothringen. Eine generelle Ausführungsverordnung des Bundesrathes erging am 28. Mai 1870, dazu ein Nachtrag für die süddeutschen Staaten v. 27. Februar 1871, ein zweiter für Elsaß-Lothringen v. 1. Dec. 1873.

A. Das Wahlrecht (Wahlges. §§. 1 ff).

Dasselbe hat nachfolgende Voraussetzungen:

a) positiv:
1. Reichsangehörigkeit,
2. vollendetes 25. Lebensjahr,
3. männliches Geschlecht (Wahlges. §. 1);

b) negativ:
1. Nichtbestehen einer Vormundschaft irgend welcher Art,
2. Nichtempfang von Armenunterstützungen aus öffentlichen oder Gemeindemitteln während des laufenden oder letztvergangenen Jahres,
3. Nichtbestehen eines Concurses,
4. Besitz der bürgerlichen Ehrenrechte (RStGB. §. 34) — (Wahlges. §. 3).[6]

---

[6] Vergl. Laband I 527 ff.; Meyer, Lehrb. 327. Das Wahlgesetz hatte bestimmt: wenn die Aberkennung wegen „politischer" Verbrechen erfolgt sei, so sollten die Ehrenrechte sofort nach verbüßter Strafe wieder eintreten. Soweit sich der Begriff „poli-

Besteht eines der sub b) genannten Verhältnisse, so ist auf die Dauer desselben das Wahlrecht nicht vorhanden: also bei Concurs, bis derselbe auf irgendwelche Art, folglich auch durch völligen Mangel an Aktiven, beendet ist.

c) Drittens kennt das Reichsstaatsrecht noch einen Zustand, während dessen das Wahlrecht quoad jus vorhanden, quoad exercitium nicht vorhanden ist, wo das Wahlrecht „ruht"; dies ist der Fall:

1. bei den Personen des activen Dienststandes in Landheer und Flotte, so lange dieselben bei den Fahnen sind, ausgenommen jedoch die Militärbeamten, welche wählen dürfen (Wahlges. §. 2, Milit. G. v. 2. Mai 1874, RGB. 45 §. 49);
2. bei denjenigen Personen, welche nicht in den Wahllisten stehen;
3. bei denjenigen, welche zur Zeit der Wahl sich nicht im Wahlkreis ihres Wohnsitzes befinden.[7]

B. Die Wählbarkeit (Wahlges. §. 4).

Die Wählbarkeit ist von den nämlichen Voraussetzungen bedingt wie das Wahlrecht: diejenigen Personenkategorieen, welche das Wahlrecht quoad jus nicht haben, sind auch nicht wählbar; diejenigen, deren Wahlrecht ruht, sind wählbar. Außerdem ist zu den Voraussetzungen des Wahlrechtes nur

---

tischer" Verbrechen juristisch überhaupt feststellen läßt, ist jene Bestimmung des Wahlgesetzes nach dem RStGB. gegenstandslos, da nach letzterem eine Aberkennung der Ehrenrechte nur wegen „gemeiner" Verbrechen erfolgt: vgl. RStGB. §. 32.

[7] Ein Preuße kann in München wählen, wenn er dort seinen Wohnsitz hat ohne Bayer zu sein, aber nicht wenn er z. Z. der Wahl sich nur auf der Durchreise daselbst befindet. Vgl. übrigens auch Laband I 525.

noch die eine gefügt: Staatsangehörigkeit in einem der deutschen Einzelstaaten seit mindestens einem Jahr, vom Wahltage rückwärts gerechnet, dagegen ist Domicil im Reichsgebiet nicht erforderlich.

Nicht wählbar in den Reichstag sind:

1. die Souveräne,
2. deren Vertreter im Regierungskollegium des Reiches, dem Bundesrath (RV. a. 9).

Die Mitgliedschaft des Reichstages erlischt:

1. durch Verlust einer der Voraussetzungen der Wählbarkeit; der Verlust tritt aber nicht ipso jure ein, sondern es bedarf einer formellen Ungültigkeitserklärung, bis zu welcher Sitz und Stimme im Reichstag juristisch bei Bestand verbleiben (Gesch.-O. §. 8);[8]
2. durch Verzicht kraft ausdrücklicher Erklärung;
3. durch Annahme eines besoldeten Staatsamtes bezw. Beförderung in ein mit höherem Rang oder höherem Gehalt verbundenes (RV. a. 21²);
4. durch Auflösung des Reichstags;
5. durch Ablauf der verfassungsmäßigen Wahlperiode von 3 Jahren, vom Tage der Wahl an gerechnet (RV. a. 24).[9]

In diesen Fällen ist Neuwahl erforderlich und Wiederwahl des bisherigen Mitgliedes, abgesehen von den sub 1. bezeichneten Fällen, gestattet. —

---

[8] Laband I 555.

[9] Thudichum 165 nimmt an, ein aufgelöster Reichstag könne nochmals berufen werden; richtig dagegen Seydel 153; Meyer 330; Laband I 559.

C. Das Wahlverfahren (Wahlges. §§. 6 ff.).[10]

Die sämmtlichen Wahlkreise sind durch Gesetz abgegrenzt. Jeder gesetzliche Wahlkreis ist auf dem Verwaltungswege in räumlich abgegrenzte Wahlbezirke abzutheilen, deren jeder nicht mehr als 3500 Seelen umfassen soll (Regl. §. 7³). Für jeden Bezirk ist eine Wählerliste[11] aufzustellen (Wahlges. §. 8), welche in alphabetischer Folge die Wahlberechtigten des Bezirks nach Vor- und Zunamen, Alter, Gewerbe, Wohnung nachweist. Diese Wählerliste ist in doppelter Ausfertigung durch den Gemeindevorstand herzustellen (Regl. §. 1); spätestens 4 Wochen vor der Wahl ist dieselbe auf mindestens 8 Tage zu öffentlicher Einsicht auszulegen, damit jeder Wahlberechtigte durch Controle sein Interesse wahren kann. Der Auslegungstag wird durch die Staatsbehörde bestimmt; am 22. Tage von jenem Termin ab ist die Liste durch Unterschrift des Gemeindevorstandes abzuschließen (Regl. §. 4). Innerhalb der so bestimmten Zeit kann jedermann gegen den Inhalt der Liste, nicht nur in eigener sondern auch in fremder Sache, schriftlich oder zu Protokoll reclamiren und Aufnahmen oder Streichungen beantragen. Der Antrag ist sofort durch den Gemeindevorstand zu prüfen, spätestens in der Zeit vom Auslegungs- bis zum Abschlußtermin der Liste durch die zuständige Behörde zu entscheiden und darüber die nöthigen Bemerkungen zu machen (Regl. §. 3). Ist binnen Jahresfrist nach der allgemeinen Wahl Neuwahl erforderlich, so

---

[10] Dazu Ausf.-V. d. BR. v. 31. Mai 1870 („Reglement"); RGB. 275—310. Speciell S. 306 ff. ein Verzeichnis derjenigen Verwaltungsbehörden, welche in den Einzelstaaten mit Durchführung des Wahlreglements betraut sind. Vgl. auch Laband I 533 f.

[11] Vgl. das Formular BGB. 1870 S. 283.

bedarf es der Aufstellung einer neuen Liste nicht (Wahlges. §. 8[2]). Die Kosten für Vorbereitung und Vornahme der Wahl haben, abgesehen von den Kosten der Druckformulare für die Wahlprotokolle und für die Ermittelung des Wahlergebnisses, die Gemeinden zu tragen (Wahlges. §. 16).

Der Tag der Wahlen wird durch kaiserl. Verordnung bestimmt; die Wahlen sind im ganzen Reiche an einem und demselben Tage zu vollziehen (Wahlges. §. 18). Der Kaiser ist dabei nur an folgende verfassungsmäßige Schranken gebunden: 1. der Reichstag muß nach RV. a. 13 mindestens alljährlich einmal berufen werden. Ist die dreijährige Wahlperiode abgelaufen, so müssen demnach die Neuwahlen jedenfalls vom Kaiser so rechtzeitig angeordnet werden, daß jener Vorschrift des a. 13 genügt werden kann; 2. ist der Reichstag aufgelöst worden, so müssen die Neuwahlen innerhalb der folgenden 60 Tage von der Publication des Auflösungsdecretes ab angeordnet werden (RV. a. 25). Von der Vorschrift, daß die Wahlen im ganzen Reiche an einem Tage zu geschehen haben, darf nur abgegangen werden: 1. wenn der Gewählte ablehnt, 2. wenn ein Mitglied des Reichstages verzichtet, 3. wenn der Reichstag eine Wahl für ungültig erklärt. Die in diesen Fällen nothwendigen Specialwahlen werden nicht durch den Kaiser, sondern durch die competente Landesbehörde angeordnet.

Zur Vornahme der Wahl selbst wird von der „zuständigen Behörde" für jeden Wahlbezirk ein Wahlvorsteher ernannt und ein Wahllocal bezeichnet (Regl. §. 8). Die Wahlhandlung hat um 10 Uhr Vormittags zu beginnen und ist um 6 Uhr Abends zu schließen. Der Wahlvorsteher bildet sich mindestens 2 Tage vor dem Wahltermin ein Bureau aus beliebig zu wählenden Personen, die jedoch kein unmittelbares Staatsamt bekleiden dürfen (Wahlges. §. 9).

Die Mitglieder dieses Wahlvorstandes sind durch Handschlag an Eidesstatt zu verpflichten (Regl. §§. 10, 12). Die Stimmabgabe geschieht durch Zettel, die in eine Urne gelegt werden (Wahlges. §. 10). Das Geheimniß der Stimmabgabe ist durch eine Reihe specieller Bestimmungen gesichert. Der Wähler muß in Person an der Urne erscheinen, hat Namen und Wohnung anzugeben, wird daraufhin in der Wählerliste aufgesucht und nur, wenn hier der angegebene Name sich findet, zur Stimmabgabe zugelassen; in der Wählerliste ist die erfolgte Stimmabgabe zu vermerken (Regl. §§. 15, 16). Die Stimmzettel müssen von weißem Papier sein, dürfen kein äußeres Kennzeichen tragen und nicht im Wahllocal selbst geschrieben werden (Wahlges. §§. 10, 11): weder dürfen sie eine Unterschrift haben, noch dürfen sie ungefaltet oder so gefaltet sein, daß der Inhalt gelesen werden kann. Vorschriftswidrige Zettel sind zurückzuweisen: bei Streitigkeiten hierüber entscheidet der Wahlvorstand (Wahlges. §. 13). Im Wahllocal dürfen weder Ansprachen gehalten werden, noch Discussionen stattfinden (Regl. §. 13). Die Wahlakten sind aufzubewahren.

Der Schluß der Wahl ist durch den Wahlvorsteher officiell zu verkünden (Regl. §. 17). Daraufhin erfolgt Zählung der abgegebenen Zettel und Feststellung des Resultates für den Wahlbezirk; alle Stimmzettel, welche mit äußeren Kennzeichen versehen oder nicht von weißem Papier sind, welche keinen oder keinen lesbaren oder mehrere Namen oder den Namen einer nicht wählbaren Person oder einen Namen mit Protest oder Vorbehalt enthalten, sind als ungültig auszuscheiden (Regl. §. 19).

Das Wahlresultat des Bezirks[12] sowie die Wahlakten

[12] Vgl. das Musterprotokoll BGB. 1870 S. 285.

sind dem von Staatswegen zu bestellenden Wahlcommissär (Regl. §§. 24 ff.) des Wahlkreises zu übermitteln; die Wahlakten sind versiegelt aufzubewahren, bis der Reichstag über die Wahl definitiv entschieden hat. Der Wahlcommissär hat spätestens mit Ablauf des dritten Tages nach dem Wahltage das Wahlresultat unter Zuziehung einer Commission von 6—12 Wählern, die kein unmittelbares Staatsamt bekleiden, in öffentlicher Verhandlung festzustellen und zu verkündigen (Regl. §§. 26 ff.). Das Wahlprotokoll ist dem Reichstag einzusenden, Stimmzettel, die für ungültig erklärt werden, sind demselben beizufügen (Wahlges. §. 13 [2]).

Gewählt ist, wer die absolute Mehrheit der abgegebenen gültigen Stimmen auf sich vereinigt hat. Ist dieses Resultat gar nicht erzielt worden, so hat engere Wahl stattzufinden (Regl. §§. 29 ff.), d. h. es ist die begonnene Wahlhandlung in der Weise fortzusetzen, daß vollständige Neuwahl in Beziehung auf die Stimmabgabe der Wähler stattfindet, jedoch mit der Beschränkung, daß nur diejenigen beiden Candidaten wählbar sind, welche bei der ersten Wahl die relativ meisten Stimmen auf sich vereinigt haben (Wahlges. §. 12); ungültig sind bei der engeren Wahl demnach alle Stimmzettel, die einen anderen als den Namen eines dieser beiden Candidaten tragen. Die engere Wahl ist vom Wahlcommissär spätestens binnen 14 Tagen nach der Ermittelung des Wahlergebnisses anzuordnen: sie ist juristisch nur Fortsetzung der letzteren, darum sind die für diese getroffenen Vorbereitungen ohne weiteres auch für sie maßgebend. Ergiebt sich bei der engeren Wahl Stimmengleichheit, so entscheidet das durch den Wahlcommissär zu ziehende Loos.

Der Wahlcommissär hat den Gewählten von der auf ihn gefallenen Wahl in Kenntniß zu setzen und damit die

Anfrage, ob er die Wahl annehme, sowie für den Bejahungsfall die Aufforderung zu verbinden, die hinsichtlich der Wählbarkeit nach dem Gesetz erforderlichen Nachweise zu erbringen. Für Abgabe dieser Erklärung ist gesetzlich eine Frist von 8 Tagen gesetzt, bleibt die Erklärung binnen dieser Frist aus, so gilt dies als Ablehnung; das Gleiche ist Rechtens bei bedingter Annahme.

Zum Schutz des Wahlrechtes dienen noch folgende Bestimmungen:

1. Die Wähler sind berechtigt, für Wahlangelegenheiten, die den Reichstag angehen, Vereine zu bilden und in geschlossenen Räumen unbewaffnet öffentliche Versammlungen zu veranstalten. Im übrigen werden die landesrechtlichen Vorschriften über Vereine und Versammlungen vorbehalten (Wahlges. §. 17).

2. Das Reichsstrafgesetzbuch enthält mehrere Bestimmungen gegen Wahlbeeinflussung (§§. 107, 109, 339), ebenso das preuß. Ges. v. 13. Mai 1873 über die Grenzen des Rechtes zum Gebrauche kirchlicher Straf- und Zuchtmittel (§§. 2, 3). Wahlbeeinflussungen, gegen welche nicht ein directes Strafgesetz besteht, sind erlaubt, mögen sie moralisch noch so verwerflich sein. Wahlbeeinflussungen durch amtliche Organe sind vom Reichstag mehrfach als legitimer Grund zur Vernichtung von Wahlen betrachtet worden.

Die definitive Entscheidung über die Giltigkeit einer Wahl erfolgt nur durch den Reichstag selbst. Proteste gegen eine Wahl können bis zum Ablauf des 10. Tages nach seinem Zusammentritt dem Reichstag eingereicht werden, bei Nachwahlen bis zum Ablauf des 10. Tages nach Feststellung des Wahlergebnisses (Gesch.-O. §. 4). Auf Verlangen sind durch den Wahlcommissär die Wahlakten einzusenden. Die Prüfung durch den Reichstag geschieht in folgender Weise: jeder Abtheilung des Reichstages wird eine Anzahl von Wahlen zur Prüfung überwiesen; ergibt sich kein Anstand, so wird dies durch den Präsidenten dem Reichstag mitgetheilt; ist die zehntägige Einspruchsfrist verstrichen, so sind diese Wahlen definitiv giltig (Gesch.-O. §. 7); sind Anstände vorhanden, so ist in folgenden Fällen die Sache an die Wahlprüfungscommission, die für jede Sitzungsperiode neu zu wählen ist, abzugeben: 1. bei Vorliegen von Wahlprotesten; 2. wenn die Wahl durch Mehrheitsbeschluß für zweifelhaft hinsichtlich der Giltigkeit erklärt wurde; 3. wenn 10 Mitglieder der Abtheilung einen aus dem Inhalt der Wahlverhandlungen abgeleiteten, speciell zu bezeichnenden Zweifel gegen die Giltigkeit der Wahl erheben (Gesch.-O. §. 5). Auch in jedem anderen Fall kann die Abtheilung an den Reichstag Bericht erstatten (§. 6).

Die gesammte formelle Seite des Wahlgeschäftes ist durch das vom Bundesrath erlassene Wahlreglement geregelt, dessen Abänderung nur mit Zustimmung des Reichstages statthaft ist (Wahlges. §. 15).

III. Die persönliche Rechtsstellung der Reichstagsmitglieder.

1. Mitglieder des Reichstags dürfen niemals wegen ihrer Abstimmung oder wegen der in Ausübung des parlamentarischen Berufes gethanen Aeußerungen zur Rechenschaft gezogen oder gerichtlich oder disciplinarisch verfolgt werden (RV. a. 30; RStGB. §. 11);[13] sie sind für die Ausübung ihrer Rechte im Reichstag Niemandem irgendwie im juristischen Sinne verantwortlich. Es besteht keine disciplinarische

[13] Meyer, Lehrb. 334.

Haftung für Reichstagsmitglieder in Hinsicht ihrer parlamentarischen Thätigkeit als nach Maßgabe der Geschäftsordnung.[14] Die Bestimmungen der letzteren haben allerdings keine Gesetzeskraft, die vom I. norddeutschen Parlament aufgestellte Geschäftsordnung ist aber bis jetzt von jedem neuen Reichstag angenommen worden. Darnach werden Redner, welche die Ordnung verletzen, vom Präsidenten unter Nennung des Namens darauf zurückgewiesen. Gegen den Ordnungsruf ist schriftlicher Recurs an den Reichstag gestattet, der in der nächsten Sitzung ohne Discussion und nur über die Berechtigung des Ordnungsrufes entscheidet (§. 60). Ist der Redner zweimal zur Ordnung gerufen und verletzt in der nämlichen Rede die Ordnung abermals, so kann ihm durch Beschluß des Reichstages auf Anfrage des Präsidenten ohne Debatte das Wort entzogen werden, wenn er zuvor auf diese Folge hingewiesen wurde (Gesch.=O. §. 46).

2. Beamte bedürfen zum Eintritt in den Reichstag keines Urlaubs (RV. a. 21¹).[15] Unter Beamten sind jedenfalls alle Staats= und Communalbeamte, keinenfalls die Privatbeamten zu verstehen, ob Kirchendiener ist zweifelhaft, aber nach der richtigen Ansicht zu verneinen,[16] ob Officiere ist gleichfalls zweifelhaft, aber nach der richtigen Ansicht zu bejahen. Beamte haben lediglich ihrer vorgesetzten Behörde die erforderliche Anzeige zu erstatten, ein Hinderniß darf ihrem Eintritt nicht entgegengestellt werden. Ein Gehaltsabzug ist nach dem

[14] Die neueste Fassung der Geschäftsordnung v. 10. Februar 1876 f bei Hirth, Ann. 1877 S. 490 ff. Vgl. insbesondere die Redeordnung §§. 42—48.

[15] Nach dem Entw. der nordd. BV. sollten Beamte gar nicht wählbar sein, vgl. hierzu v. Martitz 79 ff.

[16] So auch Meyer, Lehrb. 327; vgl. die Zusammenstellung der Meinungen in Note 7.

Sinn der Verfassung als unstatthaft zu erachten; das Gleiche ist für Stellvertretungskosten anzunehmen.[17]

3. Während der Sitzungsperiode kann kein Mitglied des Reichstags ohne dessen Genehmigung wegen einer mit Strafe bedrohten Handlung zur Untersuchung gezogen oder verhaftet werden, außer wenn es bei Ausübung der That oder im Laufe des nächsfolgenden Tages ergriffen wird (RV. a. 31)[18]. Der Reichstag hat die auf diese Genehmigung gerichteten Anträge stets abgewiesen. Sind die Verhandlungen nur vertagt, so dauert doch die Sitzungsperiode fort und obiger Grundsatz bleibt in Kraft.

Selbstverständlich bezieht sich jener Grundsatz nicht auf Verhaftung eines Reichstagsmitgliedes zur Verbüßung einer rechtskräftig erkannten Strafe.[19]

4. Die Genehmigung des Reichstages ist während der Sitzungsperiode auch erforderlich zur Verhaftung eines Mitgliedes wegen Schulden oder zum Sicherungsarrest (RV. a. 31². CPO. §. 785 Z. 1).

5. Auf Verlangen des Reichstages muß jedes schwebende

---

[17] Laband I 552. Für Reichsbeamte ist der im Text bezeichnete Satz anerkannt durch das Reichsbeamtengesetz v. 31. März 1873 §. 14². Vgl. weiter Seydel 111; Hiersemenzel 84; Thudichum 154; v. Martitz 82; Riedel 112.

[18] Wenn Reichstagsmitglieder auf Grund des Ges. v. 21. Octob. 1878 gegen die gemeingef. Bestrebungen der Socialdemocratie (RGB. 351 ff.) §. 28³ aus Berlin ausgewiesen sind, so sind sie bei Rückkehr dahin zu den Sitzungen des Reichstages straffällig, falls der Reichstag zur Verfolgung seine Genehmigung gibt. Die Behörden, welche letztere beantragen, handeln correct: im Belieben des Reichstages steht es, den Antrag abzuweisen.

[19] Der Wortlaut der RV. ist so klar, daß es nur Verwunderung erregen kann, wie im Reichstag bei Anlaß des „Falles Majunke" hierüber so lang debattirt werden konnte. Vgl. auch Meyer, Lehrb. 335; Laband I 573².

Strafverfahren gegen ein Mitglied, sowie jede Untersuchungs- oder Civil-, nicht Straf-Haft für die Dauer der Sitzungsperiode aufgehoben werden (CPO. §§. 347, 367, 786. StPO. §§. 49, 72). Es bedarf aber hiefür eines officiellen Reichstagsbeschlusses, der dies verlangt (RV. a. 31³).[20]

6. „Die Reichstagsmitglieder dürfen als solche keine Besoldung oder Entschädigung beziehen" (RV. a. 32).[21] Damit sind nach dem Wortlaut der RV. nicht allein officielle Diäten ausgeschlossen, sondern alle und jede, sei es auch private „Entschädigung", die im Hinblick auf die Reichstagsmitgliedschaft gegeben wird.[22] Freilich hat dies Verbot an der Unmöglichkeit einer wirksamen Controle seine Schranke, ist auch nicht strafrechtlich geschützt,[23] immerhin kann es die Rechtsfolge haben, daß eine civilrechtliche Klage, welche auf Leistung einer versprochenen „Entschädigung" gerichtet ist, abgewiesen werden muß. — Die zu freier Fahrt auf sämmtlichen deutschen Eisenbahnen während der Sitzungsperiode sowie 3 Tage vorher und nachher berechtigende Karte, welche den Reichstagsmitgliedern vom Reiche, das hiefür eine erhebliche Entschädigungssumme an die Eisenbahnen bezahlt, verabfolgt wird, kann mit RV. a. 32 kaum in Einklang gebracht werden.[24]

7. Wahrheitsgetreue Berichte über Reichstagsverhandlungen sind von jeder Verantwortlichkeit frei; Bruchstücke

---

20 Laband I 574 f.

21 Vergl. hierzu Laband I 575 ff.; v. Martitz 77 f.; Seydel, Comm. 161; Thudichum 208, Meyer, Lehrb. 335.

22 Riedel 35 beschränkt den Sinn des Artikels in unzulässiger Weise, wenn er nur Entschädigung „aus öffentlichen Mitteln" darunter subsumirt. Ebenso Thudichum 209; Seydel a. a. O.; Laband a. a. O.; richtig v. Martitz 78.

23 Thudichum 209 behauptet ganz willkürlich: der Verlust der Mitgliedschaft zum RT. sei die Rechtsfolge einer Verletzung von a. 32.

24 Laband I 577¹; Meyer, Lehrb. 336.

von Verhandlungen, z. B. einzelne Reden aus einer Sitzung haben dieses Privilegium nicht (RV. a. 22². RStGB. §. 12).[25]

IV. Die Competenz des Reichstages.

1. Der Reichstag hat zunächst das Recht der Autonomie für seine internen Verhältnisse (RV. a. 27). Kraft dieses Principes entscheidet derselbe über seinen Bestand in der Weise, daß jede einzelne Wahl geprüft und darüber eine Entscheidung, sei es von den Abtheilungen, sei es vom Plenum, von letzterem entweder in positiver oder in negativer Richtung, gefällt wird. Kein anderer Factor hat hieran aktiven Antheil.[26] Kraft des gleichen Principes wählt der Reichstag sein Präsidium (Gesch.-O. §§. 9 ff.), bestehend aus einem Präsidenten, zwei Vicepräsidenten und acht Schriftführern; die Wahl erfolgt beim Zusammentritt des Reichstages, für den Präsidenten und die Vicepräsidenten zunächst provisorisch auf 4 Wochen, nach Ablauf dieser Frist definitiv für die ganze Sitzungsperiode. Der Reichstag giebt sich ferner, soweit nicht verfassungsmäßige Vorschriften vorhanden sind, seine Geschäftsordnung. Juristisch kann eine solche selbstverständlich nur auf die Dauer der Wahlperiode von einem Reichstag aufgestellt werden: die vom ersten nordd. Reichstag normirte Ordnung wurde von allen späteren acceptirt.

Der Präsident übt die Disciplinargewalt über die Reichs-

---

[25] Seydel 149; Laband I 561; Oppenhoff, Comm. zum StGB. §. 12 N. 6, 7.

[26] Wollen Reichstagsmitglieder sich während der Sitzungsperiode vom Sitzungsort entfernen, so haben sie Urlaub zu nehmen (Gesch.-O. §. 61): doch besteht für Verletzung dieser Vorschrift keine Strafsanction. Zeugschaftliche Vernehmung von Reichstagsmitgliedern während der Sitzungsperiode an einem dritten Ort bedarf der Genehmigung des Reichstags; CPO. §§. 347, 367; StPO. §§. 49, 72.

tagsmitglieder sowie die Sitzungspolizei im Berathungslocale während der Sitzungen.[27] Der Präsident ernennt direct die speciell für den Reichstag nothwendigen Beamten nach Maßgabe der hiefür in den Etat aufgenommenen Positionen (Gesch.-O. §. 14).

2. Die wichtigste Function des Reichstages ist die Mitwirkung bei der Gesetzgebung. Die principiellen Gesichtspunkte, welche für die Theilnahme der Volksvertretung an der Gesetzgebung oben §. 6 entwickelt und §. 7 speciell auf das Reichsstaatsrecht angewendet wurden, sind an dieser Stelle lediglich in Erinnerung zu bringen. Was speciell das Etatsgesetz angeht, so wird hierüber noch unten §. 25 zu handeln sein.

Man hat von der Zustimmung des Reichstages, welche zum Zustandekommen aller Reichsgesetze erforderlich ist, noch eine „Genehmigung“ als besondere Art der Mitwirkung des Reichstages bei gewissen Arten der Rechtssetzung abgezweigt.[27a] Es handelt sich jedoch bei dieser „Genehmigung“ staatsrechtlich entweder genau um den nämlichen Akt wie bei der Zustimmung zu Gesetzen oder um eine bloße Controle.

Einmal schreibt RV. a. 11 ³ „Genehmigung“ des Reichstages für die „Gültigkeit“ von Staatsverträgen vor, die sich „auf solche Gegenstände beziehen, welche nach a. 4 in den Bereich der Reichsgesetzgebung gehören“, während für den „Abschluß“ die „Zustimmung“ des Bundesrathes gefordert wird. Die Unklarheit dieser Terminologie ist, wie die Verhandlungen über jenen Satz der Verfassung zur Evidenz ergeben, hervorgegangen aus einer völligen Unklarheit über die

---

[27] Hat der Präsident eine Disciplinargewalt über die Mitglieder des Bundesrathes? Meyer, Lehrb. 332 ¹⁴ verneint die Frage, ebenso der Präsident Simson (Sten. Ber. 1873 I 655).

[27a] Laband I, 508ff.

rechtliche Natur der Staatsverträge. Der dem Satz zu Grunde liegende richtige Gedanke kann nur der sein: falls es sich bei Staatsverträgen um Materien der Gesetzgebung handelt, so bedarf es der für letztere vorgeschriebenen Form, von welcher der zustimmende Beschluß des Reichstages einen Hauptbestandtheil bildet. Die Thätigkeit des Reichstages ist somit hier genau die nämliche, wie bei den Gesetzen.[28]

Eine „Genehmigung“ wurde ferner noch in der Praxis erholt und juristisch als selbständiger Akt zu construiren versucht bei Nachträgen zum Reichshaushaltsetat. Wenn sich zur Ergänzung des Hauptetats Nachträge als nothwendig darstellen, so bedarf es hiefür nach der klaren Vorschrift der Verfassung ganz ebenso der Form des Gesetzes wie beim Hauptetat. Wenn wiederholt der letztere überschritten wurde und hiefür thatsächlich nur „Genehmigung“ eingeholt wurde, so ist das ein in bedenklicher Weise abgekürztes Verfahren für den verfassungsmäßig vorgeschriebenen Weg der Gesetzgebung.

Endlich ist hier noch der „Genehmigung“ zu gedenken, welche für Verordnungen des Bundesrathes oder des Kaisers durch Specialgesetze dem Reichstag vorbehalten ist. In der Regel ist diese „Genehmigung“ einfach ein Recht der Controle, das dem Reichstag eingeräumt ist, sogar bis zur eventuellen Außerkraftsetzung von solchen Verordnungen. Soweit es sich um das dem Kaiser für Elsaß-Lothringen gewährte Recht, Verordnungen mit interimistischer Gesetzeskraft zu erlassen, welche dem Reichstag sofort bei seinem Zusammentritt vorzulegen und von ihm zu bestätigen oder außer Kraft zu setzen sind — ein Aenderungsrecht ist dem Reichstag nicht

[28] Näheres i. äußeren Staatsrecht, vgl. vorläufig Zorn in Zeitschr. für Staatswissenschaft Jahrg. 1880 S. 1—39.

gegeben worden —, insoweit handelt es sich lediglich um ein modificirtes Gesetzgebungsverfahren (s. unten B. X).

Eine staatsrechtlich in besonderer Weise zu behandelnde „Genehmigung“ als Form der Thätigkeit des Reichstages besteht somit nicht: die betreffenden Funktionen fallen entweder in das Gebiet der Gesetzgebung oder in das der Controle.[29]

3. Dagegen bildet eine vollkommen selbständige und durch innere Gesichtspunkte zusammengehaltene Gruppe von Funktionen des Reichstages das demselben zustehende Controlrecht.

Nichts, was Reichssache ist, ist principiell dem Reichstag fremd: kraft dieses Principes kann der Reichstag jederzeit an die Vertreter der Reichsregierung Anfragen und Interpellationen richten, ein allerdings nur moralisches Recht, da demselben keine Pflicht der Beantwortung correspondirt. Eine Discussion darf nur erfolgen, wenn 50 Mitglieder eine solche verlangen (Gesch.-O. §. 33). Immerhin hat darin das Princip einen Ausdruck gewonnen: daß der Reichstag seine controlirende Thätigkeit über alle und jede Sphäre des öffentlichen Lebens im Reiche erstrecken kann. Interpellationen müssen bestimmt formulirt werden und dürfen nur, wenn von 30 Mitgliedern unterstützt, eingebracht werden (Gesch.-O. §§. 32 f.).

Die allgemeine Controle wird ferner geübt bei der Berathung des Reichshaushaltsetats. Die einzelnen Positionen des letzteren geben die Möglichkeit einer Discussion aller Mißstände, die sich auf irgend welchem Gebiet gezeigt haben.

Endlich gehört hierher auch das sog. Petitionsrecht (Gesch.-O. §§. 28 ff.). Jedermann kann dem Reichstag auf

---

[29] Daß sich der staatsrechtliche Begriff der „Genehmigung“ in der bisherigen „traditionellen Darstellung des constitutionellen Staatsrechts“ nicht findet, was Laband II 508 ff. rügt, ist somit in der Sache begründet.

dem Wege der Petition eine Anregung nach irgend welcher Seite geben: der Reichstag kann darüber debattiren und hierdurch oder durch besondere Beschlüsse, die über Petitionen gefaßt werden, eine Pression auf die Regierung üben (RV. a. 23). Unmittelbares Eingreifen ist dem Reichstag nirgends gestattet. Der Reichstag kann auch den formellen Beschluß fassen, daß ihm über Durchführung eines bestimmten Gesetzes Bericht zu erstatten sei: der Bundesrath seinerseits kann daraufhin zustimmende oder ablehnende Entscheidung geben.[30]

Die Controle des Reichstages bezieht sich ganz besonders auf die Finanzwirthschaft des Reiches. Nach RV. a. 72 ist demselben über die Verwendung aller Einnahmen des Reiches alljährlich durch den Reichskanzler Bericht zu erstatten und Entlastung einzuholen. Der Reichstag hat hiedurch die Möglichkeit einer völlig unbeschränkten Controle der gesammten Finanzwirthschaft des Reiches.

Dazu kommt noch die specielle Controle, welche dem Reichstag bezüglich aller bedeutenderen, selbständigen Finanzverwaltungen des Reiches vorbehalten wurde, so bezüglich des Reichsschuldenwesens, des Reichskriegsschatzes, des Reichsinvalidenfonds, des Reichsfestungsbaufonds und des Reichstagsgebäudebaufonds: alle diese Verwaltungen haben alljährlich an die Reichsschuldencommission Bericht zu erstatten, welche aus Abgeordneten des Bundesrathes und des Reichstags besteht; diese Delegirten haben an ihre Delegatare zu berichten und letztere jenen Specialverwaltungen durch officiellen Beschluß Decharge zu ertheilen. (Vgl. über die Finanzcontrole überhaupt unten Buch IX.)

---

[30] So ist z. B. über die Durchführung des G. v. 21. Oct. 1878 gegen die gemeingef. Bestrebungen der Socialdemocratie vom Reichstag eine Berichterstattung verlangt und vom Bundesrath zugesagt worden. Vgl. Gesch.-O. §. 34.

V. Die Verhandlungen des Reichstages.

(RV. a. 12, 13, 22, 23, 27, 28.)

Der Reichstag ist alljährlich mindestens einmal zu berufen. Die Berufung geschieht durch kaiserliche Verordnung. Der Kaiser eröffnet in Person oder durch einen Stellvertreter die Sitzungsperiode und in gleicher Weise erfolgt der Schluß derselben. Nur der Kaiser hat das Recht, den Reichstag zu vertagen; derselbe ist jedoch bei wiederholter Vertagung während der nämlichen Sitzungsperiode sowie bei einer Vertagung von über 30 Tagen an die Zustimmung des Reichstags gebunden (RV. a. 26 vb. 12). Wird die Sitzungsperiode geschlossen, so hören damit auch die Arbeiten der Commissionen auf und alle noch nicht sanctionirten Vorlagen werden herkömmlich neu behandelt.[31] Nur auf Grund specieller gesetzlicher Ermächtigung erachtete man ausnahmsweise eine Fortsetzung der Commissionsarbeiten für statthaft.

Die Verhandlungen müssen verfassungsmäßig öffentlich sein; Ausschluß der Oeffentlichkeit ist verfassungswidrig.[32] Ein in geheimer Sitzung gefaßter Beschluß wäre rechtlich nicht vorhanden.[33] Im Sitzungssaal handhabt der Präsident die Polizei; dieselbe kann sich bis zur Räumung der Tribünen ausdehnen (Gesch.-O. §§. 62—64).

---

[3] Princip der „Continuität" Gesch.-O. §. 70; vgl. Laband I 557, II 58; vgl. auch oben S. 117[26] und v. Rönne II 16; Meyer, Lehrb. 331.

[32] RV. a. 22[1]: „die Verhandlungen des Reichstages sind öffentlich." Diesem absoluten Satz gegenüber ist Gesch.-O. §. 36, der Ausschluß der Oeffentlichkeit gestattet, nicht haltbar. Uebereinstimmend Laband I 561; Seydel 146; Hiersemenzel 85; a. A. Meyer, Lehrb. 333 [9]; Riedel 112; Thudichum 192.

[33] Laband I 562; a. A. Seydel 146; Thudichum 192; Riedel 112.

Die Arbeiten des Reichstags vollziehen sich theils im Plenum theils in Commissionen. Beim Zusammentritt jedes neu gewählten Reichstages werden 7 ständige Abtheilungen mit möglichst gleicher Mitgliederzahl durch das Loos gebildet (Gesch.=O. §. 2); den Abtheilungen liegt insbesondre die Vorprüfung der Wahlen und in der Regel auch die Entscheidung über deren Giltigkeit ob (ibid. §. 3). Andere Commissionen werden je nach Erforderniß bestellt,[34] sei es für bestimmte Zweige von Geschäften, sei es für ganz concrete einzelne Aufgaben. Die Commissionen werden gebildet durch Wahl Seitens der Abtheilungen, und es steht kein Hinderniß im Wege, daß ein Mitglied des Reichstages zugleich mehreren Commissionen angehöre. Die Commissionen bestellen in der Regel einen oder mehrere Referenten und erstatten Bericht an das Plenum, sei es mündlich, sei es schriftlich. Beschlußfähig sind die Commissionen, wenn mindestens die Hälfte der Mitglieder anwesend ist. Die Sitzungen der Commissionen sind geheim: nur Reichstagsmitglieder und Bundesrathscommissäre dürfen denselben jederzeit beiwohnen.

Alle Vorlagen,[35] welche von Seiten des Bundesrathes an den Reichstag gelangen, sowie diejenigen Anträge von Reichstagsmitgliedern, welche den Character von Gesetzentwürfen tragen, sind einer dreimaligen Berathung zu unterwerfen. Die erste Berathung darf frühestens am dritten Tage, nachdem der Entwurf gedruckt und vertheilt ist, erfolgen; handelt es sich um Vorlagen des Bundesrathes, so werden dieselben zunächst in allgemeiner Weise durch einen Regierungscommissär begründet, Anträge aus der Mitte des

[34] Vgl. Gesch.=O. §§. 26 ff.

[35] Gesch.=O. §§. 17 ff.

Reichstages führt der Antragsteller begründend ein. Auch die Verhandlung trägt bei der ersten „Lesung" nur einen allgemeinen Character und die Beschlußfassung erfolgt nur über die Frage: ob der Entwurf im Plenum weiter berathen oder ganz oder theilweise an eine sei es bereits vorhandene, sei es ad hoc zu bestellende Commission verwiesen wird. Mit einfacher Stimmenmehrheit kann der Reichstag beschließen, daß mit der ersten sofort die zweite Berathung verbunden werde. Außerdem darf die zweite Berathung frühestens zwei Tage nach der ersten, falls eine Commission bestellt und von dieser schriftlicher Bericht erstattet wurde, frühestens zwei Tage nach Vertheilung des gedruckten Berichtes erfolgen. Die Verhandlung und Abstimmung ist bei der zweiten Berathung eine artikelweise. Führt die Abstimmung auf Grund der zweiten Berathung zu allgemeiner Ablehnung, so wird nicht mehr weiter berathen. Andernfalls hat der Präsident die Beschlüsse der zweiten Lesung zusammenzustellen und die gedruckte Zusammenstellung den Mitgliedern zuzustellen; frühestens zwei Tage nach dieser Zustellung darf dann auf Grund jener Zusammenstellung in die dritte Berathung eingetreten werden.[36] Diese dritte Berathung theilt sich wiederum in General- und Specialberathung; Abänderungsanträge bedürfen bei der dritten „Lesung" der Unterstützung von mindestens 30 Mitgliedern; die Abstimmung erfolgt erst artikelweise, dann für das Ganze des Entwurfes. Werden noch in dritter Berathung Abänderungsanträge angenommen, so ist die Beschlußfassung auszusetzen bis nach erfolgter Zusammenstellung jener Beschlüsse durch das Büreau.

---

[36] Eine Modification dieser Bestimmungen kann nach Maßgabe von Gesch.-O. §. 21 erfolgen.

Anträge von Reichstagsmitgliedern, welche nicht den Character von Gesetzentwürfen tragen, werden in einmaliger Berathung erledigt (Gesch.-O. §. 23). Alle Anträge müssen von mindestens 15 Mitgliedern unterzeichnet sein (Gesch.-O. §. 22).

Die Beschlußfassung erfolgt principiell so, daß die absolute Mehrheit der Stimmen entscheidet, d. i. also 199 Stimmen sind erforderlich zu einem bejahenden Votum. Giltige Beschlüsse aber können nur gefaßt werden, wenn mindestens ein Mitglied über die Hälfte der gesetzlichen Mitgliederzahl des Reichstages anwesend ist (RV. a. 28). Letzteres wird jedoch präsumirt; es kann aber zu jeder Zeit von jedem Mitgliede eine Entscheidung hierüber durch Auszählung verlangt werden. Bei Stimmengleichheit ist der Antrag abgelehnt. Ist jedoch das Bureau einstimmig der Ansicht, das Haus sei beschlußfähig, so erfolgt trotz gestellten Antrages kein Namensaufruf.

Ueber die Verhandlungen des Reichstags[37] müssen Protokolle geführt werden (Gesch.-O. §§. 38 ff). Dieselben haben zu enthalten: die gefaßten Beschlüsse in wörtlicher Anführung; die etwa gestellten Interpellationen in wörtlicher Anführung nebst Vermerk über die Beantwortung derselben; die officiellen Anzeigen des Präsidenten. Die Protokolle müssen vom Präsidenten und zwei Schriftführern vollzogen werden und sind im Archiv des Reichstages aufzubewahren. Sie gelten als genehmigt, wenn kein Mitglied des Reichstags Einspruch erhebt. Sie sind die einzigen officiellen Urkunden über die Thätigkeit des Reichstages. Außerdem werden noch die

---

[37] Näheres über die Führung der Geschäfte bei den Verhandlungen Laband I 564 f.

stenographischen Berichte in quasi-officieller Weise behandelt, indem sie von den Schriftführern revidirt werden müssen; sie sollen einen correcten wörtlichen Bericht über die ganze Sitzung von Anfang bis zu Ende geben. —

Die Verhandlungen des Reichstages sind durch besondere Strafsanctionen geschützt: Zwang gegenüber dem versammelten Reichstage wäre mit Zuchthaus eventuell Festung zu bestrafen; nicht minder tritt Zuchthaus- eventuell Festungsstrafe auch ein gegen Personen, die einzelnen Mitgliedern des Reichstages gegenüber bezüglich ihrer Thätigkeit in letzterem Zwang ausüben (RStGB. §. 105: „sprengen, zur Fassung oder Unterlassung von Beschlüssen zu nöthigen oder Mitglieder aus ihnen gewaltsam zu entfernen", §. 106: „ein Mitglied — — durch Gewalt oder durch Bedrohung mit einer strafbaren Handlung verhindert, sich an den Ort der Versammlung zu begeben oder zu stimmen)".[38]

§. 12.

Der Reichskanzler und die Stellvertretungsämter (Reichsminister).[1]

Die Materien, welche durch die Reichsverfassung und die Nachtragsgesetze zu derselben der Competenz des Reiches überwiesen wurden, sind in Beziehung auf die Durchführung der hiefür ergangenen Specialgesetze zu nicht

[38] Vgl. auch StGB. §. 339, sowie preuß. G. über die Grenzen zum Gebrauch der kirchl. Straf- und Zuchtmittel §§. 2 Z. 2, 3 Z. 2.

[1] Laband I §§. 32, 33; Meyer, Lehrb. §. 135, Grundz. §. 13 (bes. S. 88 ff.); Riedel §. 9; Seydel, Comm. 126 ff.; v. Rönne I §. 42; v. Martitz 66 ff.

geringem Theile dem bereits bestehenden altbefestigten Behördenorganismus der Einzelstaaten übertragen worden. Nur bezüglich eines Theiles jener Materien wurde ein selbständiger Reichsbehördenorganismus geschaffen.[2] Zutreffend kann man demnach den Unterschied machen: daß das Reich hinsichtlich seiner Competenzen theilweise nur Aufsichtsbefugnisse, theilweise aber eine „eigene und unmittelbare“ Verwaltung ausübt.

Die Entwickelung der Aemterorganisation des Reiches war in letzter Zeit in starkem Flusse begriffen, und es stellen sich deshalb der theoretischen Darstellung gerade in diesem Punkte erhebliche Schwierigkeiten entgegen: immerhin dürfte es jetzt möglich sein, an der Hand der bisherigen Entwickelung und auf Grund der im Reichstag aus Anlaß des Gesetzentwurfes über die Stellvertretung des Reichskanzlers gepflogenen Debatten[3] die Grundzüge des Reichsbehördensystemes mit einiger Sicherheit zu formuliren, ohne befürchten zu müssen, daß diese Formulirung in kürzester Zeit veraltet sein werde.

A. Der Reichskanzler.

Das Behördensystem des Reiches beruht auf dem Principe strenger Centralisation. Nach der Reichsverfassung concentrirt sich dasselbe in höchster Instanz nur im Reichskanzler. Die staatsrechtliche Stellung des Reichskanzlers aber hat eine doppelte Seite: derselbe ist einerseits Vorsitzender im

[2] Daß dies die „Ausnahme“ sei, wie Joël in dem unten N. 8 citirten Aufsatze S. 767 meint, ist freilich unrichtig.

[3] Die betreffenden Verhandlungen sind für die Erkenntniß des staatsrechtlichen Zustandes des Reiches besonders instructiv. Sten. Ber. 1878, S. 321 ff. (5. März), 373 ff. (8. März), 401 ff. (9. März), 431 ff. (11. März).

Bundesrath und andererseits oberster Chef der Reichsverwaltung.

I. Nach RV. a. 15 steht „der Vorsitz im Bundesrathe und die Leitung der Geschäfte" dem Reichskanzler zu. Die „Leitung der Geschäfte" kann im Zusammenhang jener Verfassungsbestimmung nur auf den Bundesrath sich beziehen:[4] daß die Leitung der übrigen Reichsgeschäfte dem Reichskanzler zukomme, ergibt sich nicht aus a. 15, sondern aus a. 17 der RV., demnach kann auch die dem Kanzler in a. 15 eingeräumte Substitutionsbefugniß sich nicht auf die „Leitung der Geschäfte", sondern nur auf den Vorsitz im Bundesrathe beziehen.

Der Reichskanzler muß nach RV. a. 15 Mitglied des Bundesrathes und zwar preußischer Bevollmächtigter sein.[5] Dermalen ist das Amt des Reichskanzlers verbunden mit dem des preußischen Ministerpräsidenten: eine verfassungsmäßige Nothwendigkeit für diese Verbindung besteht jedoch nicht;[6] bei Vorhandensein derselben ist es indeß staatsrechtlich unzweifelhaft, daß eine Verantwortlichkeit des Reichskanzlers als preußischen Ministers gegenüber dem preußischen Landtag in Beziehung auf die Vertretung der preußischen Interessen im Bundesrath nach Maßgabe des preußischen Staatsrechtes begründet ist.[7]

[4] Ebenso Laband I 274; Meyer, Lehrb. S. 338[3]; Seydel 122; v. Rönne I 292. Eine andere Ansicht sucht Joël in dem unten N. 8 citirten Auffsatze S. 403 ff. zu begründen. Die Joël'sche Ansicht hat auch Fürst Bismarck in der Sitzung des Reichstages v. 5. März 1878 für richtig erklärt (Sten. Ber. 343).

[6] Die Begründung dieses Satzes s. oben S. 147.

[6] Politisch dagegen dürfte sie unzweifelhaft bestehen, wie dies auch Fürst Bismarck im Reichstag bei jedem Anlaß entschieden betonte.

[7] Laband I 308 f.

Ueber die Stellvertretung des Reichskanzlers im Bundesrathspräsidium s. oben S. 147 f.[8]

II. Nach RV. a. 17 bedürfen die vom Kaiser Namens des Reiches erlassenen Anordnungen und Verfügungen „zu ihrer Gültigkeit der Gegenzeichnung des Reichskanzlers, welcher dadurch die Verantwortlichkeit übernimmt.“[9] Im Lichte der allgemeinen constitutionellen Principien betrachtet, besagt jene Verfassungsbestimmung, daß der Reichskanzler verantwortlicher und zwar nach der Verfassung der einzige verantwortliche Minister des Reiches ist. Eine Anomalie gegenüber den allgemeinen constitutionellen Principien liegt nach Reichsstaatsrecht nur insofern vor, als der Kanzler nicht wie die Minister im einfachen Staat vom Souverän ernannt wird, sondern vom Kaiser, dem dieses Recht verfassungsmäßig delegirt ist (RV. a. 15), ohne daß der Bundesrath, der Repräsentant der Souveränetät, daran irgend welchen Antheil hätte. Dem Kaiser sind demnach diejenigen Competenzen bezüglich der laufenden Verwaltung, welche im monarchischen Einzelstaate dem Souverän zukommen, wenigstens insoweit übertragen, als derselbe den obersten Chef der Reichsverwaltung und ferner die demselben zuzuordnenden Beamten ernennt (RV. a. 18). Materiell kann auf Grund der Reichsverfassung zwar nicht behauptet werden: dem Kaiser sei die Regierungsgewalt im Reiche übertragen; vielmehr kommt dieselbe principiell dem Bundesrath zu und die

[8] Vgl. auch Max Jsël: die Substitutionsbefugniß des Reichskanzlers nach deutschem Staatsrecht bei Hirth Ann. 1878 S. 402 ff. (die Deduction dieses Aufsatzes ist jedoch im Grundgedanken verfehlt; s. oben N. 4).

[9] Vgl. hierzu die allgemeinen Betrachtungen bei v. Mohl 393 ff.; v. Held 130 ff.

13*

dem Kaiser übertragenen Rechte sind nur einzelne, wenn auch noch so wichtige; formell aber ist der Kaiser allerdings durch das ihm überwiesene Beamtenernennungsrecht und durch die Verbindung, welche die Reichsverfassung zwischen Kaiser und Reichskanzler herstellt, als Chef der Reichsregierung auch juristisch anerkannt. Die Folge dieses Rechtsverhältnisses ist die, daß der Kaiser unter Umständen verpflichtet sein kann, die Durchführung von Gesetzen zu überwachen (RV. a. 17), bei deren Beschlußfassung der König von Preußen im Bundesrath majorisirt wurde; daß ferner die Beamten, welche der Kaiser ernennt, die Verordnungen des Bundesrathes ausführen müssen, ganz gleichgültig, ob sie dem Willen des Kaisers entsprechen oder nicht.[10]

Für die Anordnungen und Verfügungen des Bundesrathes in Sachen der Reichsregierung ist keine Contrasignatur vorgeschrieben und besteht nach der Verfassung keinerlei Verantwortlichkeit: weder der Reichskanzler noch ein anderer Bevollmächtigter zum Bundesrath sind dem Reichstag für Beschlüsse des Bundesrathes irgend welche Verantwortung schuldig.[11]

Die Verantwortungspflicht des Reichskanzlers ist vielmehr durch die Verfassung nur auf „Anordnungen und Verfügungen des Kaisers" bezogen, das heißt: sie besteht überhaupt nur in demjenigen materiellen Umfange, der durch die kaiserlichen Competenzen begrenzt wird; da der Kaiser aber alle Beamten des Reiches ernennt, so wird durch dieses Recht des Kaisers das Verantwortungsgebiet des Kanzlers geradezu auf die Thätigkeit aller Reichsbehörden erstreckt und dadurch der

[10] Vgl. Laband I 301.

[11] Richtig Joël 410; Seydel 127; a. A. v. Rönne I 299.

Umstand, daß für Anordnungen des Bundesrathes keine Verantwortungspflicht besteht, praktisch wohl ziemlich gegenstandslos werden. Die Verantwortung richtet sich nach oben und nach unten: sie deckt den als Mitträger der Souveränetät unverantwortlichen Kaiser und deckt andrerseits alle untergeordneten Behörden in ihrer Thätigkeit. Indem der Kanzler kraft seiner Verantwortlichkeit verpflichtet ist, die staatsrechtliche Haftung für die untergeordneten Reichsbehörden zu tragen, ist ihm zugleich nothwendiger Weise das Recht eingeräumt, die Thätigkeit dieser letzteren durch seine Directiven zu bestimmen.[12] Nur dann kann logischer Weise eine Verantwortlichkeit begründet werden, wenn derselben das Recht correspondirt, jederzeit in die Funktionen der Behörden, für welche die Verantwortung getragen werden muß, bestimmend einzugreifen.

Diese allgemeinen Grundsätze für die staatsrechtliche Construction der constitutionellen Verantwortungspflicht sind anerkannt hinsichtlich der eigentlichen Verwaltungsbehörden, erfahren dagegen eine Modification hinsichtlich der Richterbehörden und der speciellen Finanzverwaltungsbehörden. Kraft des Princips der Unabhängigkeit des Richteramtes, das als positives Reichsrecht anerkannt ist (GVG. §. 1), ist jedes Eingreifen in die gesetzlich festgeordnete Thätigkeit der Richter durch außenstehende Factoren unbedingt verboten. Die Rechtsprechung der Reichsgerichte ist vollkommen selbständig und unabhängig vom Reichskanzler: dem entspricht, daß dem Kanzler keinerlei Pflicht der Verantwortung für die Rechtsprechung obliegt; der Kanzler haftet lediglich dafür: daß die gesetzlich geordneten Gerichte überhaupt bestehen und daß

[12] Treffend Seydel 126.

ihnen die Möglichkeit des Funktionirens geboten ist. Dies gilt für die Gerichte jeder Art, auch Verwaltungs- und Disciplinargerichte. Den Gerichten vollkommen gleichgestellt ist der Reichsrechnungshof.

Bei den selbständigen Finanzbehörden findet gleichfalls kein dirigirendes Eingreifen des Reichskanzlers statt: dieselben sind vielmehr in Bezug auf ihre „innere Thätigkeit" vollkommen unabhängig. Der Reichskanzler hat demnach für sie gleichfalls nur eine analog beschränkte Haftpflicht wie hinsichtlich der Richterbehörden, obwohl die meisten Finanzbehörden ihm ausdrücklich unterstellt sind (s. unten §. 13).

Die „Verantwortlichkeit", wie sie a. 17 statuirt, ist weder in der Verfassung näher präcisirt noch durch ein Specialgesetz genauer festgestellt worden. Man streitet unter den politischen Parteien lebhaft darüber: ob die Verantwortung nur eine „historisch-politische", „moralische" oder eine staatsrechtliche Pflicht sei. Nach allgemeinen Grundsätzen, auf welche zu recurriren wir Mangels positiver Rechtssätze genöthigt sind, ist zuzugeben: die Verantwortung des a. 17 constituirt eine Rechtspflicht des Kanzlers, dem Reichstag Rechenschaft über jeden Punkt, der in das Gebiet der Verantwortlichkeit fällt, abzulegen. Daß der Reichskanzler auch dem Bundesrath zur Rechenschaft verpflichtet ist, folgt unzweifelhaft aus der principiellen rechtlichen Natur jenes Organes. Weiter aber reicht die für das Reichsstaatsrecht statuirte Verantwortlichkeitspflicht nicht: die Verweigerung der Rechenschaft ist mit keinem Rechtsnachtheil bedroht und die Ablage der Rechenschaft kann nicht erzwungen werden. Somit handelt es sich in jedem Falle hier um eine lex imperfecta: freilich ist das hierbei zur Frage stehende Problem bis zur Stunde nirgends gelöst und nirgends die Basis für eine zu empfehlende lex perfecta gewonnen.[13]

Der Reichskanzler ist somit nach der Verfassung das verantwortliche Gesammtstaatsministerium des Reiches: alle Reichsbehörden sind — abgesehen von der oben erwähnten Modification für die Richter- und Finanzbehörden — gleichsam seine „Bureaux“ (Laband I 305); ihre Thätigkeit ist in letzter Instanz staatsrechtlich Thätigkeit des Reichskanzlers. —

Das unmittelbare Bureau des Reichskanzlers bildet die Reichskanzlei, deren Einrichtung lediglich auf dem Etat beruht (im Etat pro 1877/78 ist der Reichskanzler noch unter den Titel „Reichskanzleramt“ rubricirt, 1878/79 ist der Reichskanzler und sein „Centralbureau“ selbständig rubricirt, 1879/80 heißt das Centralbureau: „Reichskanzlei“).

B. Die Stellvertretungsämter.[14]

I. Das Princip, welches die Verfassung hinsichtlich der Ver-

---

[13] Andererseits ist das ganz absprechende Urtheil Seydel's (129 f.) über die Verantwortlichkeit, die eben eine „Phrase“ sei, auch nicht gerechtfertigt. Vgl. auch Laband I 312.

[14] Joël bei Hirth, Ann. 1878 S. 761 ff. Die Bezeichnung „Stellvertretungsämter“ hat zuerst der Abg. Hänel im Reichstag gebraucht; es empfiehlt sich dieselbe für die Theorie des Reichsstaatsrechtes zu acceptiren. Zwar ist bis jetzt die durch das Gesetz sachlich begrenzte Stellvertretung immer persönlich verliehen worden; die bezüglichen Anordnungen des Kaisers sind im Reichsanzeiger publicirt. Der hohen Bedeutung dieser Angelegenheit für die Entwickelung des Reichsstaatsrechtes würde am besten Rechnung getragen, wenn durch kaiserliche, im Reichsgesetzblatt zu publicirende Verordnung eine Fixirung der jetzt in Betracht kommenden Stellvertretungsämter ohne persönliche Beziehung erfolgen würde.

antwortlichkeit des Reichskanzlers aufstellt, hat eine weitgehende Modification erfahren durch das hochwichtige Gesetz v. 17. März 1878 (RGB. 7), betreffend die Stellvertretung des Reichskanzlers.

Die Verfassung sieht eine Stellvertretung des Reichskanzlers nur für den Vorsitz und die Geschäftsleitung im Bundesrath vor, nicht aber für die Geschäfte des Reichskanzlers als des verantwortlichen Reichsministers. Allerdings wurde zweimal auch in diesen Funktionen eine Stellvertretung des Reichskanzlers angeordnet:[15] gegen die Verfassungsmäßigkeit dieser Stellvertretung aber wurden mit Recht sofort Bedenken erhoben,[16] und da auch nach anderer Richtung sich Bedenken geltend machten, fand die Frage eine gesetzliche Regelung durch das die Verfassung abändernde Gesetz v. 17. März 1878. Dieses Gesetz wurde in der Fassung, in welcher es vom Bundesrath vorgelegt worden war, vom Reichstag angenommen und alle Abänderungsanträge entweder zurückgezogen (Beseler) oder abgelehnt (Hänel und andere). Das Gesetz wurde in dieser Fassung angenommen, obwohl die sämmtlichen Redner im Reichstag, die in der langgedehnten Debatte das Wort ergriffen, die große Unklarheit und mangelhafte Präcision des vorgelegten Entwurfes hervorhoben; das Gesetz fand trotzdem Annahme, weil 1. Fürst Bismarck erklärte: „es ist nicht ohne schwere Mühe und Arbeit möglich gewesen, im Bundesrath das Maß von Uebereinstimmung, dessen Ausdruck die Vorlage ist, herzustellen" (Sten. Ber. 386) und weil man bei neuen Verhandlungen im Schooße des Bundesrathes ein Scheitern der Vorlage befürchten mußte;[17]

---

[15] Joël 402; vgl. dazu die Rede des Abg. Hänel im Reichstag (Sten. Ber. 321 ff.).

[16] Meyer, Lehrb. 339 für die Verfassungsmäßigkeit.

[17] Vgl. die Rede des sächs.

2. weil von allen der Weiterentwickelung der Reichsinstitutionen im bundesstaatlichen Sinne günstigen Rednern anerkannt wurde, daß das Gesetz trotz seiner Unfertigkeit und Unklarheit einen „ungeheuren Fortschritt“ enthalte, welcher der künftigen Entwickelung die Wege ebne;[18] weil, wie Fürst Bismarck bemerkte (Sten. Ber. 348), das Gesetz „keinen Abschluß für immer“ darstelle, sondern einer „langsamen Fortbildung“ fähig sei.

Die von den Rednern der Mehrheit an das Gesetz geknüpfte Hoffnung hat sich inzwischen wohl bewährt, und thatsächlich wurde auf Grund des Gesetzes eine Anzahl verantwortlicher Reichsminister geschaffen, nur werden dieselben nicht Minister sondern Staatssecretäre genannt.

II. Nach dem Gesetz kann ein Stellvertreter des Reichskanzlers für den gesammten Amtskreis des letzteren aufgestellt werden (Generalstellvertreter, Vicekanzler), sowie Specialstellvertreter (s. unten III). Die Ernennung erfolgt in jedem Falle durch den Kaiser „auf Antrag des Reichskanzlers;“ mit den letzteren Worten

Ministers v. Nostitz-Wallwitz im Reichstag (Sten. Ber. 391).

[18] „Dieses Gesetz — darüber bin ich außer jedem Zweifel — räumt jetzige verfassungsmäßige Hindernisse weg in der Absicht, daß später sich eine solche Regierung entwickele, wie das deutsche Reich sie nothwendig haben wird, damit nicht später dem materiellen Bedürfniß formelle Hemmnisse sich entgegenstellen, wie augenblicklich der Fall ist. Im Hinblick hierauf muß ich dieses Gesetz bezeichnen als eine überaus weitgehende Vollmacht, welche an den Kaiser und an den Reichskanzler ertheilt wird und ich verkenne nicht einen Augenblick die Bedenken, welche gegen die Ausstellung einer solchen Vollmacht vorgebracht werden. Wir legen die zukünftige Organisation des Reiches auch dem Recht nach in die Hand derjenigen Gewalten, die ich eben jetzt bezeichnet habe.“ Abg. Lasker am 8. März 1878 (Sten. Ber. 387).

ist lediglich zum Ausdruck gebracht, daß dem Kanzler die Initiative in der Regel zukommen solle; dies rechtfertigt sich dadurch, daß der Kanzler auch nach eingerichteter Stellvertretung in gewisser Weise verantwortlich bleibt, daß demnach die zu ernennenden Stellvertreter selbstverständlich dem Kanzler genehm sein müssen; Differenzen hierüber zwischen Kaiser und Kanzler können in jedem Moment durch Entlassung des letzteren im Sinne des monarchischen Principes ausgeglichen werden.[19] Der Bundesrath hat auf die Ernennung der Stellvertreter ebensowenig einen Einfluß, wie auf die Ernennung des Reichskanzlers selbst.

Die Stellvertretung ist keine obligatorische, sondern eine facultative Institution („können"), es steht im Ermessen des Kaisers, von der ihm durch das Gesetz verliehenen Facultät Gebrauch zu machen oder nicht.

Die Stellvertretung kann eintreten „in Fällen der Behinderung". Nach dem strengen Wortlaut müßte angenommen werden, daß eine specielle Behinderung zuerst eingetreten sein müsse, ehe die Ernennung von Stellvertretern erfolgen dürfe. In der Praxis haben jene Worte eine andere Auslegung gefunden,[20] nämlich dahin, daß derjenige Fall der Behinderung, welcher in erster Linie in Betracht kommt, die ganz außerordentliche Ausdehnung sei, welche der Amtskreis des Kanzlers im Verlaufe der Zeit angenommen hatte, nur secundär wurde dabei an Fälle der Behinderung durch Krankheit, Urlaub u. dgl. gedacht. Demnach wurden alsbald ein Generalstellvertreter und mehrere Specialstellvertreter er-

---

[19] Joël 766. Die langathmigen Debatten über diesen Punkt im Reichstag waren ganz gegenstandslos.

[20] Ein Antrag des Abg. Beseler wollte die Fassung dahin geändert wissen „für den Fall der Behinderung".

nannt und setzten ihre Functionen fort, gleichgiltig ob der Kanzler beurlaubt war oder nicht. Auch für den Generalstellvertreter ist diese Interpretation des Gesetzes praktisch beliebt worden: derselbe ist dauernder Gehilfe des Kanzlers für den Gesammtumfang der Amtsgeschäfte geworden.[21] Bis jetzt war das Amt des Vicekanzlers mit dem des Vicepräsidenten des preußischen Staatsministeriums verbunden, wie das des Kanzlers mit dem des Präsidenten: eine gesetzliche Nothwendigkeit hiefür besteht dort so wenig wie hier; wohl aber muß der Vicekanzler aus denselben Gründen wie der Kanzler preußischer Bevollmächtigter zum Bundesrath sein.

Der Vicekanzler[22] fungirt somit als Stellvertreter des Kanzlers vollkommen an Stelle des letzteren und zwar gleichgiltig, ob dieser letztere ebenfalls amtirt oder nicht. Nur den Vorsitz im Bundesrath an Stelle des Kanzlers hat der Vicekanzler nicht kraft seines Amtes zu führen, sondern nur kraft specieller schriftlicher Substitutionsvollmacht (RV. a. 15 vb. §. 4 des G. v. 17. März 1878). Die Leitung der Geschäfte des Reiches dagegen und die Contrasignatur aller Anordnungen und Verfügungen des Kaisers hat der Vicekanzler, soweit nicht der Kanzler selbst thätig wird kraft seines Amtes. Ist der Kanzler zeitweise ganz aus den Geschäften ausgeschieden, so gehen alle Obliegenheiten des Kanzlers ohne weiteres auf den Vicekanzler über; fungirt dagegen der

---

21 Joël 765 hält einen solchen „eisernen" Generalstellvertreter für gesetzlich unzulässig; Meyer, Lehrb. 339 f.: „eine solche Stellvertretung tritt naturgemäß nur dann ein, wenn der Reichskanzler persönlich behindert ist". Da die Contrasignatur jedoch bald vom Kanzler bald vom Vicekanzler vorgenommen wird (vgl. z. B. RGB. 1879 Nr. 5. 6 u. 37) so wird die im Text gegebene Auffassung wohl die richtige sein.

22 Im Etat des Reiches figurirt der Posten des Vicekanzlers bis jetzt nicht.

Vicekanzler neben dem Kanzler, so ist die Vertheilung der Geschäfte lediglich in das Belieben des letzteren gestellt, ohne daß hiefür irgendwelche gesetzliche Schranken bestünden.

Jederzeit aber ist der Kanzler, gleichgiltig ob er beurlaubt ist oder nicht, berechtigt, „jede Amtshandlung auch während der Dauer seiner Stellvertretung selbst vorzunehmen“ (§. 3). Diese Bestimmung bezieht sich sowohl auf die General- wie die Specialstellvertretung. Dieselbe hat nach Maßgabe der Verhandlungen eine mehrfache Bedeutung: einmal legten die Einzelstaaten darauf Gewicht, sodann der Reichstag und endlich insbesondere der Reichskanzler selbst. Letzterem sollte auch dann, wenn die staatsrechtliche Verantwortlichkeit, welche sich an die Contrasignatur knüpft, von einem anderen getragen würde, doch immer die allgemeine „historisch-politische“ Verantwortlichkeit verbleiben;[23] ferner sollten Reichsministerien im gewöhnlichen Sinne des deutschen constitutionellen Staatsrechtes d. i. mit voller Selbständigkeit der einzelnen Ressorts ausgestattete Aemter sich aus den Stellvertretungsämtern nicht entwickeln; endlich legten die Einzelstaaten auch darauf Gewicht, nur dem Reichskanzler, nicht anderen „Ministern“ gegenüber zu stehen: so kam man von verschiedenen Seiten zu jener Bestimmung. Erreicht hat damit zweifellos der Reichskanzler seine Absicht, den „Ressortpartikularismus“ und seine Gefahren abzuschneiden; der Reichskanzler hat nach dem positiv geltenden Recht die volle Freiheit den Umfang des Stellvertretungsamtes zu normiren und auch in

[23] Abg. v. Bennigsen, Sten. Ber. S. 331: „die allgemeine so zu sagen historisch-politische Verantwortlichkeit für den ganzen Gang der Verwaltung, für die Einheitlichkeit derselben, für die Auswahl der Person bleibt beim Reichskanzler“.

diesen Bereich kann er jederzeit corrigirend eingreifen. Erreicht hat der Reichstag seine Absicht, eine gewisse Verantwortlichkeit des Kanzlers auch bei eingerichteter Stellvertretung gesetzlich fixirt zu wissen; ob aber die Einzelstaaten ihre Absicht erreicht haben, hängt lediglich vom guten Willen des Kanzlers ab, den nichts staatsrechtlich behindert, z. B. in Postsachen einen Einzelstaat eintretenden Falles an den gesetzlichen Stellvertreter zu weisen. —

III. Eine Specialstellvertretung ist nach dem Gesetz nur gestattet „für diejenigen einzelnen Amtszweige, welche sich in der eigenen und unmittelbaren Verwaltung des Reiches befinden“ (§. 2).[24] Aus den Verhandlungen ergibt sich, daß die „eigene und unmittelbare Verwaltung“ als Gegensatz zu der Aufsicht des Reiches gedacht wurde: wo dem Reich nur Aufsichtsfunktionen zugewiesen sind, ist kein Stellvertretungsamt statthaft. Ist die Verwaltung zwischen Reich und Einzelstaaten getheilt, so soll eine Stellvertretung nach Ausweis der Motive nur statthaft sein, wenn die Verwaltung „vorwiegend“ in den Händen des Reiches sich befindet.[25]

---

[24] Ein abgelehnter Antrag des Abg. Hänel bezweckt gesetzliche Aufzählung dieser Verwaltungszweige. Vgl. über die Verhandlungen Joël 767 ff. S. den ob. No. 14 ausgesprochenen Wunsch.

[25] Die Motive nennen: Auswärtiges, Marine, Post- und Telegraphenwesen, eigene Finanzverwaltung des Reiches, Elsaß-Lothringen. Joël 771 zählt ferner an Behörden, für welche eine Specialstellvertretung des Reichskanzlers zulässig wäre, auf: das Reichskanzleramt, das Reichseisenbahnamt, das Reichsbankdirectorium und das Reichsjustizamt. Das Reichsbankdirectorium dürfte hiervon auszuscheiden sein, da das Bankwesen in erster Linie fiscalisch und nur secundär staatsrechtlich zu betrachten ist; das Reichseisenbahnamt ferner ist Aufsichtsinstanz. Meyer, Lehrb. 340 subsumirt das Reichsjustizamt und das Reichsbankdirectorium unter die substitutionsfähigen Aemter.

Als verantwortliche Special-Stellvertreter des Reichskanzlers dürfen nur bestellt werden „die Vorstände der dem Reichskanzler untergeordneten obersten Reichsbehörden“ (§. 2).

Die Stellvertretung kann sich nach dem Gesetz sowohl auf den „ganzen Umfang“ des betr. Ressorts als auf „einzelne Theile ihres Geschäftskreises“ beziehen (§. 2). Durch letztere Bestimmung ist die Möglichkeit weiterer Specialisirung der Reichscentralbehörden offen gehalten.

Verantwortliche Reichscentralstellen sind jetzt:[26]

1. der Reichskanzler,
2. dessen Generalstellvertreter, der Vicekanzler,
3. der Staatssecretär des Auswärtigen,
4. der Chef der Admiralität,
5. der Staatssecretär für das Finanzwesen,[27] (Reichsschatzsecretär)
6. der Staatssecretär für das Post- und Telegraphenwesen (Kais. V. v. 23. Februar 1880). Soweit Reservatrechte in Beziehung auf die Postverwaltung bestehen, sowie für die Sphäre der den Einzelstaaten belassenen Verwaltungsbefugniß kann keine Stellvertretung stattfinden;[28]
7. der Staatssecretär für das Justizwesen;
8. der Staatssecretär für die Verwaltung der Reichseisenbahnen;
9. der Staatssecretär für das Innere.[29]

---

[26] Ueber Elsaß-Lothringen s. unten Buch X.

[27] Vgl. die ausführliche Erörterung hierüber bei Joël 775 ff.

[28] Vgl im Einzelnen Joël 774 ff.

[29] Die Stellvertretungsordre für 3., 4., 6. ist im Reichsanz. v. 6. Mai 1878, für 2. im

§. 13.

Der Behördenorganismus des Reiches.[1]

I. Der Begriff von Amt und Behörde.

Amt ist ein bestimmt begrenzter Kreis von Geschäften des Staates: das Wesen des Staates ist Herrschen, imperium: Geschäfte des Staates sind für die staatsrechtliche Betrachtung demnach nur Funktionen, welche sich auf die Herrschaft, auf die Ausübung von Hoheitsrechten beziehen: zum Begriff des Amtes gehört folglich die Amtsgewalt, welcher die Pflicht der Staatsangehörigen zum Gehorsam bezw. die dem Amte beigelegte Fähigkeit, denselben nöthigen Falles zu erzwingen, correspondirt. Rein fiscalische Aemter sind keine Staatsämter: sie haben ihre Basis in der privatrechtlichen, nicht in der staatsrechtlichen Persönlichkeit des Staates.[2]

Reichsanz. v. 16. Juli 1878, für 5. im Reichsanz. v. 18. Aug. 1879, für 7. Reichsanz. v. 2. Mai 1879, für 8. Reichsanz. v. 22. Juli 1879, für 9. endlich im Reichsanz. v. 24. December 1879 publicirt. Von den genannten Stellvertretungen ist die sub 3. genannte durch den Tod, die sub 7. genannte durch Wechsel des Amtsinhabers erloschen, und eine neue Stellvertretung bis jetzt nicht angeordnet worden. Der naturgemäße Entwickelungsgang muß dahin führen, daß die persönliche Seite der Stellvertretung wegfällt (s. oben N. 14).

[1] Laband I §§. 32, 34—36; Meyer, Lehrb. §§. 135—137; v. Rönne I §§. 43—51; Ztschr. f. Gesetzgebung und Praxis des öffentl. Rechtes v. Hartmann B. I 449 ff., 569 ff., II 13 ff., 238 ff., 333 ff., 429 ff. Man vgl. ferner das im Reichsamt des Innern bearbeitete, alljährlich zur Ausgabe gelangende Handbuch des deutschen Reiches. Der Etatsentwurf pro 1880/81 trifft in der Reihenfolge der Positionen eine bemerkenswerthe correcte Aenderung. Die Darstellung bei Laband (1876) und auch bei Meyer (1879) ist bereits zum großen Theile antiquirt.

[2] Vgl. Laband I S. 293[3].

Behörde ist das Amt als objective dauernde Institution gefaßt; dem Amt ist der Character des Dauernden begrifflich nicht eigen, es kann Aemter ganz vorübergehender Natur geben; die Behörde dagegen kennzeichnet gerade das Dauernde einer Amtsinstitution, im übrigen decken sich beide Begriffe.

„Die Behörden sind nur Apparate des Staates, mittelst deren er seine Staatsgewalt ausübt." „Amtsgewalt ist nichts Anderes als Staatsgewalt." „Den Unterthanen gegenüber erscheint die Behörde als Subject von Hoheitsrechten, indem sie gewissermaßen die concrete Manifestation des Staates darstellt und mit dem Staate selbst identisch wird. Im Verhältniß zum Staate dagegen hat die Behörde nur etwa die Bedeutung wie ein Rad oder eine Schraube an einer Maschinerie."[3] —

Reichsämter und Reichsbehörden sind somit Aemter und Behörden, die zur Ausübung der Staatsgewalt des Reiches berufen sind.

Im monarchischen Einzelstaate laufen alle Funktionen des Staates zusammen im Monarchen als dem Träger der Staatsgewalt, er ist als solcher höchster Inhaber der Amtsgewalt; gleichsam strahlenförmig geht von diesem Mittelpunkte der Aemterorganismus des Staates aus und läuft in letzter Instanz wieder zu jenem Mittelpunkt zurück.[4] Der Monarch hat kraft dieses Principes das Recht der Organisation der Aemter und der Ernennung der Beamten. Dieses

---

[3] Die im Text citirten Sätze sind entnommen aus Laband I 293—295. Die principielle Begriffsbestimmung Laband's in dieser Materie zeichnet sich durch ganz besondere Schärfe und Klarheit aus.

[4] Vorzügliche Bemerkungen hierüber bei v. Gerber, Grundzüge (2) S. 227.

Recht kann allerdings Modificationen erfahren, indem durch Verfassung oder Specialgesetze bestimmte Grundsätze für die Organisation der Aemter aufgestellt werden: daß die „Organisation durch Gesetz" aber ein Bestandtheil des constitutionellen Principes sei, kann nicht zugegeben werden. Uebrigens steht der Volksvertretung nach Maßgabe des Budgetrechtes in jedem Falle ein bedeutender Einfluß auf die Aemterorganisation zu.

Die Beamten sind demnach staatsrechtlich als Gehilfen des Monarchen zu betrachten: der letztere als unverantwortlicher Träger der Staatsgewalt wird hinsichtlich der Thätigkeit seiner Gehilfen gegenüber der Volksvertretung gedeckt durch die verantwortlichen Minister. Für die Aemterorganisation besteht eine Verantwortlichkeit überhaupt nur soweit, als dieselbe nicht zur „Prärogative" des Monarchen gehört, sondern auf Gesetz beruht.

Diese allgemeinen Grundsätze lassen sich auf das Reichsstaatsrecht nicht ohne weiteres anwenden. Das dem Monarchen des Einzelstaates correspondirende Reichsorgan ist der Bundesrath: die Reichsverfassung überträgt jedoch die Ernennung der Beamten dem Kaiser, ebenso deren Entlassung (RV. a. 18). Ueber die Aemterorganisation enthält die Reichsverfassung keine Bestimmung.[5] Doch beruhen viele einzelne Aemter auf specialgesetzlichen Vorschriften. Im übrigen aber sind positive Normen nicht vorhanden: es verbleibt

[5] Wohl aber findet sich eine solche in dem Ges.-Entw. vom 29. October 1874 §. 8: darnach sollten „Gehalt und andere ständige Dienstemolumente" nur auf Grund gesetzlicher Genehmigung gegeben werden dürfen; vgl. dazu Laband I 301 f. Doch dürfte es zu weit gegangen sein, aus einem abgelehnten Gesetzentwurfe und einer unbeantworteten Reichstagsresolution als aus einem „Principe" „Rechtssätze" abzuleiten.

demnach die Errichtung unbesoldeter Aemter, die Aufhebung und Veränderung bestehender Aemter und insbesondere die Abgrenzung des Geschäftskreises jedenfalls frei. Aber auch die Errichtung besoldeter Aemter ist principiell frei und nur in Hinsicht der dafür erforderlichen Mittel an die etatsmäßige Bewilligung gebunden. Als competent zur Errichtung von Aemtern ist nicht der Bundesrath, sondern der Kaiser zu betrachten, falls nicht positive Vorschriften etwas anderes bestimmen; für den Kaiser, nicht für den Bundesrath spricht hier die Präsumtion,[6] einmal weil der Reichskanzler als der Chef aller Reichsbehörden durch die Verfassung in unmittelbare Beziehung nicht zum Bundesrath, sondern zum Kaiser gesetzt ist, ferner weil das Recht, die Amtsträger zu bestellen und zu entlassen, principiell durch die Verfassung dem Kaiser übertragen ist (RV. a. 17 und 18). Der Kaiser ist in dieser Beziehung als Träger der Reichsgewalt generell delegirt und hat seinerseits durch Subdelegation der Staatshoheitsrechte das Erforderliche an Einrichtungen und Personen zu seiner Hilfeleistung zu bestellen. Doch ist mehrfach dem Bundesrath ein Recht der Theilnahme hiebei eingeräumt; ja selbst Einzelstaaten und der Präsident des Reichstags ernennen gewisse Kategorieen von Beamten (s. unten §. 14). Uebrigens ist es nicht unbedingt erforderlich, daß Reichsämter durch Reichsbeamte verwaltet werden (vgl. §. 14); ferner kann sehr wohl im Bundesstaate die nämliche Behörde zugleich Funktio-

[6] A. A. Laband I 303, der annimmt, daß Aemter, deren Errichtung nicht auf Grund einer directen gesetzlichen Anordnung erfolgt, durch den Bundesrath zu errichten seien gemäß RV. a. 7² („Einrichtungen"). Die Praxis steht, soviel dies der nicht in den Geschäften Stehende zu übersehen vermag, nicht auf dem Laband'schen, sondern dem im Text präcisirten Standpunkt.

nen des Reiches und der Einzelstaaten verwalten. In allen Materien, für welche die Selbstverwaltung den Einzelstaaten übertragen wurde, sind die zur Ausführung der Gesetze berufenen Verwaltungsbehörden nicht Reichs- sondern Landesbehörden, besonders also die Gerichte und die Zollbehörden und ganz ebenso die vier Kriegsministerien.[7]

II. Das System der Reichsbehörden.

A. Die Centralverwaltungsstellen.

In unmittelbarer Unterordnung unter den Reichskanzler bestehen für sämmtliche Verwaltungszweige des Reiches Centralstellen, die sich gegenseitig coordinirt sind. An diesem Coordinationsverhältniß ist auch dadurch nichts geändert worden, daß einzelne dieser Aemter als Stellvertretungsämter des Reichskanzlers (s. oben §. 12) bestellt wurden. Bei mehreren Centralstellen überwiegt übrigens der Gesichtspunkt der Aufsicht. —

1. Das Reichsamt des Innern.

Durch Erlaß des Bundespräsidiums v. 12. August 1867 (BGB. 29) war die erste Bundescentralstelle unter dem Namen „Bundeskanzleramt" geschaffen worden. Chef derselben war der Bundeskanzler selbst. Jener Centralstelle war überwiesen: 1. „die Verwaltung und Beaufsichtigung der durch die Verfassung zu Gegenständen der Bundesverwaltung gewordenen bez. unter die Aufsicht des Bundespräsidenten gestellten Angelegenheiten", 2. „die dem Bundeskanzler zustehende Bearbeitung der übrigen Bundesangelegenheiten."

Aus diesem Bundeskanzleramt entwickelte sich allmählich

---

[7] Laband I 297.

das ganze dermalige Behördensystem. Zuerst waren nur Post- und Telegraphenwesen Materien der „unmittelbaren Bundesverwaltung." Das Bundeskanzleramt zerfiel demnach in die Centralabtheilung, die I. Abtheilung: das Generalpostamt, die II. Abtheilung: Generaldirection der Telegraphen (V. v. 18. Dec. 1867, BGB. 328). Durch V. v. 12. Mai 1871 (RGB. 102) erhielt das Bundeskanzleramt die Bezeichnung „Reichskanzleramt". Zu den oben bezeichneten Abtheilungen kam 1871 die III. für Elsaß-Lothringen, vom 1. Januar 1875 die IV. für das Justizwesen.

Der Entwickelungsproceß dieser Aemter hat jetzt nur mehr historisches Interesse: das bis heute gewonnene Resultat geht dahin, daß von dem ursprünglich wenig umfangreichen, allmählich aber zu immer größeren Dimensionen angewachsenen Bundeskanzleramt alle größeren Geschäftszweige abgelöst wurden, bis auf Handel und Gewerbe, ursprünglich ein Theil der Funktionen der Centralabtheilung. Außerdem gehören jetzt noch zum Ressort dieser Stelle: die auf den Bundesrath und Reichstag bezüglichen Angelegenheiten, die Civilverwaltung in Militärsachen, speciell das Ersatzgeschäft, die allgemeinen und Disciplinarangelegenheiten der Reichsbeamten, die Heimats- und Niederlassungsverhältnisse, Patentwesen, Maß- und Gewichtswesen: d. i. alle Materien, für welche nicht inzwischen Specialbehörden errichtet wurden. Demgemäß wurde vor kurzem auch durch kaiserl. Verordn. v. 24. Dec. 1879 (RGB. 321) der Name „Reichskanzleramt", der in einer ernsten gewaltigen Periode der Nation lieb geworden war sowol durch die darin gefundene Erfüllung nationaler Sehnsucht als durch die das Amt in jener Zeit verwaltende Persönlichkeit des um die Neugestaltung Deutschlands nächst dem Fürsten Bismarck höchstverdienten Staatsmannes, des Präsidenten Delbrück, zu Grabe getragen und das Amt in ein nüchternes „Reichsamt des Innern“ verwandelt. Das Reichsamt ist jetzt in Personalunion verbunden mit dem preußischen Ministerium für Handel und Gewerbe. Sein Chef führt den Titel Staatssecretär und ist Stellvertreter des Reichskanzlers.

Vom Reichsamt des Innern ressortiren insbesondere das Statistische Amt des Reiches; die Normaleichungscommission, die Centralstelle für Maß- und Gewichtswesen; der Reichscommissär für das Auswanderungswesen; die Inspectoren für Steuermanns- und Seeschifferprüfungen; die Inspectoren für Schiffsvermessungswesen; die Reichsschulcommission; die technische Commission für Seeschifffahrt; das Reichsgesundheitsamt (seit 1876); die Reichscommission zur Entscheidung von Beschwerden in Betreff des G. v. 21. Oct. 1878 gegen die gemeingefährlichen Bestrebungen der Socialdemocratie.[8]

2. Das Auswärtige Amt.

Bis z. J. 1870 wurden die auswärtigen Angelegenheiten des Bundes vom preußischen Ministerium des Auswärtigen geführt. Auf wiederholte Anregung des Reichstages wurde weiterhin das correcte Verhältniß durch Errichtung des oben genannten Reichsamtes hergestellt. Der Chef des Amtes führt den Titel Staatssecretär und ist Stellvertreter des Reichskanzlers.[8a] Das Auswärtige Amt besteht aus zwei Abtheilungen, deren eine die höhere Politik, die zweite die auswärtigen Beziehungen des Handels zu bearbeiten hat: unter ersterer stehen die Gesandtschaften (nicht aber die auswärtigen

---

[8] Vgl. Handbuch f. d. deutsche Reich S. 84 ff., dazu die eingehende, aber theilweise leider schon veraltete Darstellung bei Laband I 313 ff.

[8a] Vgl. jedoch oben §. 12[10].

Gesandtschaften der Einzelstaaten), unter letzterer die Consuln des Reiches.

Ferner ressortirt vom Auswärtigen Amt das archäologische Institut in Rom und dessen Filiale in Athen.[9]

3. Die Admiralität.[10]

Dieselbe ist seit 1872 an Stelle des preuß. Marineministeriums getreten (V. v. 15. Juni 1871 RGB. 272). Soweit die Admiralität Centralcommandostelle ist, wird das Rechtsverhältniß derselben an anderer Stelle zu betrachten sein. Als Centralverwaltungsstelle ist die Admiralität den übrigen Centralstellen des Reiches coordinirt. An der Spitze steht ein Admiral, der Stellvertreter des Reichskanzlers ist. Die Admiralität als Verwaltungsstelle zerfällt in zwei Abtheilungen: eine militärische und eine technische. Als berathendes Organ für die Marineverwaltung fungirt ein von der Admiralität ressortirender Admiralitätsrath;[11] fernere Ressortbehörden sind: die Marineintendanturbehörden, die Marinebildungsanstalten, die deutsche Seewarte, das hydrographische Amt; von der Seewarte ressortiren die Beobachtungsstationen und Signalstellen.[12]

Der durch die V. v. 15. Juni 1871 geschaffene General-

---

[9] Handbuch 37 ff. Laband I 330 ff. Ueber Gesandtschaften und Consulate folgt das Nähere in Band II.

[10] Vgl. Handbuch 105 ff. über die Eintheilung dieses Amtes.

[11] Die Einberufung desselben ist nach der V. v. 15. Juni 1871 facultativ; eine V., wonach in gewissen Fällen der Admiralitätsrath berufen werden muß, welche nach der Behauptung des Abg. Lasker im Reichstag (4. März 1880) vorhanden sein soll, ist nicht publicirt.

[12] Die Grenze zwischen militärischen und administrativen Ressortbehörden der Admiralität ist theilweise sehr schwankend: vgl. den Etat pro 1879/80 RGB. 1879 S. 34—37.

inspecteur, eine Art Aufsichtsinstanz über das gesammte Marinewesen, ist wieder abgeschafft worden.

4. Das Reichspostamt.[13]

Die Abtheilungen I. und II. des Reichskanzleramtes waren bereits vom 1. Januar 1876 ab als selbständige Centralstelle dem Generalpostmeister unterstellt und aus dem Reichskanzleramt ausgeschieden worden (V. v. 22. Dec. 1875, RGB. 379). Die Abtheilungen selbst blieben, die erste für das Post-, die zweite für das Telegraphenwesen (Organisation und Technik) erhalten[14] und dazu kam 1880 noch eine 3. Abtheilung für „organisch-gesetzliche und administrative Maßregeln."[15] An der Spitze des Reichspostamtes steht ein Staatssecretär, welcher Stellvertreter des Reichskanzlers ist. Ressortbehörden sind die 40 Oberpostdirectionen mit 6976 Post- und 4114 Telegraphen-Aemtern (ausgenommen sind Bayern und Württemberg).

5. Das Reichsjustizamt.

Dasselbe besteht als selbständige oberste Reichsbehörde seit 1. Januar 1877. In Verwaltungssachen ressortirt von demselben nur das Reichsgericht. Außerdem hat das Reichsjustizamt insbesondere die Vorbereitung, Ausarbeitung und Vertretung von solchen Gesetzentwürfen, die sich auf die Rechtspflege beziehen.[16] Der Chef des Amtes führt den

[13] Vgl. Handbuch 155 ff.

[14] Vgl. hiezu das Regulativ v. 27. Dec. 1875 bei Hirth, Ann. 1876 S. 205 ff.

[15] Vom Reichspostamt ressortirt auch die ehem. Staatsdruckerei sowie die Decker'sche Oberhofbuchdruckerei, welche das Reich um 872,500 M. von Preußen angekauft hat. Vgl. den Nachtragsetat v. 6. Juli 1879 (RGB. 1879 S. 174 f.) sowie das Ges. v. 15. Mai 1879 (RGB. 139) und die kaiserl. V. v. 23. Febr. 1880 (RGB. 25).

[16]) Vgl. die Rede des Staatssecretärs Friedberg im Reichstag v. 14. März 1877 (mitgetheilt bei Hirth, Ann. 1877 S. 680 ff.).

Titel Staatssecretär und ist Stellvertreter des Reichskanzlers (R. Anz. v. 2. Mai 1879).[17]

6. Das Reichsamt für die Verwaltung der Reichseisenbahnen.[18]

Durch K. V. v. 27. Mai 1878 (RGB. 1879 S. 193) wurde dieses Amt als selbständige Centralstelle geschaffen: Reichseisenbahnen sind bis jetzt nur die elsaß-lothringischen Bahnen. Durch K. V. v. 14. Juli 1879 (R. Anz. v. dems. D.) wurde ferner das Amt in Personalunion mit dem preußischen Ministerium der öffentlichen Arbeiten gesetzt und durch K. V. v. 22. Juli (R. A. v. d. D.) der Staatssecretär dieses Amtes zum Stellvertreter des Reichskanzlers ernannt. Bis zu dieser Neuorganisation war Centralstelle für die Reichs-Eisenbahnverwaltung das Reichskanzleramt für Elsaß-Lothringen gewesen, bei der staatsrechtlichen Neuorganisation des Reichslandes i. J. 1879 wurde die oben bezeichnete Aenderung durchgeführt.

7. Das Reichseisenbahnamt.

Seit 1873 bestand dieses Amt als Aufsichts- und Controlbehörde (G. v. 27. Juni 1873, RGB. 164) für die nach RV. Abschn. VII. dem Reiche in Eisenbahnsachen zukommenden Aufsichts- und Controlfunktionen (§. 4). Die Mitglieder des Reichseisenbahnamtes werden vom Kaiser ernannt, doch dürfen „Personen, welche bei der Verwaltung einer deutschen Eisenbahn betheiligt sind" nicht Mitglieder des Amtes sein (§. 2[3]).

---

[17] Vgl. jedoch oben §. 12 Note 29.

[18] Vgl. Handbuch 248 ff.

8. Das Reichsschatzamt.

Dasselbe ist an die Stelle der früheren Finanzabtheilung des Reichskanzleramtes getreten (V. v. 14. Juli 1879, RGB. 196). An der Spitze steht ein Unter-Staatssecretär, welcher Stellvertreter des Reichskanzlers ist. Das Schatzamt ist in zwei Abtheilungen organisirt, deren erste die Etats- und allgemeinen Finanzsachen, deren zweite den financiellen Theil der Zoll- und indirecten Steuerverwaltung speciell zu bearbeiten hat.

Vom Schatzamt ressortiren: die Reichshauptkasse, das Zoll- und Steuer-Rechnungsbureau, die Reichsbevollmächtigten und Stations-Controleure für Zölle und indirecte Steuern.[19]

9. Das Reichsbankdirectorium.[20, 21]

Während es sich bei den oben sub 1—7 genannten Centralstellen unzweifelhaft um die Ausübung von Hoheitsrechten des Staates handelt, ist dies beim Reichsbankdirectorium (G. v. 14. März 1875, RGB. 177 §. 26) nicht in gleicher Weise unzweifelhaft der Fall. Bei dem Institut der Reichsbank dürfte vielmehr der privatrechtliche fiscalische Gesichtspunkt überwiegen, daneben kommt allerdings auch ein öffentlich-rechtlicher Gesichtspunkt in Betracht. Jedenfalls aber sind die Reichsbankbeamten und Reichsbankbehörden den eigentlichen Staatsbeamten und Staatsbehörden des Reiches durch positive gesetzliche Vorschrift gleichgestellt worden. Centralstelle für das Reichsbankwesen ist das Reichsbankdirectorium, von

[19] Handbuch 139 ff.

[20] Ueber die sehr interessante historische Entwickelung der preußischen Bank vgl. v. Rönne, preuß. Staatsrecht II 146 ff.

[21] Handbuch 259 ff.

welchem die Hauptstellen, Stellen und Nebenstellen ressortiren. —

B. Die selbständigen Finanzbehörden des Reiches.

Die sub A. genannten Centralstellen stehen in dem Sinne unter dem Reichskanzler, daß letzterer in ihre Thätigkeit durch directe Anordnungen abändernd oder ergänzend einzugreifen jederzeit befugt ist.

Neben dieser Kategorie von Behörden stehen als zweiter Kreis die selbständigen Centralfinanzbehörden, deren Geschäftsgang vom Reichskanzler in keiner Weise beeinflußt werden darf, die jedoch zum Theil der „oberen Leitung" des Reichskanzlers untergeordnet sind.

Diese Centralfinanzstellen sind:

1. Der Reichsrechnungshof.[22]

Derselbe hat die Controle über die Durchführung des Etats zu führen behufs Erholung der nach RV. a. 73 vorgeschriebenen Dechargebeschlüsse. Als Rechnungshof des Reiches fungirt bis jetzt auf Grund alljährlich wiederholter gesetzlicher Delegation[23] die preußische Oberrechnungskammer in der ihr durch G. v. 4. Juli 1868 (BGB. 433) gegebenen Erweiterung, nach Maßgabe des G. v. 11. Februar 1875 (RGB. 61). Der Rechnungshof ist dem Reichskanzler gegenüber ebenso unabhängig wie die Gerichte.

---

[22] Ueber die für die Erkenntniß der Entwickelung des preußischen Staates hochinteressante Geschichte der preuß. Oberrechnungskammer und deren weltberühmt gewordene Praxis s. Schulze, preuß. Staatsrecht II 498 ff.; v. Rönne, preuß. Staatsrecht II 154 ff.; über das geltende Recht Laband I 355 ff.

[23] Zuletzt durch G. v. 5. Juli 1879 (RGB. 173).

2. Das Reichsbankcuratorium und die Reichsbankcommissäre.

(G. v. 14. März 1875, RGB. 177, §§ 25 und 36.)

Zur Wahrnehmung der Aufsicht über die Reichsbank fungirt ein Curatorium, bestehend aus 3 vom Bundesrath gewählten und einem vom Kaiser ernannten Mitglied unter Vorsitz des Reichskanzlers. Zur Beaufsichtigung der untergeordneten Bankstellen ernennt der Kaiser Specialcommissäre. Die Rechnungen der Reichsbank werden vom Reichsrechnungshof controlirt (s. oben 1).

3. Die Reichsschuldenverwaltung und Reichsschuldencommission.

(G. v. 19. Juni 1868, BGB. 339.)

Erstere ist combinirt mit der preußischen Hauptverwaltung der Staatsschulden, welche als Reichsschuldenverwaltung unter der „oberen Leitung" des Reichskanzlers steht, „soweit dies mit der ihr beigelegten Unabhängigkeit vereinbar ist" (§. 2).

Neben der Verwaltung der Reichsschulden besteht noch als Aufsichtsbehörde die Reichsschuldencommission (§§. 4—7), aus 2 vom Bundesrath und 3 vom Reichstag gewählten Mitgliedern und dem Präsidenten des Reichsrechnungshofes unter dem Vorsitz des Präsidenten des Bundesrathsausschusses für das Rechnungswesen, aus dessen Mitte auch die vom Bundesrath zu deputirenden Commissionsmitglieder zu wählen sind.

Die Verwaltung des Reichskriegsschatzes wird gleichfalls unter Controle der Reichsschuldencommission geführt.

Durch G. v. 11. Nov. 1871 (RGB. 403) wurde nämlich ein Reichskriegsschatz im Betrag von 40 Mill. Thlr. gemünzten Geldes gebildet und die Verwaltung desselben dem Reichskanzler übertragen (§. 3), an dessen Stelle ein Curator die laufenden Geschäfte besorgt; in Verwaltungssachen ressortirt die Verwaltung des Kriegsschatzes vom Schatzamt.

4. Die Verwaltung des Reichsinvalidenfonds.

(G. v. 23. Mai 1873, RGB. 117; v. 23. Februar u. 11. Mai 1876, RGB. 24, 495; v. 30. März 1879, RGB. 119.)

Im Betrage von 187 Mill. Thlr. wurde aus der französischen Kriegskostenentschädigung ein Invalidenfond gebildet und für denselben eine selbständige Verwaltung, bestehend aus 3 vom Bundesrath gewählten und einem vom Kaiser ernannten Mitglied (§. 11) eingesetzt, in allgemeiner Unterordnung unter den Reichskanzler, unter Controle der verstärkten Reichsschuldencommission (§. 13).

Unter diese Verwaltung ist auch, ganz nach Maßgabe der für den Invalidenfond geltenden Grundsätze der Reichsfestungsbaufond und der Reichstagsgebäudebaufond gestellt. (G. v. 30. Mai 1873; RGB. 123.)

C. Die Richterbehörden des Reiches.

1. Civil- und Strafgerichtsbarkeit.

a) Dieselbe ist der Selbstverwaltung der Einzelstaaten verblieben. Vom Reich ist nur die höchste Instanz, das Reichsgericht zu Leipzig, bestellt (GVG. §§ 125—141, dazu Gesetz v. 11. April 1877 über den Sitz des Reichsgerichtes). Dasselbe ist hervorgegangen aus dem früheren Reichsoberhandelsgericht und beruht im Wesentlichen noch auf der Organisation dieses letzteren, wie sie durch G. v. 12. Juni 1869 (BGB. 201) eingerichtet worden war. Das Reichsgericht ist oberste Instanz („Revisions"-Instanz) in Civil- und Criminalsachen (GerVerfGes. §§ 135, 136) und demselben sind außerdem noch eine Reihe specieller Funktionen übertragen[24, 25]. Die Mitglieder desselben werden vom Bundesrath gewählt und vom Kaiser nur formell ernannt („werden auf Vorschlag des Bundesrathes vom Kaiser ernannt").

b) Directe Reichsgerichte sind außerdem noch die Reichsconsulargerichte. Alle Reichsconsuln haben kraft Gesetzes gewisse im Inland den Richtern zukommende Funktionen zu bethätigen. Als vollständige Civil- und Criminalgerichte fungiren die deutschen Consuln jedoch nur in der Türkei sammt dem Vasallenstaat Bulgarien, indeß für den Vasallenstaat Aegypten besondere Verhältnisse obwalten; ferner in Rumänien, Serbien, Montenegro, Persien, Japan, China, Siam. Die Gerichtsbezirke der Consuln in diesen Ländern werden durch den Bundesrath abgegrenzt. Competent sind die Consuln zur Jurisdiction über die Reichsangehörigen und sog. Schutzgenossen. Recursinstanz über den Consulargerichten ist das Reichsgericht zu Leipzig.[26]

---

[24] Ueber Hochverrath und Landesverrath gegen Kaiser und Reich entscheidet das Reichsgericht in erster und letzter Instanz (vgl. den niemals in Rechtskraft getretenen a. 75 der RV., jetzt StGB. §§. 80—93 und GVG. §. 136 Z. 1).

[25] G. v. 16. Juni 1879 (RGB. 175), dazu ferner die 14 im RGB. 1879 S. 287 ff. publicirten Verordnungen.

[26] Die nähere Darstellung dieser Verhältnisse ist dem äußeren Staatsrecht vorzubehalten.

2. Die Disciplinargerichte.

(G. v. 31. März 1873 §§. 86 ff., RGB. 60 dazu G. v. 5. Nov. 1874, RGB. 128.)

a) Zur Ausübung der Disciplinargerichtsbarkeit ist das Gesammtgebiet des Reiches dermalen in dreißig Bezirke[27] eingetheilt, für deren jeden eine Disciplinarkammer besteht; dieselbe ist nur zuständig über die unmittelbaren Reichsbeamten und tritt nur bei Bedarf zusammen (V. v. 11. Juli 1873, RGB. 293; v. 7. Januar 1874, RGB. 3; Regulativ v. 12. Dec. 1873, CBl. 390). Für die außerhalb des Reichsgebiets domicilirten Reichsbeamten ist die Disciplinarkammer zu Potsdam zuständig, für die Beamten der Reichseisenbahnverwaltung, welche im Ausland ihren dienstlichen Wohnsitz haben, die zu Straßburg (G. v. 5. Nov. 1874, RGB. 128). Die Mitglieder der Disciplinarkammern werden vom Kaiser auf Vorschlag des Bundesrathes ernannt.

b) Die obere Disciplinarinstanz ist der Disciplinarhof. Derselbe tritt im Bedarfsfalle in Leipzig zusammen: er besteht aus 5 Mitgliedern des Reichsgerichtes, die vom Bundesrath gewählt werden, und 4 vom Bundesrath aus seiner Mitte zu wählenden Mitgliedern (G. v. 31. März 1873 § 110).

c) Das Bundesamt für Heimathswesen ist als Plenum constituirt alleinige Disciplinarinstanz für seine Mitglieder (s. unten § 14).

d) Das Reichsgericht ist als Plenum constituirt alleinige Disciplinarinstanz für seine Mitglieder sowie über die bei demselben zugelassenen Rechtsanwälte (s. unten §. 14).

---

[27] Vgl. Handbuch 88 ff.

e) Der Rechnungshof ist gleichfalls alleinige Disciplinarinstanz für seine Mitglieder (s. unten §. 14).

f) Ueber die Militärbeamten s. unten Buch VI.

3. Die Verwaltungsgerichte.

a) Das Bundesamt für Heimathswesen ist ständiges Oberverwaltungsgericht in zwischenstaatlichen Armensachen, soweit es sich nicht um die örtliche Organisation der Armenverbände handelt (G. v. 6. Juni 1870, BGB. 360, §§. 42 ff. dazu Regulativ v. 6. Januar 1873, CBl. 4), sowie kraft erfolgter Delegation als höchste Instanz für innerstaatliche Armensachen in Preußen, Hessen und 10 Kleinstaaten.[28] Die Mitglieder desselben werden vom Bundesrath gewählt.

b) Das verstärkte Reichseisenbahnamt (G. v. 27. Juni 1873 §. 5, dazu Regulativ des Bundesraths v. 13. März 1876, CBl. 27).

Gegen administrative Verfügungen des Reichseisenbahnamtes kann „auf Grund der Behauptung, daß eine Maßregel in den Gesetzen und rechtsgültigen Vorschriften nicht begründet sei," Recurs an das verstärkte Reichseisenbahnamt durch Vermittelung des Reichskanzlers ergriffen werden; dasselbe besteht aus 2 Räthen des einfachen Reichseisenbahnamtes und 3 hinzuzuziehenden Richtern unter Vorsitz des Präsidenten des Reichseisenbahnamtes.

c) Das Reichspatentamt (G. v. 25. Mai 1877, RGB. 501, §. 13 ff. dazu V. v. 18. Juni 1877, RGB. 533), bestehend aus mindestens 3 ständigen vom Bundesrath er-

---

[28] Aufgezählt im Handbuch S. 87 und bei Meyer, Lehrb. S. 345[16].

nannten und einer beliebigen Anzahl nichtständiger Mitglieder,[29] zur Entscheidung über Ertheilung, aber auch über Zurücknahme und Nichtigkeitserklärung ertheilter Patente. Vom Patentamt ist Recurs an das Reichsgericht gestattet.

d) Das Reichsoberseeamt.

Zur Entscheidung der Schuldfrage bei Seeunfällen sind durch G. v. 27. Juli 1877 (RGB. 549) besondere Seeämter eingesetzt, gegen deren Entscheidung Recurs an das Oberseeamt in Berlin offen steht; letzteres ist eine Collegialbehörde bestehend aus einem Vorsitzenden und 6 Mitgliedern, von welchen mindestens 3 der Schifffahrt kundig sein müssen. Der Vorsitzende und ein schifffahrtskundiger Beisitzer werden vom Kaiser ernannt; außerdem präsentiren die Seeuferstaaten immer auf 3 Jahre je 3 sachkundige Personen, aus welchen der Vorsitzende im concreten Fall 5 Mitglieder zur Constituirung des Oberseeamtes beruft. Nur das Oberseeamt ist Reichs-, die Seeämter dagegen Landesbehörden, doch wird das öffentliche Interesse auch bei den Seeämtern durch einen vom Reichskanzler ernannten Reichscommissär vertreten; die Bezirke der Seeämter sind durch den Bundesrath abgegrenzt, und die Oberaufsicht auch über die Seeämter wird vom Reich geführt.[30] —

e) Die Reichsrayoncommission (s. unten §. 21).

In reinen Verwaltungssachen ressortiren die Disciplinargerichte, das Bundesamt für Heimathswesen, das Patentamt und das Reichsoberseeamt vom Reichsamt des Innern.

Ueber den Organismus der Militär- und Marinebehörden s. unten Buch VI.

---

[29] Vgl. Handbuch 102 f.

[30] Vgl. Handbuch 98 f.

§. 14.

Das Reichsbeamtenrecht.[1]

I. Der Beamtenbegriff (s. auch §. 13, sub I).

Der Begriff Beamter hat zur staatsrechtlichen Voraussetzung den Begriff des Amtes; keineswegs aber decken sich beide Begriffe unbedingt: es kann Aemter geben, deren Inhaber nicht Beamte sind, niemals aber kann es Beamte geben, die principiell ohne Amt wären; Beamte ohne Amt giebt es nur insofern, als das Amtsverhältniß unter Umständen ruhen kann;[2] begrifflich setzt der Beamte das Amt voraus. Es muß sich somit bei den Funktionen des Beamten immer handeln um Geschäfte des Staates, um ein Stück des staatlichen imperium, um Ausübung staatlicher Hoheitsrechte. Die Staatsgewalt läuft aus bis in kleine und kleinste Aederchen und bis zu diesen letzten Ausläufern können bestellt sein und sind thatsächlich bestellt besondere Beamte, welche die Staatshoheit repräsentiren; auf die Natur der dem Staate geleisteten Dienste kommt es gar nicht an:[3] der Widerstand gegen den

[1] Laband I §§. 37—46; Meyer, Lehrb. §. 142—154; v. Rönne I §§. 52—62; Kanngießer, das Recht der deutschen Reichsbeamten; v. Zedlitz-Neukirch, die Rechtsverhältnisse der Reichsbeamten; Thudichum bei Hirth, Annal. 1876, SS. 261—400 (Commentar zum Gesetz v. 31. März 1873, betr. die Rechtsverhältnisse der Reichsbeamten, RGB. 61 ff., welches im Folgenden nur nach §§. ohne Zusatz citirt ist). Vgl. ferner die Literaturangaben bei Meyer S. 353[1], sowie die Nachweisungen über die Gesetzgebung ebenda 354[3].

[2] Vgl. unten V, sub 1 und 3.

[3] Vgl. hiefür besonders Laband I 385[1]; Meyer, Lehrb. 362; der Gegensatz von „obrigkeitlich" und „technisch", auf welchen Laband 389 ff. so großes Gewicht legt, besteht allerdings für den Beamtenbegriff

Nachtwächter oder den staatlichen Flurwächter oder den mit der Polizei betrauten Portier eines Staatsgebäudes ist Widerstand gegen die Staatsgewalt (RStGB. §. 113).[4]

Insoweit decken sich Amt und Beamter. Um letzteren Begriff zu gewinnen, ist aber ferner noch erforderlich das Merkmal des dauernden Dienstverhältnisses zum Staate. Keineswegs ist aber unter dauernd lebenslänglich zu verstehen: es kommt vielmehr nur darauf an, daß ein Kreis von Geschäften generell einer Person zugewiesen ist, daß es sich nicht um eine einzelne concrete Thätigkeit handelt. Demnach begründet auch eine provisorische Anstellung staatsrechtlich die Beamtenqualität, ebenso die Anstellungen auf Zeit, nicht aber sind Beamte die Geschworenen, Schöffen.

Beamter ist demnach, wer auf Grund eines dauernden Dienstverhältnisses zur Ausübung von Funktionen der Staatsgewalt berufen ist.[5]

Alle übrigen als begrifflich nothwendig angenommenen Merkmale sind irrelevant: so insbesondere Gehaltsbezug, Aufwand der gesammten oder auch nur vorwiegenden Lebensthätigkeit,[6] Diensteid und was sonst noch der Art behauptet wurde.

---

nicht, weil die vom Beamten geleisteten technischen Dienste eben begrifflich obrigkeitliche sind.

[4] Ist für gewisse Dienstleistungen mit bestimmten Personen nur ein Dienstmiethevertrag abgeschlossen, so sind diese Personen natürlich nicht Beamte, wenn sie auch etwa staatliche Bureaus zu reinigen haben oder dgl. Es kommt für den Begriff immer auf den in der Anstellung liegenden staatlichen Auftrag an.

[5] v. Gerber 109: „als Staatsdiener werden nur solche Personen betrachtet, welche vom Monarchen zu dauernder Ausübung der in einem bestimmten Staatsamte regulirten Thätigkeit berufen sind."

[6] Vgl. die bei Meyer 357[4] citirten Schriftsteller, die auf

Der dauernde Träger der Staatsgewalt ist im monarchischen Staate der Monarch: alle Beamten sind demnach staatsrechtlich Gehilfen des Monarchen.[7] Daraus folgt, daß es Princip des monarchischen Staatsrechtes ist, daß der Monarch die Beamten, seine Gehilfen in Ausübung der Staatsgewalt beruft und entläßt, daß alle ihre Thätigkeit im Namen und Auftrag des Monarchen erfolgt, daß sie mit Recht einen auf dieses Verhältniß hinweisenden Titel: kaiserlich, königlich, fürstlich &c. führen. Dazu kommen im constitutionellen Staate noch die wenigen Beamten, welche direkt zum Dienst der parlamentarischen Körperschaften berufen sind; wenn dieselben auch in der Regel nicht vom Monarchen oder in seinem Auftrag ernannt werden, so sind sie doch unzweifelhaft zur Ausübung von staatlichen Funktionen berufen.[8]

Beamte im staatsrechtlichen Sinne sind demnach niemals Personen, welche keinen Auftrag zur Ausübung staatshoheitlicher Funktionen haben:[9] Beamte sind nicht Rechtsanwälte und Notarien, wenn dieselben nur im Interesse und nach Wahl privater Personen ohne staatlichen Auftrag fungiren, auch dann nicht, wenn etwa ihre Bezirke staatlich abgegrenzt oder angewiesen sind, wie dies nach deutschem Reichsrechte bei den Rechtsanwälten der Fall; Beamte sind überhaupt nicht alle sogenannten „Privatbeamten“, dazu gehören insbesondere auch die Bediensteten privater Corporationen; Beamte sind nicht

dieses Moment das entscheidende Gewicht legen (Perthes, v. Gerber, Zöpfl, v. Held, v. Pözl, Schulze, Stein, denen sich Meyer selbst anschließt). Die im Text vertretene Ansicht theilt Laband I 390.

[7] v. Gerber 108, s. oben §. 13.

[8] Vgl. Meyer 359[15].

[9] Vgl. die zutreffenden Bemerkungen bei v. Gerber 109 f.

die Funktionäre auf Gütern, Fabriken ꝛc., welche dem Staate zu privatrechtlichem Eigenthum gehören, wenn damit keinerlei Auftrag zu staatlichen Funktionen z. B. Polizeigewalt verbunden ist; in einem eigenthümlichen Zwitterverhältniß stehen in dieser Beziehung die Reichsbankbeamten, wie dies auch in der Anhangsstellung des Banketats zum allgemeinen Reichshaushaltsetat äußerlich zum Ausdruck kommt; Beamte sind nicht alle Kirchendiener, auch die der sog. Landeskirchen: obwohl für letztere der Gesichtspunkt privater Corporationen noch nicht positiv anerkanntes Recht ist, so sind doch zweifellos die Funktionen der Religionsdiener auch der Landeskirchen nicht staatliche, sondern private Funktionen, weil dieselben zu erholen kein Zwang besteht.

Dagegen sind principiell Beamte die Communalbeamten, soweit die Communen staatsrechtliche Verbände sind, und soweit es sich um Funktionen dieser communalen Verwaltung handelt. Denn die Communalverwaltung dieser Art ist principiell Staatsverwaltung: eine Verwaltung staatlicher Funktionen, welche den vom Staat organisirten und ihm untergeordneten Communalverbänden übertragen ist. Diese Beamten kann man demnach zutreffend als mittelbare Staatsbeamte bezeichnen; aber damit ist der Kreis dieser „mittelbaren“ Beamten auch abgeschlossen.

Beamte sind aber auch nicht Personen, die zwar ein Amt bekleiden, die aber nicht in dauerndem Dienstverhältniß zum Staate stehen, so insbesondere die Geschwornen, Schöffen, Sachverständigen ad hoc.[10]

---

[10] Das deutsche StGB. subsumirt in §. 31 Advocatur, Anwaltschaft, Notariat, Schöffen- und Geschworenendienst unter die „öffentlichen Aemter“; bei den letztgenannten beiden Funktionen ist dies auch staatsrechtlich richtig, bei der Advocatur und

Seit dem preußischen Landrecht wird für die Beamten der staatsrechtliche Terminus: Staatsdiener gebraucht. Darin kam zu treffendem Ausdruck, daß die privatrechtliche Anschauung vom Verhältniß des Monarchen zu den Beamten überwunden war, daß letztere, wenn auch Gehilfen des Monarchen dies doch nur seien zu Zwecken des Staates und für Ausübung der Staatsgewalt.

Die oben dargelegten Grundsätze des Beamtenrechtes haben auch für das Reichsstaatsrecht volle Geltung; nur sind zwei Modificationen hervorzuheben: 1. an Stelle des Monarchen im Einzelstaat ist für das Reich der Kaiser gesetzt, obwohl der Kaiser principiell nicht Träger der Reichsstaatsgewalt ist; 2. das Zusammenwirken der Centralgewalt und der Einzelstaaten behufs Erfüllung der Staatsaufgaben, wie es den Bundesstaat überhaupt characterisirt, findet hinsichtlich des Beamtenverhältnisses darin einen besonderen Ausdruck,

der Anwaltschaft dagegen nach Reichsrecht nicht, beim Notariat kommt es auf das Partikularrecht an. Abschn. XXVIII des 2. Theils des StGB. handelt von den „Verbrechen und Vergehen im Amte" und definirt in §. 359 den Beamtenbegriff (der sich also im Sinne dieses Abschnittes mit dem Amtsbegriff deckt, nicht aber im Sinne des oben cit. §. 31) dahin: „unter Beamten im Sinne dieses Strafgesetzes sind zu verstehen (1) alle im Dienste des Reiches oder (2) in unmittelbarem oder (3) mittelbarem Dienste eines Bundesstaates auf Lebenszeit, auf Zeit oder nur vorläufig angestellte Personen, ohne Unterschied ob sie einen Diensteid geleistet haben oder nicht, ingleichen (4) Notare, nicht aber (5) Advokaten und Anwalte." Diese Definition stimmt für 1 — 3 vollkommen mit der staatsrechtlichen überein, während für 4 das Partikularrecht entscheidet, ob mit diesen Funktionen ein Auftrag zur Führung von Staatsgeschäften verbunden ist oder nicht; ist ersteres der Fall dann ist der Beamtenbegriff gegeben; für 5 ist die strafrechtliche Normirung nach den Grundzügen der deutschen Rechtsanwaltsordnung die allgemein giltige.

daß es sog. „mittelbare" Reichsbeamte gibt: die Ernennung erfolgt bei denselben durch die Einzelstaaten, sie sind somit Landesbeamte, ihre Dienstverpflichtung aber besteht auch gegenüber dem Reich; unter diese Kategorie fallen die unteren Post- und Telegraphen- (RV. a. 50) sowie die Militärbeamten, ausgenommen in ersterer Beziehung Bayern und Württemberg, in letzterer Bayern (R. Beamt. G. §. 1).[11]

Den Reichsbankbeamten,[12] Reichstagsbeamten[13] und elsaß-lothringischen Landesbeamten[14] sind die Rechte der Reichsbeamten ausdrücklich beigelegt; für die erstgenannten hätte dies zweifelhaft sein können, weil die Reichsbank primär fiscalisches Institut ist; für die zweite Kategorie, weil sie nicht vom Kaiser ernannt werden; die elsaß-lothringische Landesgewalt endlich deckt sich mit der Reichsgewalt.[15]

Die Rechtsverhältnisse der Reichsbeamten haben eine umfassende Ordnung erfahren durch das hochwichtige Gesetz v. 31. März 1873 (RGB. 61); subsidiär kommt für Reichsbeamte das Beamtenrecht des Wohnortes, bei Residenz außerhalb des Reichsgebietes das Recht des Heimatstaates, beim Mangel eines solchen das preußische Recht zur Anwendung (§. 19).[16] Für die Mitglieder des Reichsgerichtes, des Bundesamtes für Heimatswesen, des Reichsrechnungshofes, sowie für Militärjustizbeamte sind nicht anwendbar die Bestimmungen des Gesetzes über Versetzung, Stellung zur Disposition, zwangsweise Pensionirung, Disciplinarbestrafung und

[11] Meyer 360[1]; Laband I 398.

[12] Bankgesetz vom 14. März 1875; RGB. 184 §. 28.

[13] RBeamtenges. v. 31. März 1873 §. 156.

[14] G. v. 23. Dec. 1873, GB. f. Elsaß-Lothringen 479.

[15] Thudichum 269 bestreitet für diese Kategorie den Character von Reichsbeamten.

[16] Thudichum 285; Laband I 495 f.

Suspension (§§. 23—31, 61—68, 72—133), für die Mitglieder des Reichsgerichtes ferner die Bestimmungen über Pensionirung (§§. 34—60).[17]

II. Die Begründung des Beamtenverhältnisses.

Jeder Beamte ist Träger der Staatsgewalt; er ist dies aber nicht kraft eigenen Rechtes, sondern kraft einer vom Monarchen als dem obersten Träger der Staatsgewalt erfolgten Delegation, kraft des durch die Anstellung empfangenen Amtsauftrages, der ihm principiell jederzeit wieder entzogen werden kann.[18] Die Begründung des Beamtenverhältnisses kann demnach begrifflich nicht durch ein „Rechtsgeschäft" erfolgen, sondern muß auf einem einseitigen Staatsakte beruhen („lex specialis"), da eine Uebertragung von Staatshoheitsrechten auch nur zur Ausübung Namens des Staates durch „Rechtsgeschäft" principiell unmöglich ist.[19]

Allerdings ist der Eintritt in den Staatsdienst regelmäßig ein freiwilliger Akt: dies hat aber nur in äußeren Verhältnissen seinen Grund, weil der Staat auf dem Wege der Freiwilligkeit ausreichende Kräfte zu gewinnen vermag;[20]

---

[17] Thudichum 270.

[18] Vgl. hiezu die treffenden Bemerkungen von Laband I 479.

[19] Richtig Meyer 358 und die dort N. 9 angeführten Schriftsteller. A. A. Laband I §§. 37 u. 38, der in modificirter Weise die alte Theorie über die Ernennung der Beamten durch „Vertrag" wieder vorträgt. Ebenso Seydel, allg. Staatslehre 59 ff. Die Fassung, welche Laband jener Theorie gibt, hat unbedingt etwas sehr Ansprechendes, aber die künstliche Construction eines besonderen, im heutigen Recht ganz ohne Analogieen dastehenden Vertragsverhältnisses, wie sie bei Laband die Basis bildet, wird sich kaum durchschlagenden Erfolg erringen können.

[20] Meyer 364 f. und beson-

und auch abgesehen hievon ist freiwilliger Eintritt in ein Verhältniß und Begründung eines Verhältnisses durch Vertrag keineswegs identisch; übrigens trifft auch der Gesichtspunkt der Freiwilligkeit gar nicht unbedingt zu.[21]

Das Beamtenverhältniß ist ein staatsrechtliches, seine Begründung erfolgt durch einseitigen Akt der Staatsgewalt, den jedoch anzunehmen oder zurückzuweisen dem Berufenen regelmäßig freisteht. Niemand aber hat ein Recht auf Anstellung im Staatsdienst. Schon die äußere Form der Ausstellungsurkunde (Bestallung, Patent) spricht evident gegen die Annahme eines Vertrages, dagegen für Annahme eines Aktes der Staatshoheit.

Für die Reichsbeamten erfolgt dieser Akt principiell durch den Kaiser, nur die sog. mittelbaren Reichsbeamten werden durch die Landesherren der Einzelstaaten ernannt; für einige Kategorieen von Beamten hat der Bundesrath ein Mitwirkungsrecht; dasselbe besteht in folgendem Umfang: 1. Der Bundesrath wählt: die Mitglieder des Rechnungshofes, der Disciplinarbehörden, der Kaiser hat hier nur die formelle Ernennung; 2. der Bundesrath präsentirt durch den Ausschuß für Zoll- und Steuerwesen die Reichsbevollmächtigten und Stationscontroleure (RV. a. 36), durch seinen Ausschuß für Handel die Consuln (RV. a. 56[1]), jedoch kann der Kaiser

---

ders die für das Beamtenrecht epochemachende Schrift von Gönner: der Staatsdienst 56 ff., 83 ff.

[21] Sehr zutreffend Meyer 359. Nicht ausgeschlossen ist, daß vor der Anstellung eine vertragsmäßige Einigung über bestimmte Punkte zwischen dem zu Berufenden und dem Staat erfolgt ist: dies ist dann ein lediglich privatrechtliches Verhältniß, das nur seine causa aus dem öffentlichen Rechte entnimmt, kein Bestandtheil der Ernennung, sondern etwas von außen Hinzukommendes.

von der Präsentation auch abgehen („nach Vernehmung" des betr. Ausschusses); 3. der Kaiser ernennt, jedoch auf Grund vorheriger Einigung mit dem Bundesrath: die Mitglieder des Reichsgerichtes, den Oberreichsanwalt und die Reichsanwälte, die Mitglieder des Bundesamtes für Heimatwesen, des Reichsbankdirectoriums, des Reichspatentamtes, soweit die letzteren ständig sind.[22] Die Reichstagsbeamten werden durch den Präsidenten des Reichstags ernannt (§. 156), die niederen Reichsbeamten meist kraft genereller Delegation durch den Reichskanzler. Eine kaiserliche Bestallungsurkunde erhalten nur die höheren Reichsbeamten und die Consuln.[23] Die Reichsbeamten führen die Bezeichnung kaiserlich.[24]

Besondere Voraussetzungen für die Anstellung im Reichsdienst bestehen in Beziehung auf Alter, Confession und Staatsangehörigkeit nicht; dagegen sind durch die Specialgesetze besondere Qualificationsbestimmungen für die einzelnen Beamtenkategorieen mehrfach vorgeschrieben.[25] Außerdem setzt die Bekleidung eines Reichsamtes die vollkommene bürgerliche Integrität voraus, so wie dieselbe im RStGB. §§. 31—34 präcisirt ist: darnach hat die Verurtheilung zur Zuchthausstrafe, die Aberkennung der bürgerlichen Ehrenrechte und die Aberkennung der Fähigkeit zur Bekleidung öffentlicher Aemter den dauernden Verlust der bekleideten öffentlichen Aemter zur Folge sowie die Unfähigkeit, während der im Urtheil bestimmten Zeit solche zu erwerben; bei Zuchthausstrafe tritt diese Unfähigkeit für immer ein.

---

[22] Meyer 364.

[23] K.V. v. 23. Nov. 1874 (RGB. 135); derselben ist ein Classifications-Verzeichniß der Reichsbeamten beigefügt; ferner K.V. v. 19. Dec. 1875 (RGB. 378).

[24] K.V. v. 3. Aug. 1871 Z. 1 (RGB. 318).

[25] Vergl. hierüber Meyer 365 [14–16]; Laband I 406 f. Hartmann Ztschr. f. d. öffentl. Recht I, 462 (anonymer Aufsatz).

Die Begründung des Beamtenverhältnisses muß nach Reichsstaatsrecht durch ein schriftliches Document, die Bestallungsurkunde, erfolgen. Erst mit dem Amtsantritt jedoch beginnen die rechtlichen Wirkungen des Beamtenverhältnisses,[26] so besonders der Anspruch auf das Gehalt Mangels besonderer Bestimmung (§. 4). Vor dem Amtsantritt ist der Diensteid zu leisten (§. 3); doch sind amtliche Funktionen vor Ableistung des Diensteides rechtlich vollkommen wirksam;[27] bei den mittelbaren Reichsbeamten wird der Diensteid dem Landesherrn geleistet, jedoch in einer Fassung, welche die Gehorsamspflicht gegen Kaiser und Reich einschließt;[28] die Ernennung der Reichsbeamten ist öffentlich bekannt zu machen.

Wie von allen Reichsbeamten die Ableistung des Diensteides, so wird noch überdies von bestimmten Kategorieen derselben die Leistung einer Caution gefordert.[29] Caution und Eid von Beamten stehen sich begrifflich vollkommen gleich: es handelt sich weder hier noch

---

[26] Ebenso Meyer 368; a. A. Laband I 407, der mit dem Empfang der Bestallungsurkunde die Wirkungen eintreten läßt. Die „herrschende Ansicht" läßt die Rechtswirkungen der Anstellung mit dem Empfang des Decretes beginnen (Laband I 407 [3]).

[27] Ebenso Meyer 368 und Thudichum 271; a. A. für richterliche Geschäfte Laband I 408 f.

[28] Die Eidesformel ist festgestellt durch kais. V. v. 29. Juni 1871 (RGB. 303), für die Consuln durch das G. v. 8. Nov. 1867 (BGB. 138) §. 4, für die Mitglieder der Verwaltung des Reichsinvalidenfonds durch G. v. 23. Mai 1873 (RGB. 121) §. 12.

[29] RG. v. 2. Juni 1869 (BGB. 161 ff.) betr. die Cautionen der Bundesbeamten (gilt im ganzen Reiche, vgl. Meyer 367 [17]). Dazu eine Reihe von Specialverordnungen, welche sich, soweit sie vor 1876 ergingen, bei Thudichum a. a. O. zusammengestellt finden; vgl. auch Laband 412 [1].

dort um ein begriffliches Erforderniß des Amtes, sondern nur um eine vom Gesetz geforderte Garantieleistung für Erfüllung der Amtspflichten,[30] die nach der Natur der Sache deßhalb vor Antritt des Amtes zu leisten ist. Caution müssen alle Beamten leisten, welche Geld oder Geldeswerth zu verwalten haben. Aus dem Begriff der Caution folgt mit nothwendiger Consequenz, daß dieselbe vor Antritt des Amtes erlegt werden muß (§. 7 des G. v. 2. Juni 1869); doch kann davon ausnahmsweise dispensirt werden; die Rechtswirksamkeit der Amtshandlungen ist von der Erlegung der Caution nicht abhängig. Reichsbeamte, deren Amt bisher cautionslos war und durch eine neue Vorschrift mit Caution belegt wird, sind für ihre Person von der Cautionspflicht frei (§. 16). Welche Objecte als Caution gegeben werden dürfen, ist genau vorgeschrieben (§. 5):[31] die Caution ist das Haftobject für das Reich bezüglich der der Verwaltung des Beamten anvertrauten Werthe (§. 6); dieselbe gehört nicht zur etwaigen Concursmasse (§. 11); sie wird von Reichswegen aufbewahrt und das Reich haftet hiefür nach Maßgabe der für Depositen geltenden Grundsätze (§. 6); Forderungen des Reiches auf Grund rechtskräftiger Urtheile oder vollstreckbarer Administrativentscheidungen können 1. durch gerichtlichen Verkauf von Cautionsobjecten geltend gemacht werden, 2. durch außergerichtlichen Verkauf von solchen nur an der Börse (§. 11), nicht beim Privatbankier. Rückgabe der Caution (§. 13) bezw. des Cautionsrestes erfolgt gegen Quittung bei Beendigung des Dienstverhältnisses, wenn

[30] Nach Laband I 414 ist die Cautionsleistung ein contractus pigneraticius.

[31] Laband I 415.

keine Forderungen des Reiches aus demselben entstanden oder die entstandenen befriedigt sind.[32]

III. Der rechtliche Inhalt des Beamtenverhältnisses.

A. Pflichten.

1. Der Beamte ist verpflichtet zur gewissenhaften Verwaltung seines Amtes nach Maßgabe von Verfassung, Gesetz und Dienstvorschriften (§. 19). Darin liegt insbesondere auch die Residenzpflicht: zum Verlassen des Dienstortes bedarf der Beamte amtlicher Erlaubniß, Urlaub (§. 14),[33] ausgenommen Eintritt in den Reichstag (RV. a. 21), sowie Erfüllung gesetzlicher Pflichten als Zeuge, Sachverständiger, Geschworener, Schöffe, Militärdienst; in diesen Fällen ist nur Anzeige an die vorgesetzte Behörde gefordert.

2. Der Beamte ist kraft seines Eides zu Treue und Gehorsam gegenüber dem Staate verpflichtet. Darin liegt besonders auch die Pflicht zur Amtsverschwiegenheit in Sachen „deren Geheimhaltung ihrer Natur nach erforderlich oder von seinem Vorgesetzten vorgeschrieben ist" (§. 11).[34] Die Gehorsamspflicht gegenüber den vorgesetzten Behörden ist jedoch keine absolute, sondern bezieht sich nur auf amtliche Geschäfte, welche nicht mit Verfassung und Gesetzen in Widerspruch stehen (§. 10). Die Befolgung von gesetzwidrigen Befehlen eines Vorgesetzten würde für den gehorsamen Beamten volle Haftbarkeit begründen: jeder

---

[32] Laband I 418.

[33] V v. 2. Nov. 1874 (RGB. 129). Dazu für gesandtschaftliche und Consularbeamte V. v. 23. April 1879 (RGB. 134); vgl. Laband I 420[1].

[34] Vgl. hierüber Meyer 370; Thudichum 278; die hieher bezüglichen Gesetzesbestimmungen sind: RBG. §. 11; CPO. §§. 341, 373; StPO. §§. 53, 76.

Beamte hat demnach die dienstliche Verpflichtung, jeden ihm ertheilten Befehl auf seine Gesetzmäßigkeit zu prüfen (§. 13). Andererseits aber kann der Ungehorsam gegen einen dienstlichen Befehl auf Grund subjectiv angenommener Gesetzwidrigkeit für den ungehorsamen Beamten gleichfalls eine Haftung begründen.

Ueber das Prüfungsrecht und die Prüfungspflicht herrscht in der staatsrechtlichen Literatur ein alter Streit.

Die Prüfung hat sich zu erstrecken: 1. auf die Competenz der befehlenden Behörde, sowol in territorialer als sachlicher Beziehung; in ersterer Richtung bietet die Prüfung kaum erhebliche Schwierigkeiten, wol aber kann der letztere Punkt unter Umständen sehr schwierig sein. 2. Die Prüfung ist ferner zu richten auf die vorschriftsmäßige Form: dieser Punkt wird in der Regel sich einfach erledigen. 3. Endlich hat der mit dem Befehl beauftragte Beamte seine eigene Competenz zu prüfen, was gleichfalls im einzelnen Fall große Schwierigkeiten bieten kann.

Die drei angegebenen allgemeinen Grundsätze sind zwar werthvolle Richtpunkte, bieten aber keineswegs eine sichere Basis. Man wird überhaupt darauf verzichten müssen, eine solche zu gewinnen: der Beamte hat nach bestem Wissen und Gewissen seine Gehorsamspflicht zu erwägen und andrerseits liegt die gleiche Pflicht gewissenhafter Erwägung aller im concreten Fall in Betracht kommenden Umstände eventuell den zur Entscheidung berufenen Disciplinarbehörden ob.[35]

---

[35] Auch Meyer 370 f. gewinnt keineswegs ein unzweifelhaft festes Resultat. Vgl. Thudichum 275 ff.; Laband I 422 ff., 433 ff.; v. Martitz 131 ff. ist der Ansicht, kaiserliche Verordnungen, wenn gehörig contrasignirt und publicirt, müß-

3. Der Beamte hat die Pflicht eines achtungswürdigen Verhaltens: auch durch sein außeramtliches Verhalten darf er das Ansehen des Staates, den er zu repräsentiren hat, nicht schädigen und kann eventuell durch solche Schädigung disciplinarische Maßnahmen gegen sich provociren.

4. Die Reichsbeamten dürfen ohne Genehmigung der obersten Reichsbehörde keine Nebenämter führen oder Gewerbe betreiben oder Nebenbeschäftigungen, mit welchen eine fortlaufende Remuneration verbunden ist, annehmen, ausgenommen die Wahlconsuln und die zeitweilig in Ruhestand versetzten Beamten.[36] Zum Eintritt in den Vorstand, Aufsichts- oder Verwaltungsrath einer auf Erwerb gerichteten Gesellschaft ist kaiserliche Genehmigung erforderlich, die nicht ertheilt werden darf, wenn die Funktion mit einer Remuneration verbunden ist (§. 16).

5. Titel, Ehrenzeichen, Orden, Remunerationen u. dgl. dürfen Reichsbeamte von auswärtigen Regierungen oder Herrschern nur mit kaiserlicher Genehmigung annehmen; diese Vorschrift bezieht sich jedoch nur auf die unmittelbaren vom Kaiser angestellten Reichsbeamten (§. 15).

6. Geschenke oder Belohnungen „in Bezug auf ihr Amt" dürfen Reichsbeamte nur mit Genehmigung der Centralstelle des betreffenden Ressorts annehmen (§. 15²).[37]

---

ten ausgeführt und angewendet werden, „sogar wenn sie Gebiete betreffen, die gesetzlicher Regulirung unterliegen, auch wenn sie ferner der Verfassung und Gesetzen widersprechen", und gestattet von dieser „Regel" nur „kleine Ausnahmen".

[36] Vgl. Thudichum 282; Laband I 431². Die Argumentation bei Meyer 357 ist ein post hoc ergo propter hoc: nicht weil bestimmte Personen keine Nebenämter führen dürfen, sind sie Beamte, sondern weil sie Beamte sind, dürfen sie keine Nebenämter führen.

[37] Ueber das Verhältniß dieser Bestimmung zu RStGB. §. 331 s. Thudichum 281 f.

7. Den Consens der vorgesetzten Behörde zur Eingehung einer Ehe zu erholen sind Reichsbeamte nicht verpflichtet.[38]

B. Rechte.

1. Die Beamten sind in Bezug auf ihre amtliche Thätigkeit in besonderer Weise strafrechtlich geschützt: RStGB. 102, 113, 114, 196, doch kennt unser Strafrecht das Delict der Amtsehrenbeleidigung als ein selbständiges nicht mehr.

2. Die Beamten haben das Recht auf den mit ihrem Amt verbundenen Rang und Titel. Eine selbständige Rangordnung der Reichsbeamten besteht bis jetzt nicht.[39]

3. Die Beamten empfangen ihren Lebensunterhalt vom Staate in Form der Besoldung. Mit Recht wird diese letztere unter den Gesichtspunkt der Alimentation gebracht: der Staat hat diejenigen Personen, welche den Staatsdienst zu ihrem Lebensberufe gemacht haben (und dies ist die zur Grundlage zu nehmende Regel), standesgemäß zu unterhalten[40] und thut dies je nach Art und Werth der Dienste des Einzelnen nach einem höchst verschieden abgestuften Maßstabe. Der Gehalt wird auch bei Krankheit und kürzerem Urlaub entrichtet (§. 14); derselbe wird monatlich oder vierteljährlich vorausbezahlt (§. 5), und es ist gleichgiltig, ob der Beamte noch während des ganzen Zeitraumes wirklich im Dienst bleibt oder nicht, ausgenommen bei Dienstentlassung in Folge gerichtlichen oder Disciplinarurtheils, in welchem Falle der Besoldungsanspruch mit dem Tag der Rechtskraft

---

[38] G. v. 6. Febr. 1875 §§. 38, 39. Dazu Hinschius, Com. 130; v. Sicherer, Personenstand u. Eheschließung in Deutschland 262; Laband I 497.

[39] Vgl. die Bemerkungen von Laband I 475.

[40] Sehr zutreffend Laband I 464 ff.

des Urtheils endet.[41] Die Besoldung, soweit sie nur den Lebensunterhalt deckt, ist nicht gerichtliches Executionsobject.[42] Beamte, die zeitweise in Ruhestand versetzt sind, haben nur Anspruch auf einen Theil des Gehaltes, das sog. Wartegeld. Beamte, die dauernd dienstunfähig geworden sind, erhalten Pension, wenn die Dienstunfähigkeit ohne ihr Verschulden eingetreten oder wenn sie 10 Jahre im Reichsdienst gewirkt haben:[43] der Mindestbetrag der Pension ist 1/4, der Höchstbetrag 3/4 des Diensteinkommens (§§. 41 u. 42), „unbeschadet jedoch weitergehender Ansprüche, welche etwa vor Erlaß dieses Gesetzes und vor Eintritt in den Reichsdienst zugestanden worden sind.“ Die Wittwen von Beamten, sowie deren eheliche Descendenz haben einen rechtlich geschützten Pensionsanspruch bis jetzt nicht.[44] Die Besoldung für das dem Todesmonat eines etatsmäßigen Beamten folgende Quartal wird als Gnadenquartal an die Wittwe bez. eheliche Descendenz entrichtet (§. 7, dazu §. 8).[45]

Der Anspruch auf die Besoldung und die Dienstemolumente ist privatrechtlich geschützt (§§. 149 ff.).[46] Jedoch dürfen die Gerichte erst angerufen werden, wenn zuvor der Instanzenzug des betreffenden Ressorts vergeblich durchgemacht wurde; die Frist für Anrufung der Gerichte beträgt 6 Monate vom Zeitpunkt des abweisenden Bescheides der höchsten Ressortbehörde. In zweiter und letzter Instanz entscheidet derartige

---

[41] Thudichum 272 bes. Z. 4.

[42] CPO. §. 715; vgl. auch Reichsbeamtenges. §. 6.

[43] Ueber Berechnung der Dienstzeit geben genaue Vorschriften die §§. 45—52.

[44] Meyer 384³ über das nach Reichsrecht obwaltende eigenthümliche Verhältniß: ein Specialgesetz wurde vom Reichstag wiederholt gefordert und ist auch von der Regierung zugesagt.

[45] Vgl. Thudichum 274.

[46] Meyer 383; Laband I 475 ff.

Streitigkeiten zwischen Beamten und dem Fiscus das Reichsgericht (§. 152).

Baarauslagen sind den Beamten zu ersetzen: es geschieht dies in verschiedener Weise je nach Art der Aemter wie nach Art der gemachten Auslagen (Diäten, Fuhrkosten, Bureaukosten, Repräsentationsgelder, Umzugskosten u. dgl.[47]).

Endlich werden noch unter besonderen Verhältnissen Funktionszulagen, Mancogelder, Remunerationen gewährt.

Die Berechnung der Pension erfolgt nur auf Grund des eigentlichen Diensteinkommens, wozu der Wohnungsgeldzuschuß principiell gehört.[48]

IV. **Die Rechtsfolgen der Pflichtverletzung.** (§§. 72 ff.)

Dieselben können begründet sein im Strafrecht, im Privatrecht oder ausschließlich im Staatsrecht.

a) Die strafrechtlichen Folgen.

Das Strafgesetzbuch handelt im 28. Abschnitt des zweiten Theiles speciell von „Verbrechen und Vergehen im Amte.“ An sich beruht dieser Abschnitt auf der Basis des Staatsrechtes: Angesichts der unausgetragenen staatsrechtlichen Controversen über die Begriffe Amt und Beamter wurde es jedoch für nothwendig erachtet, den letzteren Begriff „im Sinne des Strafgesetzes“ zu definiren; der strafrechtliche Beamtenbegriff deckt sich nicht vollständig mit dem staatsrechtlichen (s. oben S. 228[10]); eine strafrechtliche Verantwortlichkeit der

[47] Hierüber sind viele Specialverordnungen erlassen und theils im RGB., theils im CBl. publicirt worden. Vgl. auch Laband I 463—65.

[48] RG. v. 30. Juni 1873 (RGB. 166). Ausführlich über die rechtliche Natur des Wohnungsgeldzuschusses Laband I 468 ff.

Beamten besteht nur, soweit positive strafgesetzliche Normen die Grundlage für eine solche bieten.[49]

Man unterscheidet eigentliche und uneigentliche Amtsdelicte, je nachdem eine Handlung überhaupt nur dann bestraft wird, wenn sie „im Amte" begangen wurde oder in diesem Falle nur höher als gewöhnlich bestraft wird.

Die Specialbetrachtung dieser Delicte gehört dem Strafrecht an.[50]

b) Die privatrechtlichen Folgen.[51]

Die Pflichtverletzung eines Beamten begründet dann einen im Wege des Civilrechtes verfolgbaren Schadensersatzanspruch, wenn durch dieselbe eine Vermögensbeschädigung herbeigeführt ist. Der Beamte haftet nach Analogie der Grundsätze über das Mandat sowohl dem Fiscus als jedem Dritten gegenüber für solche Verletzungen seiner Pflicht, gleichgiltig ob Absicht oder Irrthum oder Mangel an Sorgfalt vorliegt. Die privatrechtliche Haftung ist unabhängig von dem etwa eingeleiteten Disciplinarverfahren und unterliegt nur der Entscheidung durch die Civilgerichte (§. 79). Auch dann, wenn ein Disciplinarverfahren gegen einen Beamten wegen Nichterfüllung oder nicht ordentlicher Erfüllung seiner Pflichten eingeleitet wurde, kann doch aus dem nämlichen Thatbestande sich noch eine privatrechtliche Haftung ergeben.[52] Berufung auf einen Befehl der vorgesetzten Behörde gibt keine Befreiung. In höchster Instanz entscheidet das Reichsgericht über die Schadensersatzpflicht von Beamten (§. 154).

[49] Laband I 433.

[50] Vgl. auch Laband I 434 ff.

[51] Meyer §. 149; Laband I 439.

[52] Laband I 457 hält dies für ausgeschlossen.

Neben diesen allgemeinen principiell dem Civilrecht[53] angehörenden Sätzen bestimmt das Reichsbeamtengesetz (§§. 134 bis 148) noch speciell über die Ersatzpflicht bei „Defecten" d. i.: wenn „der thatsächliche Bestand einer Casse geringer ist als der Sollbestand", ohne daß nothwendig der Thatbestand der Unterschlagung darin läge. Die vorgesetzte Behörde entscheidet in vollstreckbarer Weise (§§. 137, 140), jedoch steht dem betroffenen Beamten hiegegen der Rechtsweg frei (§. 144).[54]

c) Staatsrechtliche Folgen.

Für den Fall, daß weder ein strafrechtlicher noch ein privatrechtlicher Thatbestand in einer Pflichtverletzung liegt, kann doch im engeren Rahmen des für Beamte geltenden Specialrechtes ein strafbarer Thatbestand gegeben sein; ebenso kann neben dem strafrechtlichen oder privatrechtlichen noch ein staatsrechtliches Einschreiten erfolgen.

Neben dem Criminalstrafrecht, welches bereits specielle Bestimmungen über Amtsdelicte enthält, besteht noch das besondere Disciplinarrecht für Beamte. Dasselbe fällt principiell unter den Begriff der Strafrechtes: es ist von letzterem nicht artlich sondern nur gradlich verschieden.[55] Welche Amtsdelicte im Strafgesetzbuch, welche in der Disciplinarordnung zu behandeln seien, ergibt sich nicht aus inneren principiellen, sondern nur aus äußeren Gründen. Die Disciplinargewalt

---

[53] Vgl. über die Verschiedenheit der im Reich hierüber geltenden Grundsätze Laband I 442.

[54] Laband I 443 ff.

[55] Uebereinstimmend Meyer, Lehrb. §. 148; v. Pözl im Staatswörterbuch IX S. 696; Hugo Meyer, Lehrb. d. Strafrechtes §. 204 sowie die bei Laband I 448[1] citirte criminalistische Literatur.

ist nicht „Zwang zur Erfüllung der Dienstpflicht“,[56] sondern Strafgewalt wegen Verletzung der Dienstpflicht. Zwangsmittel zur Erfüllung der Dienstpflicht kennt das Reichsstaatsrecht nicht. Wenn ein Theil dieser Verletzungen wegen ihrer besonderen Schwere und allgemeinen Beziehung in das allgemeine Strafgesetzbuch aufgenommen wurde, so ist dies doch unter dem generellen Vorbehalt geschehen, daß die Würdigung des betreffenden Thatbestandes unter dem specifisch amtlichen Gesichtspunkt vorbehalten bleibe: darin liegt kein Verstoß gegen das strafrechtliche Grundprincip „ne bis in idem“, sondern nur eine aus Zweckmäßigkeitsgründen beliebte Theilung der Cognition über einen und denselben Thatbestand durch zwei verschiedene Instanzen unter zwei besonderen Gesichtspunkten.

Disciplinarisches Einschreiten kann als Folge der Verletzung einer jeden Amtsverpflichtung vorkommen. Die Disciplinarstrafen sind entweder sog. Ordnungsstrafen oder Entfernung aus dem Amte. Erstere sind: Warnung, Verweis, Geldstrafe (§. 74). Warnung und Verweis kann jeder Vorgesetzte ertheilen (§§. 80—82). Geldstrafen von über 30 Mark zu verhängen, ist nur die Centralstelle des betreffenden Ressorts competent: dieselben dürfen bei unbesoldeten Beamten den Betrag von 90 Mark, bei besoldeten den Betrag des einmonatlichen Diensteinkommens überhaupt nicht übersteigen (§. 81). Ordnungsstrafen werden durch einfache Verwaltungsverfügung, die jedoch mit Gründen zu versehen ist, verhängt.

Die Entfernung aus dem Amt ist entweder Strafversetzung mit gleichem Rang aber geringeren Einkünften; eine

[56] So Laband I 449 ff. Vgl. jedoch Laband III 167, wo der richtige Gesichtspunkt hinsichtlich des Militärstrafgesetzbuches und der Militärdisciplinarordnung („gleichsam ein zweites Strafgesetzbuch für leichtere Fälle“) zum Ausdruck gelangt ist.

solche kann durch die oberste Reichsbehörde verfügt werden; oder Dienstentlassung mit Verlust des Ranges und Pensionsanspruches. Dienstentlassung (§§. 84 ff.) kann nur auf Grund eines Urtheiles der Disciplinarkammer erfolgen, gegen welches Recurs an den Disciplinarhof sowol dem Beamten als dem Staatsanwalt freisteht (§. 110).

Jede Disciplinarkammer besteht aus 7 Mitgliedern und entscheidet im einzelnen Fall als Collegium von 5 Mitgliedern, von welchen der Vorsitzende und 2 Beisitzer Richter sein müssen. Der Disciplinarhof besteht aus 11 Mitgliedern, nämlich 4 Bevollmächtigten zum Bundesrath und 6 Mitgliedern des Reichsgerichtes, darunter der Präsident; der Disciplinarhof entscheidet im einzelnen Fall als Collegium von 7 Mitgliedern, von welchen der Vorsitzende und 3 Beisitzer Richter sein müssen.[57]

Die oberste Reichsbehörde läßt die Voruntersuchung durchführen und beschließt auf Grund der Voruntersuchungsakten entweder Einstellung des Verfahrens oder Abgabe der Sache an die Disciplinarkammer (§§. 98, 101); letztere verhandelt regelmäßig in öffentlicher Sitzung (§. 103). Der Kaiser kann alle Disciplinarstrafen mildern oder erlassen, auch für die mittelbaren Reichsbeamten (§. 118). Der Dienstentlassung kann sich ein Beamter dadurch entziehen, daß er vor Beendigung des Verfahrens seine Entlassung beantragt und erhält (§. 75 vb. 100).[58]

Die Mitglieder des Reichsgerichtes, des Bundesamtes für Heimatswesen, des Reichsrechnungshofes sowie die Mi-

[57] Ueber die Abgrenzung der Bezirke erging kais. V. v. 11. Juli 1873 (RGB. 293); Regulativ für die Disciplinarkammern v. Dec. 1873 (CBl. 390).

[58] Thudichum 310, 321; Laband I 453 f.

litärbeamten unterliegen nicht der Disciplinargewalt der Disciplinarkammern (§. 158), die Mitglieder des Reichsgerichtes vielmehr nur derjenigen ihres Plenums, dessen Entscheidung nur auf Entlassung lauten kann, wenn der betr. Beamte wegen einer entehrenden Handlung zu einer Strafe überhaupt oder wegen irgend einer Handlung zu einer Strafe von längerer als einjähriger Dauer verurtheilt wurde (GVG. §. 128), die der letztgenannten Kategorie besonders zu bildenden Militärdisciplinarcommissionen. Die für die Mitglieder des Reichsgerichtes geltenden Bestimmungen sind analog auf die Mitglieder des Bundesamtes für Heimatswesen anzuwenden.

Ist gegen einen Beamten ein Strafverfahren auf Grund des Strafgesetzbuches eingeleitet, so soll mit Einleitung oder Weiterführung des Disciplinarverfahrens bis nach Erledigung des ersteren gewartet werden (§§. 77 ff.): Freisprechung durch das Strafgericht schließt die Einleitung eines Disciplinarverfahrens nicht absolut aus (§. 78); die Disciplinarbehörde ist jedoch als an den vom Strafrichter festgestellten Thatbestand gebunden zu erachten und hat denselben lediglich unter dem specifisch amtlichen Gesichtspunkt zu würdigen. Die oberste Reichsbehörde hat überdies auch nach erfolgter gerichtlicher Verurtheilung noch die Möglichkeit, ein Disciplinarverfahren einzuleiten, wenn jene nicht den Verlust des Amtes einschließt.[59]

V. Veränderung und Beendigung des Dienstverhältnisses.

Die Beendigung des Dienstes kann entweder in der Weise vorkommen, daß sie nur auf das concrete Amt sich bezieht oder sie kann generell sein: im ersteren Fall bleiben die all-

[59] Thudichum 311. Sehr abweichender Ansicht über das Verhältniß von Disciplinar- u. Criminalverfahren ist Laband I 455 f.

gemeinen Rechte und Pflichten bestehen und es ruht nur die Amtsausübung, im letzteren Falle hören die Amtsausübung sowie alle Rechte und Pflichten juristisch auf.

1. Das Ruhen der Dienstpflicht.[60]

a) Ein Beamter kann zur Disposition gestellt werden. Die Amtsrechte und Amtspflichten bestehen in diesem Falle fort, nur kann die Besoldung verringert werden (Wartegeld §. 26), andererseits aber kann es auch vorkommen, daß in diesem Falle besondere Entschädigung gegeben wird.[61] Beamte zur Disposition unterstehen der Disciplinargewalt (§. 119); sie müssen jederzeit ein anderes Amt, zu welchem sie berufen werden, übernehmen (§. 28). Generell ist ihnen die Annahme von Nebenämtern gestattet. Beamte müssen sich jederzeit gefallen lassen, zur Disposition gestellt zu werden, wenn ihr Amt in Folge einer „Umbildung der Reichsbehörden" aufgehoben wird (§. 24). Außerdem ist das Gleiche ganz allgemein dem Kaiser vorbehalten für Beamte, „bei welchen eine fortdauernde Uebereinstimmung in principiellen Ansichten mit der leitenden Autorität nothwendig ist",[62] nämlich: 1. dem Reichskanzler, 2. den Chefs, 3. Directoren und Abtheilungsvorständen der Centralverwaltungsbehörden, 4. den vortragenden Räthen und etatsmäßigen Hilfsarbeitern im auswärtigen Amt, 5. den Militär- und Marine-Inten-

---

60 Meyer §. 154.

61 Meyer, Lehrb. 357.

62 Das Gesetz nennt nur die Chefs des Innern, Auswärtigen, der Admiralität, dazu fügt das G. v. 27. Juni 1873 §. 2 den Vorsitzenden des Reichseisenbahnamtes. Daß nach Ausweis der im Text citirten Worte der Motive die ausdehnende, im Text gegebene Interpretation, dem Sinn des Gesetzes entspricht, dürfte nicht zu bezweifeln sein; jedenfalls aber empfiehlt es sich, dies gesetzlich zu fixiren.

danten, 6. dem diplomatischen Personal, 7. den Consuln (§. 25).[63]

b) Ein Beamter kann suspendirt werden: einmal kraft gesetzlicher Vorschrift im Falle der Verhaftung (§. 125); sodann kraft gerichtlichen oder Disciplinarurtheils, das auf Amtsverlust lautet, aber noch nicht die Rechtskraft beschritten hat (ibid.); endlich durch Verfügung der Centralstelle des Ressorts in Folge der Einleitung eines gerichtlichen Verfahrens (§. 127) oder Abgabe der Akten an die Disciplinarkammer. Bei Gefahr auf Verzug kann jeder Vorgesetzte seine Untergebenen suspendiren, vorbehaltlich definitiver Entscheidung durch die Centralstelle. Die Suspension hebt die Amtsgewalt vorläufig auf und hat zur Folge, daß die Hälfte des Gehaltes zurückbehalten wird (§. 128: der allgemeine Grundsatz erleidet jedoch wesentliche Modificationen). Die Suspension ist immer nur eine vorläufige Maßregel und wird aufgehoben entweder durch Dienstentlassung oder Wiedereintritt in das Amt: im letzteren Falle wird die zurückbehaltene Besoldung nachbezahlt, vorbehaltlich des Abzuges einer etwa verhängten Ordnungsstrafe und der Untersuchungskosten; im ersteren Falle wird nur nachbezahlt, was nach Abzug der Stellvertretungs- und Untersuchungskosten noch verbleibt. Die Mitglieder des Reichsgerichtes, des Bundesamtes für Heimatwesen und des Reichsrechnungshofes können suspendirt werden durch Beschluß ihrer Plena (Mitglieder des Reichsgerichtes: „nach Anhörung des Oberreichsanwaltes“), „wenn wegen eines Verbrechens oder Vergehens das Hauptverfahren eröffnet ist;“ bei verhängter Untersuchungshaft tritt die Suspension von Rechtswegen ein; das

[63] Thudichum 289.

Recht auf die Besoldung wird durch die Suspension nicht berührt (GVG. §. 129).

2. Die Beendigung der Dienstpflicht erfolgt:

a) auf Grund eines strafgerichtlichen Urtheils durch Verurtheilung zu Zuchthaus, durch Aberkennung der bürgerlichen Ehrenrechte oder der Fähigkeit zur Bekleidung öffentlicher Aemter, durch Urtheil, das auf Verlust der bekleideten Aemter lautet; das richterliche Urtheil wirkt ipso jure;[64]

b) auf Grund eines die Amtsentlassung aussprechenden Disciplinarurtheils, das Urtheil wirkt nicht ipso jure, sondern die Entlassung ist erst auf Grund desselben zu verfügen;

c) auf Antrag: jeder Beamte kann jederzeit seine Entlassung fordern und dieselbe kann ihm nicht versagt werden; die Entlassung wird ertheilt durch den Kaiser und hat den Verlust des Amtes sowie des damit verbundenen Titels und Gehalts zur Rechtsfolge. Der Staat kann das Dienstverhältniß ohne Grund einseitig nur lösen, wenn die Anstellung auf Widerruf oder auf Zeit erfolgte (§. 2).[65] Außerdem können der Reichskanzler, die Chefs des Auswärtigen, des Innern und der Admiralität jederzeit ihre Entlassung fordern und haben nach zweijähriger Dienstzeit in dem betr. Amte Pensionsanspruch.[66]

3. Die Pensionirung (§§. 31 ff).

Zwischen 1. und 2. inmitten steht die Pensionirung: das Ruhen der Dienstpflicht ohne die Voraussetzung des Wiedereintrittes in den Dienst. Pensionirte Beamte sind begrifflich

---

[64] Meyer 390; Laband I 490.

[65] Vgl. die Mittheilung des Reichskanzlers an den Reichstag bei Thudichum 353 ff.

[66] Thudichum 294.

nicht mehr Beamte, sie sind aus dem staatsrechtlichen Beamtenverhältniß ausgeschieden und folglich auch aus der staatlichen Disciplinargewalt; was ihnen an Beamtenrecht belassen wurde, ist an sich nur Vergünstigung, deren Gewährung allerdings gesetzlich regulirt ist und für deren Entziehung in der Regel auch gesetzlich bestimmte Voraussetzungen aufgestellt sind.[67]

a) Die Pensionirung kann erfolgen auf Antrag des Beamten: Voraussetzung hiefür ist jedoch mindestens zehnjähriger Dienst und nachgewiesene Unfähigkeit (§. 34) oder unverschuldet eingetretene, durch den Dienst verursachte Unfähigkeit. (§. 36. Vgl. überdies §. 39.) Mitglieder des Reichsgerichtes können bei eingetretener Dienstunfähigkeit jederzeit pensionirt werden und erhalten mindestens $^{10}/_{10}$ des Gehaltes als Ruhegehalt (GVG. §. 130). Außerdem können der Reichskanzler, die Chefs des Auswärtigen, des Innern und der Admiralität jederzeit ihre Pensionirung fordern (§. 35). Anspruch auf Pension besteht aber für diese Beamten nur, wenn das betreffende Amt mindestens zwei Jahre bekleidet wurde. Beamte, welche eine kaiserliche Bestallung empfangen haben, erhalten auch eine kaiserliche Pensionirungsurkunde. Ueber den Antrag muß immer die vorgesetzte Behörde des Antragsstellers gehört werden.

b) Die Pension kann erfolgen ohne Antrag (§§. 61 ff.) wegen Dienstunfähigkeit nach zehnjähriger Dienstzeit (§. 61 od. 68). Widerspricht der Beamte, so ist ein genaues Administrativverfahren zur Entscheidung über den Widerspruch vorbehalten. Die Entscheidung erfolgt durch den Kaiser im Einvernehmen mit dem Bundesrath, wenn der Beamte eine kaiserliche Bestallung empfangen hat (§. 66), sonst durch

[67] Vgl. Thudichum 310.

die oberste Reichsbehörde, gegen deren Entscheidung Recurs an den Bundesrath freisteht, welcher definitiv entscheidet;[68] bei den Mitgliedern des Reichsgerichtes durch Plenarbeschluß (GVG. §. 131). Außerdem können der Reichskanzler und die sub b genannten Chefs höchster Reichsbehörden jederzeit pensionirt werden.

c) Die Pension kann auf Antrag des Staates erfolgen bei den Beamten des auswärtigen Amtes.

4. Versetzung.

a) Jeder Beamte muß sich, im Fall das dienstliche Bedürfniß dies erfordert, in ein anderes Amt von gleichem Rang und Einkommen versetzen lassen (§. 23). Ueber das „dienstliche Bedürfniß" entscheidet nur die Regierung.[69] Die Mitglieder des Reichsgerichtes, des Bundesamtes für Heimatswesen, des Reichsrechnungshofes und die Militärjustizbeamten können nicht versetzt werden.

b) Ueber die Versetzung als Disciplinarstrafe s. oben IV. c.

---

[68] Thudichum 305.

[69] Thudichum 288.

Fünftes Buch.

Die Reichsangehörigkeit (das Reichsbürgerrecht).

---

§. 15.

Der Begriff der Reichsangehörigkeit.[1]

I. Die Staatsgewalt hat zu ihrem natürlichen Substrat: Land und Leute. In letzterer Beziehung sind zwar dem Staat principiell alle Menschen unterworfen, die in seinem Gebiete sich aufhalten, auch die Ausländer: die rechtliche Wechselbeziehung aber, welche den Staat mit den Inländern verbindet, ist eine intensivere, durch besondere Normen bestimmte. Man faßt dieselben zusammen in dem Begriff der Staatsangehörigkeit. Staatsangehörigkeit ist also die

[1] v. Gerber, Grundz. §§. 15—17 und besonders Anlage II; Laband I §§. 13—19 (vgl. auch die zu §. 13 citirte Specialliteratur); v. Rönne I 99 ff.; Meyer, Lehrb. §§. 75 — 79, 213 — 226; Seydel, Com. S. 43 ff. und bei Hirth, Ann. 1876 S. 135—179; Riedel 249 ff.; Th. Landgraff bei Hirth, Ann. 1870 S. 625 ff. Ferner entstand über den Rechtsfall Beauffremont-Bibesco eine vollständige Specialliteratur, die sich auch auf die Staatsangehörigkeit bezieht und aufgeführt ist bei Th. Landgraff: Hirth, Annal. 1876 1022[1]. Die internationale Seite hat speciell behandelt v. Martitz in einer trefflichen Abhandlung bei Hirth, Ann. 1875 793 ff., 1113 ff. Die interessante Ausbildung, welche die bayrische Gesetzgebung in der Frage erfahren hat, vgl. bei v. Pözl, bayr. Verf.-R. §§. 25 ff.

nicht blos faktische und als solche rechtlich geschützte Gewalt, wie sie der Staat auch über Ausländer hat, sondern das besondere Rechtsverhältniß der Staatsgewalt zu den sein Substrat bildenden Volksgenossen. Von der Staatsangehörigkeit ist das Staatsbürgerrecht zu unterscheiden: letzteres beruht unbedingt auf der Staatsangehörigkeit, reicht aber weiter, indem es auch die Theilnahme am öffentlichen Leben des Staates umfaßt, welche außer an die allgemeine Staatsangehörigkeit noch an specielle Voraussetzungen, wie männliches Geschlecht, bestimmtes Alter u. dgl. durch die Gesetzgebung geknüpft zu sein pflegt.[2]

II. Die Feststellung des Begriffes der Staatsangehörigkeit bietet im einfachen Einheitsstaate keine Schwierigkeiten, vorausgesetzt daß man sich von der verwirrenden Phrase freihält, die in der Staatsangehörigkeit nur möglichst umfassende Rechte aber möglichst geringe Pflichten statuirt wissen will — wol aber im Bundesstaate. Die früher herrschende Theorie vom Bundesstaate mußte nothwendig eine doppelte Staatsangehörigkeit annehmen: der Einzelne sollte zwei gleichberechtigten coordinirten Staaten staatsrechtlich angehören, für gewisse Materien dem einen, für andere dem anderen. Diese Begriffsbestimmung ist logisch ebenso unhaltbar wie ihre Unterlage, die „getheilte Souveränetät." Die Staatsangehörigkeit muß principiell ein einheitlicher Begriff sein:[3] „Reichs- und Landesangehörigkeit sind nicht zwei verschiedene, sondern ein- und dieselbe Thatsache" (Seydel 135). Im Bundesstaat besteht sie

---

[2] Vgl. v. Pözl §. 31, dazu unten §. 17 III 2.

[3] Vgl. Laband I §. 13.

gegenüber dem Staat d. i. der souveränen Centralgewalt. Die Staatsangehörigkeit im deutschen Reiche ist principiell Reichsangehörigkeit; die Zugehörigkeit zum Einzelstaat ist, wenn auch historisch und nach dem positiven Recht das Primäre, doch principiell ein aus der Reichsangehörigkeit erst hervorgehendes Rechtsverhältniß.

Alle Deutschen gehören dem Reiche an und sind der Staatsgewalt des Reiches unterthan, erfreuen sich aber andrerseits auch der Rechte, die jenem Unterthanenverhältniß correspondiren.[4]

III. Für den Erwerb der Reichsangehörigkeit aber wurde der Grundsatz festgehalten: daß derselbe durch das Medium der Einzelstaaten zu erfolgen habe. Es gibt keine von den Einzelstaaten losgelöste selbständige Reichsangehörigkeit: nur wenn und weil der Einzelne Angehöriger des Einzelstaates ist, ist er Reichsangehöriger. Dies wäre begrifflich durchaus nicht nothwendig gewesen und in der nordamerikanischen Union besteht in der That das entgegengesetzte Verhältniß: das im Reiche für den Erwerb der Staatsangehörigkeit normirte Verhältniß enthält jedoch andrerseits auch keinen Widerspruch zum Begriff des Bundesstaates.

Die Reichsangehörigkeit kann vermittelt sein durch die Zugehörigkeit zu mehreren Einzelstaaten: ein mehrfaches Angehörigkeitsverhältniß dieser Art widerspricht in keiner Weise dem Bundesstaat. Die Angehörigkeit zum Einzelstaat kann auch wechseln, ohne daß dadurch die Reichsangehörigkeit berührt wird: der Inwohner eines Hauses verbleibt unter

---

[4] Es ist ein vollkommen richtiger Gedanke, wenn v. Gerber a. a. O. den „Reflex"-Character dieser Rechte betont.

demselben Dache, auch wenn er aus dem Zimmer 1 in das Zimmer 20 verzieht.

IV. Indem also der Deutsche dem Einzelstaat als Unterthan Gehorsam leistet, leistet er denselben dem Reiche, von welchem der Einzelstaat staatsrechtlich bedingt ist. In diesem Sinne ist der Satz vollkommen richtig: „indem der Einzelne der Bundesgewalt gehorcht, gehorcht er ihr als der von seinem Staat bestellten Gewalt, er gehorcht seiner eigenen Staatsgewalt".[5] In den zur Reichscompetenz gezogenen und vom Reiche selbst in Verwaltung genommenen Materien ergreift das Reich jeden Deutschen direct,[6] in den der Selbstverwaltung der Einzelstaaten überwiesenen indirect, in den der Autonomie überlassenen thatsächlich gar nicht. —

V. Da das Recht der Staatsangehörigkeit zum Einzelstaat durch die Aufrichtung des norddeutschen Bundes formell unangetastet blieb und materiell nach wie vor für die Einzelstaaten eine besondere Rechtswirkung äußerte und äußert, ergab sich die Nothwendigkeit, das gegenseitige Rechtsverhältniß der Staatsangehörigkeit unter den einzelnen Bundesstaaten sofort wenigstens in seinen Grundzügen zu regeln. Dies ist die Bedeutung des vielumstrittenen Artikel 3 der Reichsverfassung, der das „gemeinsame Indigenat" statuirt.[7] Hätte sofort auf dem Wege der Specialgesetzgebung

---

[5] Seydel, Comm. 43.

[6] A. A. Laband I 134 auf Grund der irrigen Theorie, daß im Bundesstaat die Centralgewalt nur über Staaten, nicht direct über die Unterthanen herrsche. Vgl. dagegen oben §. 4.

[7] Allerdings ist das Reichsbürgerrecht nicht die „logisch nothwendige Voraussetzung" für den Artikel 3 und es könnte sehr wol der Inhalt des Art. 3 auch für die Angehörigen von fremden Staaten Geltung haben (Laband I 177 und im Wesentlichen ebenso Seydel, Comm.

das Verhältniß der Staatsangehörigkeit des Einzelstaates zur Reichsangehörigkeit geregelt werden können, so wäre jener Artikel 3 vollkommen überflüssig gewesen, wie er denn durch die inzwischen ergangene Specialgesetzgebung in der That ziemlich gegenstandslos geworden ist. Der Artikel 3 gab somit erstens in negativer Hinsicht einen durchgreifenden, unmittelbar anwendbaren Rechtsgrundsatz, der dahin zu formuliren ist: kein Deutscher darf in irgend einem Theile des Reiches für die Sphäre des bürgerlichen Rechtes schlechter gehalten werden als die Angehörigen des betreffenden Staates, sodann zweitens in positiver Hinsicht ein Programm, das in seinen einzelnen Bestandtheilen erst specialgesetzlich zur Durchführung gelangen mußte, wie dies inzwischen in den Gesetzen über Freizügigkeit, Unterstützungswohnsitz, Gewerbewesen, sowie insbesondere den großen Justizgesetzen geschehen ist.

Die einzelnen Bestimmungen des Art. 3 sind folgende:

1. Derselbe beseitigt zuvörderst für das Gesammtgebiet des deutschen Bundesstaates bezw. die Gesammtmasse der Reichsangehörigen den juristischen Unterschied zwischen Inland und Ausland. Jeder Deutsche ist, welchem Einzelstaat er auch angehören mag, in jedem Theile des Reichsgebietes Inländer. Daraus werden sofort folgende directe Consequenzen gezogen: fester Wohnsitz, Gewerbebetrieb, Erwerb von Grundstücken ist allen Deutschen überall unter den gleichen rechtlichen Voraussetzungen gestattet; für Wohnsitz

44), aber der Inhalt des Art. 3 ist eine logisch nothwendige Consequenz der Aufrichtung des Bundesstaates und der daraus folgenden gebieterischen Nothwendigkeit einer in der Hauptsache gleichen Rechtsstellung aller Angehörigen des Bundesstaates in jedem Theile desselben.

und Gewerbebetrieb sind diese Voraussetzungen jetzt durch das Reichsrecht geregelt; der Erwerb von Grundstücken erfolgt noch nach Landesrecht, das also in seinen Ausländer hiefür etwa schlechter stellenden Vorschriften für Deutsche nicht weiter zur Anwendung kommen darf.

2. Artikel 3 schreibt ferner vor, daß alle Deutschen in Hinsicht der sonstigen bürgerlichen Rechte, der „Rechtsverfolgung und des Rechtsschutzes" gleichheitlich behandelt werden müssen: auch dieser Punkt ist jetzt in der Hauptsache durch die Reichsgesetzgebung erledigt und, soweit dies noch nicht der Fall, steht die reichsrechtliche Normirung bevor.

Es wurde die Frage erhoben, ob die Grundsätze des Art. 3 und der zu demselben ergangenen Specialgesetze auf juristische Personen anwendbar seien. Diese Frage ist zu verneinen. Juristische Personen können der Natur der Sache nach keine Rechte haben, die aus der Staatsunterthanenschaft fließen, und nur um solche handelt es sich hier. Beschränkungen, die nach dem Partikularrecht der einzelnen Staaten für juristische Personen fremden Domiciles vorhanden waren, sind in Kraft verblieben: eine Anomalie kann darin nur insofern gefunden werden, als verschiedene Civilrechte in einem Bundesstaate überhaupt eine Anomalie sind. Die juristische Person aber kommt hier nur als eine Form des Civilrechtes in Betracht und auf solche bezieht sich der Art. 3 nicht.[8]

3. Ferner sollen alle Deutschen in jedem Einzelstaat zur Bekleidung öffentlicher Aemter zugelassen werden: soweit also Ausländer von öffentlichen Aemtern in einem Einzelstaat aus-

---

[8] Richtig Seydel, Comm. 52. A. A. Brückner, über das gemeinsame Indigenat; Hiersemenzel 283.

geschlossen sind oder für solche erschwerende Vorschriften gelten, dürfen diese Vorschriften für Deutsche nirgends im Reiche mehr zur Anwendung gebracht werden: die positiven Vorschriften des Partikularrechtes aber bleiben, soweit nicht für einzelne Aemter die Reichsgesetzgebung eingegriffen hat, durchweg in Kraft und Artikel 3 fordert keineswegs, daß die in einem Einzelstaat für eine bestimmte Kategorie von Aemtern erlangte Qualification ohne weiteres auch für jeden anderen Einzelstaat gelten müsse.

4. Endlich muß nach Art. 3 jeder Deutsche in jedem Einzelstaate zur Erlangung des Staatsbürgerrechtes zugelassen werden („politische Freizügigkeit"). Zwar ist der Preuße ebensogut wie der Sachse Reichsangehöriger, aber der Preuße, der in Sachsen sich niederläßt, ist nicht ohne weiteres Sachse, sondern muß nur nach Vorschrift der Reichsverfassung zur Erlangung des sächsischen Staatsbürgerrechtes zugelassen werden. Der principielle Rechtsgrund hiefür liegt in der Aufrichtung des Bundesstaates und der daraus erflossenen Nothwendigkeit, auch in staatsbürgerlicher Beziehung die Eigenschaft des Ausländers für den Deutschen in jedem Theile des Reichsgebietes principiell zu beseitigen. „Die wichtigsten staatlichen Aufgaben werden für das ganze Reich gemeinschaftlich gelöst und deßhalb kann derjenige, der dem Ganzen bereits angehört, von einem einzelnen Theile nicht als ein Fremder abgestoßen werden."[9] Es blieb den Einzelstaaten im Allgemeinen freigestellt, die Voraussetzungen für den Erwerb des einzelstaatlichen Staatsbürgerrechtes und damit auch für die Ausübung der speciellen staatsbürger-

---

[9] Laband I 136.

lichen Rechte zu normiren:[10] um zum sächsischen Landtag wählen zu können, bedarf somit der in Sachsen domicilirte Preuße erst des Erwerbes des sächsischen Staatsbürgerrechtes.

Dies der Standpunkt des geltenden deutschen Staatsrechtes. Auf einem anderen: dem im Bundesstaate principiell richtigen Standpunkt steht die Gesetzgebung im schweizerischen und nordamerikanischen Bundesstaate:[11] der Angehörige eines Einzelstaates, der in einem anderen domicilirt ist, gewinnt nach diesen Gesetzgebungen ipso jure durch Ablauf einer gewissen, sehr kurz bemessenen Zeit, das Staatsbürgerrecht in dem Einzelstaate der Niederlassung. Der i. J. 1870 von Preußen vorgelegte Entwurf eines Reichsgesetzes über die Staatsangehörigkeit hatte das gleiche Princip adoptirt, dasselbe wurde aber von den anderen Einzelstaaten verworfen; es ist jedoch kein Zweifel, daß auch im deutschen Bundesstaate dem schweizerisch-nordamerikanischen Principe in dieser Frage die Zukunft gehört.[12]

Das Reich hat dermalen für den Erwerb des Bürgerrechtes im Einzelstaate nur Einen großen Grundsatz fixirt und damit eine mehrhundertjährige Leidensgeschichte Deutschlands zum principiellen Abschlusse gebracht: die Ausübung der staatsbürgerlichen Rechte darf nach dem G. v. 3. Juli 1869 (BGB. 292) nirgends im Reiche abhängig gemacht werden von Voraussetzungen, die sich auf das Relegionsbekenntniß beziehen und alle Beschränkungen, die nach dieser Richtung noch im parti-

[10] Bayr. Schlußprot. II; vgl. hiezu Seydel 136[1], Comm. 61 f.

[11] Vgl. Meyer 165[8–10].

[12] Dazu wird auch im Laufe der Zeit noch ein anderer Gesichtspunkt nöthigen, den Laband I 164 treffend beleuchtet.

kularen Staatsrecht vorhanden waren, sind aufgehoben. Das Gesetz bezieht sich sowohl auf die bürgerliche als auf die staatsbürgerliche Sphäre: in Bezug auf letztere werden beispielsweise angeführt 1. Theilnahme an der Gemeindevertretung, 2. Theilnahme an der Landesvertretung, 3. Bekleidung öffentlicher Aemter. Nach dieser staatsbürgerlichen Seite liegt der Entstehungsgrund und unmittelbar praktische Hauptwerth des Gesetzes: es beseitigt eine objective Schranke. Aber es gibt auch ein subjectives „Recht der Glaubensfreiheit." „Der Deutsche, bemerkt zwar Laband (I. 162), hat die Fähigkeit seine eigenen religiösen Ueberzeugungen zu haben und zu bekennen, von der Natur nicht vom Recht." Darin liegt aber ein großer Irrthum. Die Fähigkeit „Ueberzeugungen zu haben" entzieht sich allerdings der Rechtsordnung, die Fähigkeit aber, „Ueberzeugungen zu bekennen", hat der Deutsche „vom Recht": eine Jahrhunderte andauernde schwere Leidensgeschichte Deutschlands belegt diesen Satz mit den stärksten Beweisen. Die sämmtlichen Consequenzen zu erörtern, welche sich aus dem durch jenes Reichsgesetz fixirten Staatsgrundprincipe der Religionsfreiheit ergeben, steht allerdings hier nicht zur Aufgabe, wo nur eine ganz bestimmte einzelne Consequenz in Frage kommt. Für das Verfassungsrecht des Reiches gibt jenes Gesetz nur ein großes weittragendes Princip: im übrigen ist es richtig, daß die unmittelbar praktische Anwendung des Gesetzes nur innerhalb der Einzelstaaten zu erfolgen hat, daß durch dasselbe „ein gemeinrechtlicher Grundsatz des Territorialstaatsrechts reichsgesetzlich sanctionirt wurde." (Laband a. a. O.).

Innerhalb dieses Rahmens aber dürfen Voraussetzungen, die sich auf Alter, Steuerpflicht oder dgl. beziehen, für den

Erwerb des Staatsbürgerrechtes im Einzelstaat von diesem letzteren nach Belieben aufgestellt werden.[13]

§ 16.

Erwerb und Verlust der Reichsangehörigkeit.

Erwerb und Verlust der deutschen Staatsangehörigkeit fanden ihre specialgesetzliche Normirung in dem G. v. 1. Juni 1870 (BGB. 355).[1]

A. Erwerb.

Derselbe erfolgt entweder ipso jure oder durch einen formellen Reichsakt: die Naturalisation.

Die Erwerbsgründe sind:

1. Geburt (§. 3) d. i. Abstammung von deutschen staatsangehörigen Eltern, bei unehelichen Kindern von einer deutschen Mutter; ob die Geburt im In- oder Auslande erfolgte, ist gleichgiltig.

2. Legitimation (§. 4.), sei es bei unehelichen Kindern durch nachfolgende Ehe, sei es durch jede andere civilrechtlich statthafte Art. Adoption ist auf die Staatsangehörigkeit ohne jede Wirkung (§. 2). Die civilrechtlichen Voraussetzungen der Legitimation richten sich dermalen noch nach dem am Domicil des Legitimirenden geltenden Partikularrecht.

3. Verheirathung mit einem Deutschen (§. 5).

4. Eintritt in den unmittelbaren oder mittel-

---

[13] Vgl. z. B. für Bayern v. Pözl S. 74 ff.

[1] Ueber die Einführungsdaten des Gesetzes in den verschiedenen Theilen des Reichsgebietes vgl. Laband I 162 f.; Meyer 165[9]; Riedel 271. Im Folgenden ist das Gesetz einfach durch Allegirung der §§. citirt.

baren Staatsdienst, sowie in den Dienst einer der sog. Landeskirchen (§. 9).[2] Staatsdienst ist sowohl der staatliche Dienst im Reiche wie den Einzelstaaten, mittelbarer Staatsdienst ist nach der richtigen Ansicht (vgl. oben S. 228) nur der Dienst der Communalverwaltung; Notare und Rechtsanwälte sind jedoch nach der Absicht des Gesetzgebers gleichfalls als „mittelbare" Staatsdiener zu betrachten.[3] Die Bestallungsurkunde verleiht zugleich die Staatsangehörigkeit, falls nicht ausdrücklich ein entgegengesetzter Vorbehalt gemacht wurde; ein solcher kann sich aber nicht auf den Beamten selbst, sondern nur auf die Ehefrau und minderjährige, in der Gewalt des Vaters stehende Kinder beziehen, für welche der Erwerb der Staatsangehörigkeit durch den Vater im anderen Fall ipso jure wirkt. Beamte, die im Inland ihr Domicil haben, müssen die deutsche Staatsangehörigkeit besitzen (§. 9), solche, die im Ausland domicilirt sind, nicht, doch darf ein Gesuch solcher Beamten um die deutsche Staatsangehörigkeit niemals von dem ersuchten Staate abschlägig beschieden werden, wenn dieselben ein Gehalt aus der Reichskasse beziehen (G. v. 20. Dec. 1875, RGB. 324: dieses Special-Gesetz ergänzte eine auffällige Lücke des Hauptgesetzes).

5. Naturalisation (§§. 6 ff.): darunter versteht man den staatsrechtlichen Akt der Verleihung der Staatsangehörigkeit an Ausländer. Die Natura-

---

[2] Nur in dieser Beschränkung wird das Wort „Kirchendienst" des Gesetzes zu verstehen sein: denn nur bei den Landeskirchen findet hinsichtlich der Besetzung der Kirchenämter eine Mitwirkung des Staates statt, die doch als Voraussetzung jener Gesetzesbestimmung betrachtet werden muß. Vgl. Seydel 144[7].

[3] Das Gesetz zählt auf: „unmittelbarer oder mittelbarer Staatsdienst, Kirchen-, Schul- oder Communaldienst". Vgl. Seydel 144 f.

lisation erfolgt auf Grund eines formellen Gesuches durch eine von der „höheren Verwaltungsbehörde" (Kreis-Bezirks-regierung)[4] auszufertigende Urkunde, deren Rechtswirkung vom Datum der Aushändigung beginnt. Niemand hat (abgesehen von dem sub 4. erwähnten Falle der Beamten) ein Recht auf Naturalisation: der ersuchte Staat kann das Gesuch nach vollständig freiem Ermessen abweisen. Die Naturalisation ist daher kein „Rechtsgeschäft", wie Laband will, sondern ein freier Hoheitsakt.[5]

Für die Ertheilung der Naturalisation hat das Reichsrecht den Einzelstaaten bestimmte Vorschriften ertheilt, die als zwingendes Recht, von dem keinerlei Dispensation statthaft ist, betrachtet werden müssen.[6] Dagegen ist es den Einzelstaaten freigestellt, neben den reichsrechtlichen Voraussetzungen noch besondere Erfordernisse der Naturalisation aufzustellen. Die reichsrechtlichen Voraussetzungen sind: 1. Dispositionsfähigkeit des Gesuchstellers nach seinem bisherigen Recht, bez. Consens vom Vater oder Vormund; 2. Unbescholtener Lebenswandel; 3. Wohnung am Ort der beabsichtigten Niederlassung; 4. Fähigkeit, sich und seine Angehörigen zu ernähren (§. 8). Diese gesetzlichen Voraussetzungen sind dem ersuchten Staate nachzuweisen, doch ist die Würdigung der erbrachten

---

[4] Vgl. Seydel 138[6].

[5] Laband I 166 nennt die Naturalisation einen „Verwaltungsakt", ein „staatliches Rechtsgeschäft" und zwar ein „zweiseitiges" nach Analogie der privatrechtlichen Adoption. Das Familienrecht bietet aber hier für die juristische Construction keine brauchbare Analogie zum Staatsrecht, weil es sich bei beiden um principiell ganz verschiedene Objecte handelt.

[6] Ein generelles Dispensationsrecht will Th. Landgraff den Behörden, welche die Naturalisation zu ertheilen haben, vindiciren: bei Hirth, Ann. 1876 S. 1024; vgl. aber dagegen Laband I 169; Riedel 251; Meyer 167.

Beweismittel dem Ermessen der Behörde anheimgegeben.[7] Die Nachweisungen über Lebenswandel, Domicil und Subsistenzfähigkeit sind von der Verwaltungsbehörde der zuständigen Gemeindebehörde zuzustellen und von letzterer zu begutachten, ohne daß jedoch die Staatsbehörde an das Gutachten der Gemeindebehörde gebunden wäre. Die Entscheidung erfolgt durch einfache Verwaltungsverfügung, die dem Gesuchsteller ohne Angabe von Gründen zu eröffnen ist. Die Wirkungen der ertheilten Naturalisation erstrecken sich ipso jure auf die Ehefrau und die minderjährigen Kinder — der Volljährigkeitstermin ist nach dem G. v. 17. Februar 1875 (RGB. 71) für Deutsche das vollendete 25. Lebensjahr, für Nichtdeutsche ist das Recht des bisherigen Heimatstaates anzuwenden —, falls nicht für diese Person ein ausdrücklicher, anderweitiger Vorbehalt gemacht wurde. Ehefrauen allein können für sich und für die bei ihnen befindlichen Kinder auch ohne den Ehemann naturalisirt werden, wenn den gesetzlichen Voraussetzungen, insbesondere auch über Dispositionsfähigkeit, genügt ist; also z. B. im Falle der séparation de corps des französischen Rechtes.[8]

Ein Ausländer, der sich im Reiche naturalisiren läßt, kann seine frühere Staatsangehörigkeit beibehalten; ebenso verliert andrerseits ein

---

[7] Nur dies besagen die Bemerkungen Delbrücks im Reichstag, auf welche sich Landgraff zur Stütze seiner in der vorigen Note erwähnten Ansicht beruft. (Sten. Ber. 1870 S. 1077.)

[8] Uebereinstimmend Meyer 168[16]; Th. Landgraff a. a. O. 1029; a. A. Seydel ebenda 138 f. Der Gedanke der rechtlichen Selbständigkeit einer Ehefrau unter bestimmten Voraussetzungen ist auch im G. v. 6. Juni 1870 über den Unterstützungswohnsitz §. 17 ausdrücklich anerkannt, demnach also dem deutschen Rechte wolbekannt.

Deutscher durch Erwerb einer fremden Staatsangehörigkeit nicht ipso jure die deutsche. Die Conflicte, welche aus einem derartigen doppelten Staatsbürgerrecht sich nothwendig ergeben müssen, haben Theorie und Praxis im hohen Grade beschäftigt, ohne daß bis jetzt ein national oder international brauchbares Recht erreicht wäre.[9]

Gebühren können für die Naturalisation erhoben werden.[10]

Von der Naturalisation unterscheidet das Gesetz die Aufnahme: es handelt sich bei letzterer ganz um den gleichen Rechtsakt wie bei der Naturalisation, nur mit der Modification, daß eine Person in Frage steht, welche bereits eine deutsche Staatsangehörigkeit hat. Wäre das für den Bundesstaat allein richtige Princip angenommen worden, daß der Angehörige eines Einzelstaates bei Niederlassung in einem anderen Einzelstaat ipso jure vollberechtigter Bürger des letzteren wird, so bedürfte es der Rechtssätze über die „Aufnahme" nicht. Nachdem dies nicht geschah, waren für die Vorschrift in a. 3 der RV., daß jeder Bundesangehörige in jedem Einzelstaat zum Erwerb des Staatsbürgerrechtes „zugelassen" werden müsste, besondere Vollzugsvorschriften erforderlich. Diese finden sich im G. v. 1. Juli 1870 im Anschluß an die Rechtssätze über die Naturalisation.

Keinem Deutschen darf die „Aufnahme" versagt werden. Zur Erlangung derselben bedarf es jedoch

---

[9] Vgl. den §. 15 N. 1 angeführten trefflichen Aufsatz von v. Martitz; auch Meyer §. 79. In Band II wird diese Frage des internationalen Rechtes selbständig zu behandeln sein.

[10] Riedel 270; Seydel 141; a. A. Th. Landgraff bei Hirth, Ann. 1870 648.

eines formellen Gesuches und einer formellen Aufnahmsurkunde; das Gesuch ist mit dem Nachweis der bisherigen Staatsangehörigkeit und der festen Niederlassung[11] in dem ersuchten Einzelstaate zu belegen; übrigens kann auch Mangels des letzteren Nachweises die Aufnahme doch gewährt werden.[12] Kosten für die Aufnahme dürfen nicht berechnet werden. Die Anfnahme darf nur versagt werden, wenn auf Grund gesetzlicher Bestimmung gegen den Gesuchssteller Aufenthaltsbeschränkungen statthaft sind (vgl. unten §. 17 III 3 c).[13]

Deutsche, die im Reichsdienst angestellt werden, verändern dadurch ihre Staatsangehörigkeit nicht, erwerben also nicht diejenige des Domicilstaates.[14] Will ein Deutscher die Aufnahme in einem Einzelstaat erhalten, so ist hiefür keineswegs die Aufgabe der früheren Staatsangehörigkeit gesetzliche Voraussetzung: mehrere Staatsangehörigkeiten können neben einander bestehen, doch zieht nach positiver Gesetzesvorschrift der Erwerb einer solchen durch Legitimation oder Verheirathung den Untergang der früheren nach sich; durch Aufnahme, Geburt, Legitimation, Verheirathung können aber andrerseits mehrere Staatsangehörigkeiten neu entstehen, in den letztgenannten drei Fällen, wenn der für das Rechtsverhältniß maßgebende Theil mehrere Staatsangehörigkeiten besitzt;[15] Anstellung in einem Einzelstaat, die den Erwerb der Staatsangehörigkeit des letzteren zur Folge hat, ist vom Gesetz nicht als Verlustgrund der früheren Staatsangehörigkeit bezeichnet.

---

[11] Vgl. hierüber Laband I 167.

[12] Meyer 168; a. A. Seydel 140; Riedel 259.

[13] Seydel 141.

[14] Laband I 171 [1]; Seydel 145; a. A. Riedel 261.

[15] Beispiel: die B. ist Bayerin und heirathet den A., der Preuße und Sachse ist: die B. verliert durch die Heirath die bayrische und erwirbt die preußische und sächsische Staatsangehörigkeit.

B. Verlust.

Analog den Erwerbsgründen gliedern sich die Verlustgründe in solche, welche ipso jure und solche, welche nur auf Grund eines formellen Rechtsaktes wirken.

Die einzelnen Verlustgründe sind:

1. Legitimation (§. 13),
2. Heirath (ebenda),
3. Erklärung der Ehenichtigkeit, nicht aber Ehescheidung (ebenda),
4. Entlassung durch formellen Rechtsakt (§§. 14 ff.).

Die Entlassung als staatsrechtlicher Akt wird durch die „höhere Verwaltungsbehörde" auf Grund eines gestellten Gesuches ertheilt; die Wirkung beginnt mit erfolgter Zustellung der Urkunde. Jedoch erlischt die Wirksamkeit der Urkunde mit rückwirkender Kraft, wenn nicht der Entlassene innerhalb 6 Monaten nach erfolgter Zustellung seinen Wohnsitz factisch außerhalb des Reichsgebietes nimmt oder die Staatsangehörigkeit in einem anderen Einzelstaat erwirbt (§. 18);[16] die Urkunde wird dann überhaupt als nicht ausgestellt betrachtet. Die Entlassung erstreckt sich wie die Naturalisation Mangels besonderen Vorbehaltes ipso jure auch auf die Ehefrau und die minderjährigen Kinder, auf letztere vorbehaltlich der unten bezeichneten militärischen Beschränkungen. Bei Uebersiedelung in einen anderen Bundesstaat muß die Entlassung auf gestelltes Gesuch gewährt werden, wenn die Aufnahmsurkunde eines anderen Einzelstaates producirt wird (§§. 15, 24); letzteres aber ist keineswegs positive Voraussetzung, auf Grund deren allein etwa die Entlassung gewährt werden dürfte. Bei Aus-

[16] Ueber die Berechnung von Datum zu Datum s. Seydel 148.

wanderung in einen fremden Staat darf nach heutigen internationalen Principien die Entlassung ebenfalls nicht versagt werden: die deutsche Gesetzgebung setzt dieses internationale Princip voraus und fordert nur von Beamten, daß sie zuvor dieses Rechtsverhältniß lösen; außerdem sind noch die nachfolgenden Beschränkungen militärischer Natur statuirt:

a) Activen Militärpersonen muß die Entlassung unbedingt verweigert werden (§. 15 2, 3);

b) Wehrpflichtigen im Alter vom vollendeten 17. bis zum vollendeten 25. Lebensjahr, die noch nicht ausgehoben sind, darf die Entlassung nur gewährt werden auf Grund eines Zeugnisses der Ersatzcommission, daß sie die Entlassung nicht nachsuchen, um sich der Dienstpflicht zu entziehen (§. 15 1).

c) Die Genehmigung der Militärbehörde, welche beliebig versagt werden kann, ist gesetzliche Voraussetzung für die Entlassung bei folgenden Kategorieen von Personen des Beurlaubtenstandes: Officieren und im Officiersrang stehenden Aerzten, ausgehobenen aber vorläufig in die Heimat beurlaubten Rekruten und Freiwilligen, den zur Disposition der Ersatzbehörden entlassenen Militärpersonen, den zur Disposition der Truppentheile beurlaubten Mannschaften (G. v. 2. Mai 1874, RGB. 61 §. 60 vb. 56);

d) Reservisten, Land- und Seewehrleute, die nicht zum Dienst einberufen sind, bedürfen zur Entlassung ebenfalls der Genehmigung der Militärbehörde, die aber nicht versagt werden kann;

e) Ersatzreservisten erster Klasse sind durch die Militärgesetznovelle von 1880 Art. I §. 3 Ziff. 3 den für Reservisten und Landwehrleute geltenden Vorschriften unterworfen worden.[17]

---

[17] Die Strafsanctionen zu diesen Bestimmungen s. RStGB.

5. Die deutsche Staatsangehörigkeit wird ferner verloren durch Verjährung (§. 21). Wenn sich ein Deutscher zehn Jahre ununterbrochen (zeitweilige Rückkehr mit Niederlassung im Reiche unterbricht also den Lauf der Frist) im Ausland aufhält, so verliert er nach Umfluß dieser Zeit seine Rechtsqualität als Deutscher, falls er nicht ein staatliches Reisepapier oder einen Heimatschein mit sich führt, oder zum Zweck des Eintrittes in fremden Staatsdienst die besondere Erlaubniß seiner Regierung erholt hat.[18] Abgewendet kann jedoch diese von selbst eintretende Rechtsfolge dadurch werden, daß Eintrag in die Matrikel eines deutschen Consuls erwirkt wird; der Consul hat über den erfolgten Eintrag auf Verlangen einen Matrikelschein zu ertheilen.[19] Die Frist von 10 Jahren kann durch Staatsvertrag auf 5 reducirt werden für Deutsche, welche sich in einem fremden Staate 5 Jahre ununterbrochen aufhalten und die Staatsangehörigkeit jenes Staates erwerben, einerlei ob sie ein Reisepapier oder einen Heimatschein haben oder nicht. Der durch die oben bezeichnete Rechtsfolge Betroffene kann jedoch im Falle der Rückkehr in das Reichsgebiet jederzeit Wiederaufnahme in die deutsche Staatsangehörigkeit verlangen und dieselbe muß ihm gewährt werden, auch wenn er inzwischen eine andere Staatsangehörigkeit erworben hat. Ist letzteres nicht der Fall, so darf die Wiederaufnahme durch den früheren Heimatsstaat

§§. 140, 360 Z. 3. Das Militärgesetz v. 2. Mai 1874 statuirt ferner noch eine Reihe von Rechtsvorschriften für Personen, die mit Genehmigung der Militärbehörde ihren Wohnsitz im Ausland genommen haben. Vgl. Meyer S. 572.

[18] Vgl. dazu die Uebergangsbestimmung in §. 25. Laband I 174.

[19] S. hierüber Näheres Bd. II im Consularrecht. Vgl. auch Meyer 175.

selbst dann erfolgen, wenn keine Niederlassung im Reichsgebiet erfolgt. —

Der Verlust der Staatsangehörigkeit durch Verjährung erstreckt sich nach positiver Bestimmung des Gesetzes auch auf die Ehefrau und die minderjährigen, unter väterlicher Gewalt stehenden Kinder, die sich beim Vater befinden (§. 21 ²).[20]

6. Endlich kann die deutsche Staatsangehörigkeit zur Strafe verloren werden:

a) von Deutschen, welche beim Ausbruch eines Krieges auf die ergangene generelle Aufforderung des Kaisers hin nicht in das Vaterland zurückkehren (§. 20),

b) von Deutschen, welche ohne Erlaubniß ihrer Regierung in ausländischen Staatsdienst getreten sind und auf ergangene Aufforderung Seitens des Heimatsstaates dieses Dienstverhältniß nicht lösen (§. 22),

c) von Geistlichen oder anderen Religionsdienern, α) welche durch Urtheil eines staatlichen Gerichtes aus dem Amte entlassen wurden und trotzdem fortfahren, das Amt sich ausdrücklich anzumaßen oder thatsächlich auszuüben; β) ebenso von gerichtlich entlassenen Religionsdienern, welche einzelne Amtshandlungen vorgenommen haben und in Folge dessen von der Landespolizeibehörde in bestimmten Bezirken confinirt oder aus solchen externirt wurden, wenn sie den betreffenden polizeilichen Verfügungen zuwider handeln; ebenso γ) von Personen, welchen ein Kirchenamt den Vorschriften der Staatsgesetze zuwider übertragen oder von ihnen übernommen wurde, wenn wegen Amtshandlungen in dem betr. Amte richterliche Bestrafung erfolgte (G. v. 4. Mai 1874, RGB. 43 §§. 1, 2).

---

[20] Vgl. Seydel 152 f.; Laband I 174; Riedel 268; v. Pözl 73 ¹¹.

Die Entscheidung erfolgt in diesen drei Fällen durch die Centralbehörde des Heimatsstaates mit Wirksamkeit für das gesammte Reichsgebiet. Der Wiedererwerb der deutschen Staatsangehörigkeit kann in dem sub c) genannten Falle nur mit Genehmigung des Bundesrathes stattfinden (G. v. 4. Mai 1874 §. 4).[21] Auf Frau und Kinder erstreckt sich die Wirkung der Aberkennung der deutschen Staatsangehörigkeit zur Strafe nicht.[22] Im Falle einer mehrfachen deutschen Staatsangehörigkeit muß pincipiell angenommen werden, daß der Verlust einer derselben den Verlust aller nach sich zieht, wie dies bei Geistlichen und Religionsdienern, die zur Strafe expatriirt werden, das Gesetz ausdrücklich bestimmt.[23]

---

[21] Neuerdings hervorgetretene Uebelstände (Beauffremont-Bibesco-Fall) lassen es als dringend wünschenswerth erscheinen, daß über die Naturalisation von Ausländern überhaupt von Reichswegen eine Cognition erfolge, wie dies jetzt auch in der Schweiz geschieht. Diese Cognition aber sollte jedenfalls dem höchsten Regierungsorgan des Reiches, dem Bundesrath, bezw. einem Ausschuß desselben, der in zweifelhaften Fällen die Entscheidung des Plenums einzuholen hätte, vorbehalten bleiben. Vgl. Seydel, Annal. 1876 733; Th. Landgraff ebenda 1027.

[22] Uebereinstimmend Meyer 172[21]; vgl. auch Seydel 151 f., der die Strafe auf die Frau, nicht aber die Kinder sich erstrecken läßt.

[23] A. A. Meyer 173, der vielmehr jene Gesetzesbestimmung als argumentum e contrario verwerthet und annimmt, daß zwar durch Legitimation, Verheirathung und zehnjährigen Aufenthalt im Auslande, ebenso in dem angezogenen vom Gesetz ausdrücklich entschiedenen Specialfall, ebenso bei Entlassung zum Zweck der Auswanderung alle Staatsangehörigkeiten erlöschen, nicht dagegen in den unter 1. u. 2. bezeichneten Fällen der Entlassung zur Strafe. Das wäre ein principiell ganz unhaltbarer, ja begrifflich unmöglicher Rechtszustand. Uebrigens liegt auch hierin eine Nöthigung, daß von Seiten der Centralgewalt über Naturalisationen und Entlassungen eine Cognition eingerichtet werde. Vgl. auch Laband I 275, der sich zweifelhaft äußert, trotz der „völligen Ana-

§. 17.

Der Rechtsinhalt der Reichsangehörigkeit.[1]

I. Allgemeine Erörterung.

Der Rechtsinhalt der Staatsangehörigkeit läßt sich mit wenigen Worten dahin zusammenfassen: der einem Staate Angehörige ist verpflichtet, den Gesetzen des Staates Gehorsam zu leisten. Darin liegt negativ, daß er alles unterlassen muß, was dem Staate Schaden bringt, und positiv, daß er alles leisten muß, was der Staat zu seinen Zwecken von seinen Angehörigen fordert. Diese beiden Gesichtspunkte haben im Einzelnen eine umfassende specialgesetzliche Ausbildung empfangen. Soweit keine Normen dieser Art vorhanden sind, ist der Staatsangehörige in seiner Bewegung und Thätigkeit frei: jenen Pflichten zur Treue und zur Erfüllung der vom Staat geforderten Leistungen entspricht demnach das in der Staatsangehörigkeit enthaltene Recht, im Rahmen der staatlichen Rechtsordnung frei dem Erwerbe und

---

logie der Fälle", da der „extensiven Interpretation" „der Character des G. v. 4. Mai 1874 als eines Ausnahmegesetzes" entgegen stehe.

[1] Vgl. hiefür besonders v. Gerber, Grundz. S. 222—225, der sich vollkommen zutreffend nur vielleicht nicht scharf genug gegen eine Anschauung wendet, die nur nach „Rechten" ruft und darüber das richtige Verhältniß für die Pflichten verliert, die angesteckt durch die republikanische Phrase schon vor dem Wort „Unterthan" ein Grauen empfindet und mit „trüben Medien schillernder Bilder" den Fundamentalgrundsatz verdeckt: daß der Staatsangehörige der Staatsgewalt unterworfen sei und nur in Consequenz der hieraus entspringenden Pflichten staatsbürgerliche Rechte hat.

der Beschäftigung nachzugehen und hiefür den staatlichen Rechtsschutz in Anspruch zu nehmen.

„Das Wesen der Zugehörigkeit zu einem staatlichen Organismus besteht in der Unterthanenschaft d. h. in der Unterwerfung unter die obrigkeitliche Herrschermacht. Der Bürger ist als Einzelner Object der obrigkeitlichen Rechte des Staates; die Willenssphäre des Staates richtet sich gegen ihn und verpflichtet ihn zu Handlungen, Leistungen und Unterlassungen behufs Durchführung der dem Staate obliegenden Aufgaben.[2]"

Dafür aber hat der Staat jedem einzelnen seiner Unterthanen gegenüber die Pflicht, ihm Schutz und Rechtssicherheit nach Maßgabe der Gesetze zu gewähren, eine Pflicht, die sich auch in das Ausland erstreckt und gerade nach der letzteren Richtung in den modernen Culturstaaten eine ausgedehnte und sorgfältig geordnete Specialisirung erfahren hat, während die Theorie diesem Rechtszweig bis jetzt keineswegs eine seiner hohen Bedeutung entsprechende Würdigung hat zu Theil werden lassen. —

Aus diesen allgemeinen Bemerkungen ergibt sich, daß die strenge Systematik des Staatsrechtes für die Darstellung des Rechtsinhaltes der Staatsangehörigkeit fordern müßte: entweder daß man sich begnüge mit dem allgemeinen Satze: der Staatsangehörige ist seinem Staate zum Gehorsam und der Staat seinem Angehörigen zu Schutz verpflichtet oder aber: daß man die ganze Rechtsordnung unter der Rubrik „Rechtsinhalt der Staatsangehörigkeit" darstelle. Die Theorie hat jedoch bis jetzt weder diesen noch jenen Weg eingeschlagen; vielmehr hat man einen Mittelweg genommen und unter dem

---

[2] Laband I 137.

Thema der Staatsangehörigkeit zwar nicht einen Katalog aller Rechtssätze gegeben, die sich auf die Staatsangehörigen beziehen, wohl aber eine Aufzählung der sogenannten Grundrechte,[3] ein Begriff, der keinerlei juristische Formulirung fand, der in Folge dessen einen bequemen Deckmantel bot für eine wunderliche Mischung von wirklichen Rechten, von politischen — mehr oder weniger gerechtfertigten — Wünschen und endlich von Phrasen, die nicht selten selbst Aufnahme in die Staatsverfassungen fanden, wie z. B. das Adreß- und Petitionsrecht u. dgl. Es ist nicht verwunderlich, daß ein so scharfer Denker wie Laband unter diesen Verhältnissen mit der ganzen Kategorie der „Grundrechte" kurzen Proceß machte und sie mit der spöttischen Bemerkung über Bord warf: warum man denn nicht das Recht, Wechsel zu trassiren, auch als ein „Grundrecht" aufführe? Die strenge Consequenz aber seiner principiellen und principiell richtigen Auffassung des staatsrechtlichen Charakters der „Grundrechte" zieht Laband jedoch nicht: vielmehr bringt auch dieser Schriftsteller einen Katalog von Einzelrechten, die in der Staatsangehörigkeit enthalten sein sollen, gibt also der Theorie von den Grundrechten gewissermaßen nur eine andere Wendung. Dabei verdient es jedoch besonders hervorgehoben zu werden, daß die Darstellung der Staatsangehörigkeit bei Laband insofern einen großen Fortschritt repräsentirt, als dieser Schriftsteller zuerst die strafrechtlichen Gesichtspunkte der Lehre scharf hervorgehoben und ausführlich behandelt hat. Wenn aber Laband das „Wohnrecht" als Inhalt der Staatsangehörigkeit aufführt, so erhebt sich hinsichtlich der Systematik doch

---

[3] Vgl. hiezu Laband I 148 ff. und die hier gegebenen Literaturnachweise; andererseits Meyer §. 217.

auch hier die Frage: warum nicht eben so gut das Recht, Wechsel zu trassiren? Und auch von den strafrechtlichen Momenten der Lehre gilt principiell ganz das Gleiche.

Es ist aber in der That der von der Theorie bisher festgehaltene Gedanke, als Inhalt des Staatsbürgerrechtes „Grundrechte" aufzuzählen, wenn auch systematisch unrichtig, doch aus einem anderen Gesichtspunkt recht wohl zu vertheidigen. Es empfiehlt sich, bei der Lehre von der Staatsangehörigkeit die Grundzüge derjenigen Ordnung darzulegen, in deren Rahmen das Leben der Angehörigen des betreffenden Staates sich bewegt: im Zusammenhang mit dem faktischen Substrat, das für jeden Staat essentiell ist, den Menschen, d. i. den staatsrechtlich zu dem betreffenden „Volke" gehörigen Personen, wird am besten trotz aller Bedenken der strengen Systematik durch Darlegung der Grundzüge des für jene Menschen geltenden Rechtes ein Ueberblick gewonnen über den Culturgrad, den die betreffende Staats- und Rechtsordnung repräsentirt. Das ist der richtige und festzuhaltende Gedanke, den die Theorie von den „Grundrechten" einschließt, der aber allerdings stark verdunkelt wurde durch den groben Unfug, der vielfach von der politischen Darstellung des Staatsrechtes hinsichtlich der „Grundrechte" verschuldet ist.

II. Die Pflichten.

1. Die Gehorsamspflicht.

Jeder Deutsche ist dem Staat zum Gehorsam verpflichtet. Der Staat wird repräsentirt entweder durch das Reich oder die Einzelstaaten: der Gehorsam bemißt sich lediglich nach der für jene Factoren bestehenden Competenzgrenze.[4] Voraussetzung für den Gehorsam ist nur, daß das den Staat vertretende Organ in rechtmäßiger Ausübung seines Amtes sich befinde. Die Frage der Rechtmäßigkeit ist im einzelnen Fall quaestio facti: allgemeine Regeln lassen sich hierüber nicht aufstellen; in jedem Falle kann Gehorsam nur im Rahmen von Verfassung und Gesetzen gefordert werden. Liegt diese Voraussetzung aber vor, so ist der Gehorsam Staatsbürgerpflicht, gleichgiltig ob er für ein Thun oder ein Unterlassen gefordert ist. Die vielberufene Theorie vom „passiven Widerstand" als der erlaubten Opposition gegen Anordnungen des Staates, die ein positives Thun fordern, wenn man sich nur den durch das Nichtthun verursachten Rechtsfolgen unterwerfe, ist in nuce die Auflösung jeder staatlichen Ordnung und es ist geradezu unbegreiflich, wie diese Lehre bis auf den heutigen Tag eine so wenig bestrittene Herrschaft in der Theorie behaupten konnte. —

Zum Gehorsam gegenüber den vom Staat ausgehenden Rechtsvorschriften ist jedoch nach heutigen Rechtsprincipien nicht allein jeder Staatsangehörige sondern auch jeder im Staatsgebiet sich aufhaltende Ausländer verpflichtet. Der Staatsangehörige aber ist überdies noch in besonderer Weise zur Treue gegen seinen Staat verpflichtet, und diese Treupflicht hat eine ausgedehnte strafrechtliche Specialisirung erfahren. Gegen die Verletzung der staatsbürgerlichen Treupflicht[5] sind gerichtet die Strafgesetze wegen Hoch- und Landesverrathes; der „Verrath" von Ausländern ist ein

---

[4] Laband I 138.

[5] Vgl. zum Folgenden Laband I 139 ff. und die dort citirte strafrechtliche Literatur.

principiell anderes Delict als der Verrath von Staatsangehörigen an der dem Vaterlande schuldigen Treue.[6] Das Nämliche gilt von der Majestätsbeleidigung. Wenn Ausländer wegen dieser Delicte bestraft werden, so geschieht dies nur aus dem allgemeinen Gesichtspunkte: daß der Staat in seiner Integrität geschützt werden muß; wogegen für Inländer bei diesen Delicten das staatsrechtliche Moment der Verletzung der dem Staat schuldigen Treue den für die strafrechtliche Construction maßgebenden Gesichtspunkt bietet.[7] Diese staatsrechtlichen Gesichtspunkte aber müßten consequenter Weise im Bundesstaat dahin führen: daß ein Unterschied zwischen Reich und Einzelstaat in Bezug auf die speciell gegen den Staat gerichteten Delicte gar nicht gemacht würde. Reich und Einzelstaaten in ihrem Zusammenwirken repräsentiren die deutsche Staatsgewalt: die Staatsoberhäupter der Einzelstaaten in corporativer Einheit gedacht tragen die deutsche Staatsgewalt (s. oben S. 61 ff): folglich sollte das Strafrecht hier principiell keinerlei Unterschiede statuiren. Die „subjective Treuverpflichtung“ der Deutschen besteht im Verhältniß zu den sämmtlichen Einzelstaaten und deren Landesherren in gleicher Weise, weil dieselben nur Bestandtheile der Reichsgewalt sind.[8] Durch den „Antheil welchen

[6] Laband I 139[4]. Die Criminalisten sind jedoch, soweit ich sehe, durchweg anderer Meinung.

[7] Dieses subjective Moment tritt insbesondre darin hervor, daß Hochverrath, Landesverrath und Majestätsbeleidigung von Deutschen im Ausland begangen in jedem Fall nach deutschen Strafgesetzen verfolgt werden können, selbst dann wenn im Ausland schon eine Strafe erkannt wurde; allerdings ist dies bezüglich des Hochverrathes auch für Ausländer möglich, und dem Hochverrath stehen Münzverbrechen und Amtsdelicte gleich. RStGB. §§. 4 Z. 1 u. 2, vb. 5, 7.

[8] Der Satz Labands I 140: „dagegen fehlt es an der subjectiven Treuverpflichtung im

die Landesherren aller einzelnen Staaten an der Reichsgewalt haben," rechtfertigt sich nicht nur der „Wegfall der Bedingung der Reciprocität" und eine „höhere Normirung des Strafmaßes" als gegenüber auswärtigen Staatsoberhäuptern, sondern jener „Antheil" hat zur logisch nothwendigen Consequenz den Wegfall jeder Verschiedenheit in der Normirung des Strafmaßes.

Das deutsche Strafgesetzbuch hat diesen staatsrechtlichen Gesichtspunkten nicht volle Rechnung getragen,[9] vielmehr macht es in den einschlägigen Rechtssätzen eine vierfache Unterscheidung: 1. das Reich, 2. der Einzelstaat, dem der Delinquent staatsrechtlich angehört, 3. der Einzelstaat des Aufenthaltes, 4. die anderen Einzelstaaten. In gleicher Weise wird hinsichtlich der Träger der Staatsgewalt unterschieden mit der Maßgabe, daß als solcher für das Reich der Kaiser strafrechtlich betrachtet wird.

Was nun die einzelnen hieher gehörigen Delicte betrifft, so stehen für Hochverrath durch Mord oder Mordversuch am Träger der Staatsgewalt (StGB. §§. 80, 81 Z. 1.) die oben sub 1—3 aufgeführten Kategorieen sich im Strafschutze vollkommen gleich, indeß für die Kategorie sub Ziffer 4. nur ein geringerer Schutz statuirt ist. Das gleiche System

Verhältniß zu den anderen Einzelstaaten und ihren Landesherren", steht durchaus in Widerspruch zu den von Laband I §. 9 in so ausgezeichneter Weise entwickelten Grundprincipien der staatsrechtlichen Struktur des Reiches. Richtig John bei v. Holtzendorff, Handbuch III S. 5 ff.; unrichtig Berner, Lehrb. (8) S. 365.

9 Berner, Lehrb. (8) S. 340 behauptet zwar: „das RStGB. stellt ein politisches Strafrecht auf, welches das Reichsganze und die einzelnen Reichsstaaten umfaßt und überall von dem Grundgedanken ausgeht, daß das ganze Reichsgebiet Inland sei"; die Behauptung ist aber leider nur in sehr modificirter Weise richtig.

ist hinsichtlich des Delictes der Majestätsbeleidigung befolgt (StGB. §§. 94 u. 95, 98 u. 99).

Keine Unterscheidung unter den vier Kategorieen wird dagegen gemacht, die betreffenden Bestimmungen sind somit staatsrechtlich richtig formulirt: bei Hoch- und Landesverrath, der sich gegen das Gebiet oder die Reichsverfassung richtet (StGB. §§. 71 Z. 2—4, 87, 88), ferner bei dem sog. diplomatischen Landesverrath (§. 92) sowie bei dem gesammten Strafsysteme, das für „Widerstand gegen die Staatsgewalt" aufgerichtet ist (StGB. §. 113).[10]

Die besprochenen Sätze des deutschen Strafrechtes geben noch zu einer weiteren staatsrechtlichen Bemerkung Anlaß. Wie oben bemerkt, muß principiell das subjective Moment der Verletzung der staatsbürgerlichen Treupflicht für dieselben die Basis der Construction bieten: dieses Moment ist aber vom positiven Recht nur in den §§. 87 und 88 („militärischer Landesverrath") berücksichtigt; die genannten §§ sind nur anwendbar auf Deutsche,[11] indeß für Ausländer hier das besondere Strafgesetz in §. 91 zur Anwendung kommt, ausgenommen solche Ausländer, welche „unter dem Schutze des deutschen Reiches oder eines Bundesstaates sich innerhalb des Bundesgebietes aufhalten" und während dieser Zeit einen Landesverrath begehen; für solche gelten die nämlichen Bestimmungen wie für die Inländer. Für alle übrigen oben genannten Delicte dagegen ist das Moment der Staatsangehörigkeit nicht berücksichtigt worden: Deutsche und Ausländer

[10] Der Gegensatz zwischen Bundesstaat und Staatenbund tritt besonders klar hervor durch die Vergleichung zwischen dem hinsichtlich des Hochverrathes im Reiche geltenden und dem im früheren deutschen Bunde vorhandenen Rechte; vgl. über letzteres Laband I 143 f.

[11] Vgl. John a. a. O. 48 ff.

werden vielmehr vollkommen gleich behandelt und die Würdigung des Momentes der Staatsangehörigkeit mag nur bei der Strafausmessung durch den Richter nach freiem Ermessen erfolgen. Es sind demnach in den einschlägigen Strafgesetzen zwei ihrer inneren Natur nach principiell verschiedene Thatbestände äußerlich zusammengefaßt, was besser vermieden worden wäre.[12]

Gegenüber „befreundeten" auswärtigen Staaten ist Reciprocität die nothwendige Voraussetzung für eine deutscherseits zu bethätigende Bestrafung von Verletzungen des betr. Staates. Die Verletzung der dem Staate geschuldeten Treu- und Gehorsamspflicht kann außer den oben bezeichneten strafrechtlichen Folgen unter Umständen den Verlust der deutschen Staatsangehörigkeit als Straffolge nach sich ziehen: vgl. hierüber oben §. 16 B Z. 6.

2. Jeder Deutsche ist wehrpflichtig (ausgenommen die Mitglieder der regierenden Häuser und die Standesherren) (RV. a. 57). In diesem Satz der Verfassung liegt ein zweiter Fundamentalsatz des deutschen Staatsbürgerrechtes: die Pflicht, im Kriegsfalle das Vaterland mit Leib und Leben zu schützen und behufs richtiger Leistung dieses Schutzes bereits im Frieden die Militärpflicht zu erfüllen.

Näheres hierüber in Buch VI.

3. Jeder Deutsche hat in financieller Beziehung diejenigen Leistungen zu machen, welche das Reich behufs Erfüllung seiner Aufgaben zu fordern für nöthig findet: die Steuerpflicht.

Näheres hierüber in Buch IX.

---

[12] Berner, Lehrb. d. Strafrechts (8) S. 342 meint, die im Text gegebene Ansicht beruhe auf „einer veralteten feudalistischen Auffassung des Staates". Vgl. Meyer, Lehrb. d. Strafrechts (2) §§. 184[13, 14], 185[9]; Laband I 246[1] und besonders Heinze, staatsrechtl. u. strafrechtl. Erörterungen 64 ff.

Hinsichtlich der Steuerpflicht gegenüber dem Einzelstaat, deren Ordnung dem partikularen Staatsrecht überwiesen wurde, hat das Reich nur durch G. v. 13. Mai 1870 (BGB. 119) bestimmt: daß die Besteuerung von Deutschen in dem Staate des Wohnsitzes, eventuell des Aufenthaltes, bei mehrfachem Wohnsitz der Heimath zu erfolgen habe, mehrfache Besteuerung aber verboten sei; Grundbesitz, Gewerbe, Besoldungen sind in demjenigen Staate zu besteuern, wo sie belegen sind bezw. betrieben oder bezahlt werden.

4. Jeder Deutsche hat überdies die Pflicht, alles zu unterlassen, was dem Staate schaden könnte, bezw. positiv zu thun, was in präventiver Weise zur Verhütung von Schaden vorgeschrieben wird. Durch zahllose Vorschriften polizeilicher Natur hat der angegebene allgemeine Grundsatz seine Specialisirung erfahren. Die Polizei ist den Einzelstaaten verblieben, doch hat das Reich mehrfach in einschneidender Weise eingegriffen.

Speciell ist hier zu erwähnen das G. v. 21. Oct. 1878 (RGB. 351),[13] welches sich „gegen die gemeingefährlichen Bestrebungen der Socialdemokratie („socialdemokratisch, socialistisch oder communistisch") richtet, da jene Bestrebungen als „auf den Umsturz der bestehenden Staats- oder Gesellschaftsordnung" gerichtet, sich durch traurige, „den öffentlichen Frieden, insbesondere die Eintracht der Bevölkerungsklassen gefährdende" Thatsachen deutlich dokumentirten. Das Gesetz wurde zuerst bis zum 31. März 1881 erlassen.[14] Dasselbe beschäftigt sich einmal mit Vereinen der oben bezeichneten Art.

---

[13] Vgl. zu diesem Gesetz den Commentar von Gareis bei Hirth, Ann. 1879 S. 345 ff.

[14] Dem Reichstag ist ein Entw. über Verlängerung des Gesetzes bis 31. März 1886 zugegangen. Das Gesetz wurde vom Reichstag jedoch nur bis zum 30. Sept. 1884 verlängert.

Die Gesetzgebung über Vereinswesen ist zwar durch RV. a. 4 Z. 16 dem Reiche vindicirt, ein Reichsvereinsgesetz ist aber bis jetzt nicht ergangen: nur zwei Rechtssätze über Vereinswesen finden sich in der bisherigen Reichsgesetzgebung: 1. zu Zwecken der Reichstagswahlen dürfen Vereine gebildet werden (Wahlgesetz §. 17), 2. Vereine der oben bezeichneten Art „sind zu verbieten“ (G. v. 21. Oct. 1878 §. 1); die §§. 2—8 enthalten theils Modificationen, theils Vollzugsbestimmungen zu der angegebenen Norm, insbesondere kann auch „Controle“ über einen verdächtigen Verein angeordnet werden; competent ist die Landespolizeibehörde, bei ausländischen Vereinen der Reichskanzler, jedes Verbot wirkt für das ganze Reichsgebiet. Gegen Verbote, wie Anordnung von Controle, ist Beschwerde an die Reichscommission (s. unten) gestattet.

Weiter bezieht sich das Gesetz in den §§. 9 und 10 auf Versammlungen, öffentliche Festlichkeiten, Aufzüge; sie können durch die Polizeibehörde aufgelöst, bezw. bei vorhandenem, „durch Thatsachen“ gerechtfertigten Verdacht schon vorher verboten werden; Beschwerde gegen das Verbot ist nur an die Aufsichtsbehörden, nicht an die Reichscommission gestattet. Sind Bezirke oder Ortschaften durch Bestrebungen der angegebenen Tendenz „mit Gefahr für die öffentliche Sicherheit bedroht“, so kann die Centralbehörde mit Genehmigung des Bundesrathes auf die Dauer von längstens einem Jahr die Abhaltung aller Versammlungen mit Ausnahme der auf Reichs- oder Landtagswahlen bezüglichen von vorheriger polizeilicher Genehmigung abhängig machen (§. 28 Ziff. 1).

Ferner sind Druckschriften der angegebenen Tendenz „zu verbieten“ (§. 11); periodische Druckschriften können dauernd unterdrückt werden, sobald ein Verbot einer einzelnen Nummer vorhergegangen ist; competent ist die Landespolizeibehörde, bei ausländischen Druckschriften der Reichskanzler, das Verbot ist wirksam für das gesammte Reichsgebiet; Verfasser, Verleger und Herausgeber haben das Recht der Beschwerde an die Reichscommission. In Bezirken oder Ortschaften, welche mit Gefahr für die öffentliche Sicherheit bedroht sind, kann durch die Centralbehörde mit Genehmigung des Bundesrathes für längstens ein Jahr „die Verbreitung von Druckschriften auf öffentlichen Wegen, Straßen, Plätzen oder an anderen öffentlichen Orten" verboten werden (§. 28 Z. 2).

Ferner dürfen keine Beiträge für Bestrebungen der angegebenen Tendenz eingesammelt werden (§. 16); gegen das Polizeiverbot ist Beschwerde an die Aufsichtsbehörde gestattet. In Bezirken oder Ortschaften, welche mit Gefahr für die öffentliche Sicherheit bedroht sind, kann durch die Centralbehörde mit Genehmigung des Bundesrathes für längstens ein Jahr „der Besitz, das Tragen, die Einführung und der Verkauf von Waffen verboten, beschränkt oder an bestimmte Voraussetzungen geknüpft werden" (§. 28 Z. 4).

Außerdem enthält das Gesetz noch einschneidende Bestimmungen, die sich auf den Gewerbebetrieb beziehen (§§. 23, 24) vgl. unten §. 26.

Die zur Entscheidung der Beschwerden eingesetzte Reichscommission (§§. 26, 27) besteht aus 4 Mitgliedern des Bundesrathes und 5 Mitgliedern „der höchsten Gerichte des Reiches oder der einzelnen Bundesstaaten", der Kaiser ernennt den Vorsitzenden; die Commission entscheidet als Collegium von 5 Mitgliedern, von welchen 3 zu den richterlichen gehören müssen. Die Durchführung der Bestimmungen des Gesetzes ist durch einschneidende Strafgesetze, sowie durch vorgesehene Aufenthaltsbeschränkungen (s. darüber unten III 3, η) gesichert.

III. Die Rechte.

1. **Jeder Deutsche muß im Vollgenuß seiner bürgerlichen und staatsbürgerlichen Rechte von der Staatsgewalt geschützt werden.** Alle Deutschen haben in dieser Richtung ein principiell **gleiches** Recht: weder existiren im deutschen Reiche Verhältnisse, welche ganze Kategorieen von Staatsangehörigen hinsichtlich des allgemeinen Rechtsschutzes schlechter stellen als andere (Sklaverei, Hörigkeit), noch sind besondere Bevorzugungen einzelner Kategorieen mit den heutigen Staatsprincipien vereinbar. Doch haben in letzterer Beziehung sich aus der ungeheuren Masse von Privilegien der früheren Zeit noch einige Reste selbst bis in die neueste Gesetzgebung gerettet: nämlich die Befreiung der Mitglieder der regierenden Häuser vom ordentlichen Gerichtsstand, die Privilegien derselben Personen in Bezug auf zeugschaftliche Vernehmung und gerichtliche Eidesleistung, der denselben gewährte höhere strafrechtliche Schutz; die Standesherren ferner haben das Privileg eines besonderen Gerichtsstandes von Standesgenossen in Criminalsachen, soweit ein solcher vor Erlaß der Reichsjustizgesetze partikularrechtlich noch bestand, behalten.[15]

Der staatliche Rechtsschutz wird geleistet theils vom Reiche, theils von den Einzelstaaten, nach Maßgabe der allgemeinen Competenzgrenze zwischen Reich und Einzelstaaten. Die Normen, nach welchen der Rechtsschutz zu leisten ist, sind jetzt in der Hauptsache durch die Reichsgesetzgebung aufge-

---

[15] Vgl. die einzelnen Nachweisungen bei Meyer §§. 227—229.

stellt, doch ist immerhin der Sphäre einzelstaatlicher Thätigkeit nicht allein die Durchführung der auf den Rechtsschutz bezüglichen Gesetzgebung, sondern auch diese letztere selbst in weitem Umfange überlassen geblieben. Die materielle und formelle Ordnung des Rechtsschutzes ist der Gegenstand einer Anzahl von besonderen juristischen Disciplinen und scheidet demnach aus der staatsrechtlichen Betrachtung völlig aus: so Civilrecht und Civilproceß, Strafrecht und Strafproceß sammt allen Separatabzweigungen, die sich in Hinsicht dieser Materien im Laufe der Zeit ergeben haben. Jene sämmtlichen Materien sind in die Sphäre der Reichsgesetzgebung einbezogen (RV. a. 4 Z. 13 u. G. v. 20. Dec. 1873, RGB. 379) und mit Ausnahme des Civilrechtes auch bereits durch hochwichtige Specialgesetze einheitlich für alle Reichsangehörigen geordnet; die einheitliche Ordnung des Civilrechtes steht noch bevor. Das Reich hat ferner auch die äußere Form der Gerichte durch das Gerichtsverfassungsgesetz v. 27. Januar 1877 (RGB. 41) festgestellt und den Einzelstaaten nur die Ausfüllung des gezogenen Rahmens überlassen: die Organisation der Gerichte ist eine einheitliche im ganzen Reiche; die Darstellung dieser Materie gehört in das Staatsrecht.

Vgl. hierüber Buch VIII.

Der Rechtsschutz aber, den der Staat seinen Angehörigen schuldet, hat seine Grenze nicht an den Grenzen des Staatsgebietes. Principiell zwar muß dies durchaus festgehalten werden: thatsächlich aber haben die Staaten der Neuzeit sich in dieser Beziehung große Concessionen gewährt und gestatten eine Bethätigung des Rechtsschutzes für fremde Staatsangehörige in weitem Umfang durch Beamten anderer Staaten. Demgemäß hat auch das deutsche Reich seine Schutzpflicht gegenüber deutschen Staatsangehörigen im Auslande principiell in der Verfassung a. 3 Abs. 6 anerkannt und den internationalen Rechtsschutz der Deutschen durch eine umfassende Specialgesetzgebung (RV. a. 4 Z. 7) organisirt. In letzter Instanz sind die Mittel, durch welche das Reich seiner Pflicht des Rechtsschutzes gegen Deutsche im Auslande genügen müßte, die Zwangsmittel des internationalen Verkehres.

Der Pflicht des staatlichen Rechtsschutzes entspricht die Gehorsamspflicht der Deutschen im Auslande gegenüber den deutschen Gesetzen und den Vertretern der deutschen Staatsgewalt, soweit der betreffende Territorialstaat eine Bethätigung der deutschen Staatsgewalt in seinem Gebiete gestattet; von praktischer Bedeutung ist dies insbesondere da, wo deutsche Consuln die Gerichtsbarkeit über Deutsche auszuüben berechtigt sind.

Im zweiten Bande werden die hieher gehörigen Normen speciell zu betrachten sein.

2. Der Genuß der staatsbürgerlichen Rechte d. i. derjenigen Theilnahme, welche dem Volke unmittelbar an der Bethätigung des staatlichen Verfassungs-Lebens eingeräumt ist, hat die Staatsangehörigkeit zur Voraussetzung, fließt aber nicht unmittelbar aus derselben, sondern ist sowohl für das Reich als für die Einzelstaaten noch an besondere Bedingungen geknüpft. Für das Reich kommt hier in Betracht das Recht zum Reichstag zu wählen und gewählt zu werden. (Vgl. hierüber oben § 12.)

Die Einzelstaaten ordnen die Bedingungen für den Genuß ihrer speciellen staatsbürgerlichen Rechte selbständig, soweit nicht zwingendes Reichsrecht vorhanden ist. (S. hierüber oben §. 15.)

3. Jeder Deutsche hat das Recht der freien Bewegung und Thätigkeit im Reichsgebiete: das

„Grundrecht“ der Freizügigkeit. Hiefür hat jeder Deutsche gleichen Anspruch auf den Schutz des Staates und innerhalb des Reichsgebietes besteht ein Unterschied zwischen In- und Ausländern in dieser Beziehung nicht. Dieser Grundsatz war bereits in der norddeutschen Bundesverfassung anerkannt und wurde von hier in die Reichsverfassung übernommen: durch das G. v. 1. Nov. 1867 (RGB. 55)[16] hatte er schon vor Aufrichtung des Reiches eine umfassende specialgesetzliche Durchführung erhalten und das G. v. 6. Juni 1870 (BGB. 360) über den Unterstützungswohnsitz hat ihn zur vollen Wahrheit gemacht, indem es für das ganze Reichsgebiet mit Ausnahme von Bayern[17] und Elsaß-Lothringen einheitliches Armenrecht herstellte und den Grundsatz der gothaer und eisenacher Verträge, daß die der Armenunterstützung verfallenen Personen dem Heimatsstaat zugewiesen werden dürfen, beseitigte.

Das Grundrecht der Freizügigkeit läßt sich nach folgenden Richtungen specialisiren:

a) Ein Deutscher darf nicht aus dem Reichsgebiet verwiesen werden (G. v. 1. Nov. 1867 §. 1). Kein Staat darf nach den heute anerkannten Grundsätzen des internationalen Verkehrs seine Staatsangehörigen, deren er aus irgend einem Grunde sich entledigen möchte, einem anderen Staate zur Last legen. Fremde sind im Staate principiell nur geduldet: sie können jederzeit des Reichsgebietes verwiesen werden, wenn das Interesse der öffentlichen Ordnung dies fordert;[18] dieser Grundsatz ist unzweifelhaft Be-

[16] Speciallitteratur s. bei Seydel 159[a]; vgl. auch Meyer 564[17].

[17] Vers. Schlußprot. III.

[18] Laband I 152; Meyer 563 sowie die N. 6 citirten Schriftsteller.

standtheil des deutschen Rechtes, obwohl er einen formell gesetzlichen Ausdruck nicht gefunden hat. Außerdem bestimmt das StGB. §§. 39, 284, 362 noch speciell, daß Ausländer, die wegen der in den genannten §§ behandelten Delicte bestraft sind, ausgewiesen werden können;[19] ebenso können ausländische Jesuiten und Personen, die einer jesuitenverwandten Corporation angehören, nach §. 2 des G. v. 4. Juli 1872 (RGB. 253) ausgewiesen werden; endlich Religionsdiener, denen auf Grund des G. v. 4. Mai 1874 (RGB. 43) die deutsche Staatsangehörigkeit aberkannt wurde (s. oben §. 16 B, 6 c); ferner ausländische Agitatoren der Socialdemokratie, so lange das G. v. 28. Oct. 1878 gilt (§. 22²).

b) Ein Deutscher darf einer ausländischen Regierung zur Bestrafung oder Verfolgung nicht ausliefert werden (RStGB. §. 9). Verbrechen, welche Deutsche im Ausland begangen haben, werden im Inland bestraft, soweit das StGB. hiefür Strafgesetze enthält; es ist dies jedoch die Ausnahme. Inwieweit Ausländer wegen im Ausland begangener Verbrechen an ihre Staaten ausgeliefert werden, bestimmen die Auslieferungsverträge, welche im äußeren Staatsrecht (Band II) speciell darzustellen sein werden.

Innerhalb des Reichsgebietes bestehen für die Strafverfolgung principiell keine Grenzen: schon durch das Rechtshilfegesetz v. 21. Juni 1869 (BGB. 305) §. 39 war dieser Grundsatz anerkannt worden und durch die Strafproceßordnung ist derselbe systematisch dem Reichsrecht eingefügt.[20]

[19] Die Ausweisungen werden im Centralblatt veröffentlicht.

[20] StPO. §§. 131, 132, 187; vgl. Laband I 160.

c) Das Correlat der sub a) und b) bezeichneten negativen Rechte bildet das in der Freizügigkeit enthaltene positive Recht jedes Deutschen, einerseits auszuwandern (vorbehaltlich der oben aufgezählten militärrechtlichen Beschränkungen),[21] andrerseits sich überall im Reichsgebiet behufs gesetzmäßiger Thätigkeit aufzuhalten (§. 1), ohne daß eine Einschränkung dieser freien Bewegung durch staatliche Behörden gestattet wäre, abgesehen von den gesetzlich fixirten Fällen staatlichen Einschreitens. Doch kann ausnahmsweise „wenn die Sicherheit des Bundes oder eines einzelnen Bundesstaates oder die öffentliche Ordnung durch Krieg, innere Unruhen oder sonstige Ereignisse bedroht erscheint" durch kaiserl. Verordnung überhaupt oder für einzelne Theile des Reichsgebietes oder zu Reisen aus und nach bestimmten Staaten des Auslands der Paßzwang eingeführt werden. (G. v. 12. Oct. 1867, BGB. 33 §. 9 vgl. dazu z. B. die kais. V. v. 26. Juni 1878, RGB. 131: Paßzwang für Berlin, ferner K. V. v. 2. Febr. 1879, RGB. 9: Paßzwang für Reisende, die aus Rußland kommen.) Außerdem sind Aufenthaltsbeschränkungen nur nach Maßgabe folgender Bestimmungen zulässig: α) Personen, welche strafgerichtlich unter polizeiliche Aufsicht gestellt sind, können aus bestimmten Bezirken ausgewiesen werden; neben dem Reichsstrafrecht sind hiefür auch die Vorschriften des Landesstrafrechtes noch in Kraft geblieben, soweit sie hinsichtlich der dem letzteren überlassenen Materien Aufenthaltsbeschränkungen statuirten (§. 3); β) Personen, welche in den letzten 12 Monaten wegen wiederholten Bettelns oder wiederholter Landstreicherei bestraft

[21] Ein Auswanderungsverbot kann der Kaiser bei Krieg oder Kriegsgefahr erlassen (§. 17 des G. v. 1. Juni 1870).

wurden, kann der Aufenthalt ebenso wie den sub α) genannten Personen in bestimmten Bezirken versagt werden (§. 3); die sub α) und β) bezeichneten Personenkategorieen müssen nur im Heimatsstaat aufgenommen werden;[22] γ) Mitgliedern des Jesuitenordens oder einer jesuitenverwandten Corporation, ferner Religionsdienern, denen ihr Amt gerichtlich aberkannt ist, die aber trotzdem in demselben zu functioniren fortfahren, ferner Personen, welche wegen Vornahme von Amtshandlungen in einem Kirchenamte, das den Staatsgesetzen zuwider ihnen übertragen oder von ihnen übernommen ist, zur Untersuchung gezogen werden, kann nach Eröffnung der gerichtlichen Untersuchung bis zur rechtskräftigen Beendigung des Verfahrens der Aufenthalt durch die Landespolizeibehörde in bestimmten Bezirken versagt oder angewiesen werden, ohne daß die Grenzen der Einzelstaaten hiefür in Betracht kämen (G. v. 4. Juli 1872, RGB. 253 §. 2 Schlußsatz, G. v. 4. Mai 1874, RGB. 43 §§. 1. 5); δ) Wehrpflichtige dürfen vor erfüllter aktiver Dienstpflicht ihren Aufenthalt nur mit Genehmigung der Militärbehörde verändern; ε) Gemeinden oder Armenverbände können neu anziehende Personen von der Niederlassung ausschließen, wenn sie nachweisen, daß dieselben unvermögend sind, sich und ihre nicht arbeitsfähigen Angehörigen nothdürftig zu ernähren (§. 4).[23] Offenbart sich

---

[22] A. A. Meyer 564; Seydel 166; Laband I 159; vgl. dagegen v. Pözl S. 68². Die Ansicht der 3 erstgenannten Schriftsteller führt nothwendig zu der Annahme der Zulässigkeit einer Ausweisung aus dem ganzen Reichsgebiete in den im Text bezeichneten Fällen; §. 3 des Freizügigk.-Ges. aber hat offenbar eine solche nicht im Sinn.

[23] Seydel 166 f.; Laband I 160. Landesgesetzlich darf die durch §. 4 den Gemeinden ertheilte Befugniß noch beschränkt werden.

nach dem Anzuge die Nothwendigkeit einer öffentlichen Unterstützung, bevor der neu Anziehende den Unterstützungswohnsitz erworben hat, und weist die Gemeinde nach, daß das Unterstützungsbedürfniß nicht blos durch vorübergehende Arbeitsunfähigkeit verschuldet sei, so kann die Fortsetzung des Aufenthaltes versagt werden (§. 5). ζ) Bayern[24] und Elsaß-Lothringen endlich können Personen, die der Armenunterstützung anheimgefallen sind, ihrem Heimatsstaate zuschieben und das Gleiche ist den übrigen Einzelstaaten hinsichtlich der Bayern und Elsaß-Lothringer gestattet. η) Personen, welche sich die Agitation für die Bestrebungen, gegen welche das G. v. 21. Oct. 1878 gerichtet ist, „zum Geschäfte machen", können durch die Landespolizeibehörde aus bestimmten Bezirken ausgewiesen werden, jedoch aus dem Bezirk des Wohnsitzes nur dann, wenn letzterer noch nicht 6 Monate beträgt; Voraussetzung hiefür ist jedoch, daß gegen die betr. Person eine richterliche Bestrafung wegen Verletzung des Gesetzes auf Grund der §§. 17—20 vorliegt und daß das richterliche Erkenntniß zugleich auf Zulässigkeit der Aufenthaltsbeschränkung lautet (§. 22).

In Bezirken oder Ortschaften, welche mit Gefahr für die öffentliche Sicherheit bedroht sind, kann Personen, von welchen eine Gefährdung der Sicherheit zu besorgen steht, der Aufenthalt versagt werden durch die Centralbehörde des Bundesstaates mit Genehmigung des Bundesrathes auf längstens ein Jahr (§. 28 Ziff. 3). Das betr. Gesetz ist jedoch ein provisorisches und gilt vorläufig nur bis 31. März 1881.

d) Die Erwerbsthätigkeit ist durch die neuere Gesetzgebung so viel als möglich von den hemmenden Schranken

[24] Hänel 109.

einer früheren Culturperiode befreit und zugleich das Hinderniß der einzelstaatlichen Grenzen im Reiche in dieser Beziehung principiell beseitigt worden. Verfassungsgemäß genießen alle Deutschen im Reichsgebiet gleiche Rechte für den Erwerb von Grundbesitz, den Betrieb von Gewerben und die Fähigkeit zur Bekleidung öffentlicher Aemter, sei es in der Weise, daß für das ganze Reichsgebiet gemeines Recht geschaffen wurde, so im Gewerberecht,[25] sei es daß die betreffende Materie zwar dem Partikularrecht verblieb, der Unterschied zwischen In- und Ausländern aber für die Angehörigen deutscher Staaten beseitigt wurde.

e) Die Eheschließung von Deutschen ist durch G. v. 4. Mai 1868 (BGB. 149) von früheren polizeilichen Beschränkungen befreit und somit auch durch Erleichterung des wichtigsten familienrechtlichen Aktes die freie Bewegung der Bevölkerung wesentlich gefördert worden.[26] Nur in Bayern,

---

[25] Vgl. die Lehre vom Gewerbewesen. Hieher gehört auch das „Grundrecht" der Preßfreiheit: daß der Einzelne seine Gedanken durch die Presse zum Ausdruck bringen darf, ist selbstverständlich, soweit nicht Strafgesetze entgegenstehen; daß das Preßgewerbe frei sei, ist ein Bestandtheil des allgemeinen Principes der Gewerbefreiheit und gehört demnach systematisch lediglich in den Zusammenhang des Gewerbepolizeirechtes. Historisches s. bei Meyer §. 221.

[26] §. 1. „Bundesangehörige bedürfen zur Eingehung einer Ehe oder zu der damit verbundenen Gründung eines eigenen Haushalts weder des Besitzes noch des Erwerbes einer Gemeindeangehörigkeit (Gemeindemitgliedschaft) oder des Einwohnerrechtes, noch der Genehmigung der Gemeinde (Gutsherrschaft) oder des Armenverbandes, noch einer obrigkeitlichen Erlaubniß.

Insbesondre darf die Befugniß zur Verehelichung nicht beschränkt werden wegen Mangels eines bestimmten, die Großjährigkeit übersteigenden Alters oder des Nachweises einer Wohnung, eines hinreichenden Vermögens oder Erwerbes, wegen erlittener Bestrafung, bösen Rufes, vorhandener oder zu befürchtender

wo das oben erwähnte Gesetz nicht eingeführt ist, bezw. von Bayern im übrigen Reichsgebiet wird eine districtspolizeiliche Genehmigung zur Eheschließung gefordert und dieselbe muß versagt werden, wenn die Heimatsgemeinde oder das Regierungsfiscalat nach Maßgabe der gesetzlichen Gründe gegen die Verehelichung Einspruch erhoben haben.[27] Eine obrigkeitliche Erlaubniß wird im übrigen nur für Landesbeamte und Militärpersonen gefordert, nicht aber für Reichsbeamte.[28]

f) Deutsche, welche hilfsbedürftig werden, haben ein Recht auf Armenunterstützung (G. v. 6. Juni 1870, BGB. 360).[29] Alle Deutschen sind in jedem Theile des Reichsgebietes gleichberechtigt sowohl für Art und Maß der etwa nöthig werdenden Unterstützung als auch für den Erwerb und Verlust des Unterstützungswohnsitzes (§. 1). Zur Leistung der Unterstützungspflicht organisirt das Gesetz Ortsarmenverbände und Landarmenverbände (§. 2): die ersteren sind primär, die letzteren eventuell unterstützungspflichtig (§. 5); die Ortsarmenverbände bestehen aus einer oder mehreren Gemeinden bezw. selbständigen Gutsbezirken; das ganze Reichsgebiet bildet ein zusammenhängendes Netz von solchen Verbänden (§. 3); die Landarmenverbände bestehen in der Regel aus mehreren Ortsarmenverbänden (§. 5²).

Verarmung, bezogener Unterstützung oder aus anderen polizeilichen Gründen. Auch darf von der ortsfremden Braut ein Zuzugsgeld oder eine sonstige Abgabe nicht erhoben werden."

[27] Vgl. v. Sicherer, Personenstand u. Eheschließung in Deutschland S. 270 ff., bes. 271 N. 38.

[28] G. v. 6. Febr. 1875 (RGB. 23) §. 38 vb. Milit.-G. v. 2. Mai 1874 §§. 40, 60; vgl. v. Sicherer a. a. O. 260 ff.

[29] Vgl. die ausführliche und sehr verdienstliche Darstellung des Reichsarmenrechtes von Seydel bei Hirth, Ann. 1877 S. 545—627.

Die Organisation dieser Verbände, die Sorge für die nöthigen Mittel, die Normen über das Maß der zu leistenden Unterstützung sind der Landesgesetzgebung anheimgegeben (§. 8) mit der einzigen Maßgabe, daß alle Deutschen gleich behandelt werden müssen. Die Ortsarmenverbände sind verpflichtet, diejenigen zu unterstützen, bezw. dauernd zu übernehmen (§. 31), welche den Unterstützungswohnsitz erworben haben; Mangels eines solchen tritt die Pflicht desjenigen Landarmenverbandes ein, in welchem der hilfsbedürftig Gewordene sich bei Eintritt dieses Zustandes befand (§. 30).

Vorläufige Unterstützung muß von den Ortsarmenverbänden jedem im betr. Bezirk sich aufhaltenden Deutschen, der hilfsbedürftig wird, geleistet werden vorbehaltlich des Regresses an den verpflichteten Ortsarmenverband (§. 28). Der Unterstützungswohnsitz wird erworben: 1. durch ununterbrochenen Aufenthalt von 2 Jahren nach zurückgelegtem 24. Lebensjahr, 2. durch Verehelichung mit einem Manne, der denselben erworben hat, 3. durch Abstammung von einem Vater, bezw. bei unehelichen Kindern einer Mutter, die denselben bereits erworben haben (§§. 10, 15, 18). Das Gesetz enthält eine Reihe sehr detaillirter Normen zur speciellen Regelung dieser Punkte. Verloren wird der Unterstützungswohnsitz: 1. durch Erwerb eines anderen, 2. durch zweijährige ununterbrochene Abwesenheit nach vollendetem 24. Lebensjahr (§. 22). Weder durch das Landesrecht noch durch Privatvertrag kann an den gesetzlichen Bestimmungen über Erwerb und Verlust des Unterstützungswohnsitzes etwas geändert werden. Ueber das zwischen den Armenverbänden hinsichtlich der Feststellung der Unterstützungspflicht zu beobachtende Verfahren gibt das Gesetz gleichfalls erschöpfende Normen (§§. 34 ff.): innerstaatliche

Armensachen werden in der höheren Instanz principiell durch die Landesbehörden entschieden, soweit es sich um „Organisation oder örtliche Abgrenzung" der einzelnen Armenverbände handelt, außerdem aber ist immer Berufung an das Bundesamt für Heimatswesen gestattet (§. 41); zwischenstaatliche Armensachen werden in jedem Falle durch das Bundesamt für Heimathswesen entschieden, doch sind von Preußen, Hessen und mehr als der Hälfte der Kleinstaaten auch die innerstaatlichen Armensachen zur Entscheidung in der obersten Instanz unmittelbar dem Bundesamt überwiesen (§. 52). Ueber das Bundesamt s. oben §. 14. Das Verfahren vor demselben ist theils direct durch das Gesetz, theils durch ein vom Bundesrath bestätigtes Regulativ v. 6. Januar 1873 geregelt (§. 45, das Regulativ s. CBl. 1873 S. 4 ff.). Die Entscheidung der unteren Instanz ist sofort durch die entscheidende Behörde vollstreckbar, muß jedoch bei abweichender Entscheidung der höheren Instanz wieder rückgängig gemacht werden (§§. 53 f.). Besteht neben der öffentlichen eine private Unterstützungspflicht (z. B. auf Grund eines Vertrages, Familienverhältnisses oder dgl.), so geht der hierdurch begründete Anspruch des Unterstützten unverkürzt auf denjenigen öffentlichen Armenverband über, der die Unterstützung geleistet hat (§. 62).

Sechstes Buch.

Das Reichsmilitärrecht.*

§. 18.

Die principiellen Grundlagen des Reichsmilitärrechtes.[1]

I. Das positive Rechtsmaterial.

1. Verfassungsrecht.

Nach RV. a. 4. Z. 14 gehört „das Militärwesen des Reichs und die Kriegsmarine" zu den Materien der „Beaufsichtigung Seitens des Reichs und der Gesetzgebung desselben". Der XI. Abschnitt der Verfassung beschäftigt sich sodann speciell mit dem „Reichskriegswesen" in den Artikeln 57 bis 68. Diesem Abschnitt ist eine „Schlußbestimmung" angefügt,

* Das Reichsmilitärrecht hat neuerdings eine ausgezeichnete Bearbeitung gefunden durch Laband, Staatsrecht III; daneben ist rühmend zu erwähnen Seydel in Hirth's Annalen 1874 1035 ff., 1875 53 ff., 1081 ff., 1393 ff. Das Gesetzesmaterial ist officiell publicirt und erläutert in der Schrift: die Militärgesetze des deutschen Reiches 2 Bde. Berlin 1877/78; bis auf die neueste Zeit reicht v. Walther: Die Militärgesetze des Deutschen Reiches. Berlin 1880. Vgl. ferner v. Rönne II 2. 111 ff.; Meyer, Lehrb. 509 ff. sowie die Abhandlungen von Blankenburg und Thudichum bei v. Holtzendorff, Jahrb. I 379 ff., II 87 ff.; ferner Thudichum, Verfassungsrecht des nordd. Bundes S. 368—491.

[1] Laband III §§. 77—82; Seydel bei Hirth, Ann. 1875 1393 ff.

welche sich auf Bayern und Württemberg bezieht und für ersteres Bundesglied die Bestimmungen im Versailler Vertrag v. 23. Nov. 1870 unter III. §. 5, für letzteres die Militärconvention v. 25. Nov. 1870 zum integrirenden Bestandtheil der Verfassung erhebt;[2] die betreffenden die Verfassung ergänzenden Bestimmungen sind publicirt im BGB. 1870, 658 (Württemberg) und BGB. 1871, 9 (Bayern). Auf die Kriegsmarine beziehen sich a. 53 u. 55 der Reichsverfassung. Verfassungsbestimmungen, welche auf das Militärwesen Bezug haben, finden sich außerdem noch in a. 8[3] (Bundesrathsausschuß für Landheer und Festungen, sowie für „Seewesen" d. i. die Kriegsmarine), a. 11 (Kriegserklärung), a. 41 u. 47 (Wahrnehmung der militärischen Interessen im Eisenbahnwesen), a. 71 u. Schlußbest. zu Absch. XII. (Militäretat).

Die Grundzüge des deutschen Militärrechtes, wie sie die Verfassung normirt, haben inzwischen durch eine umfassende Specialgesetzgebung eine sorgfältige und höchst specialisirte Durchführung empfangen. Wie das deutsche Heer in seiner gegenwärtigen Gestalt aus dem preußischen, so ist auch das deutsche Militärrecht aus dem preußischen hervorgewachsen. In allen Reformentwürfen der deutschen Bundesverfassung und nicht minder in der Sehnsucht der Nation spielte das geeinte deutsche Heer zum mindesten eine ebenso bedeutende Rolle als das geeinte deutsche Parlament. Wenn von den meisten Schriftstellern die Einheit des Heerwesens als begriffliches Merkmal des Bundesstaates im Gegensatz zum Staatenbund behauptet wurde, so ist dies grundlos: begrifflich gehört das Militärwesen im Bundesstaat ebensowenig

² A. A. bezüglich der württemb. Militärconvention Hänel 115 f.

zur Competenz der Centralgewalt wie beispielsweise das Unterrichtswesen.[3] Der Begriff des Bundesstaates läßt sich unmöglich aus einzelnen Momenten gewinnen, sondern nur aus dem principiellen Moment der Souveränetät. Allerdings aber war in Deutschland das patriotische Sehnen und Streben der Nation auf Herstellung eines Bundesstaates immer eng verbunden mit dem Streben nach einem geeinten deutschen Heere; ein Hauptmoment der Einheitssehnsucht lag gerade darin, daß die deutschen Staaten in ihrer Zerrissenheit von den Mächten des Auslandes mißachtet, ja verhöhnt wurden: daraus folgte unmittelbar der Wunsch, diesem traurigen Zustande durch Organisation einer imposanten gesammtdeutschen Heeresmacht ein Ende zu bereiten. So kam es, daß das Heerwesen bei den bundesstaatlichen Plänen stets in allererster Linie stand. Principiell aber könnte sehr wohl ein Bundesstaat gedacht werden, in welchem das Militärwesen der Autonomie der Einzelstaaten überlassen wäre.

Die feste Basis für die Organisation der preußischen Armee war durch die Roon'sche Gesetzgebung aus dem Anfang der sechziger Jahre im Conflict mit der Volksvertretung geschaffen worden. Im J. 1866 hatte die Volksvertretung formell „Indemnität" ertheilt, materiell „Indemnität" für sich erbeten. —

2. Gesetzesrecht.

Nach Aufrichtung des norddeutschen Bundes bezw. deut-

[3] A. A. Laband III 2: „alle Schriftsteller über das Wesen und die Einrichtungen des Bundesstaates waren von jeher darüber einig, daß, sowie die völkerrechtliche Vertretung und die Wahrnehmung der internationalen Interessen, so auch die Ordnung des Heerwesens und der Oberbefehl über die bewaffnete Macht zur Competenz der Bundesgewalt gehöre".

schen Reiches wurde in die Verfassung ein Artikel (RV. a. 61)[4] aufgenommen, welcher vorschreibt: „nach Publikation dieser Verfassung ist in dem ganzen Reiche die gesammte preußische Militärgesetzgebung ungesäumt einzuführen, sowohl die Gesetze selbst als die zu ihrer Ausführung, Erläuterung oder Ergänzung erlassenen Reglements, Instructionen und Rescripte"; positiv ausgenommen wird nur die Militärkirchenordnung. Ferner ist gesagt: „nach gleichmäßiger Durchführung der Kriegsorganisation des deutschen Heeres wird ein umfassendes Reichsmilitärgesetz" ergehen. Demgemäß wurde das gesammte preußische Militärrecht provisorisch für das Reich in Kraft gesetzt, theilweise in einer staatsrechtlich sehr bedenklichen Form.

„Man hatte in Preußen eine mustergiltige, im Frieden und Krieg bewährte Organisation, eine bis in's feinste Detail ausgebildete und durch eine langjährige und reiche Praxis erprobte Armeeverwaltung und eine in dem Rechtsbewußtsein und in den Lebensverhältnissen des Volkes sowie in den Traditionen der gesammten Staatsverwaltung fest wurzelnde Militärrechtsordnung" (Laband III 12).

Noch vor Aufrichtung des Reiches war übrigens durch die Offensiv- und Defensivallianz Preußens mit den süddeutschen Staaten und die hessische Militärconvention v. 7. April 1867 thatsächlich die volle militärische Einheit Deutschlands hergestellt.

Die Ausdehnung der preußischen Militärgesetzgebung auf sämmtliche Staaten des Reiches erfolgte für Südhessen durch die Militärconvention v. 1867, für Baden und Württemberg durch die Versailler Novemberverträge von 1870 (für Würt-

[4] Vgl. hiezu Laband III 13, 21 ff.; Thudichum bei v. Holtzendorff, Jahrb. II 90; Seydel bei Hirth, Ann. 1875 1405.

temberg mit erheblichen Modificationen), endlich für Elsaß-Lothringen durch G. v. 23. Januar 1872. Auf Bayern wurde die preußische Militärgesetzgebung formell nicht ausgedehnt, vielmehr die Einführung preußischer Militärgesetze durch Versailler Vertrag III §. 5 Z. I „freier Verständigung“ von Fall zu Fall vorbehalten.[5] Inzwischen ist durch die vom Reich erlassenen Militärgesetze die materielle Verschiedenheit des bayrischen vom Reichsmilitärrecht auf ein Minimum reducirt worden.

Die preußische Militärgesetzgebung ist jetzt formell in der Hauptsache beseitigt durch die Reichsmilitärgesetzgebung.[6] Das in der Verfassung versprochene Reichsmilitärgesetz ist am 2. Mai 1874 erlassen worden (RGB. 45); dasselbe ruht auf der Basis des Kriegsdienstgesetzes v. 9. Nov. 1867 (BGB. 131);[7] dem Militärgesetz stehen ergänzend zur Seite die Mil.-Ges.-Novelle v. 6. Mai 1880 (RGB. 103), das Landsturmgesetz v. 12. Februar 1875 (RGB. 63), das Controlgesetz v. 15. Febr. 1875 (RGB. 65), das Pensionsgesetz v. 27. Juni 1871 (RGB. 275) nebst den Novellen hiezu v. 4. April 1874 (RGB. 25) und v. 30. März 1880 (RGB. 99); das Militärstrafrecht ist codificirt im Militärstrafgesetzbuch v. 20. Juni 1872 (RGB. 174), die Militärstrafgerichtsordnung fehlt noch, in Folge dessen gilt für das Gebiet des ehem. norddeutschen Bundes, sowie für Baden nach a. 61 die preuß. Mil. StGO. v. 3. April 1845, ferner eine bayrische und eine württembergische für die betreffenden Contingente. Auf sachliche Leistungen für militärische Zwecke beziehen sich das Kriegsleistungsgesetz v. 13. Juni 1873 (RGB. 129), ferner in Friedenszeiten das Quartierleistungsgesetz v. 25. Juni

[5] Thudichum 90.

[6] Vgl. Meyer, Lehrb. §. 200.

[7] In Bayern eingeführt durch G. v. 24. Nov. 1871 (RGB. 398).

1868 (BGB. 523)[8] nebst Novelle v. 3. August 1878 (RGB. 243), das Naturalleistungsgesetz v. 13. Febr. 1875 (RGB. 52) und endlich hinsichtlich der Festungen in Krieg und Frieden das Festungsrayongesetz v. 21. Dec. 1871 (RGB. 459).

3. Verordnungsrecht.

Neben dem in der Form des Gesetzes bezw. der Verfassung ergangenen Militärrecht steht das in die Form der Verordnung gekleidete Recht; zu den oben genannten Gesetzen sind viele, theils im Gesetz-, theils im Centralblatt theils auch anderwärts publicirte Vollzugsverordnungen ergangen. Für diese Sphäre des Militärrechtes gelten folgende Sätze:

1. Eine aus inneren sachlichen Gesichtspunkten sich ergebende Grenze zwischen dem Gebiet der Gesetzgebung und dem der Verordnung ist für das Militärrecht speciell so wenig zu gewinnen, wie überhaupt (vgl. oben §. 8).[9]

2. Eine positive Abgrenzung zwischen den beiden Gebieten enthält die Verfassung nicht: was durch Gesetz, was durch Verordnung zu regeln, ist somit auch auf diesem Gebiet principiell nur Sache der Gesetzgebungspolitik.

3. Die Materien, welche direct in der Verfassung normirt sind, können weiterhin auch nur in dieser Form geordnet werden; ebenso kann, was auf dem Wege des Gesetzes fixirt ist, nur auf dem gleichen Wege abgeändert werden.

4. Subject des Verordnungsrechtes ist principiell hier

---

8 In Bayern speciell eingeführt durch G. v. 9. Februar 1875 (RGB. 41).

9 Vgl. Seydel 1405ff.; Thudichum bei Holtzendorff, Jahrb. 1873 93f.; diese Schriftsteller versuchen eine sichere Umgrenzung der Verordnungssphäre durch Aufzählung der auf dem Wege des Gesetzes geregelten Materien zu gewinnen.

wie überhaupt der Bundesrath;[10] für ihn spricht Mangels besonderer Bestimmungen die Präsumtion. In fast allen Militärgesetzen ist jedoch das Recht, die Vollzugsverordnungen zum Gesetz zu geben, dem Kaiser bezw. König von Bayern delegirt[11] (vgl. oben §. 8).

5. Hinsichtlich des militärischen Verordnungsrechtes besteht eine besondere Schwierigkeit in der Feststellung des Rechtsverhältnisses zwischen Verordnungsgewalt und Oberbefehl.[12] Den militärischen Oberbefehl überträgt die Verfassung a. 63[1] principiell dem Kaiser. Die Grenze aber zwischen Oberbefehl und Verordnungsrecht läßt sich weder auf Grund sachlicher Erwägungen ziehen, noch ist dieselbe durch das positive Recht gezogen.[13] Competenzconflicte nach der angegebenen Richtung sind demnach sehr wohl möglich: practisch ist jedoch dieser Gefahr die Spitze dadurch abgebrochen, daß einmal durch die meisten Specialgesetze dem Kaiser auch das Verordnungsrecht übertragen ist und zweitens im Zweifelsfalle nach der ganzen Organisation unserer Militärverfassung für

---

[10] A. A. v. Rönne §. 108 und Thudichum bei v. Holtzendorff, Jahrb. II 91, die den Kaiser als Subject des Militärverordnungsrechtes bezeichnen, vgl. dagegen Laband III 19 ff.

[11] Z. B. Quartierleist.-G. v. 25. Juni 1868 (BGB. 523) §. 20, für Bayern G. v. 9. Febr. 1875 (RGB. 41) §. 3. Nat.L.G. v. 13. Febr. 1875 (RGB. 52) §. 18.

[12] Vgl. die eingehende Analyse, welche Thudichum bei v. Holtzendorff, Jahrb. II 92 ff. gibt.

[13] Laband III 35: „den Bereich des Armeebefehls von dem Bereich der Armeeverordnung scharf und principiell abzugrenzen, ist nicht möglich". Vgl. an jener Stelle die ausgezeichneten Bemerkungen über den „Verwaltungsbefehl", nur muß, was Laband auf den „Verwaltungsbefehl" beschränkt, auf die Verordnung überhaupt generalisirt werden, von welcher der „Verwaltungsbefehl" nur eine Unterart ist.

den Oberbefehl zu präsumiren sein wird. Als Rechtssatz läßt sich dies allerdings nicht behaupten.

4. Die Conventionen.[14]

Endlich kommen noch in Betracht die sog. Militärconventionen. Es existiren 18 solche: das Rechtsverhältniß derselben ist theilweise sehr schwierig und zweifelhaft.

a) Die Militärconvention zwischen dem norddeutschen Bund und Bayern, welche in den Versailler Verträgen v. 23. Nov. 1870 unter III §. 5 enthalten ist, bietet keine Schwierigkeit: sie ist durch die Schlußbestimmung zu Absch. XI. der RV., wozu ergänzend die Schlußbestimmung zu Absch. XII tritt, unzweifelhaft Bestandtheil des deutschen Verfassungsrechtes geworden.

b) Ganz das gleiche Rechtsverhältniß besteht aus genau den gleichen Gründen hinsichtlich der württembergischen Militärconvention[15] (abgesehen nur von der Schlußbest. zu Absch. XII).

c) Ueber die Verhältnisse der theils auf bayrischem, theils auf württembergischem Gebiete belegenen Festung Ulm wurde unterm 16. Juni 1874 ein Vertrag zwischen Preußen, Bayern und Württemberg abgeschlossen.[15a] Daß die betreffende Materie auf dem Wege der Reichsgesetzgebung hätte erledigt werden können, ist unzweifelhaft, und daß dies der staatsrechtlich

[14] Seydel 1403 ff., dessen principielle Gesichtspunkte aber nicht zutreffen; Hänel 115 ff.; Laband III 26 ff. Die Conventionen finden sich in vollem Text in den Drucksachen des Reichstags 1867 Nr. 21, 1872 Nr. 189, 1873 Nr. 18, 1874 Nr. 33, sowie in „die Militärgesetze des deutschen Reiches" B. I 55—181.

[15] A. A. Hänel 115 ff. Vgl. hiezu auch oben S. 85[24]. Richtig Laband III 33.

[15a] Text bei v. Walther I 15 ff.

correcte Weg gewesen wäre, nicht minder. Die Rechtskraft des Vertrages wird jedoch trotz der in der Vertragsform liegenden Incorrectheit nicht zu beanstanden sein.

d) Sehr schwierig ist die Feststellung des Verhältnisses der sächsischen Militärconvention. Dieselbe datirt vom 7. Februar 1867, also aus der Zeit vor Errichtung des norddeutschen Bundes und ist abgeschlossen zwischen Preußen und Sachsen; ihr Inhalt aber bezieht sich gerade auf das Militärwesen des aufzurichtenden Bundesstaates, wiederholt wird auch vom „Bundesfeldherrn" gesprochen, obwol ein solcher rechtlich noch nicht existirte. Die sächsische Militärconvention wollte unzweifelhaft die rechtliche Stellung Sachsens im Militärwesen des Bundesstaates normiren. Das Militärwesen des Bundesstaates wurde weiterhin im XI. Abschnitt der Verfassung geregelt, ohne daß des auf Sachsen bezüglichen Vertrages und seiner Sonderbestimmungen gedacht wäre, weder durch formelle Bezugnahme noch durch materielle Aufnahme jener Bestimmungen. Demgemäß müßte gefolgert werden: der völkerrechtliche Vertrag v. 7. Februar ist erloschen und ersetzt durch die Verfassung. Diese Folgerung aber wird widerlegt durch die fortgesetzte Anwendung der Convention: thatsächlich war und ist die sächsische Convention ebensogut in Kraft wie die württembergische. Formell aber entbehrt sie der verfassungsmäßigen Rechtskraft und principiell der Rechtskraft überhaupt, da die in derselben behandelten Materien nach Aufrichtung des Bundesstaates in die Sphäre der Bundes-Gesetzgebung fielen. Im Hinblick aber auf die Absicht der Contrahenten, über welche ein Zweifel nicht bestehen kann, wird die sächsische Militärconvention, soweit sie sich im Rahmen der kaiserlichen Dispositionsfreiheit bewegt, zwar nicht die Rechtskraft eines Vertrages beanspruchen können,[16] wol aber als ein feierliches Versprechen des Königs von Preußen, in seiner Eigenschaft als Bundesfeldherr Sachsen gegenüber sich in gewisser Weise zu verhalten, ihre Bedeutung haben.

e) Außerdem bestehen noch Conventionen mit Baden, Hessen, Mecklenburg-Schwerin, Mecklenburg-Strelitz, Oldenburg, Lübeck, Bremen, Hamburg, Waldeck, Schaumburg-Lippe, Lippe-Detmold, Anhalt, Schwarzburg-Sondershausen und eine Gesammtconvention für die thüringischen Staaten (Großherzogthum Sachsen, die drei sächsischen Herzogthümer Coburg-Gotha, Meiningen, Altenburg, beide Reuß und Schwarzburg-Rudolstadt).

Aus dem angegebenen Verzeichniß geht hervor, daß einzig und allein für Braunschweig keine Convention besteht.

Die badische Convention bildet einen Theil der Novemberverträge von 1870; die übrigen sind sämmtlich theils vor theils unmittelbar nach Errichtung des norddeutschen Bundes abgeschlossen und nach Aufrichtung des Reiches erneuert worden.[17]

Der Inhalt der Conventionen besteht durchweg in Modificationen der Verfassung und mit Recht bemerkt demnach Laband (III. 3): „die Reichsverfassung enthält gleichsam ein Idealrecht, welches nirgends verwirklicht ist, das vielmehr nur die Normallinie bildet, um welche sich die thatsächlich in Geltung stehenden Regeln in mancherlei Windungen ziehen."

Der Inhalt der Conventionen läßt sich ganz allgemein durch zwei Sätze characterisiren: 1. Die Einzelstaaten

[16] Uebereinstimmend Hänel 247 ff.; Meyer 515⁴ und Thudichum, Verf.-R. 111; a. A. derselbe bei v. Holtzendorff, Jahrb. I 24; vgl. Laband III 31 f.

[17] Genaue Angabe der Daten bei Laband III 34.

verzichten zu Gunsten Preußens auf militärische Rechte, welche ihnen durch die Verfassung belassen sind; 2. der König von Preußen verpflichtet sich dagegen, die ihm durch die Verfassung übertragenen Functionen des Oberfeldherrn gegenüber dem betreffenden Staate in bestimmter modificirter Weise auszuüben. Bei den Conventionen aus d. J. 1867 handelte es sich noch 3. um die Adaptirung der preuß. Militärgesetzgebung — a. 61 der Verfassung — für die Einzelstaaten. Dieser Gesichtspunkt ist jetzt bedeutungslos geworden, nachdem die preuß. Militärgesetzgebung in der Hauptsache durch Reichsgesetze beseitigt ist. Diejenigen Bestimmungen der Verfassung, welche unter den erstgenannten Gesichtspunkt fallen, geben staatsrechtlich zu keinen Bedenken Anlaß: es hindert auch im Bundesstaate nichts, daß ein Einzelstaat auf Rechte, die verfassungsmäßig den Einzelstaaten zu Autonomie oder Selbstverwaltung überlassen sind, zu Gunsten eines anderen Einzelstaates vertragsmäßig verzichte, wenn nur die staatliche Individualität dadurch nicht alterirt wird; doch muß allerdings eine Genehmigung derartiger Verträge durch die Centralgewalt als staatsrechtlich nothwendig behauptet werden, wenn es sich um Materien der einzelstaatlichen Selbstverwaltung handelt; denn indem das Reich die Selbstverwaltung dem Staat A überließ, hat es den Staat A und nicht den Staat B damit beauftragt; der Uebergang dieser Verwaltung auf den Staat B ist demnach eine Sache, die auch das Reich angeht. Demnach ist bei den Militärconventionen eine Genehmigung der Centralgewalt erforderlich, dieselbe wurde jedoch nirgends eingeholt.[18]

---

[18] Abweichender Ansicht Laband III 30. Vgl. auch oben S. 68.

Was andrerseits die Gegenleistungen angeht, zu welchen sich der König von Preußen als Bundesfeldherr verpflichtete, so können dieselben staatsrechtlich nicht als Vertrag sondern nur als feierliches Versprechen qualificirt werden: es handelt sich um verfassungsmäßige Pflichten bezw. Rechte des Bundesfeldherrn, die vertragsmäßig zu modificiren dem König von Preußen unter keiner Bedingung gestattet sein konnte; wohl aber konnte derselbe versprechen, im Rahmen der durch die Verfassung gelassenen Freiheit in gewisser Weise handeln zu wollen. Ein solches Versprechen hat aber immer nur einen moralischen keinen juristischen Charakter.

Die Conventionen sind demnach, soweit es sich um Modificationen des kaiserlichen Oberbefehles handelt, nur Versprechungen ohne juristisch bindende Kraft, soweit es sich um die Uebertragung von einzelstaatlichen Selbstverwaltungsrechten auf Preußen handelt dagegen rechtskräftige Verträge; für letztere Sphäre war demnach die Mitwirkung der Volksvertretung erforderlich, wenn es sich um Materien der Gesetzgebung handelte; die Reichsgesetzgebung ihrerseits kann jederzeit solche Verträge durchbrechen, denn Reichsrecht bricht auch nach dieser Richtung stets Landesrecht.[19]

II. Das Reichsheer.

Das „deutsche Heer“, von welchem die Verfassung spricht, ist staatsrechtlich ein einheitliches Reichsheer, nicht eine Anzahl von Landesheeren.[20] Neben

[19] Laband III 29.

[20] A. A. Laband III 6, der als „oberstes Princip der Militärverfassung des deutschen Reiches“ den Satz behauptet: „es gibt kein Heer des Reiches, sondern nur Contingente der Einzelstaaten“. „Die Einheit ist bei der Marine Consequenz, bei dem Heer Modification des Grundprincips.“ Vgl. auch Seydel 1396 ff.; Thudichum 87 ff.

dem einheitlichen Reichsheer hat nur Bayern formell im staatsrechtlichen Sinne ein selbständiges Landesheer.

Daß das deutsche Heer Reichsheer sei, ergibt sich einmal schon aus dem principiellen Gesichtspunkt, daß das Reich die souveräne Militärhoheit besitzt. Wenn in der Verfassung, in Gesetzen und Conventionen von „Militärhoheit" der Einzelstaaten die Rede ist, so ist dies nicht im Sinne von Souveränetät zu verstehen. Was oben §. 4 in principieller Deduction über die Souveränetät im Reiche ausgeführt ist, gilt insbesondere auch vom Militärwesen. Nur Württemberg und Bayern haben Reservatrechte, Bayern allerdings in so weitem Umfange, daß für diesen Staat den Ausgangspunkt der rechtlichen Betrachtung gerade der Gegensatz zum Princip des Reichsheeres bildet.[21]

Daß das deutsche Heer Reichsheer sei, ergibt sich ferner insbesondere noch aus den Rechtssätzen über den kaiserlichen Oberbefehl, über die Grundlagen der Heeresorganisation, über den Militäretat.

A. Der kaiserliche Oberbefehl und die Contingentsherrlichkeit.

I. „Die gesammte Landmacht des Reiches wird ein einheitliches Heer bilden, welches in Krieg und Frieden unter dem Befehle des Kaisers steht" (RV. a. 63[1]). Dieselbe bildet „das deutsche Heer",[22] die Regimenter führen fortlaufende Nummern, haben gleiche Uniform, Bewaffnung und Gradabzeichen.[23]

---

[21] Vgl. Laband III 7 ff., der zwar die „Reichsmilitärhoheit" zugibt, das „Reichsheer" aber bestreitet.

[22] Nach Laband III 7 ist dies „nur eine Collectivbezeichnung, um die Contingente der einzelnen Bundesstaaten zusammenzufassen".

[23] Im Einzelnen bestehen bezüglich der Nummerirung und der Uniform einige Besonderheiten. Ueber Bayern s. unten III. Vgl. Seydel 1401.

Der kaiserliche Oberbefehl[24] wird hinsichtlich der äußeren Form ganz in gleicher Weise ausgeübt wie das Verordnungsrecht: nur besteht hinsichtlich des letzteren staatsrechtlich die Pflicht der Contrasignatur nach RV. a. 17 bezw. dem Stellvertretungsgesetz v. 17. März 1878, das aber auf das Militärwesen nicht anwendbar ist, für den kaiserlichen Oberbefehl dagegen nicht; zwar ist in der Verfassung versäumt worden, letzteres ausdrücklich zu constatiren (a. 17 der RV. spricht ganz generell von den „Anordnungen und Verfügungen des Kaisers"), doch darf das Angegebene als unzweifelhafter Rechtssatz behauptet werden: es war gewiß nicht die Absicht des Gesetzgebers, an dem früheren Rechtsprincip in dieser Frage zu rütteln, dafür spricht auch eine ununterbrochene Praxis und die Natur der Sache:[25] man müßte ja andernfalls zu der absurden Consequenz gelangen, auch im Kriege für die Maßnahmen des kaiserlichen Oberbefehls eine Contrasignatur des Reichskanzlers für nothwendig zu erklären.

Ueber die materielle Grenze zwischen Oberbefehl und kaiserlichem Verordnungsrecht s. oben I Z. 3.

Die einzelnen auf den Oberbefehl bezüglichen Rechtssätze sind:

1. Fahneneid. RV. a. 64[1].

Alle deutschen Truppentheile sind zum „unbedingten" Gehorsam gegen die Befehle des kaiserlichen Oberbefehlshabers bezw. seiner Vertreter in der militärischen Aemterhierarchie verpflichtet und haben dies bei ihrem Diensteintritt eidlich

[24] Laband III §. 79; Thudichum 98ff.; Seydel 1396ff.

[25] Uebereinstimmend Seydel 1397; Thudichum, Verf.-R. 387 und bei v. Holtzendorff, Jahrb. II 120.

zu geloben (RV. a. 64[1]). Den Fahneneid leisten die preußischen und die in preußische Verwaltung (s. unten S. 315) übernommenen Truppen dem Kaiser direct, ebenso die vom Kaiser ernannten Officiere aller Contingente (RV. a. 64[2]). Die übrigen Contingente schwören den Fahneneid ihrem Contingentsherrn, derselbe muß aber die Verpflichtung „den Befehlen des Kaisers unbedingte Folge zu leisten" enthalten (RV. a. 64[1]). Der Fahneneid der bayrischen Truppen enthält diese Gehorsamsverpflichtung nur für den Kriegsfall (s. unten III).

2. Der Kaiser hat die Vorschriften über die Heeresdisciplin zu erlassen (Mil.-G. §. 8, für die Marine RV. a. 53):[26] die Disciplinarstrafordnung für das Heer erging unterm 31. Okt. 1872, für die Marine v. 23. Nov. 1872.

3. Ernennung der Officiere (RV. a. 64[2]).

a) Der Kaiser ernennt, versetzt, pensionirt, entläßt alle preußischen sowie die Officiere der in preußische Verwaltung übernommenen Contingente. Außerdem b) die Höchstcommandirenden aller Contingente, den des sächsischen „auf Grund der Vorschläge" des Königs von Sachsen, c) die Festungscommandanten der sämmtlichen Reichsfestungen. d) Alle Officiere, welche eine Befehlshaberstellung über mehrere Contingente innehaben. e) Außerdem dürfen Generale und Officiere, welche ein Generalsamt vertreten, nur mit Genehmigung des Kaisers ernannt werden (RV. a. 64[2]). f) Für die Besetzung von Officiersstellen „im Reichsdienst" d. i. in den Reichsfestungen „sei es im preußischen Heere oder in anderen

[26] Daraus ergibt sich die Incorrectheit einer Publication dieser Vorschriften im preußischen Armeeverordnungsblatt, wie solche erfolgte. S. den Text der Disciplinarstrafordnungen bei v. Walther VI 53.

Contingenten" „mit oder ohne Beförderung" kann der Kaiser frei „aus den Officieren aller Contingente (ausgenommen das bayrische) des Reichsheeres" wählen (RV. a. 64²).[27]

Eine Modification dieser Sätze besteht nur für Württemberg: der König von Württemberg darf den Commandeur des württembergischen Armeecorps nur mit Zustimmung des Kaisers, alle übrigen Officiere frei ernennen (Mil.-Conv. a. 5).

4. Inspectionsrecht.

Der Kaiser hat die Pflicht und das Recht dafür Sorge zu tragen, daß innerhalb des deutschen Heeres alle Truppentheile vollzählig und kriegstüchtig vorhanden sind und daß Einheit in der Organisation und Formation, in Bewaffnung und Commando, in der Ausbildung der Mannschaften, sowie in der Qualification der Officiere hergestellt und erhalten wird. Zu diesem Behufe ist der Kaiser berechtigt, sich jederzeit durch Inspectionen von der Verfassung der einzelnen Contingente zu überzeugen und die Abstellung der dabei vorgefundenen Mängel anzuordnen.

Der Kaiser kann die Inspection persönlich oder durch Stellvertreter vornehmen. Dem König von Württemberg soll die Person eines etwaigen Stellvertreters vorher „bezeichnet" werden. Zeit, Ort, Art der Inspection anzuordnen, ist dem Kaiser vollständig frei überlassen. Vorgefundene Mängel kann der Kaiser direct zur Abstellung anordnen, nur in Sachsen und Württemberg geschieht dies formell durch den Landesherrn auf Grund der materiellen Anordnungen, der „Mittheilungen" des Kaisers (Sächs. Mil. Conv. a. 4², Württ. Mil. Conv. a. 9²).

[27] Die für Württemberg geltende Modification s. Württ. Mil.-Conv. a. 7. Vgl. überhaupt Laband III 66 f. über die im Text sub f bezeichnete „Anomalie".

5. Präsenzstand, Formation, Dislocation.

„Der Kaiser bestimmt den Präsenzstand, die Gliederung und Eintheilung der Contingente des Reichsheeres, sowie die Organisation der Landwehr und hat das Recht, innerhalb des Bundesgebietes die Garnisonen zu bestimmen“ (RV. a. 63[4]).

Ueber Präsenzstand und Formation enthält das Militärgesetz v. 2. Mai 1874 bezw. die Militärgesetznovelle vom 6. Mai 1880 jetzt die grundlegenden Normen. Insoweit ist demnach der kaiserliche Oberbefehl jetzt nur mehr im Rahmen des Gesetzes frei; Bestimmungen des letzteren können selbstverständlich nur auf dem Wege des Gesetzes abgeändert werden. Vgl. hierüber unten S. 320 ff.

Die „Dislocation“ dagegen ist freie Sache des kaiserlichen Oberbefehls. Doch hat der Kaiser sich in dieser Beziehung durch die Conventionen folgendermaßen moralisch gebunden:[28]

a) in Friedenszeiten dürfen nur im eigenen Lande dislocirt werden die Landeskinder der Königreiche Sachsen und Württemberg, der Großherzogthümer Baden, Hessen, Sachsen-Weimar, Oldenburg, der Herzog- bezw. Fürstenthümer Sachsen-Coburg-Gotha, Sachsen-Meiningen, Sachsen-Altenburg, Reuß ält. u. jüng. Linie, Anhalt, Schwarzburg-Rudolstadt. Für die Königreiche Sachsen und Württemberg bestimmt überdies der Landesherr die Garnison. Die sieben thüringischen Staaten bilden für die Dislocation eine Einheit;

b) fremde Landeskinder dürfen, wenn nicht besondere Interessen dies fordern, in Friedenszeiten nicht dislocirt werden

---

[28] Vgl. die Zusammenstellung von Thudichum bei v. Holtzendorff II 102[1]; Laband III 38 f.

in den Königreichen Sachsen und Württemberg, den Großherzogthümern Baden, Hessen, Oldenburg. Ausgenommen sind jedoch und das kaiserliche Dislocationsrecht frei für die Festungen Mainz und Rastatt; Dislocirung württembergischer Truppen in diese Festungen bedarf jedoch der Zustimmung des Königs;[29] für Ulm gilt die oben erwähnte Specialconvention;

c) ein Versprechen preußischer Garnisonen enthalten die Conventionen für Hamburg, Bremen, Lübeck, Schaumburg-Lippe, Lippe-Detmold, Waldeck, Schwarzburg-Sondershausen.

6. Mobilmachung.

Der Kaiser hat das Recht „die kriegsbereite Aufstellung eines jeden Theiles des Reichsheeres anzuordnen“ (RV. a. 63[4] am Ende) und zu diesem Zweck die Reserven und die Landwehr einzuberufen. Hiefür ist bereits in Friedenszeiten ein genauer, geheim gehaltener Plan behufs schleunigster Durchführung der kaiserlichen Anordnungen auszuarbeiten.

7. Belagerungszustand.[30]

„Der Kaiser kann, wenn die öffentliche Sicherheit in dem Bundesgebiete bedroht ist, einen jeden Theil desselben in Kriegszustand erklären“ (RV. a. 68). Eine Bedrohung der öffentlichen Sicherheit kann sowohl in Kriegs- als in Friedenszeiten vorhanden sein; der verhängte Belagerungszustand kann sowohl das ganze Reichsgebiet als einzelne Bestandtheile desselben ergreifen. Die Verhängung des Belagerungszustandes ist Ausfluß des kaiserlichen Oberbefehles: daraus ergibt sich, daß den Einzelstaaten — über Bayern siehe

---

[29] Vgl. Württ. Mil.-Conv. a. 6, 14.

[30] Vgl. zum Folgenden die genaue Erörterung von Laband III 41 ff.

unten III — jede Competenz in dieser Hinsicht entzogen ist.[31] Ausgenommen ist jedoch bis zum Erlaß des vorbehaltenen Gesetzes Bayern.

Der Belagerungszustand schafft materiell eine vollständige Militärdictatur: die Reichsverfassung verspricht in a. 68 für Regelung der „Voraussetzungen, die Form der Verkündigung und die Wirkungen" ein Reichsgesetz, welches bis jetzt nicht erlassen wurde; bis zum Erlaß desselben ist das preuß. G. v. 4. Juni 1851[31a] durch RV. a. 68 als maßgebend erklärt. Nach letzterem gibt es nur zwei Voraussetzungen für Verhängung des Belagerungszustandes: 1. Bedrohung oder Besetzung eines Landestheiles durch den Feind, 2. innerer Aufruhr. Diese Bestimmung ist exclusiv und streng zu interpretiren. Hinsichtlich der Form schreibt das preuß. Gesetz vor, daß die betr. Anordnung „zur allgemeinen Kenntniß" gebracht werden muß: jedenfalls wird also Publication im Reichsgesetzblatt zu fordern sein; außerdem soll die Ordre in jeder einzelnen Gemeinde des betr. Bezirks unter Trommelschlag oder Trompetenschall verlesen, ferner den Gemeindebehörden besonders mitgetheilt und in den Zeitungen sowie durch öffentlichen Anschlag verkündet werden. Hinsichtlich der Wirkungen endlich bestimmt das Gesetz: die vollziehende Gewalt geht in vollem Umfange auf die Militärbefehlshaber über, denen die Civilbehörden unbedingten Gehorsam zu leisten haben; für die Militärpersonen gilt das Kriegsrecht, für Civilpersonen ebenfalls theilweise außergewöhnliche Bestimmungen über Strafverfahren (Kriegsgerichte) und Strafrecht;[32]

---

[31] Laband III 46. A. A. die hier N. 3 citirten Schriftsteller.

[31a] Text bei v. Walther I 4 ff.

[32] S. Laband III 44 f. EinfG. v. 31. Mai 1870 §. 4 zum StGB. (RGB. 195).

außerdem können überdies noch bestimmte bürgerliche Rechte vom Militärbefehlshaber suspendirt werden.[33]

Dem Kaiser unmittelbar zur Seite steht der große Generalstab der Armee, der alle militärischen Angelegenheiten von Wichtigkeit für Krieg und Frieden vorzubereiten und zu bearbeiten hat.[34]

II. Das Correlat zum kaiserlichen Oberbefehl bildet die Contingentsherrlichkeit der Einzelstaaten bezw. der Landesherrn; deßwegen muß die Betrachtung der letzteren nothwendig an die des ersteren angeknüpft werden. Die militärischen Rechte, welche im monarchischen Einheitsstaat in der Person des Monarchen concentrirt sind, sind im deutschen Bundesstaat nach den beiden oben bezeichneten Richtungen getheilt, jedoch so, daß der Schwerpunkt entschieden im kaiserlichen Oberbefehl liegt. Die historische Genesis des Reichsheeres aus Landescontingenten wirkt jedoch im geltenden Rechte noch nach, indem den Einzelstaaten mehrere Rechte als „Andenken an ihre ehemalige Souveränetät" in Militärsachen belassen wurden.[35]

Das Reich besteht aus 25 Staaten und einem Unterthanenland: das Reichsheer müßte demnach 26 Contingente

---

[33] Laband III 46.

[34] Laband III 121 f.

[35] Laband III 60 ff. bemüht sich, einen allgemeinen juristischen Begriff der „Contingentsherrlichkeit" im Unterschied vom „Oberbefehl" zu fixiren; das Wesen der ersteren bestehe in der militärischen Dienstherrlichkeit. Im einfachen monarchischen Staat coincidiren Oberbefehl und Dienstherrlichkeit, hier besteht also für jene Laband'sche Unterscheidung kein Bedürfniß; im deutschen Reiche aber wird es nach dem positiven Rechte nicht gelingen, die disjecta membra der den Einzelstaaten verbliebenen Rechte unter einen einheitlichen juristischen Begriff zu subsumiren; das Dienstverhältniß besteht im Reiche überdies wie alsbald auszuführen sein wird, gegenüber Kaiser und Reich.

zählen. Dies ist jedoch nicht der Fall, vielmehr haben 7 Staaten vollständig auf die Selbständigkeit ihrer Contingente verzichtet und sind militärisch vollkommen in Preußen incorporirt, nämlich Schwarzburg-Sondershausen, Waldeck, Schaumburg-Lippe, Lippe-Detmold, Hamburg, Bremen, Lübeck. Da ferner 7 thüringische Staaten sich zu einer militärischen Einheit verbunden haben, so existiren noch 13 eigentliche „Contingente“ als die faktische Basis des Reichsheeres. Die in der Contingentsherrlichkeit enthaltenen Einzelrechte sind:

1. Die Wehrpflicht, welche materiell verfassungsmäßige Pflicht jedes Deutschen gegenüber dem Reiche ist, wird formell als concretes Dienstverhältniß gegenüber dem Contingentsherrn begründet, indem letzterem der Fahneneid geleistet wird; da der Fahneneid aber die unbedingte Gehorsamsverpflichtung gegenüber den Befehlen des Kaisers enthält,[36] da letzterem ferner das Dislocationsrecht verfassungsmäßig zukommt, da ferner principiell jeder Deutsche an jedem Orte des Reichsgebietes seiner Militärpflicht genügen und in's Heer eintreten kann („militärische Freizügigkeit“ s. hierüber unten §. 20), so besteht das Dienstverhältniß materiell unzweifelhaft gegenüber dem Kaiser und dem Reich.

2. Die Contingentsherren haben das Recht auf besondere Ehrenbezeugungen und Ehrenwachen, die Contingente haben Cocarde und Hoheitszeichen des betr. Staates zu tragen (RV. a. 63², 66).[37]

3. Die Contingentsherren haben nach RV. a. 63⁵ das

---

[36] Dem Fahneneid kann aus diesem Grunde nicht die hohe staatsrechtliche Bedeutung für den Einzelstaat beigemessen werden, die ihm Laband III 63 gibt. Vgl. übrigens Laband III 63¹ über die Formel.

[37] Vgl. hiezu Laband III 69.

Recht, militärische Anordnungen formell selbständig zu publiciren; „behufs Erhaltung der unentbehrlichen Einheit in der Administration, Verpflegung, Bewaffnung und Ausrüstung“ müssen jedoch die für die preußische Armee ergehenden Anordnungen von den Contingentsherrn für ihre Contingente in Kraft gesetzt werden, nachdem ihnen die betr. Anordnungen durch den Bundesrathsausschuß für das Landheer und die Festungen „zur Nachachtung“ mitgetheilt worden sind. Specielle Anerkennung hat dieses lediglich formelle Recht noch in den Militärconventionen mit Württemberg (a. 12, 15) und Sachsen (a. 2) gefunden.

4. Die Contingentsherren haben das Recht, Officiere à la suite ohne Bezahlung aus der Reichskasse zu ernennen; Adjutanten für sich und die Prinzen ihres Hauses aus den Officieren des Contingentes zu wählen; ferner nach der Verfassung auch das Recht, die Officiere des Contingentes zu ernennen (RV. a. 66), doch haben auf dieses Recht alle Einzelstaaten mit Ausnahme von Sachsen, Württemberg, Braunschweig zu Gunsten Preußens verzichtet; aber auch für diese Staaten erleidet das Ernennungsrecht Einschränkungen (s. oben S. 310).[38] Jedenfalls erhalten die Contingentsherrn „außer den regelmäßigen Rapporten und Meldungen über vorkommende Veränderungen, behufs der nöthigen landesherrlichen Publication, rechtzeitige Mittheilung von den die betreffenden Truppentheile berührenden Avancements und Ernennungen“ (RV. a. 66[1]).

5. Die Contingentsherren haben das Recht, die Contingente zu polizeilichen Zwecken zu requiriren (RV. a. 66[2]).

[38] Die hessischen und mecklenburgischen Officiere erhalten zwei Patente, eines vom König von Preußen und ein zweites von ihrem Großherzog.

6. Die Contingentsherren haben das Recht, ihre Contingente zu inspiciren (RV. a. 66¹), die Disciplinargewalt wie ein commandirender General[39] auszuüben, andrerseits die Pflicht über alle Officiere vom Stabsofficier aufwärts dem Kaiser fortlaufende Qualificationsberichte einzusenden.

7. Die Contingentsherren haben das Recht selbständiger Militärverwaltung und Gerichtsherrlichkeit über ihre Contingente: dieses Recht ist jedoch thatsächlich dahin reducirt, daß nur Bayern, Württemberg und Sachsen neben Preußen eine eigene Militärverwaltung führen, alle übrigen Contingente sind in die preußische Verwaltung übernommen, sei es auf Grund der Conventionen, sei es (bei Braunschweig) auf Grund thatsächlicher Verhältnisse.

Die preußische Militärverwaltung ist somit nach ihrem Rechtsgrund: 1. ein jus proprium für die preußischen Truppen, 2. ein jus delegatum — ein Stück der dem Kaiser zur Ausübung übertragenen Staatsgewalt — für Elsaß-Lothringen, 3. ein jus cessum für die übrigen deutschen Einzelstaaten ausgenommen Bayern, Württemberg und Sachsen; diese Einzelstaaten aber gruppiren sich wieder in solche, welche die Sondercontingente aufrecht erhalten und in solche, welche hierauf ganz verzichtet haben.

Aus dem Angegebenen folgt, daß nicht die Contin-

---

[39] Das Verhältniß zwischen Landesherrn und commandirendem General kann leicht zu Collisionen führen: beide haben Disciplinargewalt, beide ein Verfügungsrecht über die Truppen, die Commandeure der Armeecorps sind Commandeure des betr. Territorialbezirkes „unbeschadet der Souveränetätsrechte der einzelnen Bundesstaaten" (Mil.-G. §. 5²). Das ganze Rechtsverhältniß ist in hohem Grade unklar und Conflicte geradezu provocirend.

gentsherrlichkeit sondern der kaiserliche Oberbefehl den Ausgangspunkt für die principielle Construction des Militärrechtes zu bilden hat; in letzterem sind alle wichtigen materiellen Rechte concentrirt, erstere bildet nur das Medium für das Rechtsverhältniß zum Reiche und besteht in der Hauptsache nur aus wenig bedeutenden Ehrenrechten. Die Contingentsherrlichkeit ist aber in ihrer Bedeutung noch weiter reducirt und geradezu von ihrem principiellen Boden eines besonderen Treue- und Rechtsverhältnisses der Landeskinder zu ihrem Landesherrn gelöst durch folgende drei Bestimmungen: 1. daß der Landesherr die aus der Contingentsherrlichkeit fließenden Rechte auch denjenigen in seinem Gebiet dislocirten Truppen gegenüber hat, welche gar nicht seine Landeskinder sind und 2. daß jene Rechte auch denjenigen Staaten bezw. Landesherren zukommen, welche gar keine selbständigen Contingente mehr besitzen, sondern militärisch ganz in Preußen incorporirt sind; 3. daß jeder Deutsche in jedem Einzelstaat seiner gesetzlichen Wehrpflicht genügen kann.[40]

B. Die principielle Grundlage der Militärorganisation.

Die Militärhoheit ist im deutschen Bundesstaate nicht allein principiell als Bestandtheil der Souveränetät auf das

---

[40] Daß hierüber zwischen den Einzelstaaten eine Abrechnung erfolgt, was Laband III 62 als Argument dafür anführt, daß doch jeder Deutsche eigentlich seinem Staat die Dienstpflicht leiste, ist nichts weiter als eine nothwendige Consequenz des Satzes, daß die Rekruten von den Einzelstaaten pro rata zu stellen sind (RV. a. 60). Daß jener Abrechnungsmodus kein Princip repräsentirt, beweist am klarsten der Umstand, daß zwischen Preußen und seinen 22 Annexen von Einzelstaaten keine solche Abrechnung stattfindet.

Reich übergegangen, sondern letzteres hat auch die Hauptstücke des Militärrechtes direct geordnet, insbesondere die feste Grundlage für die Organisation des Reichsheeres geschaffen.

Das oberste Princip für die deutsche Heeresorganisation ist der in die Verfassung aufgenommene Satz: „Jeder Deutsche ist wehrpflichtig und kann sich in Ausübung dieser Pflicht nicht vertreten lassen“ (a. 57). Dieser Grundsatz hat bereits in der Verfassung — a. 59 — eine Specialisirung gefunden und ist weiterhin durch die Reichsgesetzgebung in detaillirtester und sorgfältigster Weise durchgeführt worden (S. hierüber §§. 19 u. 20).

An dieser Stelle aber ist bereits als wichtiger Belag für das „Reichsheer“ zu erwähnen: daß jeder Deutsche principiell in jedem Theile des Reichsgebietes der Militärpflicht genügen und ebenso in das Heer eintreten kann; die Staatsangehörigkeit des Einzelstaates ist hiefür ganz irrelevant.

Dem Verfassungsgrundsatz des a. 57 schließt sich die Bestimmung des a. 60 über den Präsenzstand an. Nach dem alleg. Artikel wurde der Präsenzstand im Frieden zeitlich bis 31. Dec. 1871 und inhaltlich auf 1% (401659 Mann) der Bevölkerung von 1867 fixirt;[41] „für die spätere Zeit, so fährt der Artikel fort, wird die Friedenspräsenzstärke im Wege der Reichsgesetzgebung festgestellt“. Demgemäß wurde durch G. v. 9. Dec. 1871 (RGB. 411) der Inhalt des a. 60 lediglich prolongirt bis zum Ablauf des Jahres 1874; weiterhin durch das Reichsmilitärgesetz v. 2. Mai 1874 §. 1 abermals bis Ablauf des Jahres 1881 („Septennat“). Durch die Militärgesetznovelle v. 6. Mai 1880

[41] Seydel 1407 ff.; vgl. auch v. Martitz 109 ff.; Thudichum 107 ff.; Laband III 84 ff.; v. Treitschke in d. Preuß. Jahrb. XXXIII 304 ff.; Beseler ebenda 589 ff.

wurde der Präsenzstand im Frieden vom 1. April 1881 bis zum 31. März 1888 auf 427274 Mann erhöht (Art. I §. 1). Zu der hier in Betracht kommenden Gesammtpräsenz gehören nicht die Einjährig-Freiwilligen, Officiere, Aerzte, Militärbeamte. Nur die Gesammtpräsenz ist im Gesetz fixirt; für die Vertheilung derselben auf die einzelnen Bundesstaaten sagt a. 60 nur, dieselben hätten die erforderlichen Mannschaften „pro rata" zu stellen. Im übrigen ist die Untervertheilung dem Kaiser bezw. Bundesrath überlassen. Die gesetzlich fixirte Präsenzziffer hat den rechtlichen Sinn, daß über dieselbe in normalen Zuständen nicht hinausgegangen werden darf, keineswegs aber den anderen, daß dieselbe immer erreicht werden müßte: regelmäßig ist die Zahl der bei den Fahnen befindlichen Truppen vielmehr erheblich geringer als die gesetzliche Präsenzziffer. Die Präsenzziffer ist gesetzlich fixirt und die Verfassung fordert dies absolut, niemals könnte eine dauernde Fixirung der Gesammtpräsenz kraft kaiserlichen Oberbefehls erfolgen. Ob der Vorschrift der Verfassung durch ein Specialgesetz oder etwa durch das allgemeine Etatsgesetz genügt wird, ist juristisch vollkommen irrelevant:[42] bis jetzt wurde immer der erstere Modus beliebt.

Angesichts der zeitlichen Begrenzung der einschlägigen gesetzlichen Bestimmung erhebt sich die Frage: welcher Rechtszustand würde eintreten, wenn ein neues Gesetz nach Ablauf der Zeitbestimmung des früheren nicht zu Stande käme? Kein Zweifel kann zunächst obwalten, daß dadurch die primäre Verfassungsnorm von der allgemeinen Wehrpflicht voll-

[42] A. A. Thudichum 109, der eine Fixirung der Präsenz durch das Etatsgesetz für unstatthaft hält. Ebenso Beseler in d. Preuß. Jahrb. 33, 590 ff. u. Schulze in Grünhuts Ztschr. 2, 208 ff.

kommen unberührt bliebe, ebenso die Specialbestimmungen des a. 59, ebenso die im Militärgesetz enthaltene und zeitlich vollkommen unbegrenzte Fixirung der Cadres; fraglich wäre nur, ob Mangels gesetzlicher Fixirung der Präsenz jene Verfassungsgrundsätze durchführbar wären.[43] Die Feststellung der Präsenz für den Fall des Nichtzustandekommens des erforderlichen Gesetzes dem Kaiser juristisch zu vindiciren, geht nicht an: weder hat der Kaiser ein generelles oder ein speciell militärisches Nothverordnungsrecht, aus dem jenes Recht abgeleitet werden könnte, noch trifft a. 63[4] zu, der sich vielmehr nur auf ganz ausnahmsweise Verhältnisse bezieht; für die dauernde Fixirung der Friedenspräsenz fordert die Verfassung ohne jegliche Modification: ein Gesetz. Kommt ein solches nicht zu Stande, so fehlen für den eingetretenen Zustand alle und jede juristische Regeln: es ist alsdann im Staate ein Zustand eingetreten, für den juristische Regeln nothwendig versagen müssen.

Man hat sich für diesen Fall auf RV. a. 62[2] berufen, welcher bestimmt, daß die in Absatz 1 bestimmten Beträge nach dem 31. Dec. 1871 so lange fortgezahlt werden müssen, bis die in a. 60 interimistisch festgestellte Friedenspräsenzstärke durch ein Reichsgesetz „abgeändert" ist. Es ist anzunehmen, daß jene Verfassungsbestimmung bereits durch das Specialgesetz v. 9. Dec. 1871 beseitigt ist. Die beiden ersten Absätze des a. 61 geben in ihrem Zusammenhang eine provisorische Ordnung für Beschaffung der financiellen Mittel für das Heer; durch die definitive Ordnung dieser Verhältnisse sind dieselben außer Kraft getreten; Absatz 2 hat zur Voraussetzung die Geltung des Absatz 1; nach Weg-

---

[43] v. Martitz 115.

fall dieser Voraussetzung steht auch Absatz 2 nicht mehr in Kraft.[44]

Auch RV. a. 5² gibt keine Rechtsnorm für diesen Fall; die betreffende Bestimmung geht dahin, daß „bei Gesetzesvorschlägen über das Militärwesen — wenn im Bundesrath eine Meinungsverschiedenheit stattfindet“ Preußen ein entscheidendes Votum hat, wenn es sich „für die Aufrechthaltung der bestehenden Einrichtungen ausspricht“. Ist der Zeitpunkt, bis zu welchem ein Gesetz gilt, herangekommen, so tritt das Gesetz ipso jure außer Kraft und von einer „bestehenden Einrichtung“, welche aufrecht erhalten werden könnte, ist nicht mehr die Rede, folglich ist jene Verfassungsbestimmung hier nicht anwendbar.[45] Wenn die Friedenspräsenz bis 31. Dec. 1881 gesetzlich fixirt ist, so ist sie bis dahin aber auch nur bis dahin eine „bestehende Einrichtung“. Wird im November 1881 oder gar im April 1880 im Bundesrath über einen auf Abänderung gerichteten Gesetzentwurf abgestimmt, so ist derselbe abgelehnt, wenn Preußen dagegen stimmt; insoweit kommt unzweifelhaft a. 5² zur Geltung. Nach Ablauf des 31. Dec. 1881 aber hört nichtsdestoweniger jene Friedenspräsenz kraft

[44] Die entgegengesetzte Ansicht von Laband III 92 ist unbegründet. Richtig Seydel 1411: „die Absätze 2—4 des Art. 62 haben lediglich eine vorübergehende Bedeutung und verloren schon durch den Erlaß des Gesetzes v. 9. Dec. 1871 ihre Gültigkeit.“ Die Ausführung bei Seydel ist durch die Reichstagsverhandlungen wohlbegründet und u. E. vollkommen durchschlagend. Ebenso Meyer 550; v. Rönne II 2, 177. A. A. Thudichum 119: der Kaiser habe ein „dauerndes, gegen die einzelnen Staaten gerichtetes Recht auf eine Einnahme von jährlich soviel mal 225 Thlr., als die Kopfzahl der Friedenspräsenzstärke des Heeres nach dem jeweilen letzten Reichsgesetz hierüber beträgt“.

[45] Richtig Riedel 142; v. Rönne II 2, 151ff. A. A. Thudichum 110; Seydel 1413; Laband III 91; Meyer 518⁵.

des Gesetzes ipso jure auf „bestehende Einrichtung“ zu sein, und Preußen hat juristisch gar keine Möglichkeit, dies zu hindern. Ist kein neues Gesetz gegeben, so stehen wir einfach einem Vacuum gegenüber, das momentan auf Grund von a. 63[4] ausgefüllt werden darf, nicht aber dauernd.

Die große Mühe, welche hochbedeutende Schriftsteller des Staatsrechtes aufgewendet haben, diesen Zustand eines partiellen Conflictes — und genau ebenso liegt die Sache bei einem allgemeinen durch Budgetverweigerung hervorgerufenen Conflicte — durch juristische Regeln entscheiden zu wollen, ist verlorene Liebesmüh. Das Recht versagt hier, wo eine verschiedene Auffassung der dem Staate geschuldeten Gewissenspflicht auf Seiten der Regierung und der Volksvertretung zu acutem Conflicte geführt hat; sind alle Mittel gütlicher Einigung vergeblich versucht, so bleibt es lediglich eine Machtfrage, welcher der beiden Factoren seiner Anschauung zum Siege zu verhelfen vermag. Das Urtheil sprechen in solchem Falle nicht Gerichte und Behörden nach juristischen Regeln, sondern die Gesetze der Weltgeschichte. Der Staatsmann, der dem Staatsoberhaupt in solcher Conflictszeit zu dienen Bedenken trägt, mag seinen Posten aufgeben, falls sein Gewissen ihn dazu treibt; harrt er auf demselben aus, so wird er in unsicheren juristischen Regeln kaum eine brauchbare Stütze finden und aus denselben kaum das Gefühl der Sicherheit entnehmen können. —

Ausnahmsweise kann der Kaiser den normalen Stand der Friedenspräsenz erhöhen auf Grund von RV. a. 63[4]. Nach dem Wortlaut dieses Artikels wäre man geneigt anzunehmen, derselbe beziehe sich im Gegensatz zu der Gesammtpräsenz nur auf den Präsenzstand der Contingente. Diese Annahme wird durch die Reichstagsverhandlungen widerlegt:

a. 63[4] bezieht sich darnach unzweifelhaft ebenso wie a. 60 auf die Gesammtpräsenz. Muß dies angenommen werden, so enthält der Wortlaut der Verfassung eine Antinomie: a. 60 will den Präsenzstand auf dem Wege des Gesetzes, a. 63[4] auf dem des kaiserlichen Oberbefehles fixirt wissen. Aus den Reichstagsverhandlungen ergibt sich die Lösung des Widerspruches dahin: die dauernde Feststellung der Gesammtpräsenz darf nur durch Gesetz erfolgen (a. 60); ausnahmsweise aber darf der Kaiser ohne Gesetz einerseits, ohne Kriegserklärung andererseits über die gesetzliche Friedenspräsenzziffer hinausgehen, wenn z. B. bedrohliche Verhältnisse obwalten. Daß ein solcher Ausnahmsfall auch vorläge, wenn kein Gesetz über die Friedenspräsenz zu Stande käme, ist unzweifelhaft; das durch a. 63[4] des Kaisers statuirte Recht käme alsdann zu praktischer Geltung; wo die Grenze zwischen Ausnahmsfall und dauerndem Zustand zu ziehen wäre, dafür fehlt jede Möglichkeit juristischer Fixirung.[46]

Die Friedenspräsenzstärke des Gesetzes ist dadurch evident zu halten, daß alle Einzelstaaten alljährlich den erforderlichen Bedarf an Ersatzmannschaften stellen (Ersatz-O. §§. 50 ff). Das Princip für die Ergänzung des Heeres ist: daß weder einzelne Staaten noch einzelne Kategorieen der Bevölkerung weder in besonderer Weise beschwert, noch in besonderer Weise bevorzugt werden dürfen (RV. a. 58). Die Zahl der einzustellenden Rekruten ergibt sich rechnungsmäßig aus den gesetzlichen Bestimmungen über Friedenspräsenzstärke, Wehrpflicht und Dienstzeit. Auf Grundlage dieser Berechnung bestimmt der

---

[46] Vgl. Seydel 1407 ff. bes. 1418; Laband III 89 ff.; Thudichum 103 bes. 104[3]; Verf.-R. 432—434.

Kaiser alljährlich die Gesammtzahl des Rekrutenbedarfes; auf Grund dieser Bestimmung verfügt sodann der Bundesrathsausschuß für das Landheer und die Festungen die Vertheilung „pro rata“ auf die Einzelstaaten.[47] Den Maßstab für die Berechnung[48] bildet die „ortsanwesende d. i. staats-(reichs)angehörige“ Bevölkerung nach der letzten Volkszählung, also unter Abrechnung der Ausländer, ferner der im aktiven Dienst befindlichen Militärpersonen. Die Unterrepartition auf Bezirke erfolgt durch die Einzelstaaten (s. die speciellen Vorschriften Ersatz-O. §. 50 ff.), und das Militärgesetz enthält genaue Bestimmungen für den Fall, daß ein Bezirk bezw. ein Staat sein Contingent an militärtüchtigen Leuten nicht zu stellen vermag.[49]

C. Der Militäretat.

Nach RV. a. 69 muß der Reichshaushaltsetat für jedes Jahr festgestellt werden; davon machte die Reichsverfassung hinsichtlich des Militärwesens in a. 62 eine Ausnahme, jedoch nur in provisorischer Weise: 1. die für das Militärwesen pro Kopf der Mannschaft zu bezahlende Summe wurde fest bestimmt, 2. diese Bestimmung war nicht für ein Jahr, sondern für die ganze Zeit des Provisoriums getroffen (a. 62 vb. a. 60), 3. der Ausgabenetat war für die betreffende Zeit dem Bundesrath und Reichstag nur zur Kenntnißnahme und Erinnerung vorzulegen (a. 71²). Dieser provisorische Zustand besteht derzeit nicht mehr: vielmehr wird der Militäretat nach Form und Inhalt ganz

---

[47] Kriegsdienstges. §. 9; Mil.-G. §. 9.

[48] S. über die Berechnung Seydel 1447.

[49] Die einschlägigen Bestimmungen Mil.-G. §. 9 Abs. 2—4 sind theilweise sehr unklar gefaßt. Vgl. hiezu Seydel 1449 ff; Laband III 52 ff.

wie der Hauptetat behandelt und ebenso die Ausgaben ganz ebenso controlirt wie alle übrigen Ausgaben des Reiches.

Das Princip ist: alle Militärausgaben werden aus der Reichskasse bestritten; „die Kosten und Lasten des gesammten Kriegswesens des Reichs sind von allen Bundesstaaten und ihren Angehörigen gleichmäßig zu tragen" (RV. a. 58 Eing.); damit sind „Prägravationen" oder besondere Erleichterungen für einzelne Staaten von vorne herein ausgeschlossen, denn die Einnahmen der Reichskasse fließen entweder aus eigenen Einnahmen des Reiches oder aus den principiell gleich bemessenen Matricularbeiträgen. Die Verausgabung der im Etat bewilligten Summe erfolgt durch die speciellen Militärverwaltungen: 1. die preußische, 2. die württembergische, 3. die sächsische. Der Etat wird demnach in 3 Rubriken geführt und somit den 3 speciellen Militärverwaltungen das Ausgabeverfahren sammt den erforderlichen Beträgen genau vorgeschrieben. Die Controle erfolgt ganz ebenso wie für die übrigen Ausgaben des Reiches; Ersparnisse fallen in die Reichskasse.[50] Bayern erhält die für sein Contingent erforderliche Summe aus der Reichskasse, die Verwendung im Einzelnen zu bestimmen, ist jedoch der bayrischen Specialgesetzgebung unter bestimmten Garantieen überlassen; die Beitragspflicht Bayerns zu den Reichsmilitärkosten ist genau ebenso normirt wie für die anderen Einzelstaaten.

Hieher ist noch zu erwähnen, daß die Entschädigungen für die auf Gesetz beruhenden sachlichen Militärlasten aus der Reichskasse bezahlt werden (ausgenommen Bayern in

[50] Nur bei Bayern und Württemberg nicht.

Friedenszeiten), ohne jegliche Mitwirkung der Einzelstaaten (s. unten §. 21).

Alle Pensionen von Militärpersonen ferner werden aus der Reichskasse bezahlt (s. unten §. 20 4. Absch.).

III. Die militärische Sonderstellung Bayerns.[51]

Principiell hat Bayern die Militärhoheit ebensogut verloren wie Preußen und die übrigen Einzelstaaten: die Ausnahmestellung, welche die Verfassung in militärischer Hinsicht für Bayern statuirt, geht jedoch so weit, daß Bayern neben dem Reichsheer sein vollkommen selbständiges Sonderheer sich erhalten hat.

1. Was die Grundlagen der Organisation betrifft, so gilt der Grundsatz der allgemeinen Wehrpflicht, sowie die verfassungsmäßigen Grundsätze von der speciellen Dienstpflicht genau ebenso für Bayern wie für das übrige Reich. Das bayrische Heer wird in die gesetzliche Friedenspräsenzstärke eingerechnet; die Ziffer der alljährlich zu stellenden Ersatzmannschaften wird materiell vom Kaiser, formell vom König von Bayern fixirt;[52] das bayrische Heer ist im übrigen ein vollkommen abgeschlossenes Contingent, jedoch der Gesetzgebung des Reiches in Militärsachen principiell unterworfen (Vers. Vertr. III §. 5 Z. III erster Absatz).

2. Das bayrische Heer steht im Frieden unter dem ausschließlichen Oberbefehl des Königs von Bayern, im Kriege dagegen unter dem Oberbefehl des Kaisers. Mit dem Beginn der Mobilmachung beginnt der kaiserliche Ober-

---

[51] Versailler Vertrag III §. 5 vb. mit den Schlußbest. zu Abschn. XI und XII der Reichsverfassung.

[52] Thudichum 105.

befehl, die Mobilmachungsordre wird formell durch den König gegeben, derselbe ist jedoch verpflichtet, diese Ordre zu erlassen, wenn dieselbe vom Kaiser für das Reichsheer erlassen ist, „auf Veranlassung" des Kaisers, und ist nicht berechtigt, sie von sich aus zu erlassen[53] (Vers. Vertr. III §. 5 Z. III fünfter Absatz). Im Kriege nehmen sodann die bayrischen Truppen die gleiche rechtliche Stellung ein wie alle übrigen Truppentheile. Die Verpflichtung zum Gehorsam gegen den Kaiser im Kriege ist im bayrischen Fahneneid enthalten (Vers. Vertr. III §. 5 Z. IV).

Im Frieden werden alle bayrischen Officiere, auch die Höchstcommandirenden vom König ernannt,[54] die Dislocation erfolgt nur durch letzteren, das Verordnungsrecht steht gleichfalls dem König zu, bezw. ist demselben durch Specialbestimmungen der Reichsgesetzgebung mehrfach speciell übertragen. Der König von Bayern ist jedoch verpflichtet, in Bezug auf Organisation, Formation, Ausbildung, Gebühren, Mobilmachung die nämlichen Vorschriften zu erlassen, welche für das Reichsheer gelten (Vers. Vertr. III §. 5 Z. III zweiter Satz: „wird Bayern volle Uebereinstimmung herstellen"); der Kaiser hat über die angegebenen Punkte sowie über Vollzähligkeit und Kriegstüchtigkeit des bayrischen Heeres das Inspectionsrecht, jedoch muß jede einzelne Inspection vom Kaiser im Einvernehmen mit dem König von Bayern angeordnet werden (Vers. Vertr. III §. 5 Z. III vierter Absatz). Vorgefundene Mängel müssen[55] von letzterem auf erhobenes

---

[53] Seydel 1397.

[54] Ausgenommen für die Festung Neu-Ulm. Nicht richtig Thudichum bei v. Holtzendorff, Jahrb. II 99 bezüglich der Ernennung der Commandeure neuer bayerischer Festungen.

[55] A. A. Laband III 40, der dies nicht als Rechtspflicht anerkennt; Seydel 1397.

Monitum des Kaisers abgestellt werden (Vers. Vertr. III §. 5 Z. III: „der Bundesfeldherr — — wird sich mit dem König von Bayern in's Benehmen setzen").

Die Bestimmungen der Verfassung über Verhängung des Kriegszustandes gelten für Bayern nicht: einem Reichsgesetz über diese Materie müßte sich jedoch auch Bayern fügen (Vers. Vertr. III §. 5 Z. VI).[56]

Hinsichtlich der Bewaffnung, Ausrüstung und der Gradabzeichen hat Bayern „sich vorbehalten" die Einheit zwischen dem bayrischen und dem Reichsheer herzustellen. Die Uniform der bayrischen Truppen dagegen ist eine besondere (Schlußprot. Z. XIV §. 4).

Die Disciplinarordnung für das bayrische Heer hat der König kraft seines Oberbefehles am 12. Dec. 1872, conform der für das übrige Reichsheer durch den Kaiser getroffenen, erlassen (bayr. Mil. V. Bl 493).

3. Die Militärverwaltung Bayerns ist vollkommen selbständig und der bayrische Militäretat wird von den gesetzgebenden Factoren Bayerns festgestellt, figurirt demnach im Reichsmilitäretat nur als durchlaufender Posten; doch sind die gesetzgebenden Factoren Bayerns materiell bei Feststellung des Etats an die Normen des Reichsmilitärrechtes gebunden. Ersparnisse der bayrischen Militärverwaltung fallen nicht in die Reichs- sondern die bayrische Staatskasse (Vers. Vertr. III §. 5 Z. II).[57] Die Entschädigungen, welche aus dem Militärfiscus für die sog. Friedensleistungen sowie für Rayonbeschränkungen in der Umgebung von Festungen geleistet

---

[56] Laband 48; Seydel 1400.

[57] Thudichum 116 behauptet, daß solche Ersparnisse nicht zu allgemeinen Staats-, sondern nur wieder zu speciellen Militärzwecken verwendet werden dürften.

werden müssen (s. unten §. 21), sind aus der bayrischen Militärkasse zu bezahlen, die Entschädigung für Kriegsleistungen dagegen sowie für Armirung von Festungen auch für Bayern aus der Reichskasse.

Ueber die Sonderstellung der bayrischen Festungen s. unten.

IV. Die Kriegsmarine (RV. a. 53).

Dieselbe ist in Krieg und Frieden in Verfassung und Verwaltung eine vollkommene Einheit ohne jegliche Modification. Den Oberbefehl führt der Kaiser, dem die Mannschaften den Fahneneid leisten. Die verfassungsmäßigen Grundzüge der Organisation sind die gleichen wie beim Landheer, das Militärgesetz findet aber auf die Marine keine Anwendung und die Präsenzziffer ist nicht gesetzlich fixirt. Der Marineetat wird von den gesetzgebenden Factoren des Reiches festgestellt und zerfällt nicht wie der Militäretat in verschiedene Rubriken. Nur Preußen hatte vor Aufrichtung des Reiches eine Kriegsmarine und diese wurde in vollem Umfange vom Reich übernommen. Zum Dienst in der Marine ist nur „die gesammte seemännische[58] Bevölkerung des Reiches verpflichtet“; der alljährliche Ersatzbedarf wird vom Kaiser festgestellt und durch den Ausschuß für Seewesen auf die Seeuferstaaten des Reiches (Preußen, beide Mecklenburg, Oldenburg, die 3 Hansestädte) vertheilt.

---

[58] Vgl. über diesen Begriff Seydel 1438.

§. 19.

Die deutsche Heeres- und Marine-Organisation.[1]

A. Das Heer.

Die Streitmacht des Reiches besteht aus dem Heer, der Marine, dem Landsturm. Das Heer wird eingetheilt in das stehende Heer und die Landwehr, die Marine in die Flotte und die Seewehr (Kriegsdienstges. §§. 2, 3). „Das stehende Heer und die Flotte sind beständig zum Kriegsdienste bereit. Beide sind die Bildungsschulen der ganzen Nation für den Krieg“ (ibid. §. 4).

I. Das stehende Heer.

Der Präsenzstand im Frieden muß wie oben erörtert nach der Verfassung auf gesetzlicher Norm beruhen. Die Formation dagegen könnte nach a. 63[4] der Kaiser von sich aus normiren: durch das Militärgesetz v. 2. Mai 1874 haben jedoch die Grundlagen der Formation eine gesetzliche Basis empfangen und sind demnach durch das positive Recht der Sphäre des kaiserlichen Oberbefehles entzogen. Das Gesetz hat nämlich das Cadresystem als Grundlage der Organisation fixirt, d. i. im Frieden werden Abtheilungen gebildet, deren Rahmen aber nur im Kriegsfall vollständig ausgefüllt wird. Das Gesetz bestimmt ferner als Form dieser Cadres für Infanterie, Jäger, Fußartillerie, Pioniere, Train das Bataillon, für die Cavallerie die Schwadron (Eskadron), für die Feldartillerie

[1] Laband III §§. 82—87; Seydel 1407, 1419 ff.

die Batterie. Diese auf Gesetz beruhende Formations-Einheit zerfällt dann weiter in Unterabtheilungen, deren Feststellung dem kaiserlichen Oberberfehl überlassen blieb. Die Zahl der Cadres ist nach der Militär-Gesetz-Novelle vom 6. Mai 1880: 503 (früher 469) Bataillone für Infanterie und Jäger, 465 Eskadrons für die Cavallerie, 340 (bisher 300) Batterieen für die Feldartillerie, 31 (bisher 29) Fußartillerie-bataillone, 19 (bisher 18) Pionier- und 18 Trainbataillone (Mil.-Ges. §. 2 und Mil.-Ges. Nov. Art. I §. 2).[2] Daneben bestehen noch die besonderen Formationen der Eisenbahn-compagnieen, das Lehrbataillon, die Unterofficierschulen u. a.; das Gesetz behält dieselben nur vor, ohne nähere Anordnungen darüber zu geben: sie beruhen demnach rechtlich nur auf kaiserlicher Anordnung bezw. dem Etatsgesetz.

Die Bataillone, Schwadronen, Batterieen bezw. Abtheilungen werden durch Anordnung des Oberbefehlshabers in Regimenter formirt; mehrere Regimenter bilden eine Brigade, mehrere Brigaden eine Division (Mil.-Ges. §§. 2, 3). Die höchste Friedensformation ist das Armeecorps: 2—3 Divisionen mit der nöthigen Artillerie, Pionieren und Train bilden ein Corps. Das gesammte deutsche Heer besteht aus 18. Armeecorps; 15 derselben sind fortlaufend numerirt, dazu kommen die zwei besonders numerirten bayrischen Corps und das keine Nummer führende Gardecorps; die Corps I—X sowie das Gardecorps werden nur von Preußen und dessen militärischen Annexen gestellt, vom XI. Corps ist die 3. Division speciell hessisch, das XII. Corps wird von Sachsen, das XIII. von Württemberg,

---

[2] Die Untervertheilung auf die Einzelstaaten s. bei Seydel 420; Laband III 80[3].

das XIV. von Baden, das XV. von Elsaß-Lothringen gestellt. Außer dem XI. Corps haben noch die Garde, das sächsische (XII.) und elsaß-lothringische (XV.) Corps 3 Divisionen nämlich 2 Infanterie- und eine besondere Cavalleriedivision, alle übrigen Corps haben nur je 2 Divisionen.

Durch kais. C. O. v. 1. Nov. 1877 wurde das deutsche Heer noch speciell in 5 Inspectionsbezirke eingetheilt.

Die ganze Organisation beruht somit auf den Cadres. Was nun die Ausfüllung dieser Rahmen angeht, so ist dieselbe Sache des kaiserlichen Oberbefehles auf Grund der gesetzlich fixirten Präsenzziffer:[3] mit dem durch die letztere gegebenen Material muß der Kaiser so viele Cadres als im Gesetz genannt sind, ausfüllen. Das Gesetz gibt ferner Zahl und Ranggrad der zur Führung der betreffenden Militärkörper erforderlichen Officiere an, doch ist hiebei dem kaiserlichen Oberbefehl ein ziemlich freier Spielraum gelassen, natürlich vorbehaltlich des Etatsgesetzes. Das Militärgesetz bestimmt hierüber (§. 4):

„In der Regel wird jede Compagnie, Eskadron und Batterie durch einen Hauptmann oder Rittmeister mit Hülfe eines Premier-Lieutenants, 2 oder 3 Seconde-Lieutenants und der entsprechenden Anzahl von Unterofficieren militärisch ausgebildet und befehligt.

An der Spitze eines jeden Bataillons und einer jeden Artillerie-Abtheilung steht ein Stabsofficier, an der Spitze eines jeden Regiments ein älterer Stabsofficier (Oberst, Oberstlieutenant, Major). Zu den Regimentsstäben gehört

---

[3] Der I. Entw. d. Verf. d. nordd. Bundes wollte bestimmen, daß das Bataillon 1613 Mann, das Inf.-Reg. 57 Officiere, die Eskadron 712 Mann, das Cav.-Reg. 28 Officiere haben müsse. Vgl. hiezu Laband III 85[1].

außerdem in der Regel noch je ein zweiter Stabsofficier und zu den Stäben der Regimenter und Bataillone beziehungsweise Abtheilungen je ein Lieutenant als Adjutant, sowie das erforderliche Personal an Aerzten, Zahlmeistern, Roßärzten, Büchsenmachern und Sattlern.

Eine Brigade wird in der Regel durch einen Generalmajor, eine Division durch einen Generallieutenant befehligt. An der Spitze eines jeden Armee-Corps steht ein commandirender General (General der Infanterie ꝛc. oder Generallieutenant). Den höheren Truppencommandos sind die zur Befehlsführung erforderlichen Stäbe beigegeben.

Außerdem gehören zum Heere eine Anzahl von Officieren außer Reih und Glied, als: General-, Flügel- und andere persönliche Adjutanten, Officiere der Kriegsministerien, des Generalstabes, des Ingenieur-Corps, des Militär-Erziehungs- und Bildungswesens ꝛc., sowie das gesammte Heeres-Verwaltungspersonal.

Die hiernach im Friedensstande des Heeres nothwendigen Officier-, Arzt- und Beamtenstellen, sowie die hieran erforderlich werdenden Aenderungen unterliegen der Feststellung durch den Reichshaushalts-Etat."

Außer dem Gardecorps haben alle Armeecorps genau abgegrenzte Territorialbezirke (Mil.-G. §. 5): der Corpsbezirk zerfällt weiter in Divisions- und Brigadebezirke, der Brigadebezirk in Landwehrbataillons- bezw. Landwehrcompagniebezirke: das ganze Reichsgebiet ist umfaßt von einem Netz genau abgegrenzter Landwehrcompagniebezirke, welche die territoriale Basis für das Militärersatzgeschäft sowie für die Organisation der Landwehr bilden.[4] Die Corpscommandanten sind oberste Befehlshaber nicht allein ihres Corps, sondern auch ihres Corps-Bezirkes; ihr Commando hat nicht nur eine persönliche, sondern auch eine territoriale Beziehung.

Die Kriegsformation[5] beruht darauf, daß die Cadres auf die volle Kriegsstärke gebracht und Ersatztruppenkörper gebildet werden: dies geschieht formell durch kaiserliche Anordnung (Mil.-G. §. 6[1]), materiell durch Einberufung der beurlaubten Mannschaften und der Reserve: letztere bildet einen Theil des stehenden Heeres und hat keine selbständige Organisation (vgl. unten §. 20).

II. Die Landwehr.

Während die Reserve einen integrirenden Theil des stehenden Heeres bildet, tritt demselben als nach Vorschrift des Gesetzes selbständige Organisation zur Seite: die Landwehr. Doch können ausnahmsweise Landwehrleute in das stehende Heer eingestellt werden: die Regel aber bilden selbständige Cadres der Landwehr (Kriegsdienstges. §. 5[2]). Die Formation dieser Cadres ist Sache des Oberbefehles: unterm 28. Sept. 1875 hat der Kaiser hierüber genaue Vorschriften erlassen[4a] und analog der König von Bayern unterm 20. Dec. 1875. Der Grundsatz der selbständigen Cadres ist jedoch vom Gesetz nur für die Landwehr-Infanterie als Regel vorgeschrieben; die Mannschaften der Artillerie dagegen werden zum stehenden Heer einberufen; für die Landwehrcavallerie endlich können zwar „nach Maßgabe des Bedarfs" selb-

---

[4] Seydel 1424. Vgl. das Verzeichniß in Anlage I z. Ersatzordnung CBl. 1875 S. 609—626.

[4a] Die Landwehrordnung bildet den zweiten Theil der Heerordnung, s. den Text bei v. Walther II 141 ff.

[5] Laband III 96 ff.

ständige Cadres gebildet werden, doch können die Mannschaften auch in die Cadres des stehenden Heeres eingereiht werden (Kriegsdienstges. §. 5). Die Bataillons- und Compagniebezirke der Landwehr sind genau abgegrenzt, so daß die Landwehrleute nur im Bezirk des Wohnsitzes zum Dienst berufen werden können.[6] Die Abgrenzung dieser Bezirke ist Sache des kaiserlichen Oberbefehls (Preußen hat deren 209, Sachsen 17, Württemberg 17, Bayern 32): an der Spitze eines jeden steht ein Stabsofficier nebst einem Adjutanten und dem nöthigen Unterpersonal, das Bezirkscommando; für die Compagniebezirke können ebenfalls besondere Compagnieführer ernannt werden. Die Bezirkscommandeure haben die sehr genau geregelte Controle über die Mannschaften des Beurlaubtenstandes in ihrem Bezirke zu führen, alle Vorbereitungen für die Formirung der Landwehrabtheilungen zu treffen und im Mobilmachungsfalle sowie bei Einberufung im Frieden den Militärpflichtigen die Ordre zuzustellen. Die Landwehrbezirkscommandos stehen unter den Brigadecommandos und diese in Landwehrsachen direct unter den Corpscommandos.[7]

B. Der Landsturm.[8]

Derselbe ist im Frieden gar nicht formirt und darf überhaupt nur aufgeboten werden, wenn die Landwehr nicht mehr ausreicht oder der Feind, sei es im Lande ist, sei es dasselbe direct bedroht. Alle Wehrpflichtigen vom vollendeten 17. bis zum vollendeten 42. Lebensjahr, die nicht dem stehenden Heer oder der Landwehr, bezw. der Marine oder Seewehr

[6] Laband III 100.

[7] Die Divisionscommandos (ausgenommen in Hessen) haben nur ein Aufsichtsrecht: Seydel 1425; Laband III 103.

[8] Seydel 1429 ff.

angehören, sind landsturmpflichtig. Die Einberufung, Organisation und Formation ist Sache des kaiserlichen Oberbefehles: das Gesetz schreibt nur in Uebereinstimmung mit anerkannten internationalen Grundsätzen vor,[9] daß der Landsturm „militärische auf Schußweite erkennbare Abzeichen" erhalten muß und der militärischen Disciplinarordnung unterworfen ist (§§. 4, 5).

C. Die Festungen.[10]

Zum System der deutschen Heeresorganisation gehört auch das Festungswesen, das speciell dem Zwecke zu dienen hat, den Operationen des Heeres, sei es der Offensive, sei es der Defensive feste und gesicherte territoriale Stützpunkte zu gewähren. Das Rechtsverhältniß der Festungen bietet mehrfache Schwierigkeiten: einerseits ist das Gebiet derselben keineswegs zu unmittelbarem Reichsgebiet erhoben worden, andrerseits sind doch alle Festungsanlagen Reichseigenthum.

Die Verfassung bestimmt in a. 65, daß der Kaiser berechtigt sei, im Namen des Reiches überall Festungen anzulegen und die bestehenden zu erweitern oder zu verändern; nur auf bayrischem und württembergischem Gebiete bedarf es der einzelstaatlichen Genehmigung.[11] Die Einzelstaaten, Bayern inbegriffen, sind nicht berechtigt, von sich aus Festungen anzulegen. Die Anlage neuer Befestigungen im Interesse des gesammtdeutschen Vertheidigungssystemes „wird Bayern zugestehen" im Wege jeweiliger Specialvereinbarung (Verf.

---

[9] S. mit specieller Beziehung auf die französischen Francti-reurs im Kriege von 1870/71 Bluntschli bei v. Holtzendorff, Jahrb. I 287 und Dahn bei v. Löbell, Jahrb. f. d. preuß. Armee I 55.

[10] Laband §. 82; Seydel 1401 ff.

[11] Seydel 1402. Württ. Mil.-Conv. a. 7.

Vertr. III. §. 5 Z. V erster Abs.). Mit dem Recht der Anlage ist nothwendig verbunden das Recht der Expropriation und der Rayonbeschränkungen im Umkreis von Festungen: über letzteren Punkt vgl. unten §. 21, IV. — für ersteren ist das Partikularrecht maßgebend. Die Erweiterung der Thore und Thorbrücken von Festungen kann auf Antrag der Gemeinde erfolgen, wenn die vereinigten Bundesrathsausschüsse für das Landheer und die Festungen sowie für Handel und Verkehr dies gestatten; die Erweiterung erfolgt auf Reichskosten, wenn 1. kein fortificatorisches Interesse dies verbietet und 2. das Interesse des Verkehres es dringend fordert.

Alle Festungswerke sind Reichseigenthum, auch die vor 1867 gemachten Anlagen,[12] ausgenommen nur Bayern; auch hier erfolgen zwar Neuanlagen auf Reichskosten, alle Immobiliaranlagen bleiben aber bayrisches Partikulareigenthum (Schlußprot. Z. XIV §. 2). Die Kosten der Festungen werden aus der Reichskasse bestritten, Bayern trägt demnach hieran seinen bestimmten Theil für Neuanlagen sowohl als Instandhaltung der Reichsfestungen, wogegen die Instandhaltung der beiden bayrischen Festungen ausschließlich Bayern zur Last fällt.

Die Besatzung der Festungen zu bestimmen, ist dem kaiserlichen Oberbefehl ohne Einschränkung durch Rücksichten auf die Contingente überlassen. Kraft des Oberbefehles hat der Kaiser die Aufsicht und Inspection über alle Verhältnisse der Festungen. Der Kaiser ernennt die Festungscommandanten, in Württemberg jedoch nach erfolgtem Einvernehmen mit dem

[12] Vgl. speciell sächsische Mil.-Conv. a. 8. Unzweifelhaft ist der im Text aufgestellte Grundsatz geworden durch das G. v. 28. Mai 1873 §. 1 (RGB. 113).

König. In Bayern hat der Kaiser im Frieden nur das Inspectionsrecht, im übrigen unterstehen die bayrischen Festungen dem königlichen Oberbefehl, der nur nach erfolgter Mobilmachung auf den Kaiser übergeht.

Die Festung Ulm ist territorial theils württembergisch, theils bayrisch: demgemäß wurden die Verhältnisse derselben durch eine besondere Convention zwischen den beiden genannten Staaten und Preußen (sic ?!) v. 16. Juni 1874 geordnet. Durch die Convention ist angeordnet, daß die Festung Ulm als einheitlicher Waffenplatz unter einheitlichem Commando und einheitlicher Verwaltung zu stehen habe; Commando und Stab werden vom Kaiser ernannt und nur für ihn vereidigt.

D. Die Marine.

Für die Organisation der Marine besteht eine breite gesetzliche Basis, wie sie für das Landheer vorhanden ist, nicht. Die thatsächliche Grundlage für die Marine bildet der Flottengründungsplan.[13] Außer den wenigen Sätzen, welche die Verfassung über die Organisation der Marine enthält, hat der kaiserliche Oberbefehl seine einzige Schranke am Etatsgesetz.

Für die „seemännische Bevölkerung“ tritt an Stelle der Wehrpflicht im Landheer die Wehrpflicht in der Marine: die materiellen Normen sind hier die nämlichen wie dort. Dem stehenden Heer entspricht die Flotte, der Landwehr die Seewehr: letztere ist jedoch nicht selbständig organisirt, vielmehr haben die Seewehrleute auf erfolgte Einberufung einfach ihren Dienst in der Flotte zu leisten.

---

[13] Vgl. Seydel 1429; Laband III 130 ff.

Die Centralstelle für die Marine ist die kaiserliche Admiralität, deren Vorstand als Stellvertreter des Reichskanzlers einmal Chef der Verwaltung (Marineministerium) ist, zugleich aber auch als Stellvertreter des Kaisers im Oberbefehl fungirt. Die Marine zerfällt in die Station der Ostsee mit dem Stationsort Kiel und die Station der Nordsee mit dem Stationsort Wilhelmshaven; die beiden Stationsorte sind zugleich Seefestungen („Reichskriegshäfen"). An der Spitze jeder Station steht ein Stationschef; jede Station hat eine Matrosendivision und eine Werftdivision, erstere das militärische, letztere das technische Personal umfassend; dazu kommt das Seebataillon für den Garnisons- und Küstendienst; eine besondere Schiffsjungenabtheilung dient zur Heranbildung von Matrosen und Unterofficieren; außerdem besteht noch eine specielle Lootsenabtheilung zu Wilhelmshaven.

E. Die Militär- und Marineverwaltung.

An die Organisation der Streitkräfte des deutschen Heeres schließt sich ein höchst umfassender Verwaltungsmechanismus, dessen Einrichtung am besten gesondert in's Auge gefaßt wird.

1. Ein Reichskriegsministerium analog dem Reichsmarineministerium besteht nicht, vielmehr ist die oberste Spitze der Verwaltung des Reichsheeres nur der Reichskanzler; für ihn fungiren die Kriegsministerien; einmal hat Bayern für sein gesondertes Heer auch eine vollständig gesonderte Verwaltung mit eigenem Kriegsministerium; ebenso haben Sachsen und Württemberg sich für ihre Contingente solche vorbehalten; die Centralverwaltungsstelle für das gesammte übrige Reichsheer dagegen ist das preußische Kriegsministerium. Das preußische, sächsische und württembergische Kriegsministerium

bilden demnach, obwol selbst Landesbehörden, die Centralverwaltungsstellen des Reichsheeres und müssen als solche als dem Reichskanzler untergeordnet angesehen werden; das Gleiche gilt vom bayrischen Kriegsministerium, das im übrigen noch selbständiger ist als die drei anderen; die besondere Stellung des bayrischen und württembergischen Kriegsministeriums ist durch die Verfassung geschützt, die des sächsischen dagegen beruht nicht auf juristischer Basis sondern lediglich auf dem in der Militärconvention enthaltenen Versprechen des Königs von Preußen.

Die drei Sonderverwaltungen sind materiell an die Vorschriften des Reichsrechtes und insbesondere an das Etatsgesetz gebunden, thatsächlich gilt dieser Satz überdies auch von der bayrischen Militärverwaltung. Das Reich hat die Aufsicht über die partikularen Militärverwaltungen und bethätigt dieselbe durch den Bundesrathsausschuß für Landheer und Festungen sowie auf dem Wege der Rechnungscontrole durch den Reichsrechnungshof. Der genannte Bundesrathsausschuß ist überdies noch das Communicationsorgan zwischen dem preußischen und den übrigen Kriegsministerien nach RV. a. 63[5]; in dem Ausschuß müssen Preußen, Bayern, Württemberg nach der Verfassung vertreten sein, Sachsen ist ein ständiger Sitz durch die Militärconvention eingeräumt.

Das preußische Kriegsministerium[14] ist in 7 Abtheilungen gegliedert; von demselben ressortiren unmittelbar die Generalkasse und die Oberexaminationscommission.

[14] Ausführlich hierüber Laband sowie über alle im Folgenden genannten Zweige der Armee- und Marineverwaltung III 106 ff. Laband zählt insbesondere auch die zahlreichen Cabinetsordres, Instructionen, Erlasse rc., die hieher gehören, auf. Literatur: v. Helldorff, Dienstvorschriften f. d. preuß. Armee; Frölich, die Verwaltung des deutschen Heeres.

2. Für den Armee-Corpsbezirk ist oberste Verwaltungs- (und Commando-) Stelle das Corpscommando, welches in Verwaltungssachen dem Kriegsministerium unterstellt ist. Für die wirthschaftliche Verwaltung bestehen als besondere Verwaltungsbehörden ferner die Intendanturen, nämlich für jedes Corps ein Corpsintendant, von welchem dann die Divisions-Intendanturen ressortiren. Jede Marinestation hat ihre eigene Intendantur. Jede Garnison bildet ferner einen abgegrenzten Verwaltungsbezirk und endlich hat jedes Regiment eine gewisse Selbständigkeit der wirthschaftlichen Verwaltung.

3. Das Sanitätswesen des Heeres ist ganz selbständig organisirt (Ver. v. 6. Febr. 1873): an der Spitze steht ein Generalstabsarzt der Armee, Vorstand der Medicinalabtheilung des Kriegsministeriums; an der Spitze des Sanitätswesens jedes Armeecorps steht ein Generalarzt, unter ihm Divisions-, Oberstabs-, Stabs- und Assistenzärzte, deren persönliche Stellung nicht die von Militärbeamten sondern von Officieren ist.

Die mobile Armee hat für jedes Corps drei Sanitätsdetachements mit 12 Feldlazarethen, je für 200 Personen.

Einen besonderen Zweig des Sanitätswesens bildet die Lazarethverwaltung. Jede Festung, ja jede Garnisonstadt mit mehr als einer Compagnie Besatzung soll ein unter besonderer Verwaltung, welche in wirthschaftlicher Beziehung von den Intendanturen, in sanitätlicher von den Generalärzten ressortirt, stehendes Garnisonslazareth haben.

Die Marine hat ihr eigenes Sanitätscorps.

4. Das Gerichtswesen. Die Militärpersonen stehen in weitem Umfange unter einer exemten Gerichtsbarkeit (s. unten S. 386 f.). Die Gerichtsherrlichkeit ist principiell den Con-

tingentsherren verblieben, in deren Namen also die Militärgerichte Recht sprechen. Die Gerichtsherrlichkeit wird delegirt an die Oberbefehlshaber bis herab zu den Regimentscommandeuren und Festungscommandanten. Die Militärgerichte werden immer für den concreten Fall zusammengesetzt: es gibt Corps-, Divisions-, Garnisons-, Regimentsgerichte; als juristischer Beistand hat dem Gerichtsherrn ein Auditeur zur Seite zu stehen; zu diesem Amt dürfen nur Personen berufen werden, welche die Qualification zum Richteramt erlangt haben (Mil.-G. §. 7). Das Generalauditoriat ist oberste Recursinstanz und zugleich oberste Aufsichtsbehörde über die Auditoriate. Vom Generalauditoriat kann in reinen Rechtsfragen noch an den König appellirt werden. Das Gerichtswesen bei der Marine ist ganz wie beim Landheer organisirt: die höhere Gerichtsbarkeit steht den Stationschefs zu, denen Auditeure beigeordnet sind; die niedere den Commandanten der in Dienst gestellten Schiffe. Oberste Instanz ist das preuß. Generalauditoriat als Generalauditoriat der kaiserlichen Marine.

5. Das Kirchenwesen. Die Reichsverfassung hat das Militärkirchenwesen ausdrücklich von der reichsrechtlichen Regelung ausgeschlossen. In Preußen gilt die Militärkirchenordnung v. 12. Februar 1832. Die Militärseelsorge wird jedoch aus der Reichskasse bestritten; die Militärgeistlichen sind Reichsbeamte.

6. Das Bildungswesen.[15] Der höheren militärischen

---

[15] Laband III 121 zählt hier auch den Generalstab der Armee auf. Daß derselbe „ein wissenschaftliches Institut ersten Ranges" ist, ist weltbekannt: der große Generalstab des deutschen Heeres ist das erste wissenschaftliche Militärinstitut der Welt. Das ist aber nicht die eigentliche Aufgabe desselben; systematisch

Vorbildung dienen: die Kriegsakademie zu Berlin für Officiere mit dreijährigem Cursus und die Marineakademie zu Kiel; Bayern hat seine eigene Kriegsakademie; die Kriegsschulen zur Ausbildung von Officiersaspiranten aller Waffengattungen, neun an der Zahl, dazu die Marineschule zu Kiel und eine bayrische Kriegsschule, erstere mit 9 die bayrische mit 12monatlichem Cursus, der mit Ablegung der Officiersprüfung abschließt; die Artillerie- und Ingenieurschule zur besonderen Ausbildung von Officieren dieser Waffengattungen, Bayern hat ebenfalls eigene Anstalten dieser Kategorie; die beiden militärärztlichen Akademieen zu Berlin; die Unterofficierschulen für die Infanterie; die Militärschießschule; die Maschinisten- und Steuermannsschule zu Kiel, sowie die Divisionsschulen bei jeder Matrosen- und Werftabtheilung; die Centralturnanstalt; das Reitinstitut zu Hannover für Officiere und Unterofficiere; die Schießschule für Officiere und Unterofficiere der Artillerie und die Oberfeuerwerkerschule; die Roßarztschule; die Centralcadettenanstalt zu Lichterfelde und die 6 Vorschulen für dieselbe.

7. Das Schiffsbauwesen. Hierfür bestehen 3 Werften zu Danzig, Kiel und Wilhelmshaven.

§. 20.

Der persönliche Militärdienst.[1]

Der persönliche Militärdienst hat seinen Rechtsgrund entweder in einer gesetzlichen oder in einer freiwillig übernommenen Verpflichtung;[2] auch kann eine Com-

gehört der Generalstab vielmehr in den Zusammenhang des Oberbefehls.

[1] Laband III §§. 88—91; Seydel 1875 1431—1493, 53—88. 1507.

[2] Laband III 136 f., 209 ff.; Seydel 1431 ff.

bination beider Rechtsgründe eintreten, wobei jedoch immer entweder der eine oder der andere überwiegt und damit für das Gesammtverhältniß maßgebend wird.

Erster Abschnitt.

Die gesetzliche Militärpflicht.

Nach RV. a. 57 ist jeder Deutsche wehrpflichtig d. i. kraft seines Unterthanenverhältnisses zum militärischen Dienste[3] in Krieg und Frieden behufs des „Schutzes des Bundesgebietes" (Eing. zur RV.) verpflichtet. Diese Unterthanenpflicht hat durch die Specialgesetzgebung eine dreifache Gliederung erfahren: es ist zu unterscheiden die allgemeine Wehrpflicht, die specielle Militärpflicht und die concrete militärische Dienstpflicht.[4]

I. Die Wehrpflicht.

Die deutsche Heeresorganisation beruht auf dem Principe der allgemeinen Wehrpflicht; den Gegensatz hiezu bildet das Werbesystem.

Die Wehrpflicht ergreift alle wehrfähigen Deutschen und besteht vom vollendeten 17. bis zum vollendeten 42. Lebensjahre; sie bildet die generelle gesetzliche Unterlage für den Eintritt in das Heer, sei es daß derselbe kraft besonderen Befehles, sei es daß derselbe freiwillig erfolgt. Befreit von der gesetzlichen Wehrpflicht sind nur 1. die Mitglieder der regierenden Häuser; 2. die Mitglieder der mediatisirten vor-

[3] Daß dieser Dienst nicht unbedingt Dienst mit der Waffe sein muß, geht aus Kriegsdienstges. §. 1[2] hervor, vgl. auch Laband III 137.

[4] Laband a. a. O.

mals reichsständischen und die Mitglieder derjenigen Häuser, welchen die Befreiung von der Wehrpflicht vertragsmäßig oder auf Grund besonderer Rechtstitel zusteht;[5] 3. die vor dem 1. Januar 1851 geborenen Elsaß-Lothringer.[6] Da die Wehrpflicht eine Consequenz des Unterthanenverhältnisses ist, kann dieselbe sich nicht auf Ausländer erstrecken; dadurch ist freiwilliger Eintritt von Ausländern in das deutsche Heer, falls derselbe gestattet wird, nicht ausgeschlossen.

Wie oben erwähnt, ist der allgemeine Grundsatz der Auswanderungsfreiheit principiell auch für Deutsche anerkannt: doch hat derselbe eine weitgehende Einschränkung aus militärischen Rücksichten erfahren.[7] Die Aufgabe der Staatsangehörigkeit hat principiell das Erlöschen der Militärpflicht zur Folge. Nach positiver Gesetzesbestimmung ist jedoch denjenigen Personen, welche sich im Dienst bei der Fahne befinden, die Auswanderung verboten, ebenso Wehrpflichtigen vor erfüllter aktiver Dienstpflicht, wenn sie auswandern wollen, um sich der letzteren zu entziehen. Außerdem kann im Kriege oder bei Kriegsgefahr der Kaiser ein generelles Auswanderungsverbot für die Wehrpflichtigen vom vollendeten 17. bis zum vollendeten 25. Lebensjahr erlassen. Wehrpflichtige, welche vor erreichtem Militärpflichtalter das Reichsgebiet verlassen haben, müssen nach Erreichung desselben zurückkehren. Zuwiderhandlungen gegen diese Vorschriften ziehen die im RStGB. §. 140 Z. 1 bezeichneten Strafen nach sich.[8] Auch der Versuch ist strafbar. Beschlagnahme des Vermögens des

[5] Zu 1 u. 2. Kriegsdienstges. §. 1.

[6] Zu 3. Ges. v. 23. Januar 1872 (RGB. 31) §. 2.

[7] Die Specialbestimmungen hierüber sind unter Angabe der Rechtsquelle zusammengestellt oben §. 16 S. 268. Vgl. überdies die ausführliche Darlegung bei Laband III 141 ff.

[8] Das Verfahren ist geregelt StPO. §§. 470 ff.

Schuldigen zur Deckung der Proceßkosten ist statthaft. Ob die betreffende Person die Staatsangehörigkeit inzwischen verloren hat, wird in der Praxis als irrelevant betrachtet. Die Verjährung der Strafverfolgung beginnt mit dem Aufhören der Dienstpflicht im stehenden Heer.[9] Erhöhte Strafe tritt ein, wenn ein Wehrpflichtiger im Widerspruch mit einem vom Kaiser zu Kriegszeiten erlassenen Verbote auswandert.

Die Erfüllung der Militärpflicht kann nachgeholt werden, wenn der Pflichtige aus dem Ausland in das Reich zurückkehrt und die deutsche Staatsangehörigkeit nicht verloren hat (Mil.-G. §. 33²), es tritt alsdann lediglich eine Verspätung in den gesetzlichen Terminen ein. Ist die deutsche Staatsangehörigkeit verloren und eine andere erworben, so erfolgt keine Einstellung in's Heer, wol aber kann wie oben erörtert Strafe eintreten.

Ist die deutsche Staatsangehörigkeit verloren, aber keine andere erworben oder diese wieder verloren (Mil.-G. §. 11), so wird der „staatenlos" im Reiche sich dauernd Aufhaltende[10] zur Erfüllung der deutschen Militärpflicht herangezogen, darf aber nicht länger als bis zum vollendeten 31. Lebensjahre bei den Fahnen gehalten werden. Dieselbe Verpflichtung haben die Söhne von ausgewanderten aber wieder in das Reich zurückgekehrten Personen, wenn die Söhne keine andere Staatsangehörigkeit erworben haben; ebenso Ausgewanderte, die eine andere Staatsangehörigkeit zwar erworben haben, aber vor vollendetem 31. Lebensjahre wieder Reichsangehörige werden.

Auf die Erfüllung der gesetzlichen Wehrpflicht beziehen sich endlich noch die Bestimmungen des RStGB. gegen

---

[9] Laband III 143¹.

[10] Seydel 1435.

Selbstverstümmelung (§. 142) und Täuschung der Ersatzbehörden (§. 143).[11]

II. Die Militärpflicht.

Die Militärpflicht i. e. S. ist die Pflicht, sich zur gesetzlichen Aushebung für das Heer oder die Flotte zu stellen.[12] Die Militärpflicht ist enger als die Wehrpflicht, indem sie nur die Pflicht zum Dienst im Heer, zu welchem auch die Reserve gehört, umfaßt, während in der Wehrpflicht auch die Pflicht zum Dienst in Landwehr und Landsturm enthalten ist. Die Militärpflicht begründet aber noch nicht das concrete militärische Dienstverhältniß, sie ist also nur eine Unterabtheilung der Wehrpflicht, für welche besondere juristische Regeln gelten.

Die Militärpflicht beginnt mit dem 1. Januar desjenigen Jahres, in welchem der Wehrpflichtige das 20. Lebensjahr zurückgelegt hat (Mil.=G. §. 10). Die Militärpflicht in diesem juristischen Sinne als die Pflicht, der zwangsweisen Aushebung für das Heer zu gehorchen, tritt demnach gar nicht ein bei solchen Wehrpflichtigen, welche vor Eintritt des militärpflichtigen Alters von dem durch die Wehrpflicht begründeten aber von der Genehmigung der Ersatzbehörden abhängigen Recht des freiwilligen Eintrittes in das Heer Gebrauch gemacht haben (Kriegsdienstges. §. 10, Mil.=Ges. Nov. a. II §. 10); die Militärpflicht erlischt, sobald durch die Entscheidung der Ersatzbehörden die concrete Dienstpflicht begründet wurde.[13]

Die Militärpflicht besteht in der Pflicht

1. zur Anmeldung (Ersatz=O. §. 23);
2. zur Gestellung (Ersatz=O. §. 24).

---

[11] Laband III 145 ff.
[12] Ersatz-O. §§. 20 ff.
[13] Laband III 147; Seydel 1461 f.

Die Militärpflicht kann von jedem Deutschen in jedem Theile des Reichsgebietes, wo er seinen dauernden Aufenthalt[14] genommen hat, erfüllt werden, ganz gleichgiltig ob er dem betreffenden Einzelstaat angehört, die sog. „militärische Freizügigkeit"; in erster Linie muß der Militärpflicht genügt werden am Ort des Aufenthaltes, eventuell des Wohnsitzes, subeventuell der Geburt; liegt dieser außerhalb des Reichsgebietes, und hat der Pflichtige weder Aufenthalt noch Wohnsitz im Reiche, so ist die Militärpflicht am Orte des letzten Wohnsitzes der Eltern zu leisten.

1. Die Meldepflicht.[15]

Der Militärpflichtige, eventuell dessen Angehörige haben die Meldung zur Stammrolle (Ersatz-O. §§. 44 ff.) vorzunehmen. Die Rekrutirungsstammrollen werden von den Gemeindebehörden unter Controle der Militärersatzbehörden geführt (Mil.-G. §. 31); sie müssen alle Militärpflichtigen nachweisen und sind zu diesem Zwecke auf Grund der Civilstandsregister sowie der persönlichen Meldungen aufs genaueste

[14] Mil.-G. §. 12¹ vgl. Kriegsdienstges. §. 17¹ und dazu Laband III 148¹.

[15] Die Bestimmungen von Verfassung und Gesetzen haben eine überaus detaillirte Specification erfahren in der Deutschen Wehrordnung, kais. Ver. v. 28. Sept. 1875 (CBl. 535 ff.) (auch bei v. Walther II 29), ferner dem ersten Theil der Heerordnung v. gleichen Datum (weder im RGB. noch im CBl. publicirt, aber bei v. Walther II 124 ff.); auf die im Text an dieser Stelle gegebene Darstellung bezieht sich speciell der erste Theil der Wehrordnung: die Ersatzordnung. Bayern hat formell selbständig materiell übereinstimmende Vorschriften erlassen. Die Wehrordnung ist nicht im Reichsgesetzblatt, sondern nur im Centralblatt publicirt! Vgl. Laband III 136³.

evident zu halten (ibid. §. 32). Der Civilvorsitzende der Ersatzcommission hat alljährlich die alphabetische Liste der Militärpflichtigen jeder Gemeinde seines Bezirkes endgiltig festzustellen.

Die Meldung zur Stammrolle hat durch den Militärpflichtigen zu erfolgen zwischen dem 15. Januar und 1. Februar desjenigen Jahres, in welchem die Militärpflicht eintritt. Die Meldung ist solange zu wiederholen, bis eine definitive Entscheidung über die Dienstpflicht ergangen ist, wenn nicht eine Zurückstellung sofort auf mehrere Jahre erfolgte; in diesem Falle hat die Meldung erst wieder zu geschehen nach Ablauf des betr. Zeitraumes. Wird nach erfolgter Anmeldung zur Stammrolle der Wohnsitz verändert, so ist dies der früheren wie der dermaligen Gemeindebehörde anzuzeigen. Bei Abwesenheit des Militärpflichtigen obliegt die Anmeldungspflicht den Eltern, Vormündern, Lehr-, Brod- oder Fabrikherren. Wird die Anmeldung versäumt, so trifft den Pflichtigen Geld- oder Haftstrafe, eventuell auch noch andere Rechtsfolgen, doch kann dieselbe durch nachträgliche Anmeldung abgewendet werden (Mil.-G. §. 33).[16]

2. Die Gestellungspflicht.

Die Gestellung hat vor den Ersatzbehörden zu geschehen und darf nicht mehr als zweimal in einem Jahre verlangt werden (Mil.-G. §. 10) bis zu definitiver Entscheidung über die Dienstpflicht (Ersatz-O. §§. 24, 62 ff., 68 ff.). Zur Erledigung des Militärersatzgeschäftes ist das ganze Reichsgebiet in eine Anzahl von Ersatz-, diese wieder in Aushebungsbezirke eingetheilt, welche dann noch in kleinere Musterungsbezirke einge-

[16] Seydel 1460.

theilt werden können behufs möglichster Erleichterung für die Pflichtigen (Ersatz-O. §. 1). Die Gestellung ist entweder zur Musterung oder zur Aushebung; erstere erfolgt vor der Ersatz-, letztere vor der Oberersatzcommission.

Ersatz- und Oberersatzcommission[17] sind die mit der Vornahme des alljährlichen Militärersatzgeschäftes betrauten Verwaltungsbehörden. Dieselben werden zusammengesetzt aus Militär- und Civilpersonen und stufen sich in folgender Weise ab: 1. Für jeden Aushebungsbezirk (Mil.-G. §§. 30 Z. 1 od. 5[3]) besteht eine Ersatzcommission, welche aus dem Landwehrbezirkscommandeur und einem Verwaltungsbeamten gebildet wird. 2. Die höhere Instanz ist die Oberersatzcommission des Infanterie-Brigadebezirks, bestehend aus dem Brigadecommandeur und einem höheren Verwaltungsbeamten. 3. Die dritte Instanz umfaßt den Armeecorpsbezirk und besteht aus dem commandirenden General und dem Chef einer Provinzial- oder Landesbehörde. 4. Letzte Instanz endlich sind die Kriegsministerien gemeinsam mit den betreffenden obersten Civilverwaltungsbehörden. (Mil.-G. §. 30 Z. 3.)

Daneben fungiren die sog. verstärkten Ersatzbehörden: die verstärkte Ersatz- und die verstärkte Oberersatzcommission. Die Verstärkung erfolgt bei der ersteren durch Zuziehung von einem Officier und vier bürgerlichen, bei letzterer von einem bürgerlichen Mitgliede. Die bürgerlichen Mitglieder werden von den Communal- oder Landesverwaltungen gewählt oder wo solche nicht vorhanden (Mecklenburg), von der obersten Landesbehörde ernannt (Mil.-G. §. 30 Z. 4).[18]

---

[17] Mil.-G. §§. 30 ff.; Ersatz-O. §§. 1, 2. Vgl. Seydel 1457 ff.; Laband III 155 ff.

[18] Laband III 156: „das Verhältniß der verschiedenen Instanzen ist in sehr eigenthüm-

Die Gestellungsordre wird den Pflichtigen durch die Gemeindebehörde vermittelt: bei Weigerung des Pflichtigen ist zwangsweise Vorführung gestattet. Die Musterung (Ersatz-O. §§. 58 ff.) besteht in einer ärztlichen Untersuchung, bei welcher der Pflichtige der Ersatzcommission alle nöthigen Aufschlüsse über seine Verhältnisse zu geben hat. Auf Grund dieser Musterung erfolgt sodann eine Klassificirung der Gemusterten, welche der durch die Obererersatzcommission zu fällenden definitiven Entscheidung die Grundlage zu bieten hat. Eine Vorstellung an die Oberersatzcommission erfolgt gar nicht bei denjenigen Personen, welche Kraft des Gesetzes vom Eintritt in's Heer ausgeschlossen sind, und bei solchen, welche sich sofort als definitiv untauglich erweisen; zeitlich Untaugliche, bedingt Taugliche, sowie die als überschüssig der Ersatzreserve II. Klasse zu Ueberweisenden werden ebenfalls der Oberersatzcommission in der Regel nicht vorgestellt.

Können die Mitglieder einer Ersatzbehörde sich nicht einigen, so geht in jedem Falle die Sache an die obere Instanz. Vorläufige unaufschiebbare Entscheidungen sind in der Ersatzcommission durch das bürgerliche, in der Oberersatzcommission durch das militärische Mitglied zu treffen; die Stimme des letzteren ist auch maßgebend für die Frage der körperlichen Tüchtigkeit und für die Vertheilung der ausgehobenen Rekruten nach Waffengattungen.

Die verstärkten Ersatzbehörden entscheiden: 1. über die auf Gesetz (Mil.-G. §. 20) beruhenden Ansprüche auf Befreiung oder Zurückstellung; 2. über die Entziehung gewährter Vergünstigungen zur Strafe; 3. über die Klassification der

licher, fein ausgesonnener Weise geregelt, die sowol den Interessen der Militär- und Civilverwaltung als denen der Wehrpflichtigen Rechnung trägt".

Reserve- und Landwehrmannschaften sowie der Ersatzreservisten erster Klasse in Hinsicht auf häusliche und gewerbliche Verhältnisse.[19] Die Entscheidung erfolgt durch Stimmenmehrheit, für gewisse Fälle (Klassification der Reserve- und Landwehrmannschaften und Ersatzreservisten erster Klasse) hat jedoch in der Ersatzcommission das militärische Mitglied ein Einspruchsrecht, worüber dann in der verstärkten Oberersatzcommission nur die militärischen Mitglieder entscheiden (Mil.-G. §. 30 Z. 5, 8).

Die Militärpflichtigen sowie die Angehörigen derselben dürfen jederzeit bei den Ersatzbehörden Anträge stellen, auch die Vernehmung von Zeugen und Sachverständigen beantragen (ibid. Z. 6).

Gegen die Entscheidung der Oberersatzcommission ist denselben Personen jederzeit Berufung an die dritte Instanz gestattet (ibid. Z. 8). Vor der Entscheidung der Oberersatzcommission findet die Losung statt: zu derselben sind nicht zuzulassen die zum Einjährig-Freiwilligen-Dienst Berechtigten, die Kapitulanten, die offenbar Untauglichen und die aus Gründen der Ehre vom Heere Ausgeschlossenen (Mil.-G. §. 13, dazu Ersatz-O. §. 65 ff).

Die Entscheidungen der Ersatzcommissionen sind dem Inhalte nach folgendermaßen zu unterscheiden:

1. Ausschließung. (Mil.-G. §. 18. StGB. §§. 31, 34, Ersatz-O. §. 35.)

Zuchthausstrafe zieht die dauernde Unfähigkeit zum Dienst im Heer nach sich, Aberkennung der bürgerlichen Ehrenrechte, Unfähigkeit für die betreffende Zeit; sind einer Person die bürgerlichen Ehrenrechte aberkannt, jedoch so, daß der Voll-

[19] Mil.-G. §. 30 Z. 4 vb. §§. 20, 33, 21, 51, 55, 64, 69.

genuß derselben noch im Laufe des dienstpflichtigen Alters wieder eintritt, so kann Einstellung in eine Arbeitercompagnie erfolgen, nach Wiedererlangung der Ehrenrechte muß der Betreffende aber einem Truppentheil überwiesen werden. Ist nach Eintritt des militärpflichtigen Alters Zurückstellung erfolgt wegen Schwebens einer Untersuchung, die den Verlust der bürgerlichen Ehrenrechte nach sich ziehen könnte, so ist gänzliche Ausschließung durch die Ersatzcommission zu verfügen, wenn auch nach dem 5. Zurückstellungsjahr die Untersuchung noch schwebt oder wiederholt eine solche Untersuchung anhängig ist.

2. Ausmusterung. (Mil.-G. §. 15, Ersatz-O. §. 36, Heer-O. I §. 9.)

Personen, welche wegen Mangels körperlicher oder geistiger Kräfte dauernd unbrauchbar sind, sind durch die Oberersatzcommission auszumustern, d. i. definitiv in allen Ehren der Militärpflicht zu entlassen.

3. Zurückstellung. (Ersatz-O. §§. 27—33.)

Die Zurückstellung ist eine nur vorläufige Entscheidung, deren Inhalt zugleich regelmäßig Vorbehalt definitiver Entscheidung für das nächste Jahr ist; die Anmeldung zur Stammrolle hat dann im nächsten Jahre wieder zu erfolgen und die ganze Procedur wird wiederholt. Ausnahmsweise kann eine Zurückstellung für 2 oder für 3 Jahre erfolgen;[20] für die Dauer der Zurückstellung besteht keine Meldepflicht. Mit Eintritt der Mobilmachung treten alle Zurückstellungen ipso jure außer Kraft.

Gesetzliche Gründe für die Zurückstellung sind:

a) zeitige Untauglichkeit wegen körperlicher Mängel (Mil.-G. §. 17, vgl. Heer-O. I §. 8);

[20] Vgl. hieher Laband III 150 bes. Nr. 3.

b) zeitige Unwürdigkeit; schwebt gegen eine Person eine Untersuchung wegen eines Delictes, das den Verlust der bürgerlichen Ehrenrechte nach sich ziehen kann, oder eine Untersuchung, deren Folge voraussichtlich Gefängnißstrafe von mehr als 6 Wochen oder entsprechende Geldstrafe ist, so ist die Beendigung der Untersuchung abzuwarten; nach dem Ergebniß derselben erfolgt definitive Entscheidung; wer zu einer Freiheitsstrafe verurtheilt ist, darf vor Verbüßung derselben nicht eingestellt werden; die definitive Entscheidung darf bis zum 5. Militärpflichtjahre ausgesetzt werden (Mil.=G. §. 18);

c) „Ausnahmsweise Zurückstellung oder Befreiung[20a] Militärpflichtiger vom Dienst im Frieden kann durch die oberste Instanz — — verfügt werden, wenn in einzelnen Fällen besondere in diesem Gesetz nicht ausdrücklich vorgesehene Billigkeitsgründe die Zurückstellung oder Befreiung rechtfertigen“ (Mil.=G. §. 22);

d) folgende im Gesetz genannte Personenkategorieen können durch die Ersatzcommission für 1 bis 2 Jahre auf Antrag des Militärpflichtigen oder seiner Angehörigen nach genauer Prüfung der Verhältnisse zurückgestellt werden:[21]

1. „Die einzigen Ernährer hülfloser Familien, erwerbsunfähiger Eltern, Großeltern oder Geschwister;
2. Der Sohn eines zur Arbeit und Aufsicht unfähigen Grundbesitzers, Pächters oder Gewerbetreibenden, wenn dieser Sohn dessen einzige und unentbehrliche Stütze zur wirthschaftlichen Erhaltung des Besitzes, der Pachtung oder des Gewerbes ist;
3. Der nächstälteste Bruder eines vor dem Feinde ge-

[20a] Ueber den Militärdienst der Theologen s. die V. v. 23. Juli 1874 (v. Walther II 9).

[21] Ersatz=O. §§. 30, 31. S. hiezu Seydel 1466; Laband III 160 f.

bliebenen, oder an den erhaltenen Wunden gestorbenen, oder in Folge desselben erwerbsunfähig gewordenen, oder im Kriege an Krankheit gestorbenen Soldaten, sofern durch die Zurückstellung den Angehörigen des letztern eine wesentliche Erleichterung gewährt werden kann;

4. Militärpflichtige, welchen der Besitz oder die Pachtung von Grundstücken durch Erbschaft oder Vermächtniß zugefallen, sofern ihr Lebensunterhalt auf deren Bewirthschaftung angewiesen und die wirthschaftliche Erhaltung des Besitzes oder der Pachtung auf andere Weise nicht zu ermöglichen ist;

5. Inhaber von Fabriken und andern gewerblichen Etablissements, in welchen mehrere Arbeiter beschäftigt sind, sofern der Betrieb ihnen erst innerhalb des dem Dienstpflichtjahre vorangehenden Jahres durch Erbschaft oder Vermächtniß zugefallen und deren wirthschaftliche Erhaltung auf andere Weise nicht möglich ist. Auf Inhaber von Handelshäusern entsprechenden Umfangs findet diese Vorschrift sinngemäße Anwendung;

6. Militärpflichtige, welche in der Vorbereitung zu einem Lebensberufe oder in der Erlernung einer Kunst oder eines Gewerbes begriffen sind und durch eine Unterbrechung bedeutenden Nachtheil erleiden würden. In ausnahmsweisen Verhältnissen kann die Zurückstellung derselben bis zu einer Gesammtdauer von 4 Jahren erfolgen (vgl. hiezu die Deklaration v. 14. Febr. 1876 bei v. Walther II 41);

7) Militärpflichtige, welche ihren dauernden Aufenthalt im Auslande haben.

Können zwei arbeitsfähige Ernährer hülfloser Familien, erwerbsunfähiger Eltern, Großeltern oder Geschwister nicht gleichzeitig entbehrt werden, so ist Einer von ihnen zurückzustellen, bis der Andere entlassen wird. Spätestens nach Ablauf des zweiten Dienstpflichtjahres soll der einstweilen Zurückgestellte eingestellt und gleichzeitig der zuerst Eingestellte entlassen werden. Diese Bestimmung findet auf Nr. 2 entsprechende Anwendung." (Mil.-G. §. 20).

e) Zurückgestellt werden endlich noch die Ueberzähligen (Mil.-G. §. 13[4]). Wie viele Rekruten der Bezirk zu stellen hat, steht ziffermäßig fest. Alle Gestellungspflichtigen loosen (Ersatz-O. §. 65) vor Beginn des Ersatzgeschäftes und werden dann nach Maßgabe ihrer Loosnummer ausgehoben. Ist der Bedarf gedeckt („Abschlußnummer"), so sind die Inhaber der weiteren Nummern überzählig, sie werden aber nicht sofort definitiv vom Dienst befreit, sondern für 2 Jahre zurückgestellt, so daß sie während dieser Zeit noch ausgehoben werden dürfen, wenn der Rekrutenbedarf nicht vollständig gedeckt werden kann.

4. Ueberweisung zur Ersatzreserve I. oder II. Klasse. (Ersatz-O. §§. 37 ff.)

Der Ersatzreserve sollen überwiesen werden alle dienstfähigen aber nicht zum Dienst ausgehobenen Mannschaften. Die Ueberweisung erfolgt regelmäßig zunächst zur ersten Klasse.[22]

Dieselbe erfolgt: a) bei Ueberzähligen nach zweijähriger Zurückstellung (Mil.-G. §. 25), b) bei Personen, welche wegen unheilbarer körperlicher Fehler nur bedingt diensttauglich befunden sind (Mil.-G. §. 16, dazu Heer-O. §. 7 und Anlage hiezu), c) bei solchen, welche wegen körperlicher Mängel oder heilbarer Krankheiten bereits 3 Jahre zurückgestellt sind,

---

[22] Näheres Laband III 163 f.

ohne dienstfähig geworden zu sein (Mil.-G. §§. 17², 25), d) bei Personen, welche nach Mil.-G. §. 20 Z. 1 bis 5 bereits 2 Jahre zurückgestellt sind (Mil.-G. §§. 21, 25).[23]

Die Ersatzreserve zweiter Klasse besteht aus denjenigen Personen, welche 5 Jahre in der ersten Klasse waren und denjenigen, welche als ungeeignet oder überschüssig sofort in diese Klasse gewiesen wurden (Mil.-G. §. 26).

5. Aushebung. (Ersatz-O. §§. 42, 68 ff.)

Dieselbe ist nicht directe Einstellung in das Heer sondern nur das definitive Urtheil über die Diensttauglichkeit, das durch die Oberersatzcommission gefällt wird. Regelmäßig wird auf Aushebung zum Dienst mit der Waffe erkannt; doch kann das Urtheil auch lauten auf Aushebung zum Dienst ohne Waffe z. B. als Krankenwärter, Oekonomiehandwerker. Bei zeitweiligem Verlust der bürgerlichen Ehrenrechte kann Einstellung in eine Arbeitscompagnie erfolgen. Endlich darf versuchsweise Einstellung verfügt werden, wenn Gebrechen behauptet werden, von deren Vorhandensein oder Nichtvorhandensein die Oberersatzcommission sich nicht definitiv zu überzeugen vermochte.

Die ausgehobenen Rekruten werden in den Grundlisten gestrichen und zunächst mit Urlaubspässen entlassen: mit Empfang dieser letzteren treten sie rechtlich in das Verhältniß von Mannschaften des Beurlaubtenstandes und bedürfen zur Verheirathung der Genehmigung der Militärbehörde (Mil.-G. §. 60 Z. 4).

III. Die Dienstpflicht.[24]

Die Dienstpflicht bezieht sich 1. auf das stehende Heer, 2. auf die Landwehr, 3. auf den Landsturm.

---

[23] Vgl. aber hiezu Mil.-G. §. 31 Z. 4 d.

[24] Ersatz-O. §§. 4 ff.

A. Die Dienstpflicht im stehenden Heer.

Das „stehende Heer" umfaßt die zum dauernden Dienst bei den Fahnen verpflichteten Mannschaften und die Reserve; letztere gliedert sich wieder in die eigentliche Reserve und die Ersatzreserve. Darnach ergeben sich verschiedene Rechtsregeln.

Jeder Ausgehobene wird regelmäßig in seinem Aushebungsbezirk auch zum Dienst „herangezogen" (Mil.=G. §. 12²).

1. Der Dienst „bei den Fahnen".

Die Grundlagen des militärischen Dienstverhältnisses und damit die Basis der ganzen Armeeorganisation bildet die Gehorsams= und die Treupflicht. Was an Rechtssätzen hierüber vorhanden ist, bezieht sich auf alle Zweige der Dienstpflicht, sobald es sich nur überhaupt um activen Militärdienst handelt, also auch auf den activen Landwehrdienst, den Dienst im Landsturm, die Gestellung zu Controlversammlungen.

a) Die Gehorsamspflicht.

Alle zum activen Dienst einberufenen Mannschaften sind bis zum Tage des Austritts aus dem Dienst zu unbedingtem Gehorsam gegenüber den Befehlen ihrer militärischen Oberen verpflichtet. Letztere vertreten die Staatsgewalt, die ihnen gegenüber bestehende Gehorsamspflicht besteht also juristisch gegenüber dem imperium des Staates; daraus folgt, daß die Gehorsamspflicht nur im Interesse und zu Zwecken des Staates verwerthet werden darf: der Mißbrauch der Dienstgewalt von Seiten der militärischen Oberen ist vom Militärstrafgesetzbuch mit Strafe bedroht (§. 38 Z. 3).[25]

Die Verpflichtung zum unbedingten militärischen Gehorsam übernimmt der Soldat im Fahneneid; die strafrechtlichen Folgen des Ungehorsams normirt das Milit.-StGB. §§. 88—113: vom einfachen Arrest für gewöhnlichen Ungehorsam reichen dieselben bis hinauf zur Todesstrafe. Dem Strafgesetzbuch steht als Ergänzung die Disciplinarstrafordnung für das Heer v. 31. Okt. 1872 bezw. die Marine v. 23. Nov. 1872[26] zur Seite: sie beschäftigt sich ganz speciell mit dem militärischen Ungehorsam; der Umstand, daß das militärische Delict des Ungehorsams zum Theil unter dem Gesichtspunkt des Strafrechtes, zum Theil unter dem der Disciplin behandelt wird, daß also ein äußerer Unterschied bei voller innerer Gleichartigkeit des Thatbestandes gemacht wird, dient auch zum Beweise für die oben §. 14 S. 243 f. aufgestellte Behauptung: daß das Criminalstrafrecht und das Disciplinarstrafrecht principiell gleich zu construiren sind.[27]

Die militärische Disciplin ist der Natur der Sache nach eine sehr viel straffere und strenger geschützte als die sonstige Beamtendisciplin; „die Disciplinargewalt ist recht eigentlich das Mittel, durch welches der Staat die Erfüllung der

---

[25] Laband III 166 characterisirt die militärische Gehorsamspflicht in vorzüglicher Weise.

[26] Publicirt im Armee-Verordn.-Bl. 1872 330 ff., Marine-Verordn.-Bl. 1872 Beilage zu Nr. 22, (auch bei v. Walther VI 53ff.), erstere eingeführt in Württemberg und Bayern durch specielle Landesverordnungen (Laband III 167[3]). Die heillose Unordnung im Publicationswesen des Reichsrechtes ist auch hier zu rügen und dem lebhaften Wunsche nach einer Ordnung hiefür Ausdruck zu geben.

[27] Richtig Laband III 167 f., unrichtig dagegen derselbe I 449 ff.: sogut als man im Disciplinarrecht einen Zwang zur Erfüllung von Pflichten finden kann, sogut liegt er in allem Strafrecht.

militärischen Dienstpflicht und insbesondere der Gehorsamspflicht mit unwiderstehlicher Kraft und sofortigem Erfolge erzwingt; sie sichert nicht nur — wie das Strafgesetz — den Gehorsam sondern den prompten Gehorsam" (Laband III 168). Um jedoch die Härte der unbedingten Gehorsamspflicht zu mildern, ist Beschwerde gestattet. Dieselbe darf aber nicht sofort, sondern erst am Morgen nach Ausführung des Befehles, gegen welchen sie gerichtet ist, erhoben werden; für dieselbe bestehen bestimmte Fristen und ein genau vorgeschriebenes Verfahren.[27a] Verletzung der über die Beschwerde bestehenden Vorschriften sowie „unbegründete, leichtfertige oder wider besseres Wissen auf unwahre Behauptungen gestützte Beschwerden" sind strafbar (Mil.-StGB. §. 152²). „Im Fall der äußersten Noth und dringendsten Gefahr" kann jeder militärische Vorgesetzte seinen Befehlen durch Anwendung von Gewalt Gehorsam verschaffen und dürfen speciell Officiere von der Waffe Gebrauch machen (Mil.-StGB. §. 124).

b) Die Treupflicht.[28]

Die specifische Verletzung der staatsbürgerlichen Treue durch die Verbrechen des Hoch- und Landesverrathes wird an Soldaten im Frieden ebenso bestraft wie an Civilpersonen (Mil.-StGB. §. 56). Außerdem aber enthält das Militär-StGB. §§. 57 ff. noch besondere Bestimmungen über die Bestrafung jener Delicte in Kriegszeiten, den sog. Kriegsverrath. Das Verhalten der Soldaten im Kriege speciell haben zum Gegenstand die Kriegsartikel für das Heer und die Marine v. 23. Nov. 1872.[28a]

Ferner muß der Soldat im Krieg wie im Frieden bei

[27a] Kais. V. v. 6. März 1873, s. den Text bei v. Walther VI 73 ff.

[28] Vgl. die schöne Ausführung bei Laband III 170.

[28a] Text bei v. Walther VI 45 ff.

den Fahnen bleiben und begeht durch widerrechtliches Verlassen derselben das specifisch militärische Delict der Desertion (Mil.-StGB. §§. 64 ff.), bezw. Fahnenflucht; letztere sowie das Verleiten hiezu wird im Felde mit dem Tode bestraft (Mil.-StGB. §. 84).

Da somit der Soldat, so lange er im activen Dienst steht, jedem bürgerlichen Erwerbe entzogen ist, so ist der Staat verpflichtet, denselben zu unterhalten. Was der Staat dem Soldaten an Naturalverpflegung und „Löhnung“[29] gibt, ist keine Vergütung für geleistete Dienste, sondern wird richtig unter den Gesichtspunkt der Alimentationspflicht gestellt,[30] ebenso wie bei den Beamten. An sich ist die Erfüllung der militärischen Dienstpflicht lediglich eine allgemeine Unterthanenpflicht, deren Correlat principiell nur der innere und äußere Schutz ist, den der Staat seinen Angehörigen zu bieten verpflichtet ist.

Die active Dienstpflicht, der Dienst bei den Fahnen im engeren Sinne, dauert nach der Verfassung 3 Jahre und zwar vom vollendeten 20. Lebensjahre an. Letztere Verfassungsbestimmung ist durch das Kriegsdienstgesetz dahin modificirt, daß bereits mit dem 1. Januar desjenigen Jahres, in welchem der Pflichtige das 20. Lebensjahr zurücklegt, die Militärpflicht beginnt (§. 6); die Einstellung selbst erfolgt regelmäßig erst gegen Ende des Aushebungsjahres, so daß hiedurch jener Widerspruch zur Verfassung ausgeglichen wird.[31] Die dreijährige Dienstpflicht wird berechnet nach dem Tag des wirklichen Diensteintrittes, doch sieht das Kriegsdienstgesetz eine wichtige Modification dieser Berechnung vor (§. 6 [3]). Vor Ablauf der dreijährigen Dienst-

---

[29] Die wichtigsten Verordnungen hierüber citirt Laband III 173 [2], vgl. auch die Zusammenstellung bei v. Walther II 175 ff.

[30] Laband III 171 f.

[31] Laband III 174.

zeit kann eine Entlassung aus dem activen Dienste stattfinden entweder zur Disposition des Truppentheiles oder zur Disposition der Ersatzbehörden. Ersteres ist nach zweijähriger Dienstzeit gestattet, wenn die dadurch sich ergebenden Vacanzen in der gesetzlichen Friedenspräsenz durch Einstellung von Rekruten oder Freiwilligen gedeckt werden können. Die Militärbehörde hat hier immer den einzelnen Fall mit besonderer Rücksicht auf häusliche Verhältnisse und dienstliche Führung zu entscheiden. (Heer-O. I §. 13 ff.) Seeleute von Beruf und technisch vorgebildete Maschinisten können schon nach einem Jahre activen Dienstes in der Flotte entlassen werden (Kriegsdienstges. §. 13 Z. 3). Wiedereinberufung bis zum Ablauf des dritten Dienstjahres kann jederzeit erfolgen (Mil.-G. §. 60 Z. 5), Veränderung des Wohnsitzes während dieser Zeit bedarf der Genehmigung des Landwehrbezirkscommandeurs.

Personen, welche während der Dienstzeit untauglich werden, können durch den commandirenden General bezw. den Chef der Admiralität zur Disposition der Ersatzbehörden entlassen werden (Mil.-G. §. 52). Auch außerdem ist eine solche Entlassung unter ganz besonderen Umständen möglich.[32]

2. Die Reservedienstpflicht.

a) Die eigentliche Reserve.

Nach Ablauf der dreijährigen gesetzlichen Dienstzeit bei den Fahnen erfolgt Entlassung zur Reserve; die Dienstpflicht in der Reserve dauert nach der Verfassung 4 Jahre;[33] die Reserve gehört zum stehenden Heer und die Mannschaften

---

[32] Für Volksschullehrer vgl. Mil.-G. §. 51, Ersatz-O. §. 9, über andere Gründe sowie das Verfahren vgl. §. 53, dazu die Mil.-Ges.-Nov. v. 1880 Art. II §. 53. Vgl. dazu Seydel 1473; Laband III 175 ff.

[33] Nähere Angaben hinsichtlich der Berechnung s. Laband III 188 ff.

derselben haben bei erfolgter Mobilmachung oder sonstigen „nothwendigen Verstärkungen des Heeres“ (Kriegsdienstges. §. 6) in erster Linie die Cadres auszufüllen bis zur Höhe der Kriegsstärke. Eine selbständige Formation der Reserve findet niemals statt. Das Dienstverhältniß zum stehenden Heer dauert in der Reserve quoad jus nach Rechten und Pflichten fort, ist aber quoad excercitium während der weit überwiegenden Zeit suspendirt. Nur für die Zeit besonderer Uebungen tritt das Dienstverhältniß auch quoad excercitium wieder in seine volle Kraft: die Reservisten müssen sich nämlich während ihrer Reservezeit zu zwei Uebungen, deren jede die Dauer von 8 Wochen nicht übersteigen darf, wieder einberufen lassen (Kriegsdienstges. §. 6[6]). Reserveofficiere können dreimal zu 4—8 wöchentlichen Uebungen einberufen werden, Seeofficiere dreimal nach Maßgabe des Bedürfnisses zu Uebungen von unbestimmter Zeitdauer (Kriegsdienstges. §. 12). Die Einberufung zu den Uebungen erfolgt durch den Landwehrbezirkscommandeur auf Anordnung des commandirenden Generals. Während dieser Dienstzeit stehen die Reservisten vollständig im Rechtsverhältniß der übrigen Mannschaften. Außerdem haben die Reservisten sich auf ergangene öffentliche Aufforderung zweimal jährlich zur Controle zu stellen (s. unten S. 375).

Von der Reservedienstpflicht wie von der Controle kann bei Auswanderung in außereuropäische Länder auf zwei Jahre und ausnahmsweise auf Grund von Consulatsattesten noch länger dispensirt werden, jedoch vorbehaltlich sofortiger Heimkehr bei erfolgter Mobilmachung (Mil.-G. §. 59).[34]

Bei erfolgter Mobilmachung haben die Reservisten sofort

---

[34] Vgl. hiezu Laband III 183.

der kaiserlichen Einberufungsordre Folge zu leisten, ist über Theile des Reichsgebietes der Kriegszustand erklärt, so erfolgt für diese Theile die Einberufung durch die commandirenden Generäle (Kriegsdienstges. §. 8). Die Einberufung erfolgt nach Jahresklassen, wobei jedoch in Rücksicht auf dringende häusliche Geschäfte („Classificationsverfahren") oder wegen Unabkömmlichkeit aus einer öffentlichen Dienststellung Modificationen gestattet sind.[35]

Das Gesetz bestimmt nämlich in ersterer Beziehung:

„Hierbei können dringende häusliche und gewerbliche Verhältnisse derart Berücksichtigung finden, daß Reservisten hinter die letzte Jahresklasse der Reserve ihrer Waffe oder Dienstkategorie, Landwehrmannschaften aber, sowie in besonders dringenden Fällen auch einzelne Reservisten hinter die letzte Jahresklasse der Landwehr ihrer Waffe oder Dienstkategorie zeitweise zurückgestellt werden.

Jedoch darf in keinem Aushebungsbezirke die Zahl der hinter den letzten Jahrgang der Reserve zurückgestellten Mannschaften zwei Procent der Reserve, die Zahl der hinter den letzten Jahrgang der Landwehr zurückgestellten Mannschaften drei Procent der Reserve und Landwehr übersteigen;"

ferner in letzterer:

„Reichs-, Staats- und Kommunalbeamte, sowie Angestellte der Eisenbahnen, welche der Reserve oder der Landwehr angehören, dürfen für den Fall einer Mobilmachung oder nothwendigen Verstärkung des Heeres hinter den ältesten Jahrgang der Landwehr zurückgestellt werden, wenn ihre Stellen selbst vorübergehend nicht offen gelassen werden

[35] Mil.-G. §§. 63 ff. dazu Control-O. (dieselbe bildet den zweiten Theil der Wehr-O. v. 28. Sept. 1875) §§. 17 ff., 20 ff. Vgl. auch Seydel 1479 ff.; Laband III 184 ff.

können und eine geeignete Vertretung nicht zu ermöglichen ist."

Das hiebei zu beobachtende Verfahren hat in der Controlordnung eine detaillirte und sorgfältige Regelung gefunden.[35a] Beamte dürfen in Folge ihrer Einberufung keinen Nachtheil in ihrem Dienstverhältniß erleiden (Mil.-G. §. 66), auch dann nicht, wenn sie freiwillig in's Heer eingetreten sind, Abkömmlichkeit vorausgesetzt (Mil.-Ges.-Nov. Art. II §. 66 Abs. 4).

Personen des Beurlaubtenstandes und der Ersatzreserve, welche bereits ein geistliches Amt[36], in einer mit Corporationsrechten ausgestatteten Religionsgesellschaft bekleiden, werden nicht zum Dienst mit der Waffe, sondern nur zu Seelsorge und Krankenpflege beigezogen (Mil.-G. §. 65[2]).

b) Die Ersatzreserve.
(Mil.-G. §§. 23 ff., Militärgesetznovelle v. 1880 Art. I §. 3.)

Die Dienstpflicht in der Ersatzreserve war nach dem Militärgesetz eine nur eventuelle, im Frieden wurde dieselbe gar nicht praktisch; nur im Kriegsfall, bei Mobilmachung oder Bildung von Ersatztruppen konnten die Ersatzreservisten eingerufen werden. Die Ersatzreservisten zählten nicht zu den Mannschaften des Beurlaubtenstandes; waren dieselben einberufen, so traten sie nach der Entlassung von den Fahnen nicht in die Ersatzreserve zurück, sondern in die eigentliche Reserve bezw. die Landwehr; letzteres bleibt in Kraft für alle im Kriegsfall ausgebildeten Ersatzreservisten (Mil.-G. §. 50, vgl. Motive zu der Mil.-Ges.-Nov. v. 1880 S. 12).

Die Stellung der Ersatzreserve ist durch die Militärgesetznovelle von 1880 principiell geändert

[35a] Eine Reihe von Vorschriften aus früherer Zeit s. bei v. Walther II 18ff.

[36] Seydel 1479[3] über den Begriff „geistliches Amt“.

worden: die Dienstpflicht in der Ersatzreserve ist nunmehr keine eventuelle, sondern eine wirkliche auch in Friedenszeiten, falls die Ueberweisung auf Grund hoher Loosnummer oder geringer körperlicher Fehler erfolgte (a. I §. 3). Die Ersatzreserve ist nicht mehr nur Material zur eventuellen Ergänzung der Heereskräfte, sondern ist jetzt ein wirklicher Bestandtheil des Heeres selbst geworden.

An den Bestimmungen hinsichtlich der Ueberweisung zur Ersatzreserve (s. oben) ist nichts geändert worden, ebensowenig an dem Princip: daß fünf Jahrgänge der Ersatzreserve genügen müssen, um die Cadres des Heeres in der Kriegsformation voll zu machen; ebensowenig an der Eintheilung in zwei Klassen und der Vorschrift, daß auf die Mannschaften der zweiten Klasse nur im Kriegsfall bei außerordentlichem Bedarf gegriffen werden darf.

Außerdem aber besteht für die Ersatzreserve erster Klasse im Frieden eine Dienstpflicht in folgendem Umfang: die betr. Mannschaften dürfen in einer durch den Reichshaushaltsetat zu bestimmenden Zahl zu vier Uebungen, deren Dauer die Gesammtzeit von 18 Wochen beträgt, eingezogen werden; Befreiungen sind nach Maßgabe von Mil.-G. §. 59 gestattet; die eingeübten Mannschaften verbleiben während der Gesammtzeit ihrer Ersatzreservepflicht in der ersten Klasse. Die Ueberweisung zur Ersatzreserve erfolgt nach zweijähriger Zurückstellung, die Ersatzreservepflicht dauert alsdann bis zum vollendeten 31. Lebensjahre. Personen, welche die Ordination oder Priesterweihe bereits empfangen haben, sind von diesen Verpflichtungen befreit (a. I §. 3).

In Bezug auf das Rechtsverhältniß nach erfolgter Einberufung zum Dienst gelten für die Ersatzreservisten die Vorschriften, welche für die Reservisten und Landwehrleute gelten, ebenso in Bezug auf Auswanderung und Entlassung aus der Staatsangehörigkeit.

Die Ersatzreservisten erster Klasse sind aber trotz dieser Bestimmungen doch nicht den Mannschaften des Beurlaubtenstandes zugezählt.[37]

Die Einberufung erfolgt in der Regel nach Jahrgängen; zu den Uebungen werden in erster Linie die wegen hoher Loosnummer, in zweiter die wegen geringer körperlicher Fehler Ueberwiesenen einberufen. (a. I §. 3 Z. 2); die Uebungspflicht erlischt, wenn die Einberufung nicht binnen 4 Wochen nach dem Gestellungstermin wirklich erfolgt ist (ibid. Z. 5). Ueber die Controle enthält das Mil.-G. §. 69 Z. 3 die Bestimmung, daß eine solche im Falle außerordentlichen Bedürfnisses geübt werde, die Novelle enthält eine besondere Vorschrift hierüber nicht, und nach Ausweis der Motive (S. 14) sollten jene Sätze des Militärgesetzes ausdrücklich in Kraft bleiben.

B. Die Dienstpflicht in der Landwehr (Kriegsdienstges. §. 7).

Nach vollendeter Dienstpflicht „bei den Fahnen" und „in der Reserve", erfolgt die Entlassung zur Landwehr, bei den nächsten auf Erfüllung der Dienstzeit folgenden Frühjahrs-Controlversammlungen (Mil.-Ges. Nov. v. 1880 Art. I §. 4). Die Dienstpflicht in der Landwehr beträgt 5 Jahre. Cavalleristen, welche im activen Heer freiwillig 4 Jahre gedient haben, brauchen in der Landwehr nur 3 Jahre zu dienen (Mil.-G. §. 50[3]). Dieselbe qualificirt sich im Frieden ganz ebenso wie die Reservedienstpflicht: das militärische Dienstverhältniß besteht quoad jus fort, ist aber für die meiste Zeit über

[37] Vgl. Motive zur Mil.-Ges.-Nov. v. 1880 S. 13.

quoad exercitium suspendirt. Demgemäß gehören auch die Landwehrleute zu den „Mannschaften des Beurlaubtenstandes.“ Die in der Landwehrdienstpflicht enthaltenen Verpflichtungen sind: 1. die Pflicht, während der Landwehrpflicht sich zweimal auf 8—14 Tage zu Uebungen einberufen zu lassen, welche für die Infanterie in besonders formirten Abtheilungen abzuhalten sind; Uebungen der Landwehrcavallerie finden im Frieden gar nicht statt, der übrigen Waffengattungen nur „im Anschluß an die betreffenden Linientruppentheile“ (Kriegsdienstges. §. 7); nach dem vollendeten 32. Lebensjahr soll eine Einberufung nur ganz ausnahmsweise durch kaiserl. Verordnung erfolgen.[38] Während der Dienstzeit stehen auch die Landwehrleute unter den für das stehende Heer geltenden Vorschriften. Die Einberufung erfolgt durch die Landwehrbezirkscommandos auf Anordnung des Kaisers bezw. commandirenden Generals; auf Anordnung des letzteren zu den jährlichen Uebungen und wenn Theile des Reichsgebietes sich im Kriegszustand befinden (Kriegsdienstges. §. 8). 2. Auch die Landwehrleute müssen sich zur Controle stellen. S. unten S. 375.

Im Kriege soll die Landwehr speciell zur Vertheidigung des heimischen Bodens zurückbehalten werden (Kriegsdienstges. §. 5[2]). Ueber Classification und Unabkömmlichkeit gelten bei der Land- und Seewehr die nämlichen Vorschriften wie bei der Reserve (s. oben S. 366). Die Dienstpflicht in der Seewehr steht vollkommen unter den gleichen Rechtsnormen wie die der Landwehr, doch wird die Seewehr im Frieden nicht zu Uebungen einberufen.

---

[38] Verschiedene Modificationen dieses Satzes enthält Controlges. §. 4.

C. **Die Landsturmpflicht** (G. v. 12. Februar 1875).

Den Landsturm bilden: 1. die aus der Landwehr entlassenen[39] Mannschaften bis zum vollendeten 42. Lebensjahre; 2. die Wehrpflichtigen vom vollendeten 17. Lebensjahre bis zum Eintritt der Militärpflicht; 3. alle übrigen dienstfähigen Männer, welche nicht zum Dienst im stehenden Heer oder der Landwehr verpflichtet sind, können in den Landsturm eingestellt werden; 4. Ersatzreservisten, die nicht einberufen waren, gleichfalls (§§. 1[1] u. 3).

Nur im Falle außerordentlichen Bedürfnisses darf der Landsturm aufgeboten werden: seine Organisation ist in Friedenszeiten gar nicht fixirt. Der Landsturm hat speciell den heimischen Boden zu vertheidigen gegen den eingedrungenen oder mit einem Einfall drohenden Feind (§. 1[2]). Alles Nähere ist dem kaiserlichen Oberbefehl anheimgegeben (§. 2). Die Einberufung erfolgt in der Regel nach Jahresklassen; da jedoch bei strenger Durchführung dieses Grundsatzes zuerst nur unausgebildete Mannschaften zur Einberufung kämen, so ist das militärische Bedürfniß als maßgebend neben jenem anderen Grundsatz anerkannt (§. 5[3]). Die Formation des Landsturmes erfolgt in der Regel in besonderen Abtheilungen, in Fällen außerordentlichen Bedarfes kann eine Ergänzung der Landwehr aus den Mannschaften des Landsturmes stattfinden, wenn über alles sonst für die Ergänzung zur Verfügung stehende Material bereits verfügt ist (§. 5[7]). Die Auflösung erfolgt durch kaiserliche Anordnung (§. 7).

Mit dem vollendeten 42. Lebensjahr hört jede militärische Dienstpflicht für Deutsche auf.[40]

---

[39] Auch hier erfolgt die Entlassung erst bei den nächsten, auf Erfüllung der Dienstzeit folgenden Frühjahrscontrolversammlungen (Mil.-Ges.-Nov. v. 1880 Art. I §. 4).

[40] Vgl. jedoch Laband III 196[4].

D. Die Dienstpflicht der Einjährig-Freiwilligen.

(Kriegsdienstges. §. 11, Mil.-G. §. 14, Ersatz-O. §§. 88 ff., Heer-O. I §. 18 ff.).[41]

Die gesetzliche Dienstpflicht kann unter bestimmten Voraussetzungen eine besondere Modification erleiden, welche sich dahin qualificiren läßt: 1. freiwilliger Eintritt in das Heer bezw. die Marine ist überhaupt gestattet nach erfolgtem Wehrpflichtalter und gibt im Allgemeinen die Berechtigung, den Truppentheil zu wählen (Kriegsdienstges. §. 17²), jedoch bedarf es jetzt für den freiwilligen Eintritt auf drei oder vier Jahre der besonderen Genehmigung der Ersatzbehörden (Mil.-Ges. Nov. Art. II §. 10); 2. der freiwillige Eintritt hat überdies zur Folge, daß die gesetzliche Dienstpflicht von drei Jahren in *einem* Jahre erledigt werden kann und die beiden anderen Jahre der Reservedienstpflicht zuwachsen, welche sich damit auf 6 Jahre erhöht, wenn außerdem noch bestimmte gesetzliche Voraussetzungen gegeben sind. Die Wahl des Truppentheiles ist wie oben bemerkt für Freiwillige überhaupt frei, doch sind Feldartillerie und Train an Orten, wo Fußtruppen garnisoniren, zur Annahme von Einjährig-Freiwilligen nur verpflichtet für vier Mann per Batterie bezw. Compagnie (Mil.-Ges. Nov. v. 1880 Art. II §. 14 Abs. 4).

Die Basis dieses Verhältnisses ist die *gesetzliche* Wehrpflicht: der Gesichtspunkt der *Freiwilligkeit* wirkt zwar zur rechtlichen Constituirung mit, der bestimmende Gesichtspunkt aber ist der gesetzliche. Daraus ergibt sich, daß es jedermann freisteht, den allgemeinen oder jenen besonderen gesetzlichen Bestimmungen zu genügen. Niemand, der den gesetzlichen Voraussetzungen für den Dienst als Einjährig-Freiwilliger genügt hat, *muß* als solcher eintreten; nur der gesetzlichen Dienstpflicht muß Genüge geleistet werden.

---

[41] Laband III 199 ff.

Für die Regelung der Voraussetzungen des Einjährig-Freiwilligen-Dienstes behält das Militärgesetz ein Specialgesetz vor, welches bis jetzt nicht ergangen ist.[42] Bis dahin gelten die vorläufigen Bestimmungen der Ersatz-O. §. 88 ff. bezw. Heer-O. I, §. 18 ff. Darnach wird neben den allgemeinen Voraussetzungen für den Eintritt in das Heer speciell gefordert der Nachweis besonderer wissenschaftlicher Bildung. Dieser Nachweis wird erbracht entweder durch Vorlage eines Reifezeugnisses eines deutschen Gymnasiums oder einer durch positive Vorschrift für gleichberechtigt erklärten Anstalt oder durch Bestehen einer besonderen Prüfung.[43]

Der Eintritt der Einjährig-Freiwilligen erfolgt auf Grund eines Berechtigungsscheines und ist gestattet von dem Zeitpunkt der eingetretenen Wehrpflicht an; der Berechtigte kann jedoch auf Grund des Scheines nach eingetretenem Militärpflichtalter Zurückstellung bis zum 1. Oktober des vierten („vollendeten 23. Lebensjahres"), ja ausnahmsweise sogar des sechsten Militärpflichtjahres verlangen. Aushebung erfolgt bei denjenigen Personen, welche den Berechtigungsschein zum einjährig-freiwilligen Dienst haben, nicht; bei Eintritt des Militärpflichtalters müssen dieselben sich vielmehr selbst, falls sie noch nicht gedient haben, vor der Ersatzcommission melden; erfolgt innerhalb des gestatteten Zeitraumes freiwillige Meldung zum Eintritt in's Heer nicht, so geht die Berechtigung zum einjährig-freiwilligen Dienst zur Strafe verloren und kann nur durch die dritte Ersatzinstanz wieder verliehen werden. Den Berechtigten steht die Wahl des Truppentheiles im ganzen

---

[42] Es soll hiefür die gesetzliche Regelung des höheren Unterrichtswesens in Preußen abgewartet werden. S. die Prüfungsordnung Anlage 2 zur Ersatzordnung CBl. 1875 S. 627 ff.

[43] Vgl. hieher die Angaben bei Laband III 200[4].

Reichsgebiet (mit der oben bezeichneten Modification) frei, der Diensteintritt kann bei der Infanterie am 1. April und 1. October, beim Train am 1. November, bei den übrigen Waffengattungen am 1. October erfolgen. Die Einjährig-Freiwilligen müssen im Landheer die Verpflichtung zur Selbstverpflegung übernehmen,[43a] in der Marine (dem Seebataillon, der Seeartillerieabtheilung, der Handwerkercompagnie, der Werftdivision) nicht; auch im Landheer können durch die Armeecorpscommandeure Ausnahmen gestattet werden. Nach einjähriger Dienstzeit erfolgt die Entlassung zur Reserve, die Reservedienstpflicht dauert 6 Jahre, dann folgt die 5jährige Landwehrdienstpflicht. Die militärischen Pflichten der Einjährig-Freiwilligen sind im übrigen rechtlich von denjenigen der übrigen Soldaten nicht verschieden. Die militärische Ausbildung ist allerdings eine besondere,[44] da die Einjährig-Freiwilligen bestimmt sind, die Unterofficiere und Officiere, die im Kriegsfall zur Ergänzung des Heeres erforderlich sind, zu stellen.

Erfolgt die Ernennung zum Unterofficier oder Officier der Reserve oder Landwehr, so bleibt die principielle Unterlage des Rechtsverhältnisses doch die nämliche wie vorher: die Erfüllung der gesetzlichen Militärpflicht.[45] Die Uebernahme jener besonderen Stellungen beruht auf reiner Freiwilligkeit; wird die Uebernahme abgelehnt, so muß doch der gesetzlichen Militärpflicht genügt werden; andernfalls erfolgt Ableistung dieser letzteren eben in jener besonders qualificirten Art.

Zur Strafe kann das Vorrecht der Einjährig-Freiwilligen verloren gehen, doch wird die bereits zurückgelegte Dienstzeit dann dreifach gerechnet (Mil.-G. §§. 14² u. 50).

[43a] Vgl. das Reglement bei v. Walther II 139 f.

[44] Laband III 203.

[45] Laband III 204.

Bei Kriegsausbruch haben alle, welche den Berechtigungsschein zum einjährig-freiwilligen Dienst besitzen, sich auf öffentliche Aufforderung sofort zum Eintritt in das Heer zu melden, wenn sie bereits im militärpflichtigen Alter stehen (Mil.-G. §. 14[1]).

E. Die Controle über Militärpersonen.

(G. v. 15. Februar 1875, RGB. 65, dazu die Controlordnung [2. Theil der deutschen Wehrordnung] CBl. 1875 S. 631 ff., Heer-O. II §. 14 ff.)

Die „Mannschaften des Beurlaubtenstandes" d. i. 1. Reservisten, 2. Land- und Seewehrleute, 3. die zur Disposition der Truppentheile oder der Ersatzbehörden von der Fahne beurlaubten Mannschaften, 4. die ausgehobenen aber vorläufig in ihre Heimath entlassenen Rekruten und außerdem noch die Ersatzreservisten erster Klasse sind einer genau geregelten Controle unterworfen. Die Controle wird durch die Landwehrbehörden geführt, nur für die Militärpflichtigen bis zur Entscheidung über die Dienstpflicht durch die Ersatzbehörden. Behufs derselben können die Landwehrleute alljährlich einmal, die übrigen in Betracht kommenden Kategorieen zweimal zu Controlversammlungen berufen werden (§. 1), auf welchen für die einzelnen Bezirke die Evidenz des erforderlichen Bestandes an Mannschaften festgestellt werden soll.[46] Diese Versammlungen sollen wo möglich die Pflichtigen nur auf einen Tag ihren Geschäften entziehen (§. 1), Dispensation ist gestattet. Während der Zeit der Controlversammlung gelten für die Einberufenen die Disciplinarvorschriften für das Heer. Bei Auswanderung nach außereuropäischen Ländern kann generelle Dispensation von der

[46] Die nähere Vorschrift über die zu erstattenden Meldungen s. in Controlges. §. 2.

Control- und den übrigen Dienstpflichten stattfinden;[47] bei verfügter Mobilmachung aber muß sofortige Rückkehr aller Mannschaften des Beurlaubtenstandes in's Reich erfolgen (Mil.-G. §. 58). Die Controlentziehung ist mit Strafe und anderweitigen Rechtsfolgen bedroht.[48] Alle Reichs-, Staats- und Gemeindebehörden haben den Militärbehörden behufs der Controle jede erforderliche Beihilfe zu leisten (Mil.-G. §. 70). Von jedem Wechsel des Aufenthaltsortes müssen die Mannschaften des Beurlaubtenstandes dem Landwehrbezirkscommando Meldung zugehen lassen, damit die Landwehrstammrollen jederzeit evident gehalten werden können (Contr.-G. §. 2).

Ueber die Ersatzreservisten werden Controllisten geführt, gleichfalls von den Landwehrbezirkscommandos. Die Ersatzreservisten haben sich zum Eintrag in diese Listen zu melden; zu Controlversammlungen dagegen werden sie nur ausnahmsweise einberufen (Mil.-G. §. 69 Z. 3). Die Controlentziehung hat Criminalstrafe und eventuell noch weitere Nachtheile zur Folge. Bevorstehende Auswanderung ist den Militärbehörden anzuzeigen (StGB. §. 360 Z. 3).

Zweiter Abschnitt.

Die freiwillig übernommene Dienstpflicht.[49]

Das Princip der allgemeinen Wehrpflicht schließt die freiwillige Uebernahme einer militärischen Dienstpflicht nicht aus: schon bei dem Institut der Einjährig-Freiwilligen kommt der Gesichtspunkt der Freiwilligkeit auch in Betracht; noch mehr aber ist dies der Fall bei den Officieren und Militär-

[47] Mil.-G. §. 59 besonders über die eventuell erforderlichen Consulatsatteste. Vgl. auch Mil.-G. §. 60 und oben §. 17.

[48] Specialbestimmungen hierüber in §§. 6 u. 7 des Controlgesetzes, §. 67 des Mil.-G.

[49] Laband III 209 ff.

(Marine-) Beamten, sowie den sog. Capitulanten. Regelmäßig erfolgt nach Erfüllung der dem Staat geschuldeten militärischen Pflichten die Rückkehr zum bürgerlichen Lebensberuf; die oben genannten Personenkategorieen aber haben gerade den Militärdienst freiwillig zu ihrem Lebensberuf gemacht. Es liegt auf der Hand, daß ohne die hiedurch gebotene Diensterfahrung das Heerwesen niemals zu einer hohen Stufe der Vollendung gefördert werden kann.

Die freiwillige Uebernahme des Militärdienstes als Lebensberuf deckt in der Regel die gesetzliche Dienstpflicht vollkommen zu; juristisch aber ist die letztere durch die erstere keineswegs aufgehoben, was sich sehr klar darin äußert, daß Officiere, welche vor Erfüllung der gesetzlichen Dienstpflicht aus dem Officiersverhältniß ausscheiden, dies nur mit Vorbehalt der Erfüllung ihrer gesetzlichen Pflichten zu thun im Stande sind, es sei denn der Austritt bestehe in Verabschiedung oder ehrenrühriger Entfernung aus dem Heere.[50]

I. Der Officiersdienst.

1. Officiere und Unterofficiere sind principiell Staatsbeamte und ihre Stellen Staatsämter: das Beamtenrecht bildet die staatsrechtliche Basis für die Construction des Officiersverhältnisses (s. die principiellen Ausführungen oben §. 14); allerdings ist für die Officiere eine ganz besondere Modification des allgemeinen Beamtenrechtes eingeführt worden.

2. „Die Bestimmungen über die Zulassung zu den Stellen und Aemtern des Heeres sowie über das Aufrücken in die höheren Stellen erläßt der Kaiser“ (Mil.-G. §. 7[1]).

Ueber die Zulassung zum Officiersdienst gelten

[50] Vgl. Laband III 210[2].

bis zur Stunde die Normen der Cabinetsordre vom 6. August 1808,[51] welche in späterer Zeit nur in einzelnen Punkten ergänzt wurden. Der Grundgedanke der Cabinetsordre von 1808 ist die Beseitigung der Standesvorrechte beim Militär. Neben dieser Cabinetsordre ist eine zweite v. 31. Oct. 1861, auch in Württemberg und Bayern[51a] eingeführt, die Grundlage für das Recht der Ergänzung des Officierscorps. Die Vorstufe für den Officier ist der Portepée-Fähnrich; qualificirt hiezu sind junge Leute, welche das Reifezeugniß eines deutschen Gymnasiums oder einer Realschule erster Ordnung, die zur Ausstellung solcher Zeugnisse berechtigt ist, erworben oder die besondere Fähnrichsprüfung vor der Militäroberexaminationscommission bestanden haben. Nur besondere Auszeichnung vor dem Feind kann hievon befreien. Mit diesem Zeugniß erfolgt der Eintritt in den aktiven Truppendienst: nach mindestens sechsmonatlicher Dienstzeit erfolgt die Beförderung zum Portepée-Fähnrich, dann ist der Cursus der Kriegsschule zu absolviren und dann wird dem Aspiranten von Chef und Officieren der Compagnie, Bataillons- und Regimentscommandeur ein Dienstzeugniß ausgestellt, welches die zweite Qualificationsbedingung für eine Officiersstellung ist. Jeder Portepéefähnrich kann Officier werden, wenn er mindestens sechs Monate jene Charge bekleidete, den Cursus der Kriegsschule absolvirt, das Officiersexamen bestanden, und durch das Officierscorps seines Regimentes dem König als würdig präsentirt ist; das Patent wird vom König ausgestellt.

Auf den gleichen Principien beruhen die Vorschriften über Ergänzung des Marine-Officierscorps (Verord. v. 10. März

---

[51] Laband III 213 f.

[51a] In Bayern erfolgt die Ergänzung des Officierscorps theilweise nach anderen Normen, insbesondere hat Bayern nicht das Avancement im Regiment.

1874);[52] des Maschineningenieurcorps der Marine (Kais. Verord. v. 7. Mai 1872); des Sanitätsofficierscorps (Kais. Verordn. v. 6. Februar 1873).

Eine besondere Art des Officierdienstverhältnisses bildet die Kategorie der Reserve- und Landwehrofficiere. Einjährig-Freiwillige werden beim Uebertritt zur Reserve in der Regel zu Unterofficieren befördert, nachdem sie auf Grund einer theoretischen und praktischen Prüfung das Qualificationsattest zum Officier erlangt haben. Die Beförderung zum Officier aber hat noch folgende Voraussetzungen: 1. eine achtwöchentliche Truppenübung; 2. die Erklärung des Commandeurs des betr. Truppentheiles, daß er mit der Beförderung einverstanden sei; 3. die Erklärung des Aspiranten, daß er mit der Beförderung einverstanden sei; 4. die Wahl durch das Officiercorps des betr. Landwehrbataillons, bezw. wenn der Aspirant zum Dienst einberufen, des betr. Truppentheils. Die Ernennung erfolgt durch den Kaiser.[52a] — Das Officiersverhältniß ist hier nur eine Modification der Erfüllung der gesetzlichen Wehrpflicht; zwar beruht die Uebernahme derselben auf freier Wahl, aber doch ist hier der gesetzliche Gesichtspunkt der das Verhältniß beherrschende (Heer-O. II §§. 27—29).

3. Die Pflichten der Officiere sind, ohne daß für Linien-, Reserve-, Landwehrofficiere irgendwelche Verschiedenheit bestände:[53]

a) Pflicht zur gewissenhaften Verwaltung des übertragenen Amtes. Entfernung vom Dienstort ist nur nach eingeholtem Urlaub gestattet (Ver. v. 23. Oct. 1879), unerlaubte Entfernung wird nach Maßgabe des Militärstrafgesetzbuches §§. 64 ff. in verschiedenen Abstufungen bestraft.

---

[52] Vgl. hieher Laband III 216 ff.

[52a] Vgl. Heer-O. II §. 21 ff. (v. Walther II 158).

[53] Laband III 221 f.

b) Pflicht zu Treue und Gehorsam: hiefür gelten bei Officieren die nämlichen Rechtssätze, welche für Erfüllung der gesetzlichen Dienstpflicht oben angegeben wurden.

c) Pflicht des achtungswürdigen Verhaltens: diese Pflicht hat eine ganz besondere rechtliche Ausbildung für das Militär gefunden. Den Begriff der Ehre nach den hierüber bei den Standesgenossen herrschenden Begriffen zu wahren, sind die Ehrengerichte bestellt (V. v. 2. Mai 1874); dieselben werden durch Wahl des Officierscorps besetzt und bestehen für Stabsofficiere nur aus Stabsofficieren; bei jedem Ehrengericht besteht noch ein besonderer Ehrenrath.[54]

Das Rechtsverhältniß der Reserve- und Landwehrofficiere ist, so lange dieselben zum Dienst einberufen sind, genau das nämliche wie der übrigen Officiere. Im übrigen aber sind die Reserve- und Landwehrofficiere noch verpflichtet, jeden Wohnungswechsel der Militärbehörde anzuzeigen, sich bei Controlversammlungen in Uniform zu stellen und der Einberufung zu Uebungen Folge zu leisten, sowohl zu den gewöhnlichen und zwar dreimal während der Reservezeit auf 4—8 Wochen, als zu außerordentlichen behufs Feststellung ihrer Qualification zur Beförderung. Im Kriege müssen auch die Landwehrofficiere sich beim stehenden Heer verwenden lassen. Die Officiere des Beurlaubtenstandes sind den Ehrengerichten unterstellt. Der Wechsel des Wohnsitzes im Reiche hat auf die Officiersstellung keinen Einfluß: ein sächsischer Reserveofficier, der in Preußen im Civildienst angestellt wird, bleibt sächsischer Officier, falls er nicht ausdrücklich aus letzterem Verhältniß seine Entlassung nimmt.[55]

---

[54] Laband III 223 ff. Den Text der kais. V. sammt 10 Beilagen über das Verfahren s. bei v. Walther VI 242 ff.

[55] Laband III 208 f.

4. Die Rechte der Officiere sind: einmal der Anspruch auf das dem Rang entsprechende Gehalt (CO. v. 24. Mai 1877 über die „Geldverpflegung" sowie RG. v. 30. Juni 1873 (RGB. 166) über den Wohnungsgeldzuschuß an Officiere ꝛc.), welcher jedoch „nach der historischen Entwickelung des Heerwesens und nach hergebrachten Rechtsgrundsätzen nicht im Rechtswege verfolgbar"[56] ist; im Kriege bezw. nach eingetretener Mobilmachung erfahren zwar die Gehaltssätze keine Erhöhung aber die Officiere erhalten erhebliche Feldzulagen.

In der Regel werden die Officiere auch nach der Anciennetät in höhere Stellungen befördert. Doch besteht kein Rechtsanspruch auf Beförderung, dieselbe ist immer Sache des freien Willens des Königs.[57] Das Princip der Anciennetät ist seit 1839 für „höhere Stellen" d. i. Stabsofficiere ganz aufgegeben worden; dagegen bildet es im übrigen die Regel. Das Dienstalter berechnet sich nach dem Datum des Patentes.[58] Die Officiere vom Hauptmann abwärts rücken im Regimente vor, die regimentirten Stabsofficiere bei ihrer Waffe, nur die nicht regimentirten Officiere bei der Armee. Die Beförderung im Regiment erfolgt auf Vorschlag des Regimentscommandeurs durch den König, doch bleiben die durch außerordentliche Verhältnisse geschaffenen Vacanzen zur Allerhöchsten Disposition.

---

[56] Laband III 225 bes. N. 3. Die Vollz.-Best. über den Wohnungsgeldzuschuß s. bei v. Walther IV 33.

[57] Laband III 228 bemerkt, es sei „für die einzelnen Officiere eine rechtlich begründete Anwartschaft gegeben, bei dem Eintritt gewisser thatsächlicher Verhältnisse" befördert zu werden. Von einer „rechtlich begründeten Anwartschaft" zu sprechen, dürfte juristisch nicht zulässig sein, da die Beförderung rechtlich allein auf dem Willen des Kaisers beruht.

[58] Vgl. Laband III 229.

5. Die Beendigung des aktiven Officiersverhältnisses kann erfolgen unter Fortdauer des Rechtsverhältnisses sammt Rang und Pflichten, abgesehen von der aktiven Dienstpflicht. Diese Art der Entlassung erfolgt entweder als Versetzung zu den Officieren des Beurlaubtenstandes auf Antrag (Heer=O. II §. 25); damit hört der Gehaltsanspruch auf und besteht nur mehr die Pflicht zu Reserve= bezw. Landwehrdienst. Oder es erfolgt Stellung zur Disposition durch den Oberbefehlshaber bezw. den Contingentsherrn ohne Antrag (Anl. 3 zu Heer=O. II §. 27), sei es mit vollem Gehalt durch Versetzung zu den „Officieren von der Armee" oder mit Pension. Die zur Disposition gestellten Officiere bleiben im Militärverband[59] und müssen jederzeit dem Befehl zum Wiedereintritt in den Dienst unbedingt gehorchen.

Die eigentliche Verabschiedung dagegen ist eine Beendigung des Rechtsverhältnisses. Sie erfolgt entweder auf Antrag durch ein Entlassungspatent unter Nachweis der Invalidität oder des zurückgelegten 60. Lebensjahres; bei Invalidität kann sie auch ohne Antrag verfügt werden (Pens.=Ges. §§. 27, 28). Die militärischen Ehrenrechte, sowie der Anspruch auf Pension verbleiben, das Recht zum Tragen der Uniform muß speciell verliehen werden (Mil.=Ges. §. 7²). Im Nothfall müssen die pensionirten Officiere sich zum Dienst einberufen lassen.

Außerdem kann nach Ablauf der gesetzlichen Dienstzeit eine Verabschiedung auf Antrag erfolgen: wie der Eintritt, so ist auch mit der letzteren Modification der Austritt aus dem Officiersverhältniß ein freiwilliger Akt.[60]

Die Entlassung als Strafe heißt Entfernung, wenn sie auf Grund eines gerichtlichen Urtheils auf Aberkennung der bürgerlichen Ehrenrechte erfolgen muß oder in Fällen,

---

[59] Vgl. Laband III 232 f. | [60] Vgl. jedoch Laband III 236.

wo Unterofficiere und Soldaten in die zweite Klasse des Soldatenstandes versetzt werden müssen; die Entfernung kann ferner verfügt werden bei Gefängnißstrafe von mehr als fünfjähriger Dauer oder wo bei den Mannschaften Versetzung in die zweite Klasse erfolgen kann (Mil.=StGB. §. 31), und endlich kraft Allerhöchster Entscheidung in Folge eines ehrengerichtlichen Spruches wegen Verletzung der Standesehre unter erschwerenden Umständen (V. v. 2. Mai 1874 §. 51 Z. 6).[61] — Die Dienstentlassung i. e. S. kann in Folge von jeder Gefängnißstrafe und muß bei Aberkennung der Fähigkeit zur Bekleidung öffentlicher Aemter durch gerichtliches Urtheil, sowie in den Fällen, wo Unterofficiere degradirt werden, verfügt werden (Mil.=StGB. §. 34). Endlich der sog. schlichte Abschied ist das Nämliche wie die Dienstentlassung, nur ist der Grund hier ein Spruch des Ehrengerichtes. Durch die Entfernung hören alle aus dem Officiersverhältniß entsprungenen Rechte und Pflichten auf; durch Entlassung und schlichten Abschied geht die Dienststelle verloren, ebenso das Recht zum Tragen der Uniform, nicht aber der Diensttitel (V. v. 2. Mai 1874 §§. 51 ff.).

Landwehrofficiere treten zum Landsturm über auf Grund eines formellen Abschiedsgesuches bezw. dessen Bewilligung.

II. Die Capitulanten.

Zu dem Zwecke einen tüchtigen Unterofficiersstand zu gewinnen, durch Heranziehung brauchbarer Personen zum militärischen Lebensberuf außerhalb des Officierstandes, ist es den Truppenbefehlshabern gestattet worden, mit militärpflichtigen Personen, die einen wesentlichen Nutzen für den Dienst versprechen, sog. Capitulationen abzuschließen, d. i. schriftliche Verträge, durch welche der Capitulant sich verpflichtet, länger

[61] Ueber die Wirkungen vgl. im Einzelnen Laband III 237.

als das Gesetz es erfordert, im Dienst zu verbleiben, indeß von der anderen Seite hiefür gewisse Vortheile vertragsmäßig zugesichert werden (CB. v. 8. Juni 1876, bezw. 22 Juni 1873). Der Capitulant muß großjährig sein oder den Consens seines Gewalthabers nachweisen. Nach dem Diensteintritt gelten, abgesehen von den besonderen Bestimmungen der Capitulation, für die Capitulanten alle Rechtssätze allgemein militärischer Natur. Die Capitulationen werden in der Regel auf längere Zeit meist auf ein Jahr abgeschlossen, läuft die Zeit während eines Krieges oder einer Mobilmachung ab, so darf der Dienstaustritt erst nach wiederhergestelltem Friedensstand erfolgen. Personen, welche bei Doppelberechnung der Kriegsjahre 12 Jahre oder länger gedient haben, dürfen nur aus ganz besonderen Gründen wider ihren Willen entlassen werden. Die Capitulation ist ipso jure aufgelöst, wenn dem Capitulanten durch gerichtliches Urtheil die bürgerlichen Ehrenrechte dauernd aberkannt sind, ferner durch Zeitablauf; sie kann gelöst werden: 1. neben Gefängnißstrafe von mehr als 5 Jahren, 2. bei Aberkennung der bürgerlichen Ehrenrechte auf länger als 3 Jahre, 3. bei Freiheitsstrafe von 6 Wochen ab, die mit Degradation verbunden ist, 4. bei fortgesetzt schlechter Führung des Capitulanten, 5. endlich durch neuen Vertrag.

III. Die Militär- (Marine-) Beamten.[62]

Die Officiere und Unterofficiere des Heeres stehen staatsrechtlich im Beamtenverhältniß, doch gilt für sie nicht das allgemeine sondern ein Special-Beamtenrecht. Dagegen sind die Militär- und Marinebeamten im engeren Sinne dem

[62] Ueber den Begriff vgl. Laband III 243 f.; eine Reihe von Specialbestimmungen s. bei v. Walther IV 4 ff.

allgemeinen Beamtenrecht in weitem Umfange unterworfen worden: es muß jedoch hiefür weiter unterschieden werden zwischen den eigentlichen Militärbeamten und den Civilbeamten der Militärverwaltung. Auch letztere besorgen Geschäfte, die sich auf die militärische Seite des Staatswesens beziehen, doch gilt für sie das Militärrecht principiell nicht, sondern nur das allgemeine Beamtenrecht (Mil.-G. §. 41).

Dagegen die eigentlichen Militärbeamten besorgen nicht nur Geschäfte der Militärverwaltung, sondern sie haben auch einen militärischen Rang, obwol sie nicht Personen des Soldatenstandes sind. Der Rang, der somit das unterscheidende Merkmal zwischen jenen beiden Beamtenkategorieen bildet, ist nur ein allgemeiner, niemals ein specieller: die höheren Militärbeamten haben Officiersrang, die unteren nur Unterofficiersrang.

Die eigentlichen Militärbeamten stehen sämmtlich unter den militärischen Vorgesetzten; daneben aber besteht bei einzelnen Klassen noch eine besondere Aemterhierarchie und damit ein Unterordnungsverhältniß je nach den Ranggraden, so bei den Auditeuren, Militärgeistlichen und Intendanturbeamten. Für die Disciplinargewalt[63] ist primär maßgebend die Disciplinarordnung für das Heer, secundär das Reichsbeamtengesetz, nämlich in allen Fällen wo das Disciplinarverfahren auf Entlassung aus dem Amte gerichtet ist. Für die Militärjustizbeamten sowie alle Militärbeamten, welche nur unter militärischen Oberen stehen, werden in letzterem Falle besondere Militärdisciplinarcommissionen gebildet, welche materiell nach den Vorschriften des Reichsbeamtengesetzes zu entscheiden haben; für die übrigen Militärbeamten sind die allgemeinen Disciplinarkammern competent. — Die Militärbeamten sind

[63] Laband III 246 ff.

im Frieden dem Militärstrafrecht nicht unterworfen und auch im Krieg nur bestimmten Theilen desselben; der Militärgerichtsbarkeit dagegen sind sie unterworfen, ebenso den besonderen auf die persönlichen Verhältnisse der Militärpersonen bezüglichen Bestimmungen, ausgenommen die Suspension des staatsbürgerlichen Wahlrechtes; den Ehrengerichten sind sie nicht unterworfen.

Dritter Abschnitt.

Die persönlichen Sonderrechte der Militärpersonen des Friedensstandes.[64]

I. In Hinsicht des Strafrechts.

In allen Strafsachen unterliegen Militärpersonen einer besonderen Gerichtsbarkeit, ein paar unbedeutende Ausnahmen abgerechnet (Mil.-G. §. 39[1]): ein diese Materie regelndes Reichsgesetz ist zwar versprochen aber noch nicht ergangen. Dermalen gelten drei Militärstrafgerichtsordnungen: 1. für Bayern v. 29. April 1869, 2. für Württemberg v. 20. Juli 1818, 3. für das übrige Reichsgebiet die preußische v. 3. April 1845 bezw. 29. Dec. 1867. Die Strafvollstreckung erfolgt ebenfalls in besonderer Weise nach dem Reglement v. 2. Juli 1873.[64a]

Der Militärgerichtsbarkeit unterliegen alle Militärpersonen, sowie alle Mannschaften des Beurlaubtenstandes nach erfolgter Einberufung und auch sonst soweit sie als beurlaubt einzelnen Bestimmungen des Militär-StGB. unterworfen bleiben. Nur durch vollkommenes Ausscheiden aus dem Militärverhältniß hört der Militärgerichtsstand auf.

---

[64] Auf die Militärpersonen des Beurlaubtenstandes beziehen sich diese Sonderrechte theils gar nicht, theils nur für die Zeit der Einberufung. Vgl. überhaupt zum Folgenden Laband III §. 90.

[64a] Die aufgeführten Gesetze u. Verordnungen sind abgedruckt bei v. Walther VI 86 ff.

II. In Hinsicht des bürgerlichen Rechtes.

1. Die deutschen Militärgesetze enthalten nur wenige Bestimmungen civilrechtlicher Natur: es ist somit in dieser Beziehung das Landesrecht in Kraft verblieben, das in dieser Materie einen nicht unbedeutenden Umfang hat.[65] Aufgehoben sind jedoch alle Sätze des Particularrechtes, welche Erwerb, Veräußerung oder Belastung von Grundstücken für Militärpersonen beschränken (Mil.-G. §. 42).

Die civilrechtlichen Bestimmungen der Reichsgesetze sind:

a) Militärpersonen bedürfen zum Zweck der Eheschließung der Genehmigung ihrer vorgesetzten Stelle und zwar alle Personen des aktiven Dienststandes sowie die ausgehobenen aber vorläufig in die Heimath entlassenen Mannschaften (Mil.-G. §. 40, Ges. v. 6. Febr. 1875 §. 38). Unterofficiere und Soldaten müssen den Consens durch ihren Compagniechef beim Regimentscommandeur erholen, Officiere bedürfen der Genehmigung des Königs; dieselbe darf von Hauptleuten und Rittmeistern 2. Klasse nur beim Nachweis von 750, bei Premierlieutenants von 1350, bei Secondlieutenants von 1800 Mark jährlichen Nebeneinkommens nachgesucht werden. Alle aktiven und zur Disposition gestellten Officiere müssen ferner bei der Eheschließung eine Wittwenpension versichern.

b) Soldatentestamente (Mil.-G. §. 44) sind nur nach §. 44 des Mil.-G. zu beurtheilen: alle anderweitigen Bestimmungen und erbrechtlichen Privilegien der Militärpersonen sind aufgehoben.[66] Darnach gelten besondere Vorschriften hinsichtlich der Soldatentestamente nur für Kriegszeiten, ein-

[65] Laband III 269 f.

[66] Mandry, der civilrechtl. Inhalt der Reichsgesetze 418; Seydel 1485; Laband III 270.

schließlich Belagerungszustand, für alle Militärpersonen und dienstlich beim Heere befindlichen oder den Militärgesetzen unterworfenen Personen (Kriegsgefangenen)[67] von dem Moment des Verlassens der Standquartiere oder des bisherigen Dienstortes oder eines Angriffes oder einer Belagerung in demselben; die Bestimmungen über die Soldatentestamente treten außer Kraft nach Ablauf eines Jahres nach erfolgter Demobilmachung des betr. Truppentheiles bezw. Ausscheiden des Testators aus demselben. Die Form ist entweder 1. eigenhändige Nieder- und Unterschrift des Testamentes durch den Testator oder 2. Unterzeichnung durch den Testator und zwei Zeugen oder statt der letzteren eines Officiers oder Auditeurs oder 3. mündliche Erklärung des Testators zu Protokoll vor einem Officier oder Auditeur unter Zuziehung von 2 Zeugen oder statt derselben eines Officiers oder Auditeurs mit Unterzeichnung durch die Zeugen; bei Verwundeten und Kranken können an Stelle der Officiere und Auditeure treten: Militärärzte, höhere Lazarethbeamte und Militärgeistliche. Die Zeugen sind lediglich Beweiszeugen und die Aussage eines derselben kann vollen Beweis machen, die nach obigen Vorschriften errichteten Urkunden haben die Beweiskraft öffentlicher Urkunden.

c) Hinsichtlich der Beurkundung des Personenstandes gelten im Frieden besondere Vorschriften nicht. Nur für Personen,[68] die sich auf in Dienst gestellten Fahrzeugen der kaiserlichen Marine befinden, hat die V. v. 4. Nov. 1875 (RGB. 313) bestimmt, daß Sterbefälle zunächst vom Schiffscommandanten zu beurkunden sind; dieser hat die Urkunde sobald es thunlich dem Stationscommando zuzustellen, von

[67] Nicht für die Kriegsmarine: Seydel 1486[1].

[68] G. v. 6. Febr. 1875 §. 71.

welchem dieselbe dem Standesbeamten des letzten Wohnsitzes des Verstorbenen zu übermitteln ist, der den definitiven Eintrag in die Register zu bewirken hat.

Haben Militärpersonen oder solche, die dienstlich sich beim Heer befinden, nach erfolgter Mobilmachung ihr Standquartier verlassen, so bestimmt die V. v. 20. Januar 1879 (RGB. 5) Folgendes: Geburten sind innerhalb des Reichsgebietes einfach dem zuständigen Standesbeamten zur Beurkundnng mitzutheilen; außerhalb des Reichsgebietes geht die Anzeige zunächst an den betr. Truppencommandeur und durch ihn an den competenten Standesbeamten.

Ueber Sterbefälle werden von dem oben bezeichneten Termine an selbständige Register bei jedem Truppentheil bis zum Eintritt der Demobilisirung geführt: der Eintrag erfolgt auf Grund einer dienstlichen Anzeige unter genauer Angabe der Personalien.

Für Eheschließungen außerhalb des Reichsgebietes werden höhere Militärbeamte, die aber nicht Geistliche sein dürfen, durch die Divisionscommandeure zu Standesbeamten ernannt: auf Grund der materiellen Vorschriften des deutschen Rechtes hat sodann die Eheschließung zu erfolgen, die Urkunde ist von dem Divisionscommandeur zu beglaubigen und dem competenten Standesbeamten im Reiche zum Zweck des Eintrages zu übersenden.

d) Vormundschaften zu übernehmen sind Militärpersonen einschließlich der Militärbeamten nicht verpflichtet, in jedem Falle ist zur Uebernahme Genehmigung der vorgesetzten Stelle erforderlich (Mil.-G. §. 41, dazu kais. V. v. 8. August 1876).[68a]

68a Text bei v. Walther II 13.

e) Gewerbe zu betreiben ist Militärpersonen sowie den Personen ihres unmittelbaren Hausstandes nur mit Genehmigung der vorgesetzten Behörde gestattet (Mil.=G. §. 42).

2. Hinsichtlich des Civil= und Concursprocesses bestehen besondere Vorschriften für Militärpersonen im Allgemeinen ebenfalls nicht: weder hinsichtlich der Gerichtsbarkeit noch hinsichtlich des Verfahrens.

Zu erwähnen sind nur folgende Bestimmungen:

a) Militärpersonen erhalten den Gerichtsstand ihres Dienstortes nur, wenn sie den Militärdienst zu ihrem Lebensberuf gemacht haben, außerdem behalten sie den Gerichtsstand ihres bürgerlichen Domiciles, ausgenommen für Klagen wegen vermögensrechtlicher Ansprüche (Mil.=G. §. 39[2]).

b) Zustellungen an Unterofficiere und Soldaten erfolgen durch Vermittelung des Compagniechefs.

c) Executionen gegen Personen des activen Dienststandes, sowol civilrechtliche als administrative, dürfen nur erfolgen nach geschehener Anzeige an die vorgesetzte Dienstbehörde (CPO. §. 673) und geschehen in Kasernen und auf Fahrzeugen der Marine nur durch letztere (Mil.=G. §. 45, CPO. §. 699).

d) Das Diensteinkommen und die Pension ist Executionsobject (CPO. §. 749) nur, wenn 1500 Mark übersteigend und auch in diesem Falle nur zum dritten Theil.

e) Haft zur Erzwingung des Manifestationseides ist bei mobilen Truppen unstatthaft und darf auch sonst nur durch die Militärbehörde vollstreckt werden (CPO. §. 785).

III. In Hinsicht des öffentlichen Rechtes.

a) Bei Militärpersonen des activen Dienststandes ruht das Wahlrecht zur Volksvertretung (nicht bei Militärbeamten) (Mil.=G. §. 49[1]),

b) denselben Personen ist Theilnahme an politischen Vereinen und Versammlungen verboten (Mil.-G. §. 49²),

c) dieselben Personen und ebenso Officiere zur Disposition sind frei von Geschworenen- und Schöffendienste (GVG. §§. 34, 85) und bedürfen zur Annahme von Communal- und Kirchenämtern jeder Art der Genehmigung ihrer Vorgesetzten (Mil.-G. §. 47),

d) die Besteuerung der Militärpersonen richtet sich nach den Landesgesetzen. Aber

α) Doppelbesteuerung ist verboten (G. v. 13. Mai 1870);

β) Unterofficiere und Gemeine dürfen zu directen Staatssteuern für ihr Militäreinkommen gar nicht, Officiere nur im Friedensstand herangezogen werden (Mil.-G. §. 46);

γ) im ehemaligen norddeutschen Bundesgebiet sind die Militärpersonen von allen Communalabgaben jeder Art befreit, ausgenommen Abgaben für Gewerbebetrieb oder für Grundbesitz;[69]

δ) Etwaige Steuerprivilegien von Pensionen rc., die landesrechtlich für Hinterbliebene von Civilbeamten gelten (Mil.-G. §. 48), sind generell auf Militärpersonen ausgedehnt.

e) Für die Mannschaften des Beurlaubtenstandes, die zum Dienst einberufen sind, bleibt „die Feststellung eines angemessenen Steuernachlasses" der Landesgesetzgebung vorbehalten (Mil.-G. §. 46²).[69a]

---

[69] Vgl. Laband III 265 ff.

[69a] Ueber Unterstützung der bedürftigen Familien der zum Dienst einberufenen Mannschaften des Beurlaubtenstandes s. das gesetzliche Material bei v. Walther IV 50 ff., über Steuerverhältnisse der Militärpersonen ebenda 56 ff.

Vierter Abschnitt.

Das Militärpensions- und Versorgungswesen.[70]

Dasselbe ist geregelt durch das Pensions-Gesetz v. 27. Juni 1871 (RGB. 275) und die Novellen v. 4. April 1874 (RGB. 25) und v. 30. März 1880 (RGB. 99), welche für das ganze Reich gelten.[71] Die Gesetze beziehen sich sowohl auf das Pensionswesen im engeren Sinne, als auf das Civilversorgungswesen der Militärpersonen und insbesondere die Versorgung der Hinterbliebenen der im Kriege Gefallenen. Die beiden letztgenannten Gesichtspunkte in besonderer Weise berücksichtigt zu haben, ist seit Alters ein hohes Verdienst des preußischen Staates. Die oben allegirten Gesetze wurden ausdrücklich mit rückwirkender Kraft für diejenigen Personen ausgestattet, welche am deutsch-französischen Kriege 1870/1871 Antheil genommen hatten (§. 47).

1. Das Pensionswesen der Offiziere (einschließlich der Militärärzte) und Militärbeamten (PensGes. §§. 2 ff. dazu Novelle I §§. 2 ff. und für die Marineofficiere §§. 7 ff., Novelle II §§. 1, 2).

a) Vor Ablauf der zehn ersten Dienstjahre wird ein Recht auf Pension nur erworben, wenn die Invalidität und daraufhin erfolgte Entlassung Folge einer Beschädigung bei Ausübung des Dienstes ohne eigene Schuld ist; sonst wird Pension nur ausnahmsweise bei vorhandener Bedürftigkeit gewährt (Pens.-Ges. §. 5); bei Officieren des Beurlaubten-

---

[70] Laband III §. 91 (s. dort Note * noch weitere Literatur); Seydel bei Hirth, Ann. 1875 54 ff.

[71] Ueber die frühere Gesetzgebung Laband III 275 f. Den Text der Gesetze und Vollz.-B. s. auch bei v. Walther V 1 ff.

standes ist dies immer nothwendige Voraussetzung, doch sind Ausnahmen statthaft (§. 8); „Dienstbeschädigung" ist:

Verwundung oder äußere Beschädigung, sowie bleibende Störung der Gesundheit, welche nachweisbar durch die Eigenthümlichkeiten des Militärdienstes oder durch epidemische oder endemische Krankheiten am Dienstort entstanden ist (Pens.-Ges. §. 3 vgl. auch §§. 51, 52 und §. 59, der einen bemerkenswerthen Unterschied zwischen Officieren und Unterofficieren in dieser Frage macht);

b) nach zehnjähriger Dienstzeit ist der Rechtsanspruch auf Pension an keine besonderen Voraussetzungen, als die der Dienstuntauglichkeit und daraufhin erfolgten Entlassung geknüpft.

Das Vorhandensein dieser Voraussetzung constatiren die Kriegsministerien bezw. die Admiralität, zugleich ob die Unfähigkeit dauernd oder vorübergehend sei; im letzteren Fall erlischt der Pensionsanspruch mit wieder eingetretener Diensttauglichkeit; bei Verwundung vor dem Feind wird immer lebenslängliche Pension gewährt, ebenso bei Pensionirung nach zehnjähriger Dienstzeit (Pens.-Ges. §. 4). Die Militärbehörde entscheidet über Pensionirung ganz nach freiem Ermessen.

Die Höhe der Pension wird berechnet nach dem pensionsfähigen Einkommen der betr. etatsmäßigen Charge und der Dienstzeit (Pens.-Ges. §. 6).[72] Das Gesetz enthält hierüber sehr specielle Normen. Wenn das pensionsfähige Einkommen (§§. 9 ff.) mehr als 12000 Mark beträgt, wird für die Berechnung der Pension nur die Hälfte des überschießenden Betrages in Ansatz gebracht. Die Dienstzeit wird berechnet vom Tag des Dienstantrittes bis zum Tag der Verabschiedung (§§. 18 ff.); den

[72] Vgl. die Ausführung über diese einzelnen Begriffe bei Seydel 57 ff.; Laband III 284 ff.

Officieren des Beurlaubtenstandes wird nur die wirkliche Dienstzeit berechnet.[73] Die Dienstzeit vor dem Beginn des 18. Lebensjahres (§. 22), die Zeit verbüßter Freiheitsstrafen von einjähriger und längerer Dauer und die Zeit der Kriegsgefangenschaft werden in der Regel nicht angerechnet (§. 24). Für jeden Feldzug wird der Dienstzeit ein Jahr zugerechnet, wenn der Betreffende bei den mobilen Truppen Dienst leistete (§. 23); den Officieren der Marine wird für ostasiatische Expeditionen, sowie für andere Seereisen, auf welchen sie mindestens 13 Monate außerhalb der Ost- und Nordsee verweilten, die doppelte Zeit gerechnet, ausnahmsweise auch bei anderen Seereisen (§. 50 dazu Novelle II §. 1).

Die Pension beträgt nach vollendetem 10. aber vor vollendetem 11. Dienstjahre und ebenso vor vollendetem 10. Dienstjahre $^{20}/_{80}$ des Diensteinkommens, dann für jedes weitere Jahr $^{1}/_{80}$ mehr bis auf den Höchstbetrag von $^{60}/_{80}$. Eine Erhöhung nach gesetzlich bestimmten Sätzen (§. 12) tritt ein bei Pensionirung in Folge von Kriegsinvalidität oder für die Marineofficiere in Folge besonderer klimatischer Einflüsse auf Dienstreisen; ferner bei Verstümmelung, Erblindung oder anderweitiger schwerer Beschädigung durch den activen Dienst im Krieg oder Frieden (Verstümmelungszulage §. 13). Ob durch diese Erhöhungen das Diensteinkommen erreicht oder überschritten wird, ist gleichgültig (§. 15). Die oben erwähnten Pensionserhöhungen, nicht aber die Verstümmelungszulagen dürfen nur 5 Jahre lang nach dem Friedensschluß bezw. Rückkehr des Schiffes gegeben werden (§. 16).

Die Feststellung der Pensionen erfolgt durch die Kriegsministerien bezw. die Admiralität (§§. 26 ff.); der Nachweis

---

[73] Vgl. weiter noch Seydel a. a. O. 60 f.; Laband III 284.

der Invalidität muß von dem zu Pensionirenden erbracht werden, es sei denn, daß derselbe bereits das 60. Lebensjahr zurückgelegt habe (§§. 27, 28); bei Anspruch auf Pensionserhöhungen oder Verstümmelungszulagen ist aber auch dann Nachweis erforderlich. Die Pensionszahlung erfolgt monatlich im voraus (§. 30). Das Recht auf Militärpension erlischt (§§. 31 ff.), soweit eine Civilpension aus Reichs- oder Staatsfonds erworben wird (§. 35); Civilpension im Gemeindedienst kürzt die Militärpension, soweit der Betrag beider das frühere Diensteinkommen übersteigen würde (§. 36). Entziehung einer Pension durch Richterspruch ist unstatthaft.[74] Das Recht auf Pension, nicht aber auf etwaige Pensionserhöhung, ruht so lange der Berechtigte sich im Staats- oder Gemeindedienst befindet, soweit das Einkommen hieraus das frühere Diensteinkommen übersteigt; bis zum Betrag dieses letzteren ist die Pension zu bezahlen; ferner für die Zeit des Verlustes der deutschen Staatsangehörigkeit; ferner bei Wiederanstellung im activen Militär- oder Marinedienst, bestimmte gesetzliche Ausnahmen vorbehalten. Den Hinterbliebenen d. i. der Wittwe und ehelichen Descendenz, ausnahmsweise mit besonderer Bewilligung auch anderen Hinterbliebenen, wird die Pension noch für den Monat nach dem Tode des Berechtigten ausbezahlt (§. 39). Den Wittwen der im Krieg gefallenen oder an den Folgen des Krieges (bis zum Ablauf eines Jahres nach dem Friedensschluß) verstorbenen oder vermißten Officieren, sowie der auf der Marine verunglückten werden besondere Unterstützungen gewährt, sowol für sich als die Erziehung der Kinder (§§. 41 bis 45).[75]

---

[74] Seydel 67[3].

[75] Vgl. hiezu Seydel 69—71.

Die Pensionirung der oberen Militär- und Marinebeamten richtet sich im Frieden nach dem Reichsbeamtengesetz, dagegen finden die obigen auf Krieg- oder Seefahrten bezüglichen Normen auch auf die hieran betheiligten Militärbeamten sowie auf die Civilbeamten der Marine Anwendung[76] (§§. 56, 57 dazu Novelle II §. 2).

2. Das Pensions- und Versorgungswesen der unteren Militärpersonen (§§. 58 ff. dazu Novelle §§. 10 ff.).

Unterofficiere und Soldaten erhalten Invalidenpension bei Dienstbeschädigung und in Folge davon eingetretener Beeinträchtigung der Erwerbsfähigkeit (§. 59) vor Ablauf der ersten 8 Dienstjahre (§. 58[1]), bei jeder Art Invalidität nach Ablauf dieses Zeitraumes, ohne Invalidität nach 18 oder mehr Dienstjahren (§. 58[2]), (bei 18 IV., bei 24 III., bei 30 II., bei 36 I. Classe), bezw. Unterofficiere bei fortgesetzter guter Führung schon nach 12 Dienstjahren. Unterofficiere des Beurlaubtenstandes erwerben Pensionsanspruch nur durch Dienstbeschädigung. Der Begriff dieser letzteren ist gesetzlich genau definirt (s. oben S. 393). Die Pension ist verschieden bemessen, für Halbinvaliden d. i. Invaliden, die nicht mehr felddiensttauglich und Ganzinvaliden, d. i. solche, die gar nicht mehr diensttauglich sind (§. 61). Die Constatirung liegt den Militärbehörden auf Grund militärärztlicher Zeugnisse ob (§. 62); die Invalidenversorgung kann lebenslänglich oder nur auf Zeit erfolgen (§. 63).[77] Die Invalidenversorgung kann bestehen in Baarpension, Civilversorgungsschein, Aufnahme in Invalidenanstalten, Verwendung im Garnisondienst (§. 64).

a) Pension (§§. 65 ff.).

---

[76] Ueber die „Civilversorgung" von Officieren vgl. Laband III 293 ff.

[77] Vgl. Seydel 73[2] zu §. 86, ferner eine Reihe von Vollz.-V. bei v. Walther V 23 ff.

Die Höhe der Pension bemißt sich nach Rangstufe, Dienstzeit und Art der Invalidität; es werden 4 Rangstufen unterschieden und für jede derselben gibt es 5 Pensionsklassen, der Betrag variirt zwischen 6—42 Mark monatlich. Ueber die Klassificirung enthält das Gesetz sehr specielle Normen.[78] Auch für Unterofficiere und Soldaten gibt es Pensionserhöhungen (§. 71) in Folge eingetretener Ganzinvalidität im oder durch Krieg, ebenso Verstümmelungszulagen, außerdem noch eine Erhöhung nach zurückgelegten 18 Dienstjahren.

Das Recht auf Pension erlischt mit Ablauf der betreffenden Zeit oder bei Nachweis des Nichtvorhandenseins der bei der Bewilligung angenommenen Voraussetzungen (§. 100); das Recht ruht ganz für die Zeit des Verlustes der deutschen Staatsangehörigkeit und bei Wiederanstellung im activen Militärdienst (§. 101); das Recht ruht, ausgenommen für die Zulagen, bei Aufnahme in eine Invaliden- oder militärische Heil- oder Pflegeanstalt, sowie bei Anstellung im Civildienst (§. 102).[79]

Personen vom Feldwebel abwärts, welche im Kriege von 1870/71 das eiserne Kreuz I. Kl. oder das eiserne Kreuz II. Kl. und daneben eine höhere militärische Dienstauszeichnung eines Einzelstaates erhalten haben, bekommen vom 1. April 1878 eine Ehrenzulage ohne Rücksicht auf Invalidität (G. v. 2. Juni 1878, RGB. 99).

b) Civilversorgungsschein („Militäranwärter") (§§. 75 bis 77, dazu eine Anzahl von Vollz.-V., s. v. Walther V 100ff.).

Voraussetzung der Ertheilung eines solchen ist unbedingt gute Führung: Ganzinvaliden erhalten den Schein neben der

---

[78] Seydel 75 ff.

[79] Vgl. hiezu die speciellen Angaben bei Seydel 77.

Pension, Halbinvaliden nach Wahl an Stelle derselben, wenn sie mindestens 12 Jahre gedient haben, ferner Unterofficiere nach 12jähriger Dienstzeit auch ohne Invalidität. Die Subaltern- und Unterbeamtenstellen bei den Staatsbehörden, ausschließlich des Forstdienstes werden nach Maßgabe der vom Bundesrath darüber aufgestellten Grundsätze[80] vorzugsweise an Militäranwärter mit Civilversorgungsschein verliehen. Etwa vorhandene weitere Vorschriften des Landesrechtes über die Civilversorgung von Militärpersonen bleiben in Kraft. Das Wahlrecht der Halbinvaliden erlischt 6 Monate nach anerkannter Berechtigung.

c) Aufnahme in ein Invalidenhaus (§. 78).

Dieselbe soll Invaliden mit ihrer Zustimmung an Stelle der Pensionirung gewährt werden, wenn sie besonderer Pflege bedürfen.

d) Verwendung im Garnisondienst (§. 79).

Halbinvalide Unterofficiere können auf Wunsch zu Diensten verwendet werden, welche die Felddienstfähigkeit nicht erfordern.

Für die unteren Militärbeamten gelten besondere Bestimmungen: theilweise gelten für dieselben die Bestimmungen des Reichsbeamtengesetzes (§§. 89 ff).[81]

Ueber den Versorgungsanspruch muß vor der Entlassung (§. 81) aus dem activen Dienst durch das Generalcommando entschieden werden, mit Recurs an das Kriegsministerium, ausgenommen Kriegsinvaliden, welche ipso jure 3 Jahre das Recht auf Anerkennung ihrer Versorgungsansprüche

[80] Der Bundesrath hat die Materie noch nicht geregelt, über den bestehenden Rechtszustand s. die genauen Angaben bei Laband III 295 ff.

[81] Seydel 81.

haben;[82] ausnahmsweise kann auch nach der Entlassung aus dem Dienst ein Versorgungsanspruch geltend gemacht werden (§. 82).[83]

Besondere Beihilfen[84] an die Wittwen können unter den nämlichen Voraussetzungen wie bei Officieren gegeben werden; die Vorschriften für die letzteren gelten auch hinsichtlich der Bezahlung der Pension für den Sterbemonat (§§. 94 ff).

Ueber alle auf Grund der beiden Militärpensionsgesetze erhobenen Ansprüche findet der Rechtsweg statt (§. 113), doch muß zuvor der Instanzenzug bei den Militärbehörden erschöpft sein; binnen 6 Monaten nach der letztinstanziellen Militärentscheidung erlischt das Klagerecht (§. 114); der Militärfiscus wird durch die Kriegsministerien bezw. die Admiralität vertreten, letztere sind bei dem Gericht ihres Sitzes zu verklagen (§. 116). Gebunden ist das Gericht an die militärischen Entscheidungen über Vorhandensein und Grad der Dienstunfähigkeit, Vorhandensein des Kriegs- oder Friedensverhältnisses, Vorhandensein einer „Dienstbeschädigung", Zugehörigkeit zur Feldarmee, gute Führung (§. 115).

Die Militärpensionen werden bezahlt aus dem Reichsinvalidenfonds (Nov. §. 24), der aus der französischen Kriegskostenentschädigung gebildet wurde und auf Gesetz v. 23. Mai 1873, RGB. 117 beruht. Der Betrag desselben ist gesetzlich 561 Millionen Mark, über deren Anlage das Gesetz genaue Vorschriften enthält.[85] Ueber die Verwaltungsbehörde s. oben S. 220.

---

[82] Vgl. das Nähere Seydel 82.

[83] Seydel 82 f.; Laband III 305.

[84] Seydel 85.

[85] Seydel 89. V. d. Reichskanzlers, erlassen nach Einvernehmen des Bundesrathes v. 11. Juni 1874 (RGB. 104).

Die Controle hat die Reichsschuldencommission zu führen (s. oben S. 219).

§. 21.

Die sachlichen Militärlasten der Staatsangehörigen.[1]

I. Allgemeines.

Außer dem persönlichen Militärdienst müssen die Staatsangehörigen — noch gewisse sachliche Leistungen zu militärischen Zwecken prästiren. Diese Leistungen beruhen auf Gesetz, bilden somit juristisch den Gegensatz zu denjenigen Leistungen, welche auf Grund abgeschlossener Lieferungs-Verträge zu militärischen Zwecken gemacht werden. Als juristische Analogie jener gesetzlichen Special-Leistungen erscheinen demnach an sich die allgemeinen gesetzlichen Leistungen der Staatsangehörigen für Staatszwecke: die Steuern. Diese Analogie trifft aber darum nicht zu, weil einmal principiell für jene Leistungen eine Entschädigungspflicht des Staates anerkannt ist, weil ferner diese Leistungen ihrer Natur nach niemals gleichheitlich auf alle Staatsangehörigen vertheilt werden können, weil endlich jene Leistungen nicht ein- für allemal fest normirt sind, sondern nur subsidiär für den Fall außergewöhnlichen, nicht auf anderem Wege zu deckenden Bedürfnisses gefordert werden.[2] Diese Gründe nöthigen dazu, als juristisches Analogon der hier in Frage stehenden Mili-

---

[1] Laband III §§. 92—95; Seydel 1874 1037—1086, 1875 1081.

[2] Quartierleistungsges. §. 1: „die Fürsorge für die räumliche Unterbringung der bewaffneten Macht während des Friedenszustandes ist eine Last des Bundes, deren Naturalleistung nur gegen Entschädigung gefordert werden kann". Vgl. auch Natural-L.-G. §§. 3, 5.

tärleistungen die Expropriation zu betrachten.[3] Darum tritt auch der staatsbürgerliche Gesichtspunkt bei denselben zurück vor dem Gesichtspunkt der militärischen Nothwendigkeit: Deutsche im Ausland haben diese Leistungen nicht, Ausländer in Deutschland haben dieselben zu prästiren.[4]

Die Leistungen dieser Art lassen sich dreifach gliedern: 1. Leistungen im Frieden, 2. solche im Kriege, 3. die gesetzlichen Eigenthumsbeschränkungen in der Umgebung von Festungen. Die Entschädigung leistet immer der Reichsfiscus direct, ausgenommen nur in Bayern im Frieden.[5]

II. Die Friedensleistungen.

Dieselben beruhen auf dem Quartierleistungsgesetze v. 25. Juni 1868 (BGB. 523) sammt Ausf.-Instr. v. 31. Dec. 1868 (Text bei v. Walther III, 1) und Nachtragsgesetz v. 3. Aug. 1878 (RGB. 243); diese Vorschriften gelten im ganzen Reiche (vgl. Laband III 318[1]) (für Bayern und Württemberg vgl. G. v. 9. Febr. 1875, RGB. 41, 48); ferner dem Naturalleistungsgesetz v. 15. Febr. 1875 (RGB. 52), zu welchem eine ausführliche Instruction durch kais. V. v. 2. Sept. 1875 (RGB. 261) erging, die abgeändert und ergänzt wurde durch kais. V. v. 11. Juli 1878 (RGB. 229).

1. Quartierleistung.

Mannschaften vom Feldwebel abwärts und Dienstpferde von Garnisonen oder bei Kantonnements von über 6 Monaten

[3] Ausführlich und zutreffend hierüber Laband III 314.

[4] Laband III 312: Leistungen „des Bundesgebietes“. Andrerseits nimmt Seydel 1053 für die Kriegsleistungen an, daß Ausländer hievon befreit seien und beruft sich hiefür auf Kriegsleist.-G. §. 6. Vgl. jedoch unten S. 417[17].

[5] Laband III 316 f.

müssen in bürgerlichen Quartieren aufgenommen werden, wenn die Kasernen bezw. Stallungen des Staates nicht zureichen; für Truppen, die sich auf dem Marsch befinden, ferner für Kantonnements von unter 6 Monaten oder unbestimmter Dauer ist die Quartierleistungspflicht eine allgemeine, d. h. sie erstreckt sich auch auf Officiere, Militärbeamte und deren Pferde (QLG. §. 2). Jede Gemeinde hat alljährlich durch ein Einquartierungskataster ihre Leistungsfähigkeit auszuweisen,[6] das militärische Bedürfniß ergibt sich aus der Requisition bei Garnisonen, aus der vorher aufzustellenden Marschroute bei Märschen und Kantonnements.[7]

Quartierleistungspflichtig sind alle Baulichkeiten, ausgenommen: 1. Staatsgebäude und solche Gebäude, die öffentlichen Zwecken[8] dienen, 2. die Besitzungen der regierenden Familien sowie der Standesherrn, soweit sie dauernd oder zeitweise als Wohnräume benutzt werden; 3. die dem Inhaber für Wohnung, Wirthschaft und Gewerbebetrieb nothwendigen Räume, 4. die Wohnungen des diplomatischen Personales, ferner unter Voraussetzung der Gegenseitigkeit der Berufsconsuln, 5. neue Gebäude bis zum Ablauf des zweiten Kalenderjahres nach dem Kalenderjahre, in welchem sie benutzbar wurden (QLG. §. 4). Statt der eigenen andere geeignete Räumlichkeiten zur Verfügung zu stellen ist gestattet (QLG. §. 10); für die zur Benutzung der Räumlichkeiten erforderlichen Utensilien hat der Pflichtige zu sorgen.

Die Quartierlast liegt der Gemeinde ob, sie haftet für

[6] Das Nähere über das Kataster s. QLG. §. 6, über die Verhältnisse in den Landbezirken §. 7.

[7] Laband III 321[3].

[8] Specificirt QLG. §. 4 Z. 3—6.

gehörige Erfüllung derselben, sie repartirt die Last auf die Einzelnen und wendet gegen diese eventuell administrative Zwangsmittel an (QLG. §§. 5, 11). Beschwerden der Quartierträger sind, falls nicht gütliche Einigung erzielt werden kann, durch die höhere Verwaltungsbehörde unter Zuziehung des betr. Truppencommandos zu entscheiden (QLG. §. 13).

Die Höhe der Entschädigung bestimmt sich nach dem Servistarif, der alle 5 Jahre revidirt werden muß;[9] die Berechnung erfolgt unter Zugrundelegung des Monatsbetrages; die Zahlung geschieht an die Gemeinde; die Forderungen sind beim Gemeindevorstand anzubringen und verjähren unter Ausschluß aller Verjährungsprivilegien mit Ablauf des Jahres nach dem Entstehungsjahr (QLG. §§. 15, 17).[10]

2. Naturalleistungen.

a) Naturalverpflegung der Mannschaften (NLG. §. 4).

Dieselbe kann nur neben der Quartierleistung, nicht selbständig gefordert werden und nur für Truppen, die sich auf dem Marsch befinden; die Vertheilung erfolgt nach den gleichen Gesichtspunkten wie bei der Quartierleistung, d. i. verpflichtet zur Leistung ist die Gemeinde (NLG. §. 2 vgl. jedoch §§. 6² u. 7); die Berechnung ist überall gleich, nicht wie bei der Quartierleistung nach „Klassen" verschieden (NLG. §. 9 Z. 2).

---

[9] QLG. §§. 3, 15, dazu Anlage B: Servis-Tarif und Anlage C: Classeneintheilung der Orte, dazu §. 19: ein neuer Servistarif und eine neue Classeneintheilung der Orte sind dem G. v. 3. Aug. 1878 (RGB. 243) beigefügt, in Kraft v. 1. April 1879.

[10] Diese Bestimmungen über Verjährung finden auch auf die sub 2—6 bezeichneten Leistungen Anwendung. NLG. §. 16, nur für besondere Beschädigung und bei Flurschäden verjährt die Forderung Mangels erfolgter Anmeldung binnen 4 Wochen nach Eintritt.

b) Fouragelieferung (NLG. §. 5).

Dieselbe kann nur für Pferde und sonstige Zugthiere von auf dem Marsch befindlichen Truppen verlangt werden; pflichtig sind alle Inhaber von Fouragebeständen, soweit sie dieselben nicht für ihre Wirthschaft bedürfen; die Vertheilung erfolgt auf die Gemeinde (NLG. §. 2); die Entschädigung wird nach dem Durchschnittspreis des betr. Kalendermonats berechnet (NLG. §. 9 Z. 3). Die Befreiungen von Vorspann (s. unten Z. 3) haben auch, soweit sie reichen, Befreiung von der Fouragepflicht zur nothwendigen Consequenz.

3. Vorspannleistung (NLG. §. 3).

Hiezu sind alle Besitzer von Wagen und Zugthieren verpflichtet, insbesondere diejenigen, welche aus dem Vermiethen derselben ein Gewerbe machen, jedoch nur für Truppen, die sich auf dem Marsch, in Lagern oder Kantonnements befinden. Der Vorspann soll wo möglich nur einen Tag benutzt werden; Reitpferde dürfen nicht verlangt werden. Die Last wird auf die Gemeinde gelegt (NLG. §. 2) und von dieser repartirt. Die Entschädigungssätze werden von Zeit zu Zeit für die einzelnen Bezirke durch Verordnung des Bundesrathes normirt (NLG. §. 9 Z. 1). Für Verlust, Beschädigung und außergewöhnliche Abnutzung ist volle Entschädigung zu geben, wenn nicht den Pflichtigen oder seine Bediensteten eine Schuld trifft. Befreit sind die Mitglieder der regierenden Häuser für Wagen und Thiere ihres Hofhaltes, das diplomatische Personal Staats- und Privatgestüte, sowie die Militärverwaltungen bezüglich der Remonten, Officiere, Staats- und Communalbeamte, Geistliche, Aerzte, Thierärzte hinsichtlich der für den Beruf, Posthalter hinsichtlich der für den Postdienst erforderlichen Pferde.

4. Stellung von Schiffsfahrzeugen (NLG. §. 10).

Zu Truppentransporten an und von Bord von Schiffen der kaiserlichen Marine können Fahrzeuge requirirt werden, aber nur außerhalb der beiden Kriegshäfen; ferner für die Ausrüstung von Schiffen mit Proviant, Kohlen und dgl. an Orten, wo keine Depots bestehen. Befreit sind die zu öffentlichen Fähren dienenden Fahrzeuge. Die Verpflichtung wird nicht auf die Gemeinden gelegt, sondern direct gegen die Eigenthümer geltend gemacht. Die Fahrzeuge sind mit dem nöthigen Personal zu versehen. Entschädigung wird geleistet wie bei Flurschäden (s. unten Z. 6).

5. Transportleistungen der Eisenbahnen (NLG. §. 15).

Auch im Frieden müssen Truppen und Militärmaterial von allen deutschen Eisenbahnen zu ermäßigten Sätzen befördert werden (RV. a. 47). Der Tarif ist vom Bundesrath aufzustellen und von Zeit zu Zeit zu revidiren. Bis jetzt ist dies jedoch nicht geschehen, sondern gilt nur ein preußisches Reglement von 1870.

6. Grundlasten.

(NLG. §. 11, dazu für Brunnen und Tränken §. 12, Schmieden §. 13.)

Die Eigenthümer von Grundstücken müssen sich die Benutzung ihres Terrains zu militärischen Operationen gefallen lassen.[11] Befreit von dieser Pflicht sind jedoch: Gebäude, Wirthschafts- und Hofräume, Gärten, Parkanlagen, Holz- und Dünenschonungen, Hopfengärten, Weinberge, Versuchsfelder; andere bebaute Ländereien sollen möglichst geschont werden. Vergütet wird nicht die Benutzung, sondern nur die

---

[11] Vgl. hiezu die Erörterung bei Laband III 339[5].

Flurschäden (NLG. §. 14), für deren Feststellung ein genaues Verfahren unter Zuziehung von Sachverständigen, die von den Kreisen gewählt werden, vorgeschrieben ist.[12]

III. Kriegsleistungen.

(G. v. 13. Juni 1873, RGB. 129, dazu Vollz.-V. v. 1. April 1876, RGB. 137.)

1. Allgemeine Voraussetzungen.

Von dem Tage der Mobilmachung an treten die Bestimmungen der sub II. genannten Gesetze außer Kraft und ist an deren Stelle das G. v. 13. Juni 1873 (RGB. 129) maßgebend, je nachdem entweder für das ganze Reichsheer oder nur für einzelne „mobil gemachte, augmentirte oder in Bewegung gesetzte Theile desselben" (§. 1).[13] Ebenso wie die Friedens- sind auch die Kriegsleistungen im strengsten Sinne des Wortes nur eine subsidiäre Last (§. 2): nur die Militärbehörden aber haben hierüber zu entscheiden, und deren Anordnungen ist prompter Gehorsam zu leisten. Ueber die gemachten Leistungen werden Bescheinigungen ausgestellt. Principiell ist auch hier die Entschädigungspflicht anerkannt, die Entschädigung erfolgt durch den Reichsfiscus (§. 2²), aber in der Regel nicht baar, sondern durch Ausstellung einer Schuldurkunde, eines sog. Anerkenntnisses, das auf Grund vorheriger Liquidation auszustellen ist (§. 20²).[14] Diese Schuldurkunden lauten auf bestimmte Geldsummen, welche vom ersten Tag des auf die Leistung folgenden Monats mit

---

[12] Instruction v. 11. Juli 1878 Ziffer 6.

[13] Seydel 1051; Laband III 343: auch im zweiten im Text genannten Falle ist die Geltung des Kriegsleistungsgesetzes territorial unbeschränkt, soweit „das militärische Bedürfniß" reicht.

[14] Die näheren Vorschriften finden sich in der Ver. d. Bundesrathes v. 1. April 1876 (RGB. 137). Vgl. Laband III 345⁶.

4% zu verzinsen sind (§. 20). Die Anerkenntnisse werden auf Namen der Gemeinden ausgestellt,[15] können aber veräußert, indossirt und verpfändet werden: die Zahlung erfolgt giltig an den Inhaber gegen Auslieferung (§. 21²).

Die Kriegsleistungen werden in der Regel als Lasten der Gemeinden betrachtet, an diese letzteren wird demnach die Vergütung bezahlt, bei den Gemeindebehörden sind die Forderungen der Einzelnen anzumelden und von ihnen nach Maßgabe der empfangenen Entschädigung zu befriedigen,[16] die Gemeinden haften für rechtzeitige und richtige Erfüllung (§. 5). Die Vertheilung der Lasten auf die Gemeinden erfolgt durch die zuständigen Civilbehörden auf Grund der militärischen Requisition (§. 4). Die Gemeinden dürfen sich an die zur Theilnahme an den Gemeindelasten Verpflichteten sowie die im Bezirk domicilirten oder mit Grundeigenthum angesessenen Deutschen halten (§. 6).[17] Nur bei den Eisenbahn-, Schiffs- und Pferdeleistungen erfolgt die Requisition ohne Vermittelung der Gemeinden, außerdem nur in „dringenden Fällen" (§. 4).

---

[15] Laband III 346. A. A. Seydel 1059, der annimmt: die Anerkenntnisse würden auf Namen der Einzelnen ausgestellt, welche die Leistung gemacht haben. §. 20² bestimmt, daß die Anerkenntnisse „auf den Namen desjenigen lauten, der die Vergütung zu beanspruchen hat". Das ist nicht, wie Seydel meint, der Einzelne, der die Leistung gemacht hat, sondern die Gemeinde: denn im Sinne des Gesetzes macht nur sie die Leistung (§. 5), ihr wird vom Reiche die Vergütung „zur Verfügung gestellt" (§. 7³).

[16] Ausführlich hierüber §§. 21, 22.

[17] Ausländer sind pflichtig, wenn sie an den Gemeindelasten Theil nehmen, sonst nicht. Laband III 349³ zu weit: „welche ihren Wohnsitz oder Grundbesitz in der Gemeinde haben"; Seydel 1053 zu eng, indem er Ausländer für ganz befreit hält.

2. Die Gemeindelasten.

a) Quartierleistung: die Pflicht hiezu ist im Kriege unbeschränkt, keine Befreiung und kein Vorzug ist anerkannt (§. 3 Z. 1), Entschädigung wird nur für Besatzungstruppen[18] geleistet.

b) Naturalverpflegung: die Pflicht hiezu besteht nur für Truppen auf dem Marsch und in Kantonnements (§. 3 Z. 2), die Gemeinden haben die erforderlichen Lebensmittel nöthigenfalls durch Ankauf zu beschaffen, doch müssen die Truppen sich mit der Kost des Quartiergebers begnügen, Entschädigung wird nach dem Friedenssatze geleistet (§. 10).

c) Fouragelieferung: ebenfalls nur für Truppen auf dem Marsch und in Kantonnements (§. 3 Z. 2), jedoch so, daß auch hier wie bei der Naturalverpflegung eventuell Anschaffung durch die Gemeinden erfolgen muß, Vergütung nach dem Durchschnittspreis der 10 letzten Friedensjahre mit Ausschluß des besten und schlechtesten (§. 11).[19]

d) Vorspann (§. 3 Z. 3):[20] alle im Gemeindebezirk vorhandenen Gefährte können hiezu requirirt werden, die Befreiungen fallen in Kriegszeiten dahin, Zeitbeschränkungen bestehen nicht; die Vergütung erfolgt nach dem Friedenssatz; dauert die Benutzung über 48 Stunden, so sind Thiere und Wagenführer überdies zu verpflegen; für Verluste, Beschädigung und außergewöhnliche Abnützung wird voller Ersatz geleistet, wenn nicht den Eigenthümer oder den von ihm gestellten Wagenführer die Schuld trifft (§. 12).

e) Leistung von persönlichen Diensten und Beschaffung von Material (§. 3 Z. 3): die Gemeinden

---

[18] Was hierunter zu verstehen, sagt ausführlich §. 9.

[19] Dazu jedoch die Modification in §. 11: Seydel 1057; Laband III 353.

[20] Vgl. Seydel 1057 f.

haben nach Vermögen das erforderliche Personal an Wagenführern, Wegweisern, Boten, Arbeitern für fortificatorische oder andere militärische Anlagen der Militärbehörde zur Verfügung zu stellen; Vergütung erfolgt nach den in Friedenszeiten ortsüblichen Preisen (§. 13).

Die Gemeinden haben ferner die zu militärischen Zwecken erforderlichen Grundstücke zu überlassen (§. 3 Z. 4); Entschädigung wird nur für bestellte Felder und bewohnte Gebäude geleistet, sowol für Benutzung als außergewöhnliche Abnutzung: demgemäß ist bei Uebernahme der Grundstücke sowie bei der Rückgabe eine genaue Feststellung des Sachverhaltes vorzunehmen. Expropriation zu Kriegszwecken ist in jedem Falle statthaft (§. 14).

Die Militärbehörde kann ferner für ihre Zwecke alles erforderliche Material requiriren, sei es zum Bau von Straßen, Brücken, Eisenbahnen, Befestigungen, sei es zur Ausstattung von Lagern (§. 3 Z. 4, 5).

f) Endlich können außerordentlicher Weise Dienste jeder Art und Material jeder Art requirirt werden, insbesondere an Verbandmitteln, Waffen, Arzneien (§. 3 Z. 6). Entschädigung wird für diese Gegenstände eines außerordentlichen Bedürfnisses wo möglich sofort in baar geleistet (§. 20[1]).[21]

3. Die sog. Landlieferungen (§§. 16 ff.).

Zum Zwecke der „Füllung der Kriegsmagazine" mit Vorräthen können, falls nicht auf dem Wege der Lieferungsverträge das Erforderliche beschafft werden kann, sog. Landlieferungen ausgeschrieben werden. Competent zu dieser Anordnung ist nur der Bundesrath und zwar für lebendes Vieh, Brodmaterial, Hafer, Heu, Stroh (§. 16). Die Einzelstaaten

---

[21] Laband III 357.

haben die gesetzliche Verpflichtung, leistungsfähige Lieferungsverbände zu bilden;[22] die Kleinstaaten fungiren meist selbst als solche. Der Bundesrath repartirt die Lieferungen nach Zeit und Umfang; für richtige und rechtzeitige Lieferung haftet der Verband (§. 17). Im übrigen sind die Landlieferungen nach Analogie der Gemeindelasten zu behandeln (§. 18). Die Entschädigung wird nach dem zehnjährigen Durchschnittspreis in Friedenszeiten berechnet mit Weglassung des billigsten und des theuersten Jahres, Vieh nach den ortsüblichen Friedenspreisen (§. 19).

4. Die Kriegsleistungen der Eisenbahnen (§§. 28 ff.).[23]

Der Kaiser hat in Kriegszeiten denjenigen Rayon abzugrenzen, der hinsichtlich der Eisenbahnen als „Kriegsrayon" gilt.[24] In demselben werden alle Eisenbahnen in militärische Verwaltung genommen (§. 31): an die Spitze derselben tritt ein vom Kaiser ernannter General-Inspecteur, bezw. bis zu dessen Ernennung der Chef des großen Generalstabs. Die Executive liegt in der Hand eines besonderen Chefs des Feldeisenbahnwesens, bezw. bis zu dessen Ernennung des Chefs der Eisenbahnabtheilung des Generalstabes, er hat für möglichst ungehinderten Betrieb der occupirten feindlichen, der von der Armee selbst angelegten, sowie der in Kriegsverwaltung genommenen Eisenbahnen zu sorgen; er kann hiezu besondere Commissare für einzelne Strecken bestellen. Die Eisenbahnen im Kriegsrayon sind einfach dem militärischen Oberbefehl unterworfen. —

---

[22] Das Verzeichniß derselben RGB. 1876 154.

[23] Dazu kaiserl. Ver. v. 20. Juli 1872 (Laband III 360[3]).

[24] V. v. 1. April 1876 Z. VI 15.

Die Eisenbahnen, welche nicht im Kriegsrayon liegen, sind gleichfalls in Kriegszeiten besonderen Bestimmungen unterworfen. Zur Leitung des Transportdienstes auf denselben wird ein besonderer militärischer Chef eingesetzt, derselbe ist dem Chef des Feldeisenbahnwesens unterstellt und hat nach dessen Anordnung die Transporte zu vertheilen; zu diesem Behufe hat er sich mit dem Reichseisenbahnamt bezw. den einzelnen Eisenbahnverwaltungen in's Benehmen zu setzen; für einzelne Strecken bezw. Stationen können zur Leitung der Militärtransporte besondere Commandanten eingesetzt werden.[25]

Die Eisenbahnen haben im Kriege folgende Verpflichtungen:

a) sie müssen alle Transportleistungen persönlicher oder sachlicher Natur besorgen (§. 28 Z. 2), einschließlich der Herstellung der hiezu etwa erforderlichen Lagerräume u. dgl.; das erforderliche Material ist jederzeit auch im Frieden vorräthig zu halten (§. 28 Z. 1)[26] und es wird hierüber eine fortwährende Controle durch das Reichseisenbahnamt geübt auf Grund der von den Bundesrathsausschüssen für das Heer und für Handel und Verkehr getroffenen Anordnungen. Die Grenze der Transportpflichten der Eisenbahnen bildet nur deren Leistungsfähigkeit, eventuell kann jeder Privatverkehr zeitweilig suspendirt werden.

Ueber das Verhältniß der Civil- und Militärbehörden ist kaiserliche Verordnung unter Zustimmung des Bundesrathes vorbehalten; dieselbe ist bisher nicht ergangen. Ver-

---

[25] Alle diese Bestimmungen beruhen auf der N. 23 genannten kaiserl. Verordnung bezw. der durch diese Verordnung genehmigten Instruction. Vgl. Laband III 360 ff.

[26] Seydel 1062; Laband III 362.

gütung ist zu leisten nach einem vom Bundesrath festzustellenden Tarif (fehlt bis jetzt); jedenfalls sind die durch Liquidation festgestellten Beträge vom 1. des folgenden Monates mit 4 % zu verzinsen.

b) Die Eisenbahnen haben ferner alles für die Kriegszwecke erforderliche Personal und Material abzugeben (§. 28 Z. 3). Hinsichtlich des Personales kann zwar ein directer Zwang nicht angewendet werden, doch müssen die Eisenbahnverwaltungen in jedem Fall ohne Entschädigung auf alle ihre Rechte zu Gunsten der Militärverwaltung verzichten. Eisenbahnbeamte im Staatsdienst müssen sich in den Feldeisenbahndienst versetzen lassen. Außerdem werden schon in Friedenszeiten auf Grund der gesetzlichen Wehrpflicht besondere Abtheilungen für Eisenbahnzwecke gebildet.

Die Eisenbahnen müssen ferner auf Erfordern alles Material[27] für Anlage und Betrieb stellen: das Gesetz kennt keine Beschränkung dieser Pflicht, schließt somit nicht aus, daß Eisenbahnen durch Leistung der gesetzlichen Pflicht vollkommen betriebsunfähig werden, doch soll dies nur in ganz außerordentlichen Fällen geschehen und überhaupt jede billige Rücksicht genommen werden. Die Requisition erfolgt direct durch die Militärbehörde. Entschädigung ist nach einem vom Bundesrath festzustellenden Tarife zu leisten,[28] für Zahlung und Verzinsung gelten dieselben Regeln wie für Transportleistungen.

5. Kriegsleistungen der Besitzer von Schiffsfahrzeugen (§§. 23, 24).

Für Zwecke des Landheeres wie der Marine, zu Trans-

[27] Vgl. über den Begriff „Material" Seydel 1063 aber andrerseits Laband III 364.

[28] Nur bei Baumaterial nach dem Durchschnittspreise.

porten wie dauernden Anlagen können solche Fahrzeuge von der Militärbehörde requirirt werden gegen Vergütung für entzogene Benutzung und herbeigeführte Werthverminderung. Zum Zwecke von Hafen- oder Flußsperren sind Schiffe und Fahrzeuge der Militärbehörde gegen sofortige Baarvergütung eigenthümlich zu überlassen.

6. Kriegsleistungen der Pferdebesitzer (§§. 25 ff.).

Zur Beschaffung und Erhaltung des erforderlichen Pferdebestandes der Armee müssen alle Besitzer von solchen ihre Pferde auf Verlangen der Armee überlassen. Befreit von dieser Pflicht sind nur die Mitglieder der regierenden Familien und des diplomatischen Personales, sowie die Beamten für ihre Dienstpferde, Aerzte und Thierärzte für die zur Ausübung des Berufes, Posthalter für die zum Postdienst erforderlichen Pferde; alle übrigen Befreiungen fallen im Kriege dahin (§. 25).

Es handelt sich bei dieser Pflicht um eine Expropriation, nicht um Kauf;[29] das Verfahren zu regeln blieb den Einzelstaaten überlassen (§. 27); für Preußen — und indirect für das ganze Reich — ist maßgebend die Verordn. v. 12. Juni 1875;[29a] nach derselben ist das Pferdeenteignungsverfahren eine vollkommene Nachbildung des Rekrutirungsverfahrens.[30] Das Reichsgesetz bestimmt nur, daß der Werth der ausgehobenen Pferde in einem genauen Schätzungsverfahren festzustellen sei, daß die Sachverständigen vorher von der Vertretung des Bezirkes periodisch zu wählen sind, daß ein vom Staat ernannter Commissar das Abschätzungsverfahren zu leiten hat,

---

[29] Laband III 369 f. weist besonders darauf hin, daß die juristischen Folgen des Kaufes nicht eintreten.

[29a] S. den Text bei v. Walther III 93.

[30] Vgl. die Darstellung bei Laband III 370 ff.

und daß die Entschädigung aus den bereitesten Beständen der Kriegskasse zu bezahlen ist (§. 26).

7. Bei außergewöhnlichen Leistungen oder Kriegsbeschädigungen einzelner Gemeinden, Bezirke oder Personen kann auch außerhalb des Rahmens des Gesetzes eine Entschädigung auf Grund Specialgesetzes gegeben werden (§. 35).[31]

IV. Die sog. Rayonbeschränkungen.

Das Grundeigenthum ist nach Maßgabe des G. v. 21. Dec. 1871 (RGB. 459)[32] in der Umgebung von Festungen gewissen gesetzlichen Beschränkungen unterworfen (§. 1). Der „Rayon“[33] beträgt 2250 Meter von der Festungsenceinte ab; innerhalb dieses Gesammtrayons werden drei Abstufungen unterschieden: der Raum zwischen der Enceinte und einer Parallellinie in Entfernung von 600 Metern bildet den ersten (§. 4), der Raum von dieser Linie bis zu einer weiteren Entfernung von 375 Metern den zweiten (§. 5), der Rest den dritten Rayon (§. 6), bei detachirten Forts fällt der zweite Rayon weg und beginnt nach dem ersten sofort der dritte (§. 5²). Zwischenrayon heißt der Raum zwischen mehreren unter sich zusammenhängenden Befestigungslinien: sie sind bis auf 75 Meter von der innersten Linie strenge, dann einfache (§. 7). Bei Festungen mit einer Citadelle heißt der Rayonbezirk vor den stadtwärts gewendeten Werken derselben Esplanade (§. 2³).

Das hinsichtlich der Rayonbeschränkungen geltende Recht ist: 1. für alle nach dem 12. Januar 1872, dem Tage der

[31] Laband III 347⁶.

[32] Instruction hiezu v. 4. Jan. 1873, Text bei v. Walther III 102, vgl. Laband III 373.

[33] Das Gesetz enthält über die Feststellung der Rayonlinie sehr detaillirte Vorschriften: §. 2 ff.

Rechtskraft des Reichsgesetzes, angelegten neuen Festungen, sowie für alle diejenigen, bei welchen Neu- oder Verstärkungsbauten stattgefunden haben, das Reichsgesetz; 2. für die alten Festungen, bei welchen letzteres nicht der Fall, bleibt das frühere Recht in Kraft, also für die preußischen Festungen das Regulativ v. 10. Sept. 1828. Da nach dem G. v. 30. Mai 1873 (RGB. 123) alle bedeutenden Festungen[34] einem Umbau unterworfen werden, dürfte das frühere Partikularrecht nur mehr in ganz geringem Umfange anwendbar sein.

Der Rayonbezirk muß nach dem Reichsgesetz genau abgegrenzt werden und zwar die ersten beiden sowie die Zwischenrayons durch Grenzsteine (Rayonsteine), der dritte nur durch Feststellung der Linie, worüber die Festungscommandantur den Grundbesitzern genaue Auskunft zu ertheilen verpflichtet ist. Mit der Absteckung bezw. Vermarkung treten die Bestimmungen des Reichsgesetzes ipso jure in Kraft (§. 8). Die Feststellung der Rayongrenze erfolgt durch ein genau geordnetes Verfahren, wobei Civil- und Militärbehörden zusammenwirken: die Commandantur hat einen genauen Rayonplan und einen Rayonkataster zu entwerfen,[35] wozu alle Behörden die erforderlichen Nach-

[34] Art. I des G. v. 30. Mai 1873: Köln, Koblenz, Mainz, Rastadt, Ulm, Ingolstadt, Spandau, Küstrin, Posen, Thorn, Danzig, Königsberg, Glogau, Neisse, Memel, Pillau, Kolberg, Swinemünde, Stralsund, Friedrichsort, Sonderburg-Düppel, Wilhelmshaven sowie die Befestigungen der unteren Weser und Elbe; dazu Art. VI: für die eingehenden Festungen Stettin, Minden, Erfurt, Wittenberg, Kosel, Graudenz, Kolberg, Stralsund, für letztere beiden ausschließlich der Werke an der Küste und auf Rügen, hören die Rayonbeschränkungen am 1. Oktober 1873 auf.

[35] Vgl. hierüber die genauen Vorschriften des Gesetzes §§. 9—12, 25.

weise liefern müssen (§. 10); die Entwürfe sind 6 Wochen lang in den betreffenden Gemeinden zu publiciren, Reclamationen können beim Gemeindevorstand angebracht werden; darüber entscheidet in erster Instanz die Festungscommandantur, gegen deren Entscheidung binnen 4 Wochen präclusiver Frist Recurs an die Reichsrayoncommission gestattet ist. Die letztere ist eine Militärcommission, die vom Kaiser aus Mitgliedern derjenigen Staaten, in deren Gebiet Festungen liegen, berufen wird (§. 31). Erst nach Entscheidung dieser Recurse sind Plan und Kataster definitiv durch die Commandantur festzustellen und bilden alsdann die feste Basis des gesammten Rechtsverhältnisses: demgemäß sind dieselben durch die betr. Gemeindevorstände zu publiciren (§. 11). Alle Veränderungen der Anlagen innerhalb des Rayons müssen im Plan und Kataster nachgetragen werden, so daß der thatsächliche Stand daraus jederzeit evident entnommen werden kann (§. 12).

Die gesetzlichen Eigenthumsbeschränkungen sind im Einzelnen aufs genaueste normirt und zwar in der Art, daß zuerst die für den dritten Rayon geltenden aufgezählt sind, welche dann ohne weiteres auch für den zweiten und ersten gelten; ebenso sind die für den zweiten vorgeschriebenen ohne weiteres auch für den ersten maßgebend. Die Verbote sind theils absolut theils relativ, d. h. die betr. Anlagen sind von der Genehmigung der Militärbehörde abhängig (§. 26), die ihrerseits wieder meist an die Voraussetzungen, die das Gesetz feststellt, gebunden ist. Ist die Genehmigung ertheilt, aber im Zeitraum von 2 Jahren nicht benutzt, so erlischt dieselbe von selbst (§. 28²). Die Gesuche sind bei der Ortspolizeibehörde einzureichen und von dieser eventuell zur Ergänzung zurückzugeben, andernfalls der Commandantur zu übermitteln, welche die Entscheidung fällt; lautet dieselbe auf

Abweisung, so sind dem Gesuchsteller die Gründe anzugeben; dagegen ist binnen 4 Wochen präclusivischer Frist Recurs an die Reichsrayoncommission gestattet, vor deren Entscheidung in der Anlage keinenfalls fortgefahren werden darf (§§. 27—29). Die Verbote für den dritten Rayon beziehen sich auf dauernde Veränderung der Höhe der Terrainoberfläche und der Wasser- und Wegeverhältnisse; doch sind die Verbote durchweg nur relative und die Genehmigung der Militärbehörde darf nur versagt werden: wenn durch die Anlage die Vertheidigungsfähigkeit der Festung beeinträchtigt wird.[36] Im zweiten Rayon sind absolut verboten alle Massivconstructionen, Gewölbebauten, Anlage von Ziegel- und Kalköfen sowie von Gebäuden, deren Höhe 13 Meter überschreitet; für andere Gebäude, Anlage von Beerdigungsplätzen und größeren Denkmälern besteht ein relatives Verbot nach Maßgabe specieller gesetzlicher Vorschriften in §. 15 des Gesetzes. Für den einfachen Zwischenrayon gilt das Nämliche, nur mit der Modification, daß das absolute Verbot bei Gebäuden schon in der Höhe von 8 Metern beginnt und das Verbot der Massivconstructionen nur relativ ist (§. 16). Im ersten Rayon besteht weiter ein absolutes Verbot für Wohngebäude aller Art, ausgenommen leicht entfernbare Wächterhütten, ferner für andere Baulichkeiten, wenn sie nicht ganz leicht entfernbar sind, für Lokomobilen in fester Verbindung mit Baulichkeiten, Denkmäler von Stein und Eisen von größerer Breite, Anlage von lebendigen Hecken; für andere Baulichkeiten, Hecken, Grabhügel, Windmühlen u. dgl. ist das Verbot relativ, nur im strengen Zwischenrayon ist es auch hiefür absolut.[37] So-

[36] Genaue Vorschriften hierüber gibt §. 13.

[37] Genaue Vorschriften in §§. 17, 19, 20, 21.

weit im ersten und zweiten Rayon und einfachen Zwischenrayon Baulichkeiten angelegt werden dürfen, unterliegt auch deren Alignement der Genehmigung der Commandantur (§. 18). Baulichkeiten, sowie Anlagen, welche vor Erlaß des Gesetzes vorhanden waren, dürfen bleiben und reparirt werden, jedoch nur im alten Umfange und nach vorheriger Anzeige an die Commandantur (§. 22). Um etwaigen besonderen Fällen billige Rücksicht angedeihen lassen zu können, ist endlich der Reichsrayoncommission ein generelles Dispensationsrecht von den Vorschriften des Gesetzes eingeräumt (§. 23).

Die Erzwingung der Vorschriften des Gesetzes erfolgt nur auf administrativem Wege. Verletzung der Anzeigepflicht zieht Geldstrafe bis 15 Mark nach sich; der Vorschriften über die relativen und absoluten Verbote Geldstrafe bis 150 Mark an dem Grundbesitzer sowie dem Leiter der Bauanlage, ferner sind derartige Anlagen auf Weisung der Commandantur zu beseitigen, eventuell durch die Ortspolizeibehörde auf Kosten des Verpflichteten (§. 32). Außerdem findet eine fortwährende militärische Controle im Rayonbezirk durch die Organe der Commandantur (Platzofficiere, Wallmeister) statt und einmal jährlich Revision durch die Commandantur oder deren Organe, Ortspolizeibehörde und Gemeindevorstand (§. 33).

Für jene gesetzlichen Beschränkungen anerkennt das Gesetz principiell eine Entschädigungspflicht des Reichsfiscus, soweit es sich um Beschränkungen auf Grund des Reichsgesetzes handelt, d. i. also einmal wenn neue Grundstücke in den Rayon gezogen oder wenn für die alten Erschwerungen eingetreten sind;[38]

[38] Die Fälle, wo keine Entschädigungspflicht besteht, sind aufgezählt §§. 34 Z. 1—4, 38.

ferner muß eine Werthverminderung vorliegen; das Reich endlich und die Einzelstaaten enthalten keine Entschädigung. Für die Berechnung der letzteren ist nicht der gemeine Kaufwerth maßgebend, sondern der Werth, welchen das Grundstück für den Inhaber hat (§. 35).[39] Die Ansprüche sind binnen 6 Wochen präclusiver Frist nach Aufstellung des Rayonplanes bei der Commandantur anzumelden (§. 39); die Feststellung erfolgt in einem genau geordneten Verfahren unter Zusammenwirken der Civil- und Militärbehörden (§§. 40, 41). Erfolgt friedliche Einigung, so wird ein „Receß“ aufgenommen, eine Vertragsurkunde öffentlichen Glaubens zwischen Commandantur und Berechtigten; bestreitet die Commandantur die Entschädigungspflicht überhaupt, so steht hiegegen Klage gegen den Reichsfiscus, vertreten durch die Commandantur (§. 42) bei den Civilgerichten frei; ist nur Streit über Vorhandensein bezw. Höhe des Schadens, so findet ein Abschätzungsverfahren und schließliche Entscheidung durch die höhere Verwaltungsbehörde statt, gegen welche binnen 90 Tagen präclusiver Frist Klage bei den Civilgerichten erhoben werden kann. Leitet die Militärbehörde das Expropriationsverfahren ein, was ihr jederzeit freisteht, so wird damit jedes weitere Verfahren vor Gericht oder Verwaltungsbehörden unterbrochen. Die Entschädigung besteht regelmäßig in einer Rente (§. 36) von 6% derjenigen Summe, um welche der Werth des Grundstücks verringert ist, sie wird vierteljährlich postnumerando bezahlt und erlischt nach 37 Jahren. Renten von weniger als 3 Mark jährlich werden mit dem 16⅔fachen Betrage kapitalisirt und ausbezahlt. Beträgt die Werthverminderung ein

---

[39] Seydel 1081. Vgl. hiezu Regelsberger in Hirths Ann. 1880 S. 60 ff.

volles Drittel des bisherigen Werthes oder mehr, so hat der Eigenthümer binnen bestimmter Frist die Wahl zwischen Kapital oder Rente. Die Legitimation zur Entschädigung weist der Kataster aus (§. 36[4]).

Im Falle der Armirung[40] einer Festung (§§. 43, 44) müssen die Besitzer alle Anlagen und Pflanzungen beseitigen, jeden Gewerbetrieb einstellen, alles Material wegschaffen; vorher ist jedoch durch Commandantur und Ortsobrigkeit in Gegenwart der Betheiligten eine genaue Constatirung des Sachverhaltes vorzunehmen. Eventuell hat die Beseitigung auf dem Wege administrativen Zwanges durch die Civilbehörden zu erfolgen. Entschädigung wird nur gewährt, soweit nicht bereits eine solche für die gesetzliche Beschränkung gegeben ist;[41] die Feststellung erfolgt in der oben angegebenen Art, die Auszahlung in Anerkenntnissen wie bei den Kriegsleistungen.

Bei größeren Anlagen im öffentlichen Interesse, insbesondere Wasser-, Wege- und Eisenbahnbauten kommt das Rayongesetz nicht zur Anwendung: vielmehr wird hier zunächst eine Erörterung in einer gemischten Commission vorgenommen, das Protokoll derselben der Reichsrayoncommission übersandt, welche „in Gemeinschaft mit der betreffenden Central-Verwaltungsbehörde“ entscheidet (§. 36).

Die Vollzugsverordnungen zum Rayongesetz hat bei dem Mangel specieller gesetzlicher Anordnung der Bundesrath zu erlassen (vgl. oben §. 8).[42]

[40] Vgl. über den Begriff Seydel 1084.

[41] Vgl. das Gesetz §. 44 Ziff. 1 u. 2 dazu Seydel 1085.

[42] Richtig Seydel 1086.

Siebentes Buch.

Elsaß-Lothringen.

---

§. 22.

Das elsaß-lothringische Staatsrecht von der Errichtung des Generalgouvernements (14. August 1870) bis zum Gesetz v. 4. Juli 1879.[1]

I. Die Zeit der militärischen Occupation.
(14. August 1870 bis 28. Juni 1871).

Als bald nach dem Ausbruche des deutsch-französischen Krieges die beiden französischen Provinzen Elsaß und Lothringen sich in den Händen der deutschen Heere befanden, wurde durch den Oberbefehlshaber der deutschen Armee am 14. August für die Verwaltung jener Gebietstheile ein Generalgouvernement für das Elsaß eingerichtet. Der territoriale Umfang desselben wurde durch mehrere Verordnungen des Oberbefehlshabers genau abgegrenzt[2] und

---

[1] Vgl. für die erste Zeit besonders die sehr verdienstliche Arbeit von E. Löning, die Verwaltung des Generalgouvernements im Elsaß (1874) ferner G. Mitscher, Elsaß-Lothringen unter deutscher Verwaltung in Preuß. Jahrb. XXXIII 269 ff., 388 ff., XXXIV 404 ff., 473 ff. (eine sehr specielle Darstellung des gesammten Rechtszustandes des Reichslandes). Laband I §§. 6, 54, 55, II §. 62; Meyer, Lehrb. §§. 69, 138—141, 166; Seydel, Comm. 31, 92 ff.; v. Rönne §. 9.

[2] Löning 6 (Ver. v. 21. Aug. u. 7. Nov. 1870); Mitscher

damit von vorne herein ein principieller Unterschied für die Verwaltung des Generalgouvernements statuirt gegenüber der Verwaltung derjenigen französischen Gebietstheile, die außerdem noch von den deutschen Heeren occupirt wurden.

Die alte Staatsgewalt war damit faktisch beseitigt und das Gleiche ist auch trotz der entgegenstehenden Ansicht der Theoretiker des Völkerrechtes juristisch anzunehmen: kraft des völkerrechtlichen Erwerbsgrundes der debellatio, der Eroberung, war an Stelle der französischen Staatsgewalt zunächst die rein militärische Autorität des Oberbefehlshabers der deutschen Armee getreten,[3] welcher nicht die französische

---

in Pr. Jahrb. XXXIII 269; Bluntschli bei v. Holtzendorff, Jahrb. I 309.

[3] Vgl. die eingehende völkerrechtliche Deduction bei Löning 8 ff., der freilich S. 27 ff. den im Text behaupteten Satz leugnet (ebenso Laband II 121) und bemerkt: „darüber herrscht gegenwärtig keine Verschiedenheit der Ansichten, daß die Staatsgewalt nicht in ihrem ganzen Umfang auf den Occupanten übergegangen ist. Das besetzte Gebiet ist von dem bisherigen Staatsverband weder staatsrechtlich noch völkerrechtlich getrennt; die Einwohner sind Bürger des Staates geblieben, ein Wechsel der Souveränetät hat nicht stattgefunden" ꝛc. Die ganze Ausführung Lönings ist zwar mit der herrschenden Theorie im Einklang, aber trotzdem unhaltbar. Die Staatsgewalt kann nicht in einem Stück ihres „Umfanges" hier, in einem anderen dort sein: entweder es besteht die alte Staatsgewalt während der Occupation vollkommen zu Recht fort oder es ist eine neue Staatsgewalt an deren Stelle getreten: ein Mittelweg ist undenkbar. Das Resultat, zu dem Löning gelangt: „nach der Beendigung der Besetzung werden die Rechte der Staatsgewalt entweder sofort wieder in voller Ausdehnung vom früheren Staatsoberhaupt ausgeübt, oder in einem Friedensschluß an den Sieger übertragen" ist keineswegs für alle Fälle richtig. Entscheidend ist lediglich 1. die Thatsache der Eroberung, debellatio, 2. der auf das Behalten des Landes gerichtete Wille, der animus des Debellanten. Darnach war die deutsche Staatsgewalt

Staatsgewalt, sondern die vier an der Eroberung betheiligten deutschen Staaten: den Norddeutschen Bund, Bayern, Württemberg und Baden staatsrechtlich repräsentirte. Namens des Oberbefehlshabers wurde die Verwaltung unter der Herrschaft der militärischen Occupation von einem Generalgouverneur geführt. Die deutschen Autoritäten ließen von Anbeginn keinen Zweifel darüber bestehen, daß sie das Gebiet des Generalgouvernements als definitiv erobert betrachteten. Der General-

---

im Elsaß am 14. August in aller Form Rechtens constituirt. Der Satz Lönings S. 29: „das gesammte übrige öffentliche Recht (ausgenommen die Staatsverfassung und die Ausführungsgesetze hiezu) dagegen und das Privatrecht bleiben in Gültigkeit" ist gleichfalls unhaltbar, übrigens von Löning selbst sub Ziff. 2 u. 4 widerlegt; das bisherige Recht bleibt nur soweit in Kraft, als der Occupant kraft der ihm zustehenden „höchsten" (Löning a. a. O.) das ist aber Staatsgewalt dies zuzulassen für gut findet. Die Wahlen zu der Nationalversammlung zu Bordeaux hätte die deutsche Regierung in Elsaß-Lothringen nicht zu gestatten gebraucht; daß sie es that, hatte gute politische Gründe. Uebrigens muß an dieser Stelle auf eine Widerlegung aller von Löning für seine These vorgebrachten Gründe verzichtet werden. Ebenso wie Löning Bluntschli bei v. Holtzendorff, Jahrb. I 307 ff.; derselbe: Völkerrecht 560 ff. Bluntschli sagt jedoch über unsere Frage: „wenn die Absicht das Land zu behalten mit der Macht verbunden ist, derselben eine dauernde Wirkung zu verschaffen und das thatsächliche Verhältniß für die Dauer als ein nothwendiges zur Anerkennung zu bringen, d. h. in ein Rechtsverhältniß umzugestalten, dann zeigt sich eine neue Rechtsbildung, ein werdendes Recht. welches während des Werdens ebenso geschützt werden kann wie das ungeborene Kind im Mutterleibe mit Rücksicht auf die wahrscheinliche Geburt einer Person". Darin liegt, wenn auch sehr verclausulirt und durch eine unpassende privatrechtliche Analogie verunziert, doch der richtige Gedanke so wie er im Text formulirt ist. Vgl. aber dann wieder die widersprechende Ausführung a. a. O. S. 338.

gouverneur erklärte in der Proklamation, mit welcher er die Regierung antrat, daß „die kaiserlich französische Staatsgewalt außer Wirksamkeit gesetzt und die Autorität der deutschen Mächte an deren Stelle getreten sei“.[4]

Die materiellen Normen dieser zwar provisorischen aber nichts desto weniger juristisch vollkommen perfecten Herrschaft bildete vorerst die beibehaltene frühere Gesetzgebung des eroberten Landes, die französische; dieselbe wurde nur soweit außer Kraft gesetzt, als dies unbedingt nothwendig erschien;[5] soweit letzteres der Fall war, vollzog sich die neue Rechtsbildung ganz in den Formen der militärischen Dictatur. Die Instruction v. 21. August 1870, nach welcher der Generalgouverneur das Regiment führte, wurde nicht publicirt.[6]

Alle vom Generalgouverneur erlassenen Anordnungen sind in ihrer Rechtskraft vollkommen unanfechtbar: wäre es dem französischen Staat gelungen, die deutsche Eroberung jener Länder wieder aufzuheben, so wären nach völkerrechtlichen Grundsätzen jure postliminii[7] die deutschen Gesetze und Verordnungen von selbst wieder außer Kraft getreten; nachdem aber der Frankfurter Friede v. 10. Mai 1871 den provisorischen Rechtstitel in einen definitiven verwandelt hatte, war vom 14. August 1870 bis auf den heutigen Tag

---

[4] Löning 7.

[5] Löning 189 ff.; die Ausführung Lönings an dieser Stelle, ob die von der Regierung der nationalen Vertheidigung erlassenen Gesetze in den occupirten Gebieten Rechtskraft gewonnen haben, ist vollkommen zutreffend; vgl. auch Laband II 122. Mitscher in Pr. Jahrb. XXXIII 377; Richthofen bei Hirth Ann. 1874 521.

[6] Löning 7[2].

[7] Heffter, VR. (7) §§. 187, 188; Löning 37 ff.; Bluntschli §. 728.

eine ununterbrochene und unanfechtbare Continuität des deutschen Rechtes[8] gewonnen; nur die Formen, in welchen das Recht sich bildete, waren verschieden, für das Recht selbst aber und seine verbindende Kraft war es irrelevant, ob dasselbe in der Form des militärischen Befehls oder der kaiserlichen Verordnung oder des constitutionellen Gesetzes entstand.

An die Stelle des Rechtstitels der Eroberung trat am 26. Februar 1871 der Präliminarfriede von Versailles und am 10. Mai 1871 (RGB. 215) der definitive Friede von Frankfurt, welcher bestimmte: „l'Empire Allemand possèdera ces territoires à perpétuité en toute souveraineté et propriété". Durch den ersten Artikel des Friedensinstrumentes trat die französische Staatsgewalt formell das in Zusatz-Artikel III näher circumscribirte Gebiet (eine Abänderung erfolgte weiterhin noch durch Staatsvertrag v. 12. Oct. 1871 a. 10, RGB. 363) an das deutsche Reich ab. Der Rechtsnachfolger des französischen Staates in dem cedirten Gebiete war nur das deutsche Reich. Der „Beitritt der süddeutschen Staaten" zu den Friedensverträgen, der ausdrücklich erklärt wurde (RGB. 222, 238), ist juristisch ohne Bedeutung, da bereits vom 1. Januar 1871 ab das deutsche Reich als Gesammtstaat constituirt war, die Minister der süddeutschen Staaten demnach juristisch nur als Vertreter des deutschen Reiches in Betracht kommen konnten.[9]

Die staatsrechtliche Bedeutung des Frankfurter Friedens für Elsaß-Lothringen ist nicht die, daß dadurch das deutsche Reich überhaupt erst ein juristisches Recht auf Elsaß-Lothringen

[8] A. A. Laband II 123. | [9] Vgl. auch Laband I 52[2].

erworben hätte; die Abtretung dieser Lande war vielmehr nicht nur faktisch bereits durchgeführt, sondern sie war auch rechtlich vollkommen perfekt; durch den Frankfurter Frieden trat nur an Stelle des seiner Natur nach unsicheren — „völkerrechtlichen“ — Erwerbstitels der kriegerischen Eroberung der sichere staatsrechtliche Erwerbstitel friedlicher Cession.[10] An der Legitimität des deutschen Rechtes und der deutschen Verwaltung in Elsaß-Lothringen fehlte auch v. 14. August 1870 bis 10. Mai 1871 kein Titelchen.

II. Elsaß-Lothringen unter kaiserlichem Regiment.
(28. Juni 1871 — 1. Januar 1874.)

Formelle Anerkennung durch die gesetzgebenden Faktoren des Deutschen Reiches fand die Abtretung von Elsaß-Lothringen an das Reich durch das Reichsgesetz v. 9. Juni 1871 (RGB. 212 in Kraft getreten am 28. Juni, da das betr. Stück des RGB. am 14. in Berlin ausgegeben wurde). Die juristische Bedeutung dieses Gesetzes liegt jedoch nicht sowohl in der Einverleibung der abgetretenen Gebiete in das Reich, als in der Neuordnung der elsaß-lothringischen Staatsgewalt.[11] Auch nach der definitiven Einverleibung

---

[10] A. A. Löning 181; Laband §. 6.

[11] Man kann nicht mit Laband I §. 6 sagen, der Friedensvertrag sei der völkerrechtliche, das G. v. 9. Juni 1871 der staatsrechtliche Erwerbstitel des Reiches für Elsaß-Lothringen gewesen. Staatsrechtlicher Erwerbstitel war einzig und allein der Friedensvertrag, bezw. die vorherige Eroberung. Dies sagt übrigens Laband I S. 582 Note 1 selbst. Das Gesetz v. 9. Juni 1871 bezog sich staatsrechtlich gar nicht auf den Titel des Erwerbes (§. 1 ist juristisch gegenstandslos), sondern auf die Organisation des erworbenen Gebietes. Die staatsrechtlich erforderliche Mitwirkung des Reichstages zur Incorporation von E.-L. lag lediglich in der Zustimmung desselben zum Frie-

von Elsaß-Lothringen in das deutsche Reich durch den Frankfurter Frieden war nämlich die Staatsgewalt in dem neu erworbenen Gebiete zunächst in der Form militärischer Dictatur weitergeführt worden. Vom 28. Juni 1871 ab aber trat an Stelle der bisherigen Militärgewalt eine feste staatsrechtliche Organisation durch den in §. 3 des Gesetzes fixirten Grundsatz: „die Staatsgewalt in Elsaß-Lothringen übt der Kaiser aus." Damit hatte die militärisch-staatsrechtliche Plenipotenz des Generalgouverneurs ihr Ende gefunden.

Der Kaiser wurde als Träger der deutschen Staatsgewalt in und über Elsaß-Lothringen durch die gesetzgebenden Factoren des deutschen Reiches delegirt.

Nicht kraft seiner Eigenschaft als Kaiser führt der König von Preußen bis zur Stunde das Staatsruder in Elsaß-Lothringen, sondern kraft des Rechtes, das ihm vom Reiche durch das alleg. Gesetz übertragen wurde.[12] Die Rechtsbildung in dem neu gewonnenen Gebiete sollte zunächst nicht wie sonst im Reiche in der constitutionellen Form sondern nach der Weise des absoluten Staates sich vollziehen. Der Kaiser als Gesetzgeber[13] für das Reichsland wurde jedoch hinsichtlich des Inhaltes der Gesetze an die Zustimmung des Bundesrathes als des Organes der verbündeten Regierungen ge-

densvertrag. Sobald der letztere deutsches Recht geworden war, war damit ipso jure die Incorporation des Reichslandes in das Reich definitiv erfolgt und damit zugleich die Reichsverfassung in der erforderlichen Weise abgeändert. Der Friedensvertrag hätte allerdings dem Reichstag nicht zur „Kenntnißnahme", sondern zur „Genehmigung" vorgelegt werden sollen. Vgl. hiezu auch E. Meier, Abschluß von Staatsverträgen 307 ff.

[12] Eine interessante strafrechtliche Consequenz dieses Satzes merkt Laband I 584[1] an.

[13] Laband II 127 f.

bunden und in zwei Fällen sollte auch der Reichstag mitwirken, nämlich 1. bei der Aufnahme von Anleihen, 2. bei der Uebernahme von Garantieen für Elsaß-Lothringen zu Lasten des Reiches.[14] Die Sanction aber war ein Recht des Kaisers; dieselbe konnte demgemäß trotz der Zustimmung des Bundesrathes zu dem Inhalt vom Kaiser versagt werden, ein Recht, welches der Kaiser sonst bei Reichsgesetzen nicht hat (vgl. oben §. 7 S. 115). Außerdem sollte dem Reichstag „über die erlassenen Gesetze und allgemeinen Anordnungen und über den Fortgang der Verwaltung" jährlich Mittheilung gemacht werden. Der Bundesrath hatte seit dem 28. Mai 1871 einen ständigen Ausschuß für Elsaß-Lothringen gebildet; ferner wurde im Reichskanzleramt eine besondere Abtheilung als Centralverwaltungsstelle für Elsaß-Lothringen als elsaß-lothringisches Ministerium errichtet. Zur Publication der auf das Reichsland bezüglichen Gesetze wurde durch Ges. v. 3. Juli 1871 ein specielles elsaß-lothringisches Landes-Gesetzblatt geschaffen. Reichsgesetze, die auf Grund der RV. erlassen waren, mußten in dieser Periode, da letztere für Elsaß-Lothringen noch nicht galt, erst besonders für das Reichsland als Gesetze nach Maßgabe der hiefür durch das G. v. 9. Juni 1871 vorgeschriebenen Form erlassen werden, sonst gewannen sie daselbst überhaupt keine Rechtskraft; solche Reichsgesetze konnten Mangels der Geltung der RV. in Elsaß-Lothringen ferner auf dem durch das G. v. 9. Juni 1871 bezeichneten Wege mit voller Rechtskraft abgeändert oder aufgehoben werden.[15]

---

[14] Laband II 126.

[15] Sehr eingehend handelt über die Formen der Rechtsbildung in dieser Periode Laband II §. 62 II. Die ganze höchst complicirte Frage hat dermalen in der Hauptsache nur noch historische Bedeutung.

III. Elsaß-Lothringen unter der unmittelbaren Herrschaft der Reichsverfassung (1. Januar 1874 bis 2. Mai 1877).

Nach §. 2 des Ges. v. 9. Juni 1871 sollte die Reichsverfassung mit dem 1. Januar 1873 in Elsaß-Lothringen in Kraft treten, jedoch mit folgenden Modificationen: 1. daß a. 3 der Verfassung „sofort" (also vom 28. Juni 1871 ab) in Kraft trat, 2. daß einzelne Theile der Verfassung schon vor jenem Termine durch kaiserl. Verordnung mit Zustimmung des Bundesrathes sollten eingeführt werden dürfen. Von dieser Befugniß wurde Gebrauch gemacht in Beziehung auf die nachfolgenden Materien:

1. RV. a. 33 wurde durch Kais. V. v. 17. Juli 1871 (RGB. 325 dazu Vollz. V. v. 19. u. 30. Aug. 1871, RGB. 326, 329) eingeführt und dadurch Elsaß-Lothringen v. 1. Januar 1872 ab dem deutschen Zollgebiete einverleibt.
2. RV. Absch. VIII, das Post- und Telegraphenwesen betr., ebenfalls v. 1. Januar 1872 ab (K. V. v. 14. Oct. 1871, RGB. S. 443).
3. RV. Absch. VII, das Eisenbahnwesen betr., ebenso v. 1. Januar 1872 ab (K. V. v. 11. Dec. 1871, RGB. S. 444).

Ferner wurden eingeführt:

4. RV. a. 57, 59, 61, 63, 65, das Reichskriegswesen betr., sowie das G. v. 9. Nov. 1867 über die Verpflichtung zum Kriegsdienst (K. V. v. 23. Januar 1872, RGB. S. 31).

Ueberdies wurden noch an Reichsgesetzen speciell in Elsaß-Lothringen in Kraft gesetzt: das Ges. über Rechtshilfe v. 21. Juni 1869 (G. v. 11. Dec. 1871, RGB. S. 445), über

Maßregeln gegen die Rinderpest v. 7. April 1869 (G. v. 11. Dec. 1871, RGB. S. 471), über Beschränkungen des Grundeigenthums in der Umgebung von Festungen v. 21. Dec. 1871 (G. v. 21. Februar 1872, RGB. S. 56), §. 29 der Gewerbeordnung v. 21. Juni 1869 (G. v. 15. Juli 1872, RGB. S. 350 nebst Vollz. V. v. 19. Juli 1872, ibid. S. 351), über das Urheberrecht an Schriftwerken u. s. w. v. 11. Juni 1870 (G. v. 27. Januar 1873, RGB. S. 42).

Ferner wurde durch G. v. 14. Juni 1871 (RGB. S. 315) das Reichsoberhandelsgericht als oberster Gerichtshof für Elsaß-Lothringen an Stelle des Cassationshofes zu Paris eingesetzt.

Der in §. 2 des G. v. 9. Juni 1871 fixirte Termin für Einführung der RV. in Elsaß-Lothringen wurde durch G. v. 20. Juni 1872 (RGB. S. 208) auf den 1. Januar 1874 verlegt; durch G. v. 24. Juni 1873 (RGB. S. 161) wurde dieser Termin bestätigt[16] und zugleich bestimmt, einmal daß Elsaß-Lothringen dem in RV. a. 1 bezeichneten Bundesgebiete hinzutrete (Einf.-Ges. §. 2), ferner daß das Reichsland 15 Vertreter zum Reichstage (§. 8) nach dem Wahlgesetz v. 31. Mai 1869 (§. 6), das zugleich für das Reichsland eingeführt wurde, zu wählen habe; die Abgrenzung der Wahlkreise erfolgte durch V. d. BR. v. 1. Dec. 1873 (RGB. S. 373) und die erste Wahl selbst wurde durch kaiserl. Ver. v. 19. Dec. 1873 (RGB. S. 380) auf den 1. Febr. 1874 anberaumt; endlich bestimmte das Einf.-Ges., daß Elsaß-Lothringen von der Reichsgesetzgebung über die Biersteuer frei und dieselbe „bis auf weiteres“ der „inneren Gesetzge-

[16] Ueber das Verfassungsänderungsgesetz v. 20. Dec. 1873 und das hiebei bezüglich Elsaß-Lothringens erfolgte Versehen s. Laband I 54[7].

bung" „vorbehalten" (§. 4), ebenso daß der Octroi zunächst in bisheriger Weise aufrecht erhalten bleibe (§. 5).

Indem mit dem 1. Februar 1874 die Reichsverfassung in Elsaß-Lothringen in Kraft trat, änderte sich abermals die Form der Entstehung elsaß-lothringischen Rechtes. Wie die Militärdictatur durch die kaiserliche Dictatur, so wurde nunmehr die letztere abgelöst durch die Formen des constitutionellen deutschen Reichsstaatsrechtes.

Es trat nunmehr das eigenthümliche Verhältniß ein, daß die gesetzgebenden Factoren des Reiches, Bundesrath und Reichstag, neben der Centralgesetzgebung für das ganze Reich noch die Partikulargesetzgebung für einen einzelnen Bestandtheil des Reiches auszuüben hatten; daß die Formen für die Entstehung des Reichsrechtes zugleich die Formen für die Entstehung elsaß-lothringischen Landesrechtes waren. Während in der vorigen Entwickelungsperiode (II) Reichsrecht und elsaß-lothringisches Landesrecht zwar materiell übereinstimmend sein konnten, staatsrechtlich aber sich an keinem Punkte deckten und dennoch das elsaß-lothringische Landesrecht gleichfalls Reichsrecht war,[17] fallen in dieser Periode beide Sphären vollständig zusammen.

Die in diesem Verhältniß liegende Anomalie springt in die Augen: für 25 territorial begrenzte Theile des Reiches existirte neben der centralen Rechtsbildung des Reiches noch eine partikulare Rechtsbildung der Einzelstaaten. Elsaß-Lothringen war ebenfalls territorialer Bestandtheil des Reiches und deßhalb der centralen Rechtsbildung des Reiches jetzt nach Einführung der Reichsverfassung unterworfen, soweit dieselbe reichte; diese Rechtsbildung aber beruhte durchaus

[17] Vgl. die vorzüglich scharfe Deduction von Laband II 135 ff.

auf dem Principe, daß ein Rechtssatz des Reichsrechtes nur entstehen könne durch das Zusammenwirken der im Reiche zusammengefaßten Einzelstaaten: diese letzteren waren und sind einer centralen Rechtsbildung unterworfen, deren Träger sie selbst sind (s. oben §. 4). Anders bei Elsaß-Lothringen. Dieser Bestandtheil des Reiches war nach Einführung der Verfassung der centralen Rechtsbildung zunächst ganz in gleicher Weise unterworfen wie die Einzelstaaten, aber ohne zugleich Mitträger derselben zu sein; während die Einzelstaaten in einem passiven und in einem aktiven Verhältnisse zum Reiche stehen, war das Verhältniß Elsaß-Lothringes zum Reiche und ist bis zur Stunde nur ein passives (vgl. auch unten §. 24).

Noch anomaler aber als bezüglich der centralen Rechtsbildung war das Verhältniß nach Einführung der Reichsverfassung für Elsaß-Lothringen bezüglich der partikularen Rechtsbildung. Die letztere beruht in den deutschen Einzelstaaten durchweg auf dem Principe: Sanction (Ertheilung des Rechtsbefehles) durch den Träger der Souveränetät, Feststellung des Inhaltes der Rechtssätze durch das Zusammenwirken von Staatsregierung und Volksvertretung nach Maßgabe der constitutionellen Principien. In Elsaß-Lothringen aber waren nach Einführung der Reichsverfassung die Träger der partikularen Rechtsbildung nicht Landesregierung und Landesvertretung, sondern Reichsregierung und Reichsparlament, jedoch mit der Modification, daß die Sanction des Landesrechtes nicht, wie dies sonst für das Reichsrecht principiell angenommen werden muß, durch den Bundesrath als den Repräsentanten der Reichssouveränetät erfolgte (s. oben §. 7), sondern durch den Kaiser als den delegirten Vertreter des Souveräns in Ausübung der elsaß-lothringischen Landesstaatsgewalt; der Bundesrath trat somit in dieser Periode für das elsaß-lothringische Landesrecht ganz in die Stellung eines Oberhauses, einer Pairskammer, und hatte nur die nämlichen Rechte wie der Reichstag.[18]

Nach dem Princip mußte in dieser Periode alles elsaß-lothringische Landesrecht, soweit es durch die obersten Factoren der Reichsgewalt erging, im Reichsgesetzblatt (RV. a. 2) publicirt werden; dies geschah jedoch nicht, vielmehr wurde in Widerspruch mit dem Princip zu jenem Zwecke das elsaß-lothringische Landesgesetzblatt verwendet.[19]

Außerdem war noch durch §. 8 des Ges. v. 25. Juni 1873 dem Kaiser das Recht beigelegt worden, auch nach Einführung der RV. „bis zu anderweiter gesetzlicher Regelung“ Verordnungen mit Gesetzeskraft zu erlassen, jedoch unter nachfolgenden beiden Voraussetzungen: 1. daß der Bundesrath zuvor zugestimmt habe, 2. daß der Reichstag nicht versammelt sei. Sachlich ferner war die Competenz zu solchen „Nothstandsverordnungen“ nach folgenden Richtungen beschränkt: dieselben durften 1. weder die Verfassung noch 2. die in Elsaß-Lothringen in Kraft stehenden Reichsge-

---

[18] A. A. Laband II 144, der zwar eine Sanction der elsaß-lothr. Landesgesetze durch den Kaiser auf Grund der Gesetze v. 9. Juni 1871 und 2. Mai 1877 behauptet, dagegen die Sanction auf Grund d. G. v. 25. Juni 1873 dem Bundesrath vindicirt. Sanction der Gesetze ist der höchste Akt der Staatsgewalt, die Staatsgewalt aber übt in Elsaß-Lothringen der Kaiser und daran wurde auch durch Einführung der RV. nichts geändert; demgemäß stand auch in dieser Periode das Sanctionsrecht dem Kaiser zu.

[19] Vgl. hierüber Laband II 145 f.

setze[20] ändern, noch 3. sich auf Anleihen und Garantieen zu Lasten des Reichslandes beziehen. Dagegen ist ein eigentlicher „Nothstand“ nicht Voraussetzung dieses kaiserlichen Verordnungsrechtes. Endlich schrieb das Gesetz vor, daß solche Nothstandsverordnungen dem Reichstag sofort bei seinem Wiederzusammentritt vorzulegen seien und außer Kraft treten sollten, wenn der Reichstag denselben seine Genehmigung versagt; sie galten demnach bei ihrem Erlaß als resolutiv bedingt erlassen.[21]

IV. Elsaß-Lothringen in den Anfängen selbständiger Constituirung („Landesgesetzgebung“).

Eine principielle Neuordnung des elsaß-lothringischen Landesstaatsrechtes enthält dann weiter das Ges. v. 2. Mai 1877 (RGB. S. 491).

1. Nach diesem Gesetze wird zwar einerseits die Möglichkeit aufrecht erhalten, daß elsaß-lothringische Landesgesetze auf dem bisherigen Wege, nämlich durch die Reichsgesetzgebung, gegeben werden; Aenderung oder Aufhebung solcher Gesetze kann selbstverständlich nur auf dem Wege der Reichsgesetzgebung erfolgen (§. 2).[22] Ein Unterschied gegenüber der

[20] Ob darunter nur die wirklichen Reichsgesetze oder auch die bis 1. Januar 1874 in Form von Reichsgesetzen ergangenen Landesgesetze (s. oben) zu verstehen, ist zweifelhaft. Laband II 148 entscheidet sich auf Grund der Motive für letztere, Meyer 427 für erstere Ansicht.

[21] Laband II 149.

[22] Daß nur auf dem Weg des Reichsgesetzes auch für die vor dem Mai 1877 auf Grund der Gesetze v. 9. Juni 1871 und 25. Juni 1873 ergangenen Landesgesetze eine Aenderung möglich sei, führt Laband II 147 aus: „was im Wege der Reichsgesetzgebung erlassen ist, kann nicht im Wege der Landesgesetzgebung aufgehoben oder verändert werden, weil ein Gesetz des Reiches nicht durch einen Willensakt seines Delegaten aufgehoben werden kann“.

übrigen Reichsgesetzgebung besteht nur insofern, als für elsaß-lothringische Partikulargesetze, auch wenn sie in der Form des Reichsgesetzes ergehen, der Kaiser das Sanctionsrecht mit den daran geknüpften Rechtsfolgen (s. oben §. 7 III) hat.

2. Ferner bleibt das Nothverordnungsrecht des Kaisers nach Maßgabe von §. 8 des G. v. 25. Juni 1873 in Kraft (s. oben IV).

3. Daneben aber wird ein zweiter Weg der Gesetzgebung als gleichberechtigt mit der Reichsgesetzgebung gestattet (und nach Lage der thatsächlichen Verhältnisse mußte dieser zweite Weg in Kurzem nothwendig der Hauptweg werden): es wurde nämlich eine Landesgesetzgebung durch den Kaiser mit Zustimmung 1. des Bundesrathes und 2. des Landesausschusses eingerichtet. Dieser letztere war bereits durch kaiserl. Ver. v. 29. October 1874 (RGB. 1877 S. 492) errichtet worden, „um den Wünschen entgegenzukommen, welche von Vertretern der Interessen des Reichslandes auf den Bezirkstagen kundgegeben worden sind, und von der Absicht geleitet, die Verwaltung bei der Vorbereitung der Landesgesetze durch die Erfahrung und Sachkunde von Männern berathen zu sehen, welche durch das Vertrauen ihrer Mitbürger ausgezeichnet sind“, wie der kaiserliche Erlaß besagte. Derselbe wurde gebildet auf der Basis der elsaß-lothringischen Bezirkstage,[23] deren jeder 10 Mitglieder und 3 Stellvertreter in geheimer Wahl mit einfacher Stimmenmehrheit auf 3 Jahre für den Landesausschuß zu ernennen hatte. Mitgliedschaft am Bezirkstag ist unbedingte Voraussetzung für die Mitgliedschaft am Landesausschuß. Die

[23] S. über dieselben Mitscher in Preuß. Jahrb. XXXIV 477 ff.

Regierung wurde vertreten durch den Oberpräsidenten und dessen Commissarien, die die Vorlagen einzubringen hatten und jeder Zeit im Plenum und in den Commissionen das Wort ergreifen konnten. Ort und Zeit der Sitzungen zu bestimmen, blieb kaiserlicher Anordnung vorbehalten, die Sitzungen sollten geheim sein. Präsidium und Geschäftsordnung sich zu geben, wurde dem Landesausschuß selbst überlassen.

Dieser Landesausschuß erhielt zunächst durch die Ver. v. 29. Oct. 1874 nur eine berathende Competenz. Zur „gutachtlichen Berathung“ sollten diesem Landesausschuß vorgelegt werden: 1. der Landeshaushaltsetat, 2. alle Gesetzentwürfe über Materien, die nicht durch die Reichsverfassung der Reichsgesetzgebung vorbehalten sind, 3. facultativ „Verwaltungsmaßregeln allgemeiner Bedeutung, welche nach der bestehenden Gesetzgebung nicht der Berathung oder Beschlußfassung der Bezirkstage unterliegen“. Das gutachtliche Votum des Landesausschusses sollte in beglaubigter Ausfertigung die Beschlüsse der Plenarversammlung, deren Begründung und die in der Minderheit gebliebenen Ansichten enthalten.

Dieser Landesausschuß erhielt durch das G. v. 2. Mai 1877 eine beschließende Competenz und trat als Factor der Landesgesetzgebung an Stelle des Reichstages (§. 1) bezw. demselben als gleichberechtigt zur Seite. Die Sanction der auf diesem Wege inhaltlich festgestellten Gesetze ist aber Sache des Kaisers, die Publication erfolgt im elsaß-lothringischen Landesgesetzblatt.[24] Eine Abänderung der so erlassenen Gesetze ist auf dem nämlichen Wege möglich, auf welchem sie entstanden (§. 2 per argum. e contr.).

Ferner sollte die Entlastung bezüglich der Rechnungen

[24] Vgl. jedoch Laband II 145.

für den Landeshaushaltsetat künftig neben dem Bundesrath durch den Landesausschuß ertheilt werden, jedoch mit der Modification, daß die etwa vom Landesausschuß verweigerte Entlastung an dessen Stelle durch den Reichstag mit Rechtskraft ertheilt werden könne (§. 3). Im übrigen (also insbesondere hinsichtlich der Zusammensetzung des Landesausschusses) verblieb die V. v. 29. Oct. 1874 in Kraft (§. 4).

§. 23.

Das geltende elsaß-lothringische Staatsrecht

(G. v. 4. Juli 1879, RGB. 165).[1]

Eine durchgreifende Aenderung erfuhr die staatsrechtliche Organisation Elsaß-Lothringens endlich durch das hochwichtige Gesetz v. 4. Juli 1879 (RGB. 165); dasselbe trat kraft kaiserl. Verordnung v. 23. Juli 1879 (RGB. 281) mit dem 1. October 1879 in Kraft und unterm gleichen Datum erging eine zweite kaiserliche Verordnung (RGB. 282), den Uebergang landesherrlicher Befugnisse auf den kaiserlichen Statthalter betreffend.

Die Factoren der elsaß-lothringischen Staatsgewalt sind nach dem G. v. 4. Juli 1879 folgende:

I. Der Kaiser.

An dem Princip des G. v. 28. Juni 1871, daß der Kaiser Namens des Reiches d. i. der Einheit der verbündeten Regierungen (s. oben §. 4) die elsaß-lothringische Staatsgewalt auszuüben habe, ändert auch die neueste Gesetzgebung

[1] Sten. Ber. d. Reichstags 1879 1616 ff., 1737 ff., 1770 ff., dazu Anlagen 1532 ff. Behufs Durchführung des Hauptgesetzes wurde unterm 5. Juli 1879 noch ein Nachtragsgesetz zum Reichshaushaltsetat erlassen (RGB. 169).

nichts. Demgemäß sanctionirt der Kaiser insbesondre die elsaß-lothringischen Landesgesetze und hat folglich auch das Recht, denselben trotz Zustimmung von Bundesrath und Reichstag bezw. Landesausschuß seine Zustimmung zu versagen. Für alle Anordnungen und Verfügungen des Kaisers ist aber nach dem Princip von RV. a. 17 Contrasignatur verfassungsmäßige Vorschrift. Das durch §. 8 des G. v. 25. Juni 1873 constituirte Nothverordnungsrecht des Kaisers ist, da hierüber eine „anderweitige gesetzliche Regelung“ bis jetzt nicht getroffen wurde, als fortbestehend zu erachten. Daraus ergibt sich allerdings die sonderbare Consequenz, daß der Kaiser durch eine Verordnung ein unter Zustimmung des Landesausschusses erlassenes Gesetz abändern kann, wenn nur der Reichstag nicht versammelt ist.[2] Der Bundesrath ist an der Ausübung der elsaß-lothringischen Staatsgewalt im allgemeinen nicht betheiligt: die Präsumtion spricht bei allen landesherrlichen Befugnissen für den Kaiser.

II. Der Statthalter des Kaisers (§§. 1, 2).

Der Kaiser kann sich durch einen Statthalter vertreten lassen, welcher in Straßburg residirt. Der Statthalter wird vom Kaiser ernannt und abberufen: die betreffenden Verfügungen sind vom Reichskanzler zu contrasigniren. Der Kaiser hat von der ihm durch das Gesetz ertheilten Facultät Gebrauch gemacht und einen Statthalter ernannt.

Der Statthalter tritt:

1. An Stelle des Kaisers.

Die dem Kaiser ertheilte gesetzliche Vollmacht, dem Statthalter landesherrliche Befugnisse zu übertragen, fand

---

[2] S. Laband II 150 f.

ihren Vollzug durch die kaiserl. V. v. 23. Juli 1879. Die hier vom Kaiser, dem Delegaten des Reiches, vorgenommene Subdelegation lautet auf den Namen des Feldmarschalls von Manteuffel, sie ist somit keine sachliche, auf den jeweiligen Statthalter bezogene, sondern rein persönlich. Der Kaiser überträgt dem Genannten nicht alle landesherrlichen Befugnisse, sondern nur ganz bestimmt bezeichnete Kategorieen derselben. Nach Ausweis der Verhandlungen im Reichstag handelt es sich hauptsächlich um solche Funktionen, welche nach französischem Staatsrecht der Specialdecretur des Monarchen vorbehalten waren, nach deutschem Staatsrecht aber regelmäßig den Ministerien zustehen. Die Ausübung dieser Funktionen fällt im Falle der Behinderung des Statthalters wieder an den Kaiser zurück.

Die in Betracht kommenden Befugnisse lassen sich folgendermaßen gruppiren: a) Erlaß von Verordnungen über die verschiedensten, speciell aufgeführten Gegenstände der Landesverwaltung, b) Nachlaß von Geldstrafen und Gewährung der Rehabilitation, sowie verschiedene andere fiscalische Befugnisse, c) Ernennung bezw. Bestätigung gewisser Beamtenkategorieen.

Für die Ausübung dieser landesherrlichen Funktionen ist der Statthalter unverantwortlich. „Aus dem Wesen der Delegation folgt, daß der Statthalter für die von ihm in Vertretung des Staatsoberhauptes vollzogenen Regierungsakte nur seinem Machtgeber, im übrigen aber gleich diesem nicht verantwortlich sein kann.“ (Motive, Sten. Ber. 1533.) Damit ist also neben dem Kaiser noch ein zweites unverantwortliches — wenn auch nur in bestimmt begrenztem Umfange — Organ in das Reichsstaatsrecht eingeführt.

Die Contrasignatur dieser landesherrlichen Anordnungen

des Statthalters hat vielmehr der Staatssecretär des elsaß-lothringischen Landesministeriums zu bethätigen und damit die parlamentarische Verantwortlichkeit zu übernehmen (§. 4[1]). Diese Verantwortlichkeit ist gegenüber dem früheren Reichsstaatsrecht vollständig neu: sie leitet sich nicht aus RV. a. 17 bezw. dem hiezu ergangenen Stellvertretungsgesetz ab; sie ist keine aus dem Reichskanzler fließende, sondern eine in Reichssachen neben der allgemeinen Verantwortlichkeit des Reichskanzlers und unter Ausschluß dieser letzteren neu constituirte Specialverantwortlichkeit. Der Reichskanzler hat demnach auch keinerlei Befugniß, hinsichtlich der einschlägigen Amtshandlungen selbst einzutreten, Statthalter und Staatssecretär sind vielmehr für diese Sphäre dem Reichskanzler gegenüber vollkommen unabhängig.

2. An Stelle des Oberpräsidenten.[3]

Der frühere Oberpräsident von Elsaß-Lothringen hatte neben der Centralverwaltung des Reichslandes, die jetzt auf das Ministerium übergegangen ist, noch eine Reihe außerordentlicher Vollmachten auf Grund des §. 10 des G. v. 30 Dec. 1871 (GBl. f. E. L. 1872, 49),[4] welche nunmehr auf den Statthalter übertragen wurden (§. 2).

3. An Stelle des Reichskanzlers.

„Auf den Statthalter gehen zugleich die durch Gesetze und Verordnungen dem Reichskanzler in

[3] Ueber die Competenz des früheren Oberpräsidenten vgl. Meyer, Lehrb. §. 139, ferner Motive, Sten. Ber. Anl. 1535.

[4] Vgl. die langen und lebhaften Debatten im Reichstag über diesen „Dictaturparagraphen" Sten. Ber. 1619, 1741, 1745, 1748 u. a. a. O. Juristische Ausbeute bieten diese Debatten wenig.

elsaß-lothringischen Landesangelegenheiten überwiesenen Befugnisse und Obliegenheiten über“ (§. 2).

Das Oberpräsidium und das Reichskanzleramt für Elsaß-Lothringen werden aufgelöst (§. 3); der Reichskanzler tritt in Bezug auf elsaß-lothringische Landesangelegenheiten gänzlich außer Funktion, soweit es sich bei solchen nicht etwa zugleich um allgemeine Reichsangelegenheiten handelt.[5]

„Dieser sub 2. und 3. bezeichnete Uebergang der Befugnisse und Obliegenheiten des Reichskanzlers auf den Statthalter umfaßt auch die constitutionelle Verantwortlichkeit“ (Motive 1534): da die Funktionen des Oberpräsidenten nach dieser Richtung staatsrechtlich Funktionen des Reichskanzlers waren, so folgt daraus: für die sub 2. und 3. bezeichneten Funktionen ist der Statthalter dem Reichstag verantwortlich.[6] Diese Verantwortlichkeit ist eine durchaus selbständige, nicht aus RV. a. 17 fließende, sondern neben dieser Vorschrift neu constitituirte: der Statthalter ist nicht Stellvertreter des Reichskanzlers für Elsaß-Lothringen, sondern er ist selbst Reichskanzler für diesen besonderen Theil der Reichsangelegenheiten. Der Reichskanzler hat demnach nicht die Möglichkeit, in die Competenz des Statthalters einzugreifen durch Vornahme von Amtshandlungen, wie er

[5] Abg. Windthorst: „der Reichskanzler hat in Bezug auf Elsaß-Lothringen keine anderen Befugnisse, als diejenigen, welche ihm in Ausübung der Reichsfunktionen rücksichtlich jedes anderen deutschen Landes zustehen und außerdem die Contrasignatur der Ernennung des Statthalters und der etwaigen Abberufung desselben“ (Sten. Ber. 1771).

[6] Vgl. die präcise Erklärung des Unterstaatssecretärs Herzog auf Anfrage des Abg. Windthorst, Sten. Ber. 1632, 1638; ferner die Rede des Abg. v. Puttkamer-Löwenberg, ibid. 1628 und die Motive Anl. 1532, 1534: „die Obliegenheiten des Reichskanzlers werden von seiner Person gelöst und einem anderen Träger anvertraut“.

dies nach dem G. v. 17. März 1879 für den Bereich der Stellvertretungsämter kann (vgl. oben §. 12).

Der Statthalter seinerseits aber hat im Staatssecretär, dem Vorsitzenden des elsaß-lothringischen Landesministeriums, einen Stellvertreter im Sinne des alleg. Gesetzes zur Seite und zwar kraft des Gesetzes (§. 4[2]), nicht kraft besondes ertheilter Vollmacht, wie diese sonst erforderlich.[7]

Der Staatssecretär trägt somit a) kraft der Contrasignatur die Verantwortlichkeit für die **landesherrlichen** Funktionen des Statthalters, b) kraft der ihm gesetzlich und zwar ganz generell zugewiesenen Stellvertretung die Verantwortlichkeit für alle sonstigen Amtshandlungen des Statthalters. Es liegt also lediglich im freien Belieben des letzteren, die Verantwortlichkeit des Staatssecretärs abzugrenzen und in jedem Falle kann der Statthalter jede in den Bereich der Stellvertretung fallende Angelegenheit selbst vornehmen (§. 4[2]). Wer im einzelnen Falle die Verantwortlichkeit trägt, Statthalter oder Staatssecretär, ergibt sich aus der Unterschrift des betr. Erlasses; der Statthalter kann aber nicht die Verantwortung vor dem Reichstag für einen von ihm unterzeichneten Erlaß dem Staatssecretär zuweisen.

Gegenüber dem Landesausschuß besteht eine Verantwortlichkeit nicht.[8]

III. Das Landesministerium (§. 3).

Die Centralverwaltung für Elsaß-Lothringen, bisher geführt a) vom Oberpräsidium, b) vom Reichskanzleramt für Elsaß-Lothringen, c) vom Reichsjustizamt, geht an ein Lan-

[7] Sten. Ber. 1617.

[8] Sten. Ber. 1748 (Abg. Windthorst).

desministerium über, an dessen Spitze der Staatssecretär steht. Das Ministerium ist nicht collegialisch besetzt, aber in Abtheilungen gegliedert, welche von Unterstaatssecretären geleitet werden; auch dem Staatssecretär kann die Leitung einer Abtheilung übertragen werden (§. 5). Im Uebrigen wurde die Organisation kaiserlicher Verordnung vorbehalten. Auf das Landesministerium geht ferner eine Reihe von Funktionen des Bundesrathes hinsichtlich der Landesbeamten über (§. 8). Vom Ministerium wird ferner das elsaß-lothringische Gesetzblatt herausgegeben (§. 22). Die Unterstaatssecretäre tragen für ihre Ressorts nur die disciplinarische, nicht aber die constitutionelle Verantwortlichkeit; die letztere liegt nur dem Statthalter bezw. Staatssecretär nach den oben dargelegten Grundsätzen ob: daraus folgt, daß diese Träger der Verantwortlichkeit das Recht haben müssen, jederzeit Amtshandlungen im Bereich der einzelnen Ressorts der Unterstaatssecretäre vorzunehmen. Selbständig in dem Sinne z. B. des preußischen Ministerialsystemes sind die elsaß-lothringischen Ressorts demnach nicht.

Der Staatssecretär, die Unterstaatssecretäre und Ministerialräthe werden vom Kaiser ernannt und entlassen, die übrigen höheren Beamten vom Statthalter, die niederen vom Staatssecretär (§. 6 [1]). Staatssecretär und Unterstaatssecretäre können mit Gewährung des gesetzlichen Wartegeldes jederzeit einstweilig in Ruhestand versetzt werden (§. 6 [2] vb. Reichsbeamtenges. §. 25), sie können ferner jederzeit auch ohne eingetretene Dienstunfähigkeit ihre Entlassung erhalten und fordern, Pensionsanspruch existirt nur dann, wenn sie mindestens 2 Jahre das Amt bekleidet haben (§. 6 [2] vb. Reichsbeamtenges. §. 35). Die sämmtlichen Beamten des Ministeriums sind elsaß-lothringische Landesbeamte nach Maßgabe des G. v. 23. Dec. 1873 (GB. f. E.-L. 479), (§. 6 [3]).

IV. Vertretung im Bundesrath (§. 7).

Dem Statthalter ist gestattet, „zur Vertretung der Vorlagen aus dem Bereiche der Landesgesetzgebung, sowie der Interessen Elsaß-Lothringens bei der Reichsgesetzgebung“ Commissarien in den Bundesrath zu entsenden; die Zahl derselben ist nicht bestimmt; die Vertreter Elsaß-Lothringens haben nur berathende, nicht beschließende Stimme; ihre Instructionen empfangen sie vom Statthalter. Bevollmächtigte zum Bundesrath im technischen Sinne sind die Vertreter Elsaß-Lothringens nicht. Sie haben demnach keinerlei Rechte im und am Bundesrath. Es steht dem letzteren völlig frei, dieselben zu hören und ihr Votum zu berücksichtigen. Nach der Gesch.-O. v. 26. April 1880 §. 4 können die elsaß-lothringischen „Commissare“ an den Berathungen theilnehmen, Anträge stellen, mit Referaten beauftragt werden; die Vorlagen sind ihnen zuzustellen.

V. Der Staatsrath (§§. 9, 10).[9]

Als berathendes Regierungsorgan wurde ferner in die staatsrechtliche Organisation des Reichslandes der Staatsrath eingefügt.

Demselben gehören kraft ihres Amtes an: der Staatssecretär, die Unterstaatssecretäre, der Präsident des Oberlandesgerichtes und der erste Beamte der Staatsanwaltschaft;

---

[9] Vgl. hieher die Rede des Abg. v. Puttkamer-Löwenberg im Reichstag, Sten. Ber. 1630; ferner über den französ. Conseil d'Etat 1758 ff. Vgl. auch v. Stengel: die Uebertragung der Verwaltungsrechtsprechung auf die ordentlichen Gerichte bei Hirth, Ann. 1875, 1321 ff., derselbe: das öffentl. Recht und die Verwaltungsgerichtsbarkeit in Elsaß-Lothringen ebenda 1876 S. 808 ff., 897 ff. Der Staatsrath ist vor kurzem durch die kaiserlichen Ernennungen constituirt worden.

ferner ernennt der Kaiser 8—12 Mitglieder auf je 3 Jahre, der Landesausschuß hat das Recht, dem Kaiser 3 dieser Mitglieder in Vorschlag zu bringen, ohne daß der Kaiser hieran gebunden wäre.

Den Vorsitz im Staatsrath führt der Statthalter, bei Verhinderung desselben der Staatssecretär. Die Geschäftsordnung festzustellen ist dem Kaiser vorbehalten.

Die Funktionen des Staatsrathes sind:

1. Vorberathung und Begutachtung von Gesetzentwürfen, sowie allgemeinen Vollzugsverordnungen;
2. Erledigung der ihm vom Statthalter außerdem vorgelegten Angelegenheiten;
3. Erfüllung der ihm etwa durch die Landesgesetzgebung überwiesenen Angelegenheiten.

Bei 1. handelt es sich um ein definitiv festgestelltes Recht: Gesetze und allgemeine Vollzugsverordnungen müssen dem Staatsrath zur Vorberathung vorgelegt werden, bei 2. um eine dem Statthalter generell ertheilte Facultät, bei 3. um einen Vorbehalt für die Landesgesetzgebung, der bis jetzt eine Ausführung noch nicht gefunden hat.[10]

VI. Der Landesausschuß (§§. 12—21).

Die elsaß-lothringische Volksvertretung, der Landesausschuß, wird durch die neue Gesetzgebung nicht wesentlich bezüglich ihrer Competenz, wohl aber bezüglich ihrer Zusammen-

[10] Das Gesetz behält vor, daß dem Staatsrath „beschließende" Functionen übertragen werden, nach Ausweis der Verhandlungen im Reichstag bezieht sich dies speciell auf die Verwaltungsjurisdiction höchster Instanz, welche vom kaiserlichen Rath an den Staatsrath oder eine Abtheilung desselben übergehen soll. Sten. Ber. S. 1755 (Abg. North), vgl. auch Motive Anl. 1536.

setzung berührt. Der Landesausschuß ist nach wie vor das Organ zur ordentlichen Mitwirkung bei Herstellung der Landesgesetze (§. 21[2]). Während er aber bis jetzt nur aus 30 Mitgliedern bestand, je 10 für Oberelsaß, Unterelsaß und Lothringen, wird nunmehr die Zahl der Mitglieder auf 58 erhöht und zwar sind 34 von den Kreistagen nach Maßgabe der kaiserl. Verordnung v. 29. Oct. 1874 zu ernennen (10 für Oberelsaß, 11 für Lothringen, 13 für Unterelsaß) (§. 12), 4 weitere von den vier großen Städten des Landes Straßburg, Metz, Colmar, Mühlhausen aus der Mitte der Gemeinderäthe, endlich sind 20 Mitglieder von den Landkreisen (§. 13) nach folgendem Wahlmodus auf je 3 Jahre zu wählen:

„Die Wahl in den Kreisen wird derart vorgenommen, daß die Gemeinderäthe aus ihren Mitgliedern, in Gemeinden mit weniger als 1000 Einwohnern einen Wahlmann, in Gemeinden mit über 1000 Einwohnernfür je volle 1000 Einwohner mehr, einen Wahlmann mehr wählen.

Die Wahlmänner jeden Kreises wählen den Abgeordneten desselben.

Die Wahlen der Abgeordneten werden innerhalb vier Wochen nach der Wahl der Wahlmänner vorgenommen. Wählbar zum Abgeordneten ist, wer das aktive Gemeindewahlrecht besitzt und im Bezirke seinen Wohnsitz hat.

Die Wahlen der Wahlmänner und der Abgeordneten geschehen in geheimer Abstimmung auf drei Jahre.

Das Recht des Wahlmannes sowie der von den Gemeinderäthen unmittelbar gewählten Abgeordneten erlischt mit der Mitgliedschaft im Gemeinderath“ (§§. 14, 15).

In Gemeinden mit aufgelöstem oder suspendirtem Gemeinderath ruht das Wahlrecht (§. 16). Die gewählten Mitglieder haben vor dem Eintritt in den Landesausschuß dem

Kaiser Treue zu schwören (§. 18). Der Landesausschuß wird vom Statthalter zu seinen Sitzungen berufen, eine obligatorische Verpflichtung zur Berufung besteht jedoch nicht. Das Recht, den Landesausschuß zu vertagen oder aufzulösen, ist dem Kaiser vorbehalten (§. 19[1]); die Auflösung des Landesausschusses zieht die Auflösung der Bezirkstage nach sich (§. 19[2]); die Neuwahlen zu den Bezirkstagen haben alsdann binnen 3, die zum Landesausschuß binnen 6 Monaten vom Termin der Auflösungsverordnung ab zu erfolgen (§. 19[3]).

Die Competenz des Landesausschusses wurde nur insofern erweitert, als ihm auch das Recht zur Initiative bei Gesetzesvorschlägen sowie das Recht, dem Ministerium Petitionen zu überweisen, eingeräumt wurde (§. 21[3]). Bis jetzt konnte der Landesausschuß nur auf Initiative der Regierung in die Berathung von Gesetzentwürfen eintreten.

Die Mitglieder und Commissare des Ministeriums können jederzeit im Plenum und den Commissionen des Landesausschusses das Wort ergreifen (§. 20).

VII. **Der kaiserliche Rath** (§. 11 vb. G. v. 31. Dec. 1871 §. 8).[11]

Steuerreclamationen, Gemeindewahlen, Streitigkeiten über Benutzung von Gemeindegütern 2c. gehörten nach französischem Recht in erster Instanz vor die conseils de préfecture, an deren Stelle unter der deutschen Verwaltung die Bezirksräthe traten, in zweiter vor den Staatsrath. Die letztere Institution als Verwaltungsgerichtshof II. Instanz wurde vorerst beibehalten und mit den Funktionen desselben das Collegium der Räthe des Oberpräsidiums als „kaiserlicher

[11] Vgl. die Rede des Staatssecretärs Herzog im Reichstag, Sten. Ber. 1758 ff., sowie die oben S. 449[9] bezeichnete Literatur.

Rath" betraut. Nach Auflösung des Oberpräsidiums ist der kaiserliche Rath vorläufig aufrecht erhalten worden und soll aus 10 frei vom Kaiser zu ernennenden Mitgliedern bestehen. Seine Competenz ist durch die Specialgesetzgebung normirt. Die Institution des kaiserlichen Rathes ist jedoch nach der Erklärung des Regierungsvertreters in den Reichstagsverhandlungen nur ein „Nothbehelf", „an dessen Stelle eine andere zweckmäßige Einrichtung zu setzen sein werde".

§. 24.

Reich und Reichsland.[1]

Als Elsaß-Lothringen dem deutschen Reiche einverleibt wurde, verlor es einerseits die Rechtsstellung einer einfachen Provinz, welche das Land im französischen Staatswesen innegehabt hatte und erhielt andererseits doch nicht die Stellung eines autonomen Gliedstaates im deutschen Reiche,[2] der wie die übrigen Gliedstaaten zu seinem Theile Mitträger der Reichssouveränetät gewesen wäre. Elsaß-Lothringen wurde nicht gleichberechtigtes Mitsubjekt der Reichssouveränetät wie die Gliedstaaten, sondern es wurde nur Objekt der Reichssouveränetät, wurde „Reichsland". Nur als solches bildete es in seiner staatsrechtlichen Position ein Analogon zu den Einzelstaaten, indeß alles, was sich auf die Mitträgerschaft der Reichsstaatsgewalt durch die Einzelstaaten bezieht, bei Elsaß-Lothringen wegfiel.

---

[1] Löning 178 ff.; Meyer, Lehrb. §§. 138 ff.; Laband I §§. 54, 55; ferner die anonyme Schrift: Elsaß-Lothringen als kaiserliches Kronland. Köln 1878.

[2] Nur Seydel, Comm. 31 erklärt Elsaß-Lothringen für einen Staat.

Nach dem Princip mußte somit das Reichsland an allen Lasten und Pflichten des Reichsverbandes participiren, ermangelte aber aller Rechte, die dieser Verband den Einzelstaaten als solchen bot. Elsaß-Lothringen theilte mit allen Gliedstaaten das Verhältniß, vom Reich regiert zu werden; es theilte aber nicht mit den übrigen Gliedstaaten das Recht, in verfassungsmäßiger Form selbst mit zu regieren. Und auch in ersterer Beziehung bestand eine Differenz für das Reichsland gegenüber den Gliedstaaten: während bei den letzteren die Sphären der Reichscompetenz, der einzelstaatlichen Selbstverwaltung auf Grundlage von Reichsgesetzen und der einzelstaatlichen Selbstgesetzgebung unterschieden werden müssen (s. oben §. 5), war für letztere im Reichsland kein Raum, da eigene Organe particularer Gesetzgebung nicht vorhanden waren; eine particulare Selbstverwaltung wurde zwar alsbald eingerichtet, aber auch diese verlief sehr viel mehr in die eigene Reichsverwaltung, als dies bezüglich der Einzelstaaten der Fall war.[3]

Die Reichsverfassung sowie die ganze auf Grund derselben ergangene Specialgesetzgebung hat selbständige Staatsgebilde, die als solche an der Bildung des Reichsstaatswillens theilnehmen und die durch eigene Organe zur Durchführung der Reichsgesetzgebung mitwirken können, wo dies als zweckmäßig befunden wird, zur nothwendigen Voraussetzung.[4] Für Elsaß-Lothringen fehlt diese Voraussetzung. Demgemäß konnte es sich bei der Einbeziehung dieser Länder in den staatsrechtlichen Organismus des Reiches nicht darum handeln, die Reichsverfassung einzuführen, sondern vielmehr nur sie für den neuen Bestandtheil des Reiches anzupassen.

---

[3] S. Laband I 587[1].

[4] Vgl. Laband I 578 f.

Die historische Entwickelung hat bewiesen, daß die Organisation, die man im Anfange dem Reichsland gegeben hatte, nicht haltbar war: die Verhältnisse des letzteren waren allzu anomal gegenüber den Verhältnissen der Gliedstaaten, und es konnte sich von Anfang an wohl nur fragen, wohin die Entwickelung des Reichslandes tendire, ob zur Einverleibung in einen der bisherigen Gliedstaaten des Reiches oder zur Constituirung eines eigenen neuen Gliedstaates. Einen festen Abschluß hat die Entwickelung dermalen noch nicht gefunden, doch war der bisherige Gang zweifellos nach der letzteren Alternative gewendet, sowohl was den positiven Ausdruck desselben in der Gesetzgebung, als was die Absichten der verbündeten Regierungen und die Wünsche der Bevölkerung des Reichslandes selbst betrifft.

Ein erster Schritt nach dieser Richtung lag schon darin, daß dem elsaß-lothringischen Oberpräsidenten ein großes Maß von Selbständigkeit und ein viel weiterer Kreis von Machtbefugnissen eingeräumt wurde, als dies sonst bei den Oberpräsidenten der Fall ist. Immerhin aber stand neben dem Oberpräsidenten in Straßburg als Centralbehörde noch die Abtheilung des Reichskanzleramtes für Elsaß-Lothringen in Berlin, und die Centralverwaltung lief, sowohl soweit sie in Straßburg als soweit sie in Berlin geführt wurde, in den Reichskanzler als verantwortlichen Minister aus. Seitdem kraft des Ges. v. 17. März 1878 ein Specialstellvertreter des Reichskanzlers für Elsaß-Lothringen in der Person des Unterstaatssecretärs, der an der Spitze des Reichskanzleramtes für Elsaß-Lothringen stand, bestellt wurde, war dieser dem Oberpräsidium übergeordnet, und es trat noch klarer als früher hervor, daß Elsaß-Lothringen staatsrechtlich nur

Verwaltungsdistrikt des Reiches war. Dies Verhältniß war aber nach anderer Richtung bereits sehr entschieden durchbrochen worden, und die Tendenz drängte gerade zur entgegengesetzten Entwickelung.

Ein erster Schritt zur selbständigen Constituirung des Reichslandes als Gliedstaat war die Einfügung desselben in den Verband des Reichstages. Dieselbe erfolgte mit Einführung der Reichsverfassung vom 1. Januar 1874 ab. Zwar wurde keine selbständige elsaß-lothringische „verbündete" Regierung constituirt, von einer Vertretung des Reichslandes im Bundesrathe konnte folglich nicht die Rede sein: aber dem elsaß-lothringischen Bestandtheil des deutschen Volkes wurden von jenem Zeitpunkt ab wenigstens diejenigen Rechte der Theilnahme an der Bildung des Reichsstaatswillens eingeräumt, welche alle anderen Bruchtheile des deutschen Volkes haben. Im übrigen blieb das Reichsland nach wie vor Provinz und Verwaltungsdistrikt des Reiches. Durch seine Vertreter im Reichstag aber nahm Elsaß-Lothringen an der Regierung des Reiches wenigstens insoweit Theil, als dem Volke neben den Regierungen eine solche Theilnahme durch die Reichsverfassung eingeräumt ist.

Einen weiteren Schritt auf diesem Wege bezeichnet das Gesetz v. 2. Mai 1877. Daß schon zuvor die Reichsgesetzgebung nach ihrem Inhalte sich sonderte in die wirkliche centrale Reichsgesetzgebung und in elsaß-lothringische Landesgesetzgebung, war eine nothwendige Folge der thatsächlichen Verhältnisse: die Form aber war für beide Arten der Reichsgesetzgebung seit 1. Januar 1874 die nämliche, abgesehen von dem äußerlich nicht hervortretenden Unterschiede, daß die wirklichen Reichsgesetze der Bundesrath, die elsaß-lothringischen Landesreichsgesetze kraft gesetzlicher Delegation der Kaiser sanctionirte.

Indem durch das G. v. 2. Mai 1877 der Landesausschuß zum beschließenden Factor der Reichsgesetzgebung neben dem Reichstag erhoben wurde, wurde auch der Form nach die Möglichkeit particularer Landesgesetzgebung geschaffen, wenn auch noch nicht mit der gleichen Selbständigkeit, welche die übrigen Landesgesetzgebungen im Reiche haben.

Den letzten und bedeutendsten bisher nach dieser Richtung gemachten Schritt repräsentirt endlich das Gesetz vom 4. Juli 1879. Dasselbe stellt in weitem Umfange die Voraussetzungen eines selbständigen Staates für Elsaß-Lothringen fest. Der Kaiser zwar bleibt principiell Träger der landesherrlichen Befugnisse: aber er subdelegirt dieselben zu großem Theile einem im Lande residirenden und nur mit den Angelegenheiten desselben betrauten Statthalter; wenn auch zunächst das Gesetz nur facultativ gefaßt ist, so waltete dabei doch die bestimmte Absicht ob, die Institution, falls sie sich bewähre, zu einer dauernden zu machen. Statthalter und Landesministerium bilden ferner eine vollkommen selbständige centrale Landesverwaltung, wie solche die anderen Bundesstaaten sachlich ebenfalls besitzen. An der Bildung des Reichsstaatswillens nimmt Elsaß-Lothringen, abgesehen vom Reichstag, zwar noch nicht in beschließender Weise Antheil, doch ist ihm das Recht concedirt, wenigstens durch berathende Vertreter, die im Bundesrathe Sitz haben, darauf einzuwirken.

Damit sind die wesentlichsten Voraussetzungen für die nämliche staatsrechtliche Existenz des Reichslandes geschaffen, deren die Einzelstaaten sich erfreuen: eigene Centralverwaltung, eigene Partikulargesetzgebung in constitutioneller Form; eigene Organe zu einer (wenngleich noch modificirten) Theilnahme an der Feststellung des Reichsstaatswillens.

Unterschiede gegenüber den Einzelstaaten bestehen noch: erstens insofern als der Chef der Selbstverwaltung des Reichslandes Subdelegat des Kaisers ist, welch letzterer nach wie vor als Delegat der verbündeten Regierungen Träger der elsaß-lothringischen Staatsgewalt bleibt. Zweitens insofern als Elsaß-Lothringen nur berathendes Votum im Bundesrath hat. Drittens insofern als der Reichstag noch die rechtliche Möglichkeit hat, an Stelle des elsaß-lothringischen Landesausschusses als Organ der particularen Gesetzgebung einzutreten. —

Auch nach anderen Richtungen finden sich im Reichslande die Voraussetzungen zu einem selbständigen Gliedstaate des Reiches bereits gegeben: Elsaß-Lothringen hat wie ein Landesministerium so auch Landesbeamte; zwar gelten für die Verhältnisse dieser Beamten die materiellen Vorschriften des Reichsbeamtengesetzes, ihr Gehalt aber empfangen die Landesbeamten aus der Landeskasse.[5] Dies führt auf ein weiteres Moment der Selbständigkeit: den elsaß-lothringischen Landesfiskus. Die Lasten der Landesverwaltung wurden von Anbeginn an nicht aus der Reichskasse, sondern aus der Landeskasse bestritten und damit von Anbeginn die Identität von Reich und Reichsland in einem der wichtigsten Punkte durchrissen.[6] Elsaß-Lothringen bezahlt selbst seine Verwaltung und wird zu den Matrikularumlagen ganz in der Weise beigezogen wie die Gliedstaaten des Reiches,[7] hat seinen An-

---

[5] G. v. 15. Oct. 1873 (GB. 273), vgl. Laband I 608 f.

[6] Die Basis hiefür bildet das G. v. 8. Dec. 1873 (E.-L. GB. 387), durch welches das Reichsgesetz v. 25. Mai 1873 über die Rechtsverhältnisse der zum dienstlichen Gebrauch einer Reichsverwaltung bestimmten Gegenstände im Reichsland eingeführt wurde.

[7] Ueber die auf Staatsverträgen, welche vom Reich abge-

theil an Reichskassenscheinen empfangen und zahlt ein Aversum für die Brausteuer an die Reichskasse. Demgemäß mußte für Elsaß-Lothringen ein System von Landessteuern und Abgaben eingerichtet werden, deren Ertrag in die Landes-, nicht in die Reichskasse floß. Zu letzterer trägt das Reichsland nicht mehr und nicht in anderem Maßstabe bei, als die Gliedstaaten. Nachdem ein selbständiger elsaß-lothringischer Landesfiscus besteht, kann das Reichsland auch unabhängig vom Reiche Schulden contrahiren.

Reservatrechte im technischen Sinne des Wortes kann Elsaß-Lothringen, da es nicht „einzelner Bundesstaat" ist (RV. a. 78²), nicht haben. Materiell aber hat das Reichsland bezüglich der Besteuerung des Bieres das gleiche Ausnahmsrecht, wie die süddeutschen Staaten (s. oben §. 5 S. 85 f.), nur finden darauf die Vorschriften des a. 78² nicht Anwendung.[8]

Eine ganz besondere Anomalie bildet die elsaß-lothringische Staatsangehörigkeit. Wie oben §. 17 ausgeführt, ist die Staatsangehörigkeit im deutschen Reiche principiell Reichsangehörigkeit, formell aber Landesangehörigkeit. Die letztere ist positive Voraussetzung der ersteren. Da Elsaß-Lothringen kein Staat ist, kann es begrifflich auch keine elsaß-lothringische Landesangehörigkeit geben, sondern die Elsaß-Lothringer sind principiell ohne einzelstaatliche Vermittelung Reichsangehörige. Gleichwohl wurde das Gesetz v. 1. Juni 1870 über Erwerb und Verlust der Staatsangehörigkeit auch im Reichsland eingeführt, und es wird trotz der darin liegenden Anomalie auf Grund dieses Gesetzes auch in Elsaß-Lothringen

---

schlossen sind, beruhenden Verpflichtungen der Landeskasse s. Laband I 606.

[8] Laband I 592, über die Branntweinsteuer 593³.

verfahren, als sei das Reichsland ein Einzelstaat. Das Wahlrecht zu den elsaß-lothringischen Communalvertretungen, aus welchen auch der Landesausschuß hervorgeht, ist jedoch nicht bedingt durch die „elsaß-lothringische Staatsangehörigkeit", sondern wahlberechtigt wie wählbar ist „jeder Deutsche", der im Reichsland sein Domicil hat (G. v. 24. Januar 1873 §. 6).[9]

Die staatsrechtliche Stellung Elsaß-Lothringens im deutschen Reiche ist eine durchaus anomale: so wie die Verfassung des Landes ursprünglich organisirt war, bildete sie geradezu einen Gegensatz zu den Principien der Reichsverfassung. Schritt vor Schritt hat man im Verlaufe eines Decenniums diesen Gegensatz zu mildern gesucht, und die neueste Organisation des Reichslandes steht bereits den Principien der Reichsverfassung sehr nahe. Entwickeln sich die Dinge in normaler Weise weiter, so wird zunächst und zwar voraussichtlich schon in kurzer Zeit an die Factoren der Reichsgewalt die Frage herantreten, ob Elsaß-Lothringen mit beschließender Stimme im Bundesrath auszustatten sei. Man wird Elsaß-Lothringen auf die Dauer hievon nicht ausschließen können noch wollen. Bereits bei den letzten Verhandlungen über die Organisation Elsaß-Lothringens stand jene Frage mit im Vordergrund: doch wurde sie für diesmal noch umgangen.

Auch die neueste Organisation, so sehr dieselbe bereits dem Gedanken der staatlichen Selbständigkeit des Reichslandes Raum gibt, beruht doch auf dem Princip: Elsaß-Lothringen ist kein Gliedstaat, sondern Provinz, Unterthanenland des Reiches; es hat keine eigene Staatsgewalt, sondern

[9] Vgl. hieher die Untersuchung von Laband I 596 ff.

seine Staatsgewalt ist die Staatsgewalt des Reiches, in dessen Namen der Kaiser sie ausübt. Die elsaß-lothringischen Landesgesetze sind demnach bis zur Stunde staatsrechtlich Reichsgesetze und nichts anderes. Demgemäß wirkt das Reichsland nicht mit bei Feststellung des Willens der „verbündeten Regierungen“. Soll jedoch Elsaß-Lothringen zur Stimmführung im Bundesrathe zugelassen werden, so muß jenes Princip aufgegeben und das Land ganz als selbständiger Einzelstaat constituirt werden. Die Entwickelung der Dinge scheint darauf hinzudrängen. Die Umformung Elsaß-Lothringens aber zu einem eigenen Staate hätte nicht allein für das Verhältniß dieses Landes zum Reiche, sondern überhaupt für die Grundlagen unseres Reiches die tiefgreifendsten Folgen und, die Frage dieser Umformung ist staatsrechtlich jedenfalls mit den größten Schwierigkeiten verbunden (vgl. oben §. 4 S. 66 f.).

Weder kann die Ernennung elsaß-lothringischer Bevollmächtigter zum Bundesrath Preußen noch dem Kaiser übertragen werden: ersteres ist verfassungsmäßig unstatthaft, letzteres ist begrifflich unmöglich, da das Reich nicht Bevollmächtigte bei sich selbst bestellen kann.[10]

---

[10] Laband I 592.

Nachträge.

Zu S. 70. Die Grenze zwischen Baden und der Schweiz wurde durch Staatsvertrag dieser Staaten v. 28. April 1878 „regulirt“. Dieser Staatsvertrag ist nach der im Text angenommenen Meinung an sich ungiltig; giltig wurde er dadurch, daß das Deutsche Reich durch selbständigen Staatsvertrag v. 24. Juni 1879 (RGB. 307) den badisch-schweizerischen Vertrag formell anerkannte, um demselben „rechtliche Wirksamkeit für das Deutsche Reich zu verleihen“. Da jedoch dieser Vertrag dem Reichstag zur Genehmigung nicht vorgelegt wurde, ist seine Rechtskraft sehr wohl anfechtbar.

S. 85. Zu I. und II. ist zu bemerken: das Freihafenrecht ist durch RV. a. 34 anerkannt für „die Hansestädte Bremen und Hamburg mit einem dem Zweck entsprechenden Bezirke ihres oder des umliegenden Gebietes.“ Daraus ergibt sich: 1. Kein Theil des Stadtgebietes kann wider den Willen von Bremen bezw. Hamburg und ohne Verfassungsänderung in den Zollverein einbezogen werden. 2. Die Abgrenzung des „dem Zweck entsprechenden Bezirkes“ dagegen gehört ausschließlich zur Competenz des Bundesrathes gemäß RV. a. 7 Z. 2. Die Bestimmungen im Zollver. V. v. 8. Juli 1867 a. 6. sind, was Bremen und Hamburg betrifft, in jedem Falle durch die Verfassung aufgehoben: nur aus der letzteren ergibt sich die dermalige Rechtsstellung der Hansestädte zum Zollverein. Näheres unten Buch X. im Finanzrecht.

Zu §. 9. Die Geschäftsordnung des Bundesrathes erfuhr nach Drucklegung des Textes eine durchgreifende Abänderung unterm 26. April 1880 (nicht publicirt). Darnach ist die im Text gegebene Darstellung mehrfach zu berichtigen: Jeder Staat hat nach der RV. das Recht, so viele Bevollmächtigte zum Bundesrath zu ernennen, als ihm Stimmen zukommen (a. 6[2]). Für die Bevollmächtigten können zugleich Stellvertreter ernannt werden, „welche im Fall der Verhinderung von Hauptbevollmächtigten für dieselben als Mitglieder in den Bundesrath eintreten" (Gesch. O. §. 1). Liegt letzterer Fall nicht vor, so dürfen die Stellvertreter den Verhandlungen im Plenum und den Ausschüssen zwar beiwohnen, aber nicht daran theilnehmen (§. 4[1]). Die Zuziehung von Commissaren zur Hilfeleistung für die Bevollmächtigten oder Stellvertreter ist nur gestattet auf Grund vorheriger Anmeldung beim Reichskanzler; Zulassung solcher Commissare zu den Berathungen setzt jedoch einen Genehmigungsbeschluß des Bundesrathes selbst voraus; zum Wort können dieselben verstattet werden behufs „Ertheilung von Auskunft" „auf Verlangen des Bevollmächtigten, zu dessen Hilfe sie zugezogen sind" (§. 4[2]). — Dauernde Vertretung mehrerer Staaten durch einen Bevollmächtigten „ist nur auf Grund von Vollmachten zulässig, welche von den Regierungen auf bestimmte Personen ausgestellt sind" (§. 2[1]). Stimmführende Bevollmächtigte können außerdem „in Verhinderungsfällen" den Bevollmächtigten eines anderen Staates substituiren, jedoch nur auf Grund vorgängiger Mittheilung an den Reichskanzler und nur für eine Sitzung; in der nächsten Sitzung muß der betr. Staat wieder selbst vertreten sein. Die Abstimmung hat in jedem Falle nach der ordentlichen Reihefolge des a. 6 der RV. zu erfolgen (§. 7). Die elsaß-lothringischen Commissare haben das Recht, an allen Verhandlungen der Ausschüsse und des Plenums theilzunehmen, Anträge zu stellen und Referate zu erstatten, die Vorlagen sind ihnen zuzustellen (§. 5).

Die Geschäfte des Bundesrathes werden in §. 3 der neuen Gesch. O. eingetheilt in „die wichtigeren, insbesondere die Gesetzesvorlagen" und die minder wichtigen; zur Erledigung der erstgenannten sollen „die ersten Bevollmächtigten der Regierungen" im Bundesrath anwesend sein, und um dies zu ermöglichen sollen die betreffenden Geschäfte durch Anordnung des Reichskanzlers in eine möglichst kurze, nach ihrem Anfangstermin genau zu bestimmende Zeit zusammengefaßt werden; der gleiche Modus soll befolgt werden, wenn derartige Angelegenheiten wiederholt Gegenstand der Beschlußnahme des Bundesrathes werden. Die betr. Vorlagen müssen mindestens 3 Wochen vor dem vom Reichskanzler bestimmten Anfangs-Zeitpunkt für ihre Erledigung dem Bundesrath in Vorlage gebracht worden sein; außerdem werden sie nur dann definitiv erledigt, wenn sie durch Mehrheitsbeschluß für dringlich erklärt worden sind. Gesetzentwürfe und andere „wichtige Vorlagen" werden zunächst einer erstmaligen Berathung ohne Beschlußfassung unterworfen; die 2. Berathung darf erst nach Umfluß von 5 Tagen erfolgen; in derselben erfolgt regelmäßig Beschlußfassung, falls dieselbe nicht auf Grund eines formellen Beschlusses „ausgesetzt" wird. Zusammenziehung der 1. und 2. Berathung, sowie Abkürzung der fünftägigen Frist kann beschlossen werden, wenn nicht 14 Stimmen widersprechen (§. 16). „Um die Beschlußnahme thunlichst zu beschleunigen, werden die Regierungen soweit möglich ihre Anträge schon vor Beginn der Session des Bundesrathes einbringen und ihre Bevollmächtigten im voraus mit ausreichender Instruction versehen" (Gesch. O. §. 12[1]).

S. 146 Absatz 2: Nach Gesch. O. §. 20[2] werden die Mitglieder der dauernden Ausschüsse entweder ständig am Sitz des Bundesrathes anwesend sein, oder sich auf Einladung des Vorsitzenden zeitweise dahin begeben.

S. 148—150. Nach der Gesch. O. §. 17 ist der Ausschuß für die auswärtigen Angelegenheiten der 8. und dann folgen die drei S. 150 sub 8. 9. 10. genannten. Für den 4. 5. und 7. wird je ein,[1] für den 3. 6. und 9. Ausschuß werden je zwei Stellvertreter gewählt. Die Wahl der Mitglieder für die S. 151 als 8. 9. und 10. genannten Ausschüsse erfolgt ebenso wie für den dritten.

S. 247. Zu den Beamten, welche nach §. 25 jederzeit zur Disposition gestellt werden können, gehören ferner der Staatssecretär und die Unterstaatssecretäre des elsaß-lothringischen Landesministeriums (G. v. 4. Juli 1879, RGB. 165 §. 6[2]) S. auch unten S. 443.

S. 250. Zu den Beamten, welche nach §. 35 jederzeit ihre Pensionirung fordern können, gehören auch der Staatssecretär und die Unterstaatssecretäre des elsaß-lothringischen Landesministeriums (G. v. 4. Juli 1879, RGB. 165 §. 6[2]). S. auch unten S. 443.

Zu S. 279. Nach StGB. §. 91 ist gegen Ausländer wegen der in den §§. 87, 89, 90 genannten Delicte „nach Kriegsgebrauch" zu verfahren. Der „Kriegsgebrauch" ist für das deutsche Recht gesetzlich fixirt im Milit. StGB. §§. 57, 58, 59, 134, 160, 161. (Einf. Ges. zum Mil. StGB. §. 3 f. Näheres hierüber unten Buch XI. im äußeren Staatsrecht.)

Berichtigungen.

S. 42 unter VII Z. 4 lies statt Buch X: Buch VII.
„ 58 Z. 2 v. o. lies: „die sämmtlichen einzelstaatlichen Functionen an sich zu ziehen."
„ 59 Z. 9 v. o. lies: „bis zur Absorption der gesammten einzelstaatlichen Thätigkeit."
„ 68 vorletzte Zeile lies statt Buch X: Buch VII.
„ 70 Z. 12 v. u. füge nach „Frankfurter Friedensvertrag" bei: „bezw. die Nachtragsconventionen hiezu (vgl. unten §. 22)."
„ 70 Note 60: diese Note gehört zu Zeile 6 nach „niemals fallen". In der Note selbst Zeile 2 lies „die" statt „diese."
„ 72 Z. 16 v. o. lies statt §. 131: „§§. 157. 159."
„ 72 Z. 11 v. u. füge bei nach §. 108: „jetzt §. 120a" (G. v. 17. Juli 1878 RGB. 199).
„ 73 Z. 10 v. u. lies statt: „der Kaiser kann Namens des Reiches" — „das Reich kann auf Grund eines Gesetzes."
„ 73 Z. 14 v. u. lies („s. §§. 18 u. 21") statt (s. §. 18).
„ 75 Z. 5 v. u. füge nach „erscheinen" bei: „(s. jedoch über die Durchbrechung dieses Principes im Reichsstaatsrecht unten Buch XI)."
„ 79 Z. 7 v. u. lies „am Reiche" statt „am Rechte."
„ 83 N. 17. Die an dieser Stelle geäußerte Ansicht über die sächsische Militärconvention ist S. 304 f. zu Gunsten der Hänel'schen Meinung zurückgenommen.
„ 102 N. 6 füge bei: II, 531 ff.
„ 106 N. 17 füge bei: Jahrg. 1880, S. 1—37.
„ 114 N. 18 lautet der letzte Satz: „Widerspruch hat dagegen neuerdings Binding in Krit. Viertelj.-Schr. N. F. II, 550 erhoben, ferner Meyer, Lehrb. §. 169[1]."
„ 133 Z. 7 v. u. lies: „17. März" statt „3. März."
„ 148 N. 27 lies Gesch.-O. §. 18.
„ 150 N. 29 lies Gesch.-O. §. 18[2].
„ 281 N. 13 lies statt: „S. 345 ff.": „S. 161 ff., 225 ff., 285 ff."

Buchdruckerei von Gustav Schade (Otto Francke) in Berlin N.

MIX
Papier | Fördert gute Waldnutzung
FSC® C083411

Kolibri 360 GmbH
Ferdinand-Jühlke-Straße 7
99095 Erfurt, Deutschland
produktsicherheit@kolibri360.de